主　编 袁　进
副主编 李　楠
执笔人 汤哲声　刘　云　孙　捷　杨剑锋　邹瑞玥　李　默　狄霞晨　周　羽

主编　袁进

中国近代文学编年史

以文学广告为中心（1872—1914）

北京大学出版社
PEKING UNIVERSITY PRESS

图书在版编目（CIP）数据
中国近代文学编年史：以文学广告为中心．1872—1914/ 袁进主编．
—北京：北京大学出版社，2013.5

ISBN 978-7-301-21810-5
I.①中··· II.①袁··· III.①中国文学－近代文学史－1872—1914
IV.① I209.6

中国版本图书馆 CIP 数据核字（2012）第 304715 号

书　　名：中国近代文学编年史——以文学广告为中心（1872—1914）
著作责任者：袁　进　主编
责 任 编 辑：吴　长
标 准 书 号：ISBN 978-7-301-21810-5/I·2569
出 版 发 行：北京大学出版社
地　　址：北京市海淀区成府路 205 号　100871
网　　址：http：//www.pup.cn　　新浪官方微博：@北京大学出版社
电 子 信 箱：pkuwsz@yahoo.com.cn
电　　话：邮购部 62752015　发行部 62750672　编辑部 62756467　出版部 62754962
印 刷 者：北京大学印刷厂
经 销 者：新华书店
730mm×1020mm　16 开本　28 印张　457 千字
2013 年 5 月第 1 版　2013 年 5 月第 1 次印刷
定　　价：60.00 元

目录

1906 年

1907 年

前 言

袁 进

如果单纯从字面上解释“广告”一词，就是“广而告之”的意思。中国古代要让大众知道的信息，用布告的方式发布，那是一直有的。最直接的例子：古代讨伐敌人，要发布檄文，其目的就是要让老百姓知道敌人的丑恶，支持统治者的讨伐。统治者写好檄文后会派人四处张贴，广泛传播，有个成语叫做“传檄而定”，说的就是这种情况。中国最早的史书《尚书》之中，就有几篇这样的檄文。《水浒传》里的武松，开始并不相信景阳冈上有老虎，直到看到衙门的告示说景阳冈上有老虎吃人，要百姓小心，这才相信了老虎的存在。这布告也有点像现代的广告。但在事实上，檄文和布告都不能算广告。广告是现代社会的产物，它与商业联系在一起，是现代社会推销商品的手段；它又与现代媒体联系在一起，通过现代媒体的传播，将商品信息提供给消费者，以扩大商品的销售。简而言之：广告是与现代社会的商业化、大众化联系在一起的行为方式，它是人类社会现代化过程中推销商品的产物。

明确了这一点，我们就可以知道，在中国古代，文学与广告本来没有关系，文学本来不是商品，中国古代的士大夫创作文学作品的目的是抒发自己的见解或感情，他们并不以卖文为生，在当时的社会机制下也不可能存在靠写作谋生的职业作家。元代和明代的戏曲剧本和小说，曾经有一些是商品，元末明初的才子佳人小说，有的作家和出版机构形成了相对稳定的关系，是否存在出版机构供养职业作家的情况，因为资料的缺乏，只能是存疑了。但即使是在那个时期，似乎也不存在推销小说的广告文本，更不用说现代媒体意义上的广告的出现。

汉语第一篇广告，应该是西方传教士在马来西亚马六甲创办的中文杂志《察世俗每月统记传》的序言。说它是广告，因为它刊登在现代媒体上。现在学术界一般都认为：《察世俗每月统记传》可以说是最早的中文杂志，而中文杂志可以算是现代媒体。但是，《察世俗每月统记传》是教会出版的、向民众和信徒赠阅的传教读物，它不是作为商品销售的，因此也没有稿费制度。《察世俗每月统记传》只登过不多的几篇广告，这些广告的主要目的是宣传基督教，商业色彩不浓。例如《察世俗每月统记传》的序言，同后来的商业广告还是有一些区别的，它只能算是过渡的广告，可以算是近代广告的源头和先驱。在这个广告中，我们已经可以看到办刊者强烈的平等意识，他期待的读者对象是“工作者”。因为杂志是面向“工作者”，因而它的语言必然是面向大众、能够为大众所接受的。这种办刊方针，后来成为近代中国大多数报刊的办刊方针。《察世俗每月统记传》问世之后，又有一批基督教会主办的中文杂志问世，其中著名的有《东西洋考每月统纪传》、《遐迩贯珍》、《六合丛谈》等等，但是由于它们与广告的关系不大，本书都没有把它们列为条目。

第二篇广告是《天路历程》的序言。《天路历程》是基督教会出版的非商业性小说，但是它的官话译本在中国文学史上却非常重要，它可以说是第一本用白话翻译的外国长篇小说，而且忠实于原作，没有根据中国读者的口味修改，因此在中国文学的全球化、现代化方面具有重要意义。因为它是当时教会赠送的读物，不是可供出售的商品，因此我们很想找到当时的广告，结果却没有找到，只有该书的序言，它也可以算过渡性质的广告。

真正为中国近代文学作品刊登广告的报刊应从《申报》开始算起。在此之前外国人创办的商业性中文报纸，以《上海新报》最为著名，丝绸商人美查正是看到《上海新报》的成功，才策划创办《申报》的；但是《上海新报》虽有广告，却与文学无关，而且不久就被《申报》挤垮，没有在文学史上产生影响。《申报》则不同，它建立了正式的稿费制度，关注小说的出版，广泛报道上海的戏曲活动，发表大量描写上海的竹枝词等等，对近代文学的发展起过重要作用。它也刊登了许多推动文学作品销售的广告，与当时的文学产生了互动关系。

新型媒体的崛起，首先带来的就是文学社会运行机制发生的变化，其中的关键就是稿费制度的建立。只有建立了稿费制度，才能从根本上保障作家以写作谋生，养家糊口，甚至过上比较体面的生活。建立稿费制度的媒体，通常都是商业性运营的媒体。在各种文学作品的类型中，最早确立稿费制度的是小说的创作，按照《申报》的早期广告，刊登“名言谠论”本来是要作者付酬的，现在优惠可以不付酬给报馆。可见当时诗文距离商品化之遥远。一直到民国初年，诗文的创作还有人是不要稿费的。随着时间的推移，文学创作的商品化制度才完全确立起来。

1872 年《申报》的创办，在中国传媒史上是一件非常重要的大事。这不仅是因为《申报》后来有一段悠久的历史，是当时全国影响最大的报纸，也因为它是一份真正面向市民、面向大众的报纸。它没有政党色彩，也没有立场倾向，以大众传播为目的。中国虽然自唐代起就有了报纸的雏形，出现了邸报、小报、京报等报纸，然而，这些报纸一般都是官方编印，流传范围有限，不具备现代报纸的职能。现代报刊一般具有五大特点：第一，定期出版，具有长期的稳定性；第二，机器印刷，发行量大；第三，价格低廉，各阶层的人都能买得起；第四，注重时事及人们感兴趣的话题；第五，普通文化水平的读者也能读。《申报》这五大特点兼具，标志着中国报纸的现代化。《申报》初创时的广告价格是每 50 字第一天二百五十文铜钱（作价二角五分），第二天至第七天一角五分，第八天一角二分五。可见此时登广告的人还不多，广告的影响也不大，所以价格较低。报刊此时也不靠广告生存。1887 年以后广告价格较初创时上涨了一倍。销量激增后，《申报》曾用空运等现代运输手段将报纸运至西北等地，刊登广告的客户接踵而至，广告版面也随之扩大。1915 年 4 月以后，《申报》的广告版面超过了新闻版面。主编史量才甚至提出了广告第一的原则，这也意味着这时的广告已经成为报刊生存的重要基础。早期的《申报》广告标题简单、格式单调、语言乏味、内容呆滞，但是随着广告业务的拓展，《申报》广告的可读性和趣味性大大增强。

创刊于 1892 年的《海上奇书》是目前公认的中国首部专以刊登原创小说为职志的小说期刊。它比中国小说期刊发展史上创刊时间排名第二的小说期刊——1902 年梁启超在日本横滨发起的《新小说》杂志，早了整整 10 年。韩邦庆集主编、编辑、作者、发行人等多种职能于一身，仅靠一人之力维持了这本半月刊达 15 期之久。

韩邦庆和他的《海上奇书》能够领先中国小说期刊大潮整整 10 年，绝非偶然，从他对刊物发行过程中广告宣传的看重，就能看出此人有着超越当时一般文人的独到的商业眼光和经济头脑。为了给这本中国出版史上第一部小说期刊的出版发行造势，他前后刊登广告达 43 次之多，在刊物创刊号出版前，他就在当时发行量最大的中文报纸《申报》上，从光绪十八年正月初六（1892年2月4日）起至正月二十八日（2月26日）止刊登了11次广告。[①]在当时报刊上绝少刊登文学书籍广告而刊物草创尚无分文进账的情况下，韩邦庆敢于在广告宣传方面下如此大的本钱，是需要相当的魄力和胆识的。他是最早意识到广告与文学之间的互动作用的作家。

中国古代一直重视文学的教化作用，但是由于很长的时间内在古代的文学观念中小说不算文学，所以中国本土当时没有产生用小说改造社会的思想，这一思想首先是由西方传教士提出的，它与广告又是联系在一起的，1895年，傅兰雅在《申报》刊登征文启事第一次提出了这一构想。在这篇短短的征文广告中，傅兰雅开宗明义地提出了以小说为“感动人心，变异风俗”的利器的主张，针对中国“鸦片”、“时文”、“缠足”这三大时弊，呼吁“中华人士愿本国兴盛者，撰著新趣小说，合显此三事之大害，并袪各弊之妙法，立案演说，结构成编，贯穿为部，使人阅之心为感动，力为革除”。为了证明小说的这一功用，傅兰雅不惜使用了甚至有些夸张的赞颂之词：“（小说）推行广速，传之不久辄能家喻户晓，气习不难为之一变。”[②]宣扬小说通过改变人心最终可以改革社会风俗这样一种观念，后来，这一观念在梁启超等人的笔下进一步发挥，最终成就了“小说救国”的神话。梁启超依靠小说救国论发起一场“新小说”运动，亲自创办了《新小说》杂志，并创作了政治小说《新中国未来记》，发表了《论小说与群治之关系》的论文，从理论到创作到媒体，为“新小说”提供了模板，改变了传统小说的形态，将小说作为政治宣传、教育国民的工具，列为“文学之最上乘”。他推动了中国小说的发展，促进了传统小说的解体；同时也由于他轻视小说的艺术性，而没能建立小说与人生的紧密关系，终究未能在艺术本体上确立“新小说”的地位，而这一使命最后是由五四文学革命完成的。

梁启超发动的“小说界革命”得到了当时小说界的拥护，按照包天笑的回忆：《新小说》振臂一呼，小说界群雄响应。当时的职业小说家李伯元立即响应《新小说》的号召，创办《绣像小说》，就是一个典型的例证。《绣像小说》开门

---

① 范伯群：《〈海上花列传〉的广告案例》，2008年5月《书城》第24期。

② 傅兰雅：《求著时新小说启》，1895年5月25日《申报》。

见山地写道："欧美化民，多由小说，榑桑崛起，推波助澜"[①]，宣称西欧、北美等发达国家大多依靠小说教育民众，而日本（即文中所说的榑桑）短时间内从一个小小岛国崛起为东亚强国也是由于小说辅助之功，热烈评价了小说对于社会进步之巨大作用。文章说这些国家从事小说创作的作者都是"名公巨卿"、"魁儒硕彦"，说他们"察天下之大势，洞人类之颐理，潜推往古，豫揣将来，然后抒一己之见，著而为书，以醒齐民之耳目，或对人群之积弊而下砭，或为国家之危险而立鉴，揆其立意，无一非裨国利民"[②]。这种对小说的政治宣传作用极端夸张的论述并非《绣像小说》编辑部同人的首创，而是导源于梁启超在《新小说》创刊号上发表的名文《论小说与群治之关系》。《绣像小说》正是在《新小说》鼓吹的"小说界革命"风潮中涌现的第一种重要的专门的小说杂志，其宣传口径与《新小说》相仿。其发刊词对于中国传统小说不屑的态度，也与《论小说与群治之关系》如出一辙。小说界和士大夫的支持，决定了"新小说"运动的力量。如果说五四文学革命还有林纾等人出来唱对台戏，"小说界革命"风靡全国之时，几乎没有人出来唱反调，职业小说家立即与先进士大夫合流，形成强大的力量。

以往的近代小说研究往往比较注意政治小说的研究，因为政治小说是晚清"新小说"运动的核心，这是对的；但是，在注重政治小说研究的同时，往往忽视了对狭邪小说的研究，这多少有点可惜，因为后期狭邪小说其实与近代的都市化联系在一起，表现了近代都市的某些风貌，它也是当时深受市民欢迎的小说。报纸上登载《九尾龟》等狭邪小说的广告连篇累牍，远远超过四大谴责小说。市民的喜好、迎合读者趣味的取向某种程度上会降低小说的艺术水准。在狭邪小说中，最具有艺术性的无疑是韩邦庆的《海上花列传》，但是《海上花列传》恰恰不能完全合乎市民的趣味，于是，有人修改了《海上花列传》，在1901年5月26日《新闻报》上就出现了这样一则广告：

新编海上百花趣乐演义

此书是海上花也怜侬所作，原名百花列传。专讲风流子弟爱色贪花，

---

① 陈平原、夏晓虹编：《二十世纪中国小说理论资料（第一卷）》，第51—52页，北京：北京大学出版社1989年版。

② 同上。

> 屡被海上名妓迷惑，倾家而丧身者指不胜屈，是乃受愚已极，良可悲也。故将万种迷惑柔软情形逐节细表编成演义，使人皆知妓之骗术，应对有方，不为所困。奈原书语句欠妥，尽非苏白，未免拉杂不伦，致看者前□莫接，何能知妓骗术多。特重将是书细心□改，句化苏白，加入时下新闻令人趣乐，名曰百花趣乐演义。凡海上官商暂停顾客，宜速购。看此书立能知妓枪花，解其苏白。庶可彼此对□致□然莫□，岂非醒迷妙诀极佳快车。每部八大本，减实一角。凡买此书，须认本牌号，以免假充。

在这里，改编者改编小说是为了让读者知道妓女的骗术，可以不为所困，安全嫖妓，与《海上花列传》的前言强调唤醒世人不要嫖妓不同。从这个改写的宗旨中，我们可以看到从《海上花列传》到《九尾龟》的市场需求带来的狭邪小说向“嫖界指南”转变的轨迹。而这一点，是以前文学史研究没有发现的资料。

随着现代媒体的发展，广告的数量激增，广告也深入到各种读物之中：从讲语法的《马氏文通》到注重科学的《东方杂志》，各种报刊、小说更是把广告作为它们重要的促销手段。从这些广告中，我们不仅可以看到它们在当时的影响，还可以看到当时的读者关注的内容；因为商家往往把读者的关注，作为商品的卖点在广告中广为宣传。例如儒勒·凡尔纳《环游月球》中译本广告，着重就小说的两个方面进行推介，一是盛赞译者“文笔雅洁无比”，一是强调该书寓科学原理于小说叙述之中、设想奇特、引人入胜的特点。由此我们可以看到，当时阅读小说的主要是由科举教育培养出来的士大夫，他们把“文笔雅洁无比”作为非常重要的价值标准。当时读者对科幻小说的关注主要在它的科学原理，情节惊险倒在其次。

随着“科学”的无上权威性超越了单纯的自然科学的知识领域向哲学、艺术、文化领域扩展，唯“科学主义”也成为拿来解决一切社会问题的救世良方。因此我们看到，晚清所谓的“科幻小说”或“科学小说”，和我们今天对科幻小说的定义有着较大的差别。在《新小说》的发刊词《中国唯一之文学报〈新小说〉》一文中，著者将科幻小说这一体裁列在“哲理科学小说”条目下，认为它是一种“专借小说以发明哲学及格致学”的文类，而在举例中则以柏拉图的《理想国》和凡尔纳的《海底旅行》、《月世界一周》并举。[①]这样的一种并置反

①《中国唯一之文学报〈新小说〉》，陈平原、夏晓虹编《二十世纪中国小说理论资料（第一卷）》，第45页。

映了著者微妙的文化心理，而在晚清的具体文学实践中，我们看到的也往往是“理想国”和“海底旅行”的有机结合。“科学”成为建构乌托邦的主要工具，甚至成为社会生活的基本准则。进化论从自然科学领域到社会科学领域的扩展和应用便是这一思想的典型表征。这样的全方位遵循“科学”的乌托邦，背后往往潜藏的是深切的国家主义的期许与焦虑。

近代社会变革非常复杂，造成了近代文化的多元化倾向。文化的复杂性尤其表现在“国粹派”身上。“国粹”一词，受到日本国粹主义的启发。国粹派黄节、刘师培、章太炎等干将都曾在日本留学，日本的国粹主义对他们的思想有很大影响。黄节说得很明白：“昔者日本维新，归藩覆幕，举国风靡，于时欧化主义浩浩滔天，三宅雄次郎、志贺重昂等，撰杂志，倡国粹保全，而日本主义卒以成立。呜呼，学界之关系于国界也如是哉！”①日本的国粹主义是在反对“全盘欧化”的声浪中诞生的，其最初目的乃为宣传文化民族主义，以恢复日本人的民族自信。而中国20世纪初期西学大潮的涌入，与明治维新时期的日本十分相似：“海波沸腾，宇内士夫痛时势之日亟，以为中国之变，古未有其变，中国之学，诚不足以救中国。于是醉心欧化，举一事，革一弊，至于风俗习惯之各不相侔者，靡不惟东西之学说是依。”②国粹派认为，西方文化（包括明治维新之后的日本文化）的涌入，伴随着列强对中国政治、经济、军事的侵略而来，在很大程度上是一种帝国主义的文化殖民。国粹派因此猛烈批判“学奴”：“吾国固奴隶之国，而学固奴隶之学也。呜呼，不自主其国而奴隶于人之国，谓之国奴；不自主其学而奴隶于人之学，谓之学奴。奴于外族之专制，固奴；奴于东西之学说，亦何得而非奴也？”③日本与中国同文同种，日本能够以国粹恢复日本人的民族自信，那么中国自然也能够以国粹恢复中国人的民族自信，于是“瞻天与火，类族辨物，创为《国粹学报》一编”，大力宣传“夷夏之防”、“华戎之变”，国粹是“立国之根本源泉”，鼓吹“古学复举”，反对全盘欧化，希望以此达到“保种、爱国、存学”的目的。④世界上后起的现代化的国家，其实都有一个如何保存国粹的问题，俄罗斯有“西欧派”和“斯拉夫派”之争，日本

① 黄节:《国粹学报叙》,《国粹学报》第1年（1905年）第1号。
② 同上。
③ 同上。
④ 同上。

有“西欧派”和“国粹派”之争，都是典型的例子。

总之，我们从上面所举的广告例证就可以看到：近代广告对文学的发展起过重要作用，有过互动关系。广告为我们提供了研究文学更广阔的视野，也提供了大量的以前被忽视的历史资料。本卷所选广告条目类别，主要有五类：一、文学史上发生的重大事件，如稿费制度的建立等等。二、在文学史上产生重要影响的报刊。三、对文学史产生重要影响的思潮。四、对文学史产生重要影响的社会团体。五、重要的作家和作品。本卷力求通过这五个方面，分析文学史与广告之间的互动关系，从比较广阔的社会层面上，展示这一段历史的面貌。

本卷的广告条目，按照广告发表的时间排序，以显示它的历史演变线索。我们努力寻找每种商品的最早的广告，但是由于工作量太大，遗漏在所难免。因为广告时间与文学作品在文学史上出现或产生影响的时间并不一定是同步的，有的甚至相隔几年，于是我们在每个条目上会说明事件发生时间和广告刊登时间，以便读者对当时历史发生的现象和影响有更加明晰的认识。

1872 年

4月

《申报》里的广告

本馆告白

今天下可传之事甚多矣而淹没不彰者比比皆是其故何欤盖无好事者为之纪载遂使奇闻轶事阒然无称殊可叹惜也溯自古今以来史记百家载籍极博山经地志纪述綦详然所载皆前代之遗文已往之故事且篇幅浩繁文辞高古非荐绅先生不能有也非文人学士不能观也至于稗官小说代有传书若张华志博物干宝记搜神齐谐为志怪之书虞初为文章之选凡兹诸类均可流观维其事或荒诞无稽其文皆典赡有则是仅能助儒者之清谈未必为雅俗所共赏求其纪述当今时事文则质而不俚事则简而能详上而学士大夫下及农工商贾皆能通晓者则莫如新闻纸之善矣新闻纸之制创自西人传于中土向见香港唐字新闻体例甚善今仿其意设申报于上洋凡国家之政治风俗之变迁中外交涉之要务商贾贸易之利弊与夫一切可惊可愕可喜之事足以新人听闻者靡不毕载务求其真实无妄使观者明白易晓不为浮夸之辞不述荒唐之语庶几留心实务者于此可以得其概而出谋生理者于此亦不至受其欺此新闻之作固大有益于天下也且夫天下至广也事亦至繁也而其人又散处不能相见也夫谁能广览而周知哉自新闻纸出而凡可传之事无不遍播于天下矣自新闻纸出而世之览者亦皆不出户庭而知天下矣岂不善哉惟是事虽继典例若初创或恐囿于方隅限于知识遗漏滋多尚希四方君子进而教之匡其不逮实有厚望焉申报主人谨白

（原载1872年4月30日《申报》创刊号）

1872年4月30日，《申报》在上海创刊，并在头版头条刊登了《本馆告白》。这则告白告诉我们：《申报》是面向大众的，它没有政派色彩，也没有立场倾向，以大众传播为目的。它由私人经营，自行建立发行网络，实行采访制，以社会公众为主要受众，它的报刊特征是非常鲜明的，并且是具有标志性的。

我们所关注的是《申报》与近代小说的关系。《本馆告白》言辞间流露出对小说的轻视，因此在《申报》创办之初，报纸上几乎没有小说的踪影。《申报》创办前，清政府多次发出小说的禁令，使得刚刚创办的《申报》也难免受此影响。早期《申报》对小说表现出保留的态度，与后来《申报》上小说与小说广告的繁荣形成了强烈的对比。在创刊一个月后，《申报》上逐渐出现了翻译小说《谈瀛小录》、《一睡七十年》、《乃苏国奇闻把沙官小说》等。1872 年 10 月，美查创办了以刊登文学作品为主的期刊《瀛寰琐纪》，刊登了长篇翻译小说《昕夕闲谈》，并开始向中国文人征求小说。《申报》馆的小说策略推动了中国近代小说的发展，也适应了小说革命的诉求。著名的傅兰雅小说竞赛就是在《申报》上发布的广告，它给中国文学带来许多观念上的冲击，带有强烈的启蒙意识。

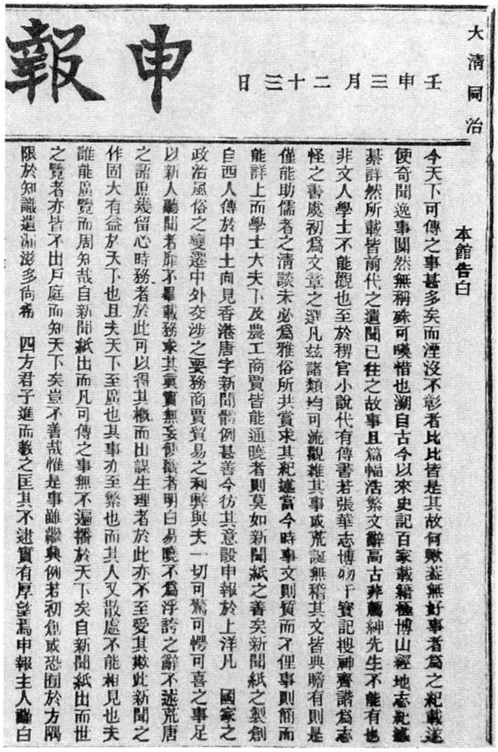
申報

大清同治

壬申三月二十三日

本館告白

今天下可傳之事甚多矣而湮沒不彰者比比皆是其故何歟蓋無好事者爲之紀載遂使奇聞逸事闃然無稱殊可嘆惜也溯自古今以來史記百家載籍極博山經地志紀載綦詳然所載皆前代之遺聞已往之故事且篇幅浩繁文辭高古非薦紳先生不能有也非文人學士不能觀也至於稗官小說代有傳書若張華志博物干寶記搜神齊諧爲志怪之書虞初爲文章之選凡兹諸類均可流觀雜其事或荒誕無稽其文皆典贍有則是僅能助儒者之清談未必爲雅俗所共賞求其紀述當今時事文則質而不俚事則簡而能詳上而學士大夫下及農工商賈皆能通曉者則莫如新聞紙之善矣新聞紙之製創自西人傳於中土向見香港唐字新聞體例甚善今仿其意設申報於上洋凡 國家之政治風俗之變遷中外交涉之要務商賈貿易之利弊與夫一切可驚可愕可喜之事足以新人聽聞者靡不畢載務求其真實無妄使觀者明白易曉不爲浮誇之辭不述荒唐之語庶幾留心時務者於此可以得其概而出謀生理者於此亦不至受其欺此新聞之作固大有益於天下也且夫天下至廣也其事亦至繁也而其人又散處不能相見也夫誰能廣覽而周知哉自新聞紙出而凡可傳之事無不遍播於天下矣自新聞紙出而世之覽者亦皆不出戶庭而知天下矣豈不善哉惟是事雖繼興例若初創或恐囿於方隅限於知識遺漏滋多倘希 四方君子進而教之匡其不逮實有厚望焉申報主人謹白

《申报》创刊号

《本馆告白》其实带有强烈的广告色彩。文中说“此新闻之作，固大有益于天下也。且夫天下至广也，事亦至繁也，而其人又散处，不能相见也。夫谁能广览而周知哉？自新闻纸出而凡可传之事无不遍播于天下矣，自新闻纸出而世之览者亦皆不出户庭而知天下矣，岂不善哉”，就是在向读者宣传读报的好处，在报纸尚为新鲜事物的当时，具有开风气之先的作用。

《申报》诞生于晚清，创刊时模仿《上海新报》，并在印刷、用纸、内容编排、营销策略上加以创新，最终将《上海新报》从市场上挤出。《申报》由英国人美查兄弟（Ernest Major、Fredredruck Major）创立于 1872 年 4 月 30 日，到 1949 年 5 月 27 日停刊，延续了 77 年。美查创办《申报》的目的是为了赚钱，而广告作为《申报》的主要经济来源，贯穿了《申报》发展的整个过程。《申报》创刊号上载《本馆条例》，提出该报的发行和广告事宜：“苏杭等处地方有欲刊告白者，即向该卖报店司事人说明某街坊某生理，并须作速寄来该价，另加一半为卖报人饭资。”

创刊后的前两年，该报每天的广告数量在 20 条左右，1874 年到 1876 年期间大概有 40 条，1870 年代后期，《申报》每天的广告量维持在 80 条左右，到了 1880 年代初期，《申报》每天的广告数量达到了 100 多条。但华人广告所占比例很低，一直是十分之二三。[①]《申报》广告数量的逐年增长，主要是大量洋货涌入和彩票广告日增的结果。上海的一首竹枝词描述了当时广告的繁荣情况：“纷纷登报为招徕，何业何方择日开。只要价廉兼物美，一经上市便增财。”[②]

《申报》初创时的广告价格是每 50 字第一天二百五十文铜钱（作价二角五分），第二天至第七天一角五分，第八天一角二分五，1887 年以后广告价格较初创时上涨了一倍。销量激增后，《申报》曾用飞机将报纸运送到西北等地，刊登广告的客户接踵而至，广告版面也随之扩大。1915 年 4 月以后，《申报》的广告版面超过了新闻版面。主编史量才甚至提出了广告第一的原则，明确地把广告的地位放在第一。早期的《申报》广告标题简单、格式单调、语言乏味、内容呆滞，但是随着广告业务的拓展，《申报》广告的可读性和趣味性大大增强。

《申报》广告主要可以分为商务广告、社会广告、文化教育广告和交通广告四大类。在《申报》的前三十年中，商务广告始终占据着《申报》三分之一至二分之一以上的广告版面。[③]而小说广告作为文化广告的重要组成部分，也经历了从无到有、从少到多的过程，逐渐成为报馆赢利的重要来源。《申报》还同时兼营发行、代售小说的业务。晚清的图书竞争很激烈，商务印书馆和中华书局两家独大，《申报》馆虽然以报纸为主，也有其附属的书局如申昌书局、点石斋书局、古今图书集成书局等，1909 年此三家合并为集成图书公司。除了出售这些书局的书刊之外，《申报》馆还代售其他书局的书刊。仅在 1893 年的报纸上，就能看到文选楼、文宜书局、文成堂、扫叶山房、醉六堂、千顷堂、威龙阁书林、珍艺书局、理文轩书局、文瑞楼等十多家书局的小说出版广告，而近代在《申报》上刊登小说广告的书局则达六十余家之多。[④]许多文学类杂志创办之

① 李敏玲：《〈申报〉广告初探》，2004 年《中山大学研究生学刊》（社会科学版）第 25 卷第 1 期。

② 顾柄权：《上海洋场竹枝词》，第 181 页，上海：上海书店出版社 1996 年版。

③ 陈昱霖：《〈申报〉广告视野中的晚清社会》，第 9 页，苏州大学硕士论文，2005 年。

④ 文娟：《申报馆与中国近代小说发展之关系研究》，第 6 页，华东师范大学博士论文，2006 年。

初为了扩大影响力，也纷纷在《申报》上刊登广告，例如《小说丛报》、《礼拜六》、《小说杂志》、《女子世界》、《小说大观》等都曾经在《申报》上刊登广告。为了增强图书的竞争力，吸引更多的图书发行商来《申报》登广告，《申报》在图书广告上大做文章。《申报》上的图书广告很少会像商务印书馆那样，对其一个阶段（通常是一年）的发行书目列一个清单，登一回集体广告，这样的广告除了有史料价值外，广告效果很差。《申报》上所登的文学类广告有的时候打着作者的知名度来加以宣传，有的时候则突出图书的装帧精美或者内容的趣味性，还常常采用降价促销、打折预售、购书赠书、买书赠彩、免费阅读等方式来吸引读者，起到了很好的宣传效果。

《申报》是面向大众的，它在一定程度上改变了文化传播的不平等状况，为失语的大众争夺话语权，促进了近代社会阶层的流动和变化，并形成了一定的制衡力。它也打破了精英文化独霸的格局，推动了大众文化的发展。新兴社会精英也借助近代传媒争夺舆论优势，确立领导地位。大众在获取新知的同时形成了现代社会价值评判体系，开始积极参与到社会变革进程中来。传媒影响了我们理解和思考的习惯，报刊作为一种新型传播工具，为近代文学开创了众多的可能性。

（狄霞晨）

1873 年

1月

《昕夕闲谈》：刊物上连载翻译小说的开端

新译英国小说

今拟于瀛寰琐纪中译刊英国小说一种其书名昕夕闲谈每出琐纪约刊三四章计一年则可毕矣所冀者各赐顾观看之士君子务必逐月购阅庶不失此书之纲领而可得此书之意味耳据西人云伊之小说大足以怡悦性情惩劝风俗今阅之而可知其言之确否然英国小说则为华人目所未见耳所未闻者也本馆不惜缮译之劳力任剞劂之役拾遗补缺匡我不逮则本馆幸甚如或以为不足观而竟至失望则本馆之咎也惟此小说系西国慧业文人手笔命意运笔各有深心此番所译仅取其词语显明片段清楚以为雅俗共赏而已以便阅之者不费心目而已幸诸君子其垂鉴焉谨启

（原载 1873 年 1 月 8 日《申报》）

《昕夕闲谈》是最早在期刊上发表并连载的小说，刊登它的刊物《瀛寰琐纪》也是已知的最早的文学期刊。《瀛寰琐纪》创刊于 1872 年 11 月 11 日（壬申年十月十一日），为月刊，由《申报》馆刊行，刊至 1875 年 1 月止，共出 28 卷。《瀛寰琐纪》为 24 开线装本，用四号字排印，每册 24 页。刘永文的《晚清小说目录》言其“每期销达两千册”。

阿英在《晚清文学期刊述略》中将《瀛寰琐纪》所载作品分为“时论”、“韵文”、“有关民俗的诗文”、“散文”、“小说”。“韵文”与“散文”之分，沿袭的还是中国传统文学的分类法，小说仅仅是其中的一个门类，而且门下也只有《昕夕闲谈》一部。其实《瀛寰琐纪》中一直刊有笔记小说，阿英仍将其列入散文。

《昕夕闲谈》连载于《瀛寰琐纪》第 3 至第 28 卷，从 1873 年 1 月到 1875 年 3 月，历时三年。原著者未标明，仅署蠡勺居士译。据韩南考证，该小说实

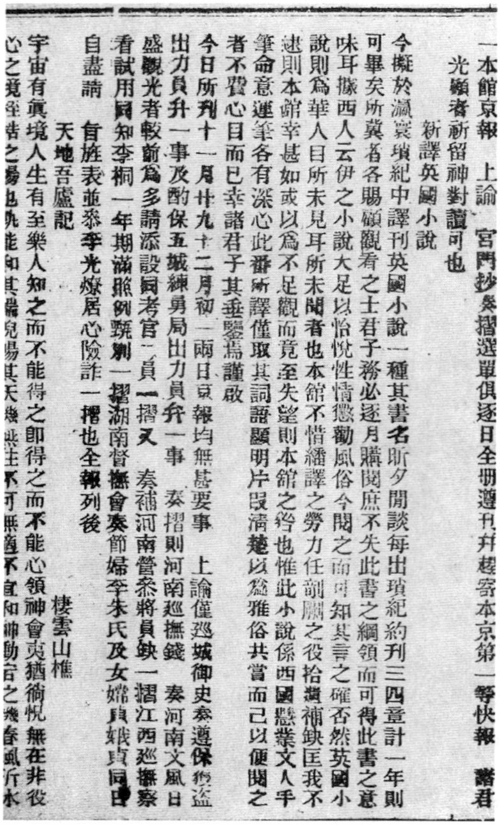
一本館京報 上諭 宮門抄彙摺選單俱逐日全册遵刊并趕寄本京第一等快報 諸君
光顧者祈留神對讀可也
新譯英國小說
今擬於瀛寰瑣紀中譯刊英國小說一種其書名昕夕閒談每出瑣紀約刊三四章計一年則
可畢矣所冀者各賜顧觀看之士君子務必逐月購閱庶不失此書之綱領而可得此書之意
味耳據西人云伊之小說大足以怡悅性情懲勸風俗今閱之而可知其言之確否然英國小
說則為華人目所未見耳所未聞者也本館不惜繙譯之勞力任剞劂之役拾遺補缺匡我不
逮則本館幸甚如或以為不足觀而竟至失望則本館之咎也惟此小說係西國慧業文人手
筆命意運筆各有深心此番所譯僅取其詞語顯明片段清楚以為雅俗共賞而已以便閱之
者不費心目而已幸諸君子其垂鑒焉謹啟
今日所列十一月廿九十二月初一兩日京報均無甚要事 上諭僅巡城御史奏遵保獲盜
出力員弁一事及酌保五城練勇局出力員弁一事 奏摺則河南巡撫錢 奏河南文風日
盛觀光者較前為多請添設同考官二員一摺又 奏補河南營叅將員缺一摺江西巡撫察
看試用同知李桐一年期滿照例甄別一摺湖南督撫會奏節婦李朱氏及女嫦貞娥貞同[illegible]
自盡請 旨旌表並叅李光燦居心險詐一摺也全報列後
天地吾廬記 棲雲山樵
宇宙有真境人生有至樂人知之而不能得之即得之而不能心領神會爽豁愉悅無在非役
心之境[illegible]

《昕夕闲谈》广告

为英国作家爱德华·布威·利顿的长篇小说《夜与晨》的上半部。[1]

我们这里选录的是 1873 年 1 月 8 日《申报》上刊登的“新译英国小说”广告；此后，译者在《昕夕闲谈小序》中言：“若夫小说，则妆点雕饰，遂成奇观，嬉笑怒骂，无非至文。使人注目视之，倾耳听之，而不觉其津津甚有味，孳孳然而不厌也。则其感人也必易，而其入人也必深矣。谁谓小说为小道哉？”又称小说有道淫、诲盗、纵奸、好乱四弊，“去此四弊，而小说乃可传矣”。这两段文字，大体反映了在西方小说传入初期，中国译者和发表译作的报人对小说文体的认识，即已经开始意识到小说有“怡悦性情、惩劝风俗”的作用。虽然这距离后来梁启超的“小说界革命”对于小说的政治作用的期望还相差很远，但《昕夕闲谈小序》所言已经和梁启超对小说审美作用的论述相当接近了。仔细琢磨，仍不难看出字里行间流露出的对小说作用的某种怀疑。比如《申报》的广告虽然提及小说劝世的作用，但是在前面却加上“据西人云”、“今阅之而可知其言之确否”等语，表达了不自信的情绪。这种对小说的不信任，与视小说为“小道”的传统看法息息相关，他们从正统文学观念出发认为小说本身有缺陷，只有除掉四弊，小说才“可传”。其所说的“传”并非审美意义上的传世，而是指在思想道德层面上的影响。

《申报》的广告强调中国读者尚未接触过英国文学，表现了对外国文学的特别关注，这也值得注意。广告中说“惟此小说系西国慧业文人手笔，命意运笔

① 转引自刘永文：《晚清小说目录》，第 1 页，上海：上海古籍出版社 2008 年版。

各有深心”，这里似乎含有对不同于己的“西国文人”的“命意运笔”之“深心”的好奇与兴趣；但对这样的引进还是显得信心不足，强调“本馆不惜缮译之劳，力任剞劂之役，拾遗补缺，匡我不逮，则本馆幸甚。如或以为不足观而竟至失望，则本馆之咎也”，既把其作用限制为“拾遗补缺”，又担心读者仍会以为西方小说“不足观”，介绍者也因此难辞其咎：这些都可以看出，早期西方小说翻译在近代中国小心翼翼发展的状况。

作为第一部在文学期刊上连载的小说，《昕夕闲谈》实际上为后来的连载文学起着某种示范的作用。1877年《申报馆书目》中言《昕夕闲谈》：“逐卷分刊，此五十二卷，真所谓分之则明珠成颗，合之则美玉无瑕者也。”[①]所提出的是连载小说的评价标准和要求：既要“明珠成颗”，有单独成章的能力，又具有整体的“美玉无瑕”的和谐性。因为《昕夕闲谈》是就已经写成的作品翻译的，做到分、合恰当并不难；如果是创作连载小说，边写边发，就不那么容易了。

（李默）

开始登小说广告：文学运行机制的市场化进程与小说地位的变迁

新译英国小说

今拟于瀛寰琐纪中译刊英国小说一种其书名昕夕闲谈每出琐纪约刊三四章计一年则可毕矣所冀者各赐顾观看之士君子务必逐月购阅庶不失此书之纲领而可得此书之意味耳据西人云伊之小说大足以怡悦性情惩劝风俗今阅之而可知其言之确否然英国小说则为华人目所未见耳所未闻者也本馆不惜缮译之劳力任剞劂之役拾遗补缺匡我不逮则本馆幸甚如或以为不足观而竟至失望则本馆之咎也惟此小说系西国慧业文人手笔命意运笔各有深心此番所译仅取其词语显明片段清楚以为雅俗

① 转引自阿英：《晚清文学期刊述略》，第7页，北京：中华书局1959年版。

共赏而已以便阅之者不费心目而已幸诸君子其垂鉴焉谨启

（原载1873年1月8日《申报》）

我们这里再次摘录1873年1月8日《申报》为《昕夕闲谈》所登的广告，是因为它还有另一方面的重要意义：这是近代中国刊登小说广告的开端。

期刊开始刊登小说广告的时间，按刘永文的《晚清小说目录》记载，最早是在“1882年12月15日登载本馆告白：启者，本报后幅所印之《野叟曝言》初则连日登印”[①]。经查《申报》发现，早在1873年1月《申报》已经登过《昕夕闲谈》的广告，而1874年，《瀛寰琐纪》即已开始在《申报》上逐月刊登每期目录。1874年9月26日的广告后附6月《瀛寰琐纪》目录，内有连载小说《昕夕闲谈》二节。

期刊开始刊登小说广告，在中国近代文学史上是一个重要的标志性事件。袁进在《中国文学的近代变革》一书中指出：近代文学的重要特点之一是文学传播机制的市场化；早在明清时代，小说的商业化倾向已经初现端倪，而在近代，随着印刷术的发展和近代报刊、平装书的问世，文学的商业化趋势得到了飞速发展；近代报刊和平装书与传统书籍的不同之处在于，它们“从一开始便是作为商品来生产的”；文学传播渠道和传播目的的变化，带来了从作者群体、读者群体到文学的主题、目的、形式、语言的全方位变革。[②]在新的市场传播方式之下，作家从传统的为“自娱”而创作变为为稿费而创作，因而传统士大夫自行出钱刻印文集占主导地位的“作者中心”创作方式变更为以迎合读者趣味、扩大小说销量为根本的“读者中心”创作方式。“因此，我们也许可以从这一角度理解中国文学近代化的任务，那就是：当中国传统文学进入近代时，它面临的一个重要改变，就是把文学从传统士大夫的专利状态下解放出来，使它面对更多更广泛的读者。用机器复制的中国近代报刊和平装书的发展，改变了传统的文学运行机制，从而也改变了文学的作者、文本和读者。这也是一个文学运行机制市场化的过程。”[③]

晚清小说前所未有的繁盛情况也可以从这一角度来理解。在这一时期，过去并不被列入“文学”殿堂之内的小说，突然摇身一变，成为“文学之最上乘”。

---

① 刘永文：《晚清小说目录》，第392页。

② 袁进：《中国文学的近代变革》，第6—7页，桂林：广西师范大学出版社2006年版。

③ 同上书，第7页。

这是为什么呢？我们必须结合当时的时代背景来把握该现象。陈平原指出，在清末民初，报纸上刊登的各种文学样式之中，只有小说是有稿酬可拿的："报纸收入主要靠广告……到了二十世纪初，上海各种大报小报，都把争夺广告作为报纸生存和发展的首要任务。腾出那么宝贵的版面登小说，不但不收广告费，还得支付作者稿费，这主要并非版权意识起作用，而是小说受欢迎，刊载小说可以扩大报纸的销售量，而销售量大正是吸引更多广告的主要手段。'当时报纸，除小说以外，别无稿酬，写稿的人，亦动于兴趣，并不索稿酬的。'不索稿酬并非为艺术而艺术，对金钱不感兴趣；而是想索稿酬也索不到，因诗文只是点缀，报纸不靠诗文吸引读者，因而，诗文家的精神劳动便无法直接转化为生存资料。"①

根据统计，晚清从1898年到1911年间，共出版了小说1145种，其数目甚至超过了此前清代小说出版数目的总和。②这从一个侧面反映了当时小说作为商业化最强的文体，为读者所喜闻乐见，因而销路甚广、有利可图，各书局和期刊都以出版小说、连载小说为赚取利润、增加销路的不二法门。傅兰雅所提倡的"时新小说"和梁启超所倡导的"政治小说"，也均是看中了小说广受读者喜爱、"推行广速，传之不久辄能家喻户晓"③的特色，认为可以借此改良风俗、开启民智，故而不遗余力地鼓吹小说的作用，进而抬高小说的社会地位和文学地位。

然而，傅兰雅和梁启超却犯了一个致命的错误：小说之所以在晚清能够流传甚广，其根本原因在于它是一种商业化程度相当高的通俗文体，是迎合读者的审美趣味和阅读心理而撰写的。如果希望在小说中加入政治性的叙述和教育性色彩，那么小说与普通读者的阅读要求之间的契合程度必然会大幅降低，难以激起读者的阅读兴趣，其销路也必然不佳。梁启超在创办《新小说》时，已经意识到他所倡导的这种"政治小说"是不能为普通读者提供阅读快感的，故而要在同一期内大量刊登其他翻译小说等"有滋味者"以补偿读者，维持杂志销量，使"政治小说"能附于其中得以传播。

在这样的情形下，读者逐渐成为作者——传播媒介——受众这一条传播链中的核心，读者的兴趣不仅可以决定小说的销路、利润，更可以通过市场化的

① 陈平原：《中国现代小说的起点——清末民初小说研究》，第75—76页，北京：北京大学出版社2010年版。

② 同上书，第73页。

③ 傅兰雅：《求著时新小说启》，1895年6月《万国公报》第77卷。

调控模式影响到作者的判断，间接决定他们使用何种方式、写何种题材的小说。一个重要的例子是韩南指出的，在中国最早的几部翻译小说之中，小说的情节经常会被蓄意改动，使它们变为更符合中国读者的阅读兴趣的样式：如《昕夕闲谈》的结局被改为康吉与美费儿夫人结婚，“而在利顿原著中，康吉只是以前与她有一段短暂的罗曼史，经过许多冒险与发现之后，他最终娶了凡尼，这则广告将小说说成好像是一部标准的‘才子佳人小说’”①。

通俗小说作家为了迎合读者趣味而进行的创作和改动行为，尽管往往易于对小说的文学价值产生不利的影响，促进了“粗制滥造”之作的写作和传播，但从另一方面来看，也使小说和小说家都得到了解放：“相对而言，服从读者大众潜在的指挥，总比俯首听命于某一外在的权威要舒服得多，选择余地也大得多。清末民初小说家政治上的独立性以及小说中的‘叛逆’色彩，与这种‘衣食父母’的转移大有关系。”②何况，市场化进程的进一步完善必然会带来受众群体的细分，使得文学样式的发展更趋于百花齐放、兼容并蓄。方言小说在这一时期的发展，也从侧面说明了此时受众群体的细化已经使作家可以专门针对某一地区、阶层的读者的阅读兴趣而写作，而小说市场的总体高度繁荣正是可以保证“方言写作”的作家能够维持一定销量的根本条件。

随着文学传播机制的市场化、商业化进程的逐步深入，报刊上所刊登的小说广告也逐渐多了起来。“早期的广告多为获利较多的药品、戏院节目、船期及各色货物等，《申报》刊《招刊告白引》中，特别指出刊书籍广告的好处。可只有到二十世纪初小说风行时，报刊上书籍广告才较为普通。书籍广告中主要为小说、各式工具书和教科书。”③陈平原认为，《申报》在《招刊告白引》中特意指出刊登书籍广告的好处，从侧面可见当时“书籍广告”并不普及。实际上，书籍广告在我国古代是发展得较为成熟的广告样式之一。书籍广告早在宋代就已经开始，明清时期，由于书市生意兴隆、竞争激烈，书商经常会“利用各类书籍的插图及首尾来做广告，以此来推销自己印刷的各类书籍”④。《中国广告图史》中列举了1498年《奇妙全相西厢记》底页上的书坊广告：

① 韩南著，徐侠译：《中国近代小说的兴起》，第159页，上海：上海教育出版社2004年版。

② 陈平原：《中国现代小说的起点——清末民初小说研究》，第83页。

③ 同上书，第76页。

④ 黄升民、丁俊杰、刘英华：《中国广告图史》，第120页，广州：南方日报出版社2006年版。

> 本坊谨依经书重写绘图，参订编次大字本，唱与图合，使寓于客邸，行于舟中，闲游坐客，得此一览始终，歌唱了然，爽人心意。[①]

这样的广告样式已经与近代广告十分类似。《申报》在1894年刊登的两则《何典》和《花月痕》的“重印告白”，其语气相当接近于这则明代广告，或盛赞其书描绘鬼情鬼状，生动细致，须发毕现，使人如身临其境；或夸赞其书“虽系小说家言，而写怨言情，口吻绝肖，与曹雪芹《石头记》足以辉映后先”。在对小说风格作简略介绍的同时，也十分注重给予读者阅读快感的暗示，从情感诉求上打动读者。然而，由于近代报刊“告白”刊登费用昂贵，这样细致的广告是很少见的。更多的出版社为了节省费用，只刊登小说的大标题及价格。正如上文所引陈平原的阐释所说明的，作为一种文化娱乐商品，小说虽然当时销路甚广，但终究其利润不能和药品等相提并论。故而成本控制对于商家来讲，亦十分重要。另一层因素是，当时的小说大多采取先在报刊连载、后出单行本的方式[②]，在出版社做单行本广告时，由于这些连载小说的内容风格已为大多数读者了解，故而出于节省费用的考虑，并不需要将其特色一一详尽列出，只要有个标题，令读者知道该书已出单行本，起到“广而告之”的目的就可以了。直至20世纪初期，随着小说行销市场化运营方式的进一步成熟，小说广告才逐渐多了起来，而广告形式和内容也得到了较为完善的发展。

（刘云）

---

① 黄升民、丁俊杰、刘英华：《中国广告图史》，第121页。

② 参见陈平原：《中国现代小说的起点——清末民初小说研究》，第75—76页。

1877 年

11月

近代稿费制度的建立

有图求说出售

兹有精细画图十幅钉成一册名曰　图求说托申报　代售每册收回工价钱三十文但图中之人名地名以及事实皆未深悉尚祈海内才人照图编成小说一部约五万字限于十二月十五日以前缮成清本由申报馆送交择其文理尤佳者一卷愿送润笔洋二十元次卷送洋十元便即装印成书出卖余卷仍发还作者决不有误惟望赐教为幸

寓沪远客启

（原载1877年11月21日《申报》）

1910年，清政府颁布了中国历史上第一部《著作权律》，从法律上规范和保护了稿费制度和作家的著作权益，即从国家层面上承认了文学商业化的合法性，同时确认了文学的商品属性，这在文学的现代化进程中，自然是具有划时代的意义的。但这样的确认，却是中国和国际报人将近四十年努力的结果。

中国古代并没有稿费的观念。唐朝诗人白居易为其故友元稹作墓志，元家以“价当六七十万”的报酬谢他，被白居易婉拒。但这还是属于酬谢范围，并不是以文取值。古代文人也不依赖此道谋生。时至明末，由于出版业的发展和才子佳人小说的盛行，有迹象表明存在书商豢养文人为其炮制小说的现象。但至今没有发现明确的证据和价目，而且这种现象在当时的文人界亦属极少数，所以这种类似“稿费”和“职业文人”的现象也只能存疑。

事实上直到近代，中国文人一直缺乏有酬写稿的意识，用代表自己思想文采的文章换取钱财被认为是一种对“文”的玷污和亵渎。在这种思想的影响下，直至民国初年还有小说作者投稿而不愿接受稿酬的现象出现。[①]1872年，由英

① 袁进：《中国文学的近代变革》，第10页。

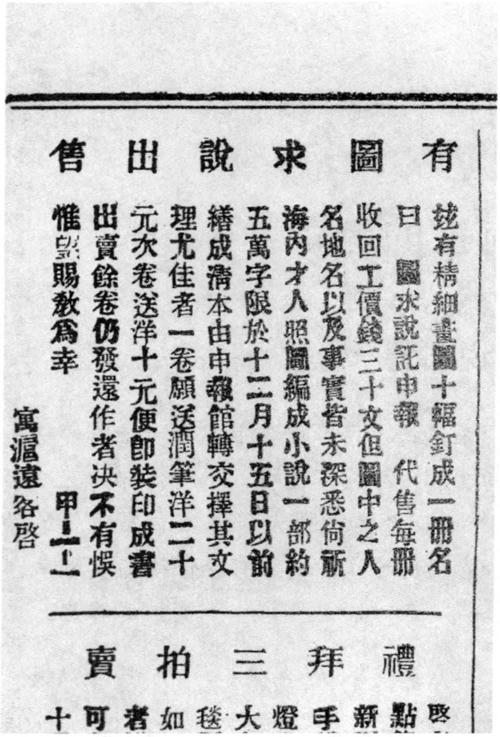

《图求说》广告

籍商人美查在上海创办的《申报》的创刊号上还登载了一份《条例》，称“如有骚人韵士，有愿以短什长篇惠教者，如天下各名区竹枝词及长歌记事之类，概不取值”，“如有名言说论，实有系乎国计民生，地理水源之类者，上关乎皇朝经济之需，下知小民稼穑之苦，附登新报，概不取值”。在《申报》之前，已有若干家向社会公开发行的近代报刊，如北京地区的《京报》和上海地区的《上海新报》，但作者都须向出版者支付费用。在这种背景下，美查当然意识到中国的稿费制度与欧美相比极端不完善。他的《条例》一方面是对中国文人传统文酬思想的适应，另一方面“概不取值”相对于中国传统文酬思想又有了微妙变化，即免费为文人彰文立名。它不仅使得那些比较穷困的文人有了表现才华的机会，也以一种潜移默化的方式逐步改变中国传统知识分子的文酬观念，这为后来付费稿酬能被社会公认做了铺垫。

由于报刊业的进一步发展和按劳计酬的商业化观念对传统意识的进一步渗透，近代稿费制度终于在中国逐步建立起来。最早的稿酬意识可能诞生于绘画界，文学界的稿费意识最早见于小说界。

1877 年，“一部名为《后水浒》的小说由上海《申报》出版，提供小说原稿的人主动提出要《申报》出钱购买，得到应允”[①]。而报刊第一次小说征文言明付酬发生在光绪丁丑年（1877）十月十七日（11 月 21 日），刘永文《晚清小说目录》记载：“署名‘寓沪远客’者，在《申报》登载‘有《图求说》出售’”[②]，

① 参见汤林弟：《中国近代稿酬制度的诞生》，2004 年《编辑学刊》第 2 期。

② 刘永文：《晚清小说目录》，第 393 页。

我们这里已作全文选录。这已经属于有商业目的的小范围征文了，虽然有题材限制，非自由投稿，但稿费价目的等级已经开始清晰，算是稿费制度的建立迈出的重要一步，为报纸的大范围付费征文做好了铺垫。

1878 年，《申报》头版便时常出现“搜书”广告，称：“诸君子有已成未刊之著作拟将问世，本馆愿出价购稿，代为排印，或装订好后，送书十部或百部申酬谢之意，总视书之易售与否而斟酌焉。”这里出现“出价购稿”的说法，但是这种稿酬只是以书相送，类似于出版后的赠书，形态比较暧昧，未形成比较严格的稿酬制度。“1901 年，日方资本家在上海创办的东亚益智译书局在报上刊登广告征集书稿，引进了新的稿酬形式，‘译出之书……当酌送润笔之资或提每部售价二成相酬’。‘润笔之资’即稿费，‘提成相酬’则是西方通行的版税制。”①可以算是有了比较明确的稿酬价目。但是我们注意到，不管是 19 世纪的《申报》还是后来的东亚益智译书局，其主办人主要都是国际报人。《申报》直到 1889 年才由席子眉担任其公司买办，其间的稿酬制度相对于美查时期并没有大的发展。中国报人在稿费制度的建立上还没有真正的贡献，中国近代稿费制度仍处在单方面接受外国影响的阶段。

中国报人所出的规范制度化的稿费名目最早见于 1902 年 10 月第 19 号《新民丛报》上所载《新小说社征文启》。《新小说》亦为梁启超所办刊物，这则征文随后在 1902 年 11 月《新小说》创刊号上也原文登录。其内容为：

> 小说为文学之上乘，于社会之风气关系最巨。本社为提倡斯学，开发国民起见，除社员自著自译外，兹特广征海内名流杰作绍介于世，谨布征文例及润格如下：
>
> 第一类，章回体小说在十数回以上者及传奇曲本在十数出以上者：
>
> 自著本甲等　每千字酬金　四元
> 同　　乙等　同　　　　　三元
> 同　　丙等　同　　　　　二元
> 同　　丁等　同　　　　　一元五角
> 译本甲等　每千字酬金　　二元五角
> 同　乙等　同　　　　　　一元六角
> 同　丙等　同　　　　　　一元二角

① 汤林弟：《中国近代稿酬制度的诞生》，2004 年《编辑学刊》第 2 期。

凡有惠寄此类稿件者，若能全书见寄最妙，不能则请先寄三回或三出以上，若本社不合用，即将原稿限五日内珍复，决不有误；若合用，则拟其酬金等第奉告。如投稿者或不满意于其等第，亦请速惠函，俾将原稿珍复。

本社所最欲得者为写情小说，惟必须写儿女之情而寓爱国之意者乃为有益时局，又如《儒林外史》之例，描写现今社会情状，藉以警醒时流，矫正弊俗，亦佳构也。海内君子，如有夙著，望勿闷玉。

第二类，其文字种别如下：

一、杂记。或如《聊斋》或如《阅微草堂笔记》，或虚构或实事，如本报第一号“杂记”之类

一、笑话。

一、游戏文章。不拘体格。

一、杂歌谣。不必拘定乐府体格，总以关切时局为上乘，如弹词粤讴之类皆可。

一、灯谜酒令楹联等类。

此类投稿者恕不能遍奉酬金，惟若录入本报某号，则将该号之报奉赠一册，聊答雅意。其稿无论录与不录，恕不缴还。

凡投稿诸君务请书明姓氏住址，俾得奉复。

《新小说社征文启》作为小说界革命的一大标志，其意义不言而喻。单从稿费制度的建立而言，这份征文第一次在中国近代刊物上建立了明确精细的稿费体系。它明确来稿需按质量取付稿酬，译稿明显比原创稿廉价，并且等级相对于原创稿的甲乙丙丁四等少了丁等，只分为三等。该征文明晰了投稿退稿的具体事宜，并建立了作者和出版者之间的可交流渠道——“如投稿者或不满意于其等第，亦请速惠函，俾将原稿珍复”。当然该征文由于其革新的立场，对于投稿的区分和选用有所偏颇。但是作为中国报人所办刊物，较之从前大大完善了近代稿费制度，产生了质的飞跃。

1904 年 12 月 6 日《申报》也刊登了一则《上海商务印书馆征文》，较之《新小说社征文启》显得更加商业化。它对来稿付费的范围规定得更加广泛，主征三类文稿：其一“国文教科书题”，其下分为“公德”、“弊俗”、“实用器具”、“游戏器具”和“各地物产”五类；其二“小说题”，其下分为“教育小说”、“社会小说”、“历史小说”和“实业小说”四类；其三“论说题”，其下为数个

时政论题，不再局限在小说一类（《新小说》因期刊性质不得不如此，但是却对其他文类的稿酬制度的建立起了极大的示范作用）。该征文也模仿《新小说社征文启》明确了选稿和退稿事宜。从这则广告可以看出，由《新小说》在小说界建立的完善的稿费制度已经普及到别的文类，只是大多倾向于对社会有实用价值的文类。

值得注意的是，身为中国古代文学主流的诗文杂著在近代稿费制度中却一直没有得到新时代的"稿酬"。在稿费制度得以明确精细化的时候，诗文杂著仅仅可以得到"奉赠一册，聊答雅意"的待遇，并且这种《新小说》给予它们的待遇一直得到传承，如《月月小说》、《小说林》、《小说月报》、《小说时报》等都一致声明，刊登诗文杂著只酌量赠给作者样书或书券，"以答雅意"。不知是太过正统的地位妨碍了诗文杂著的收益，还是新时代它们被渐渐边缘化的处境所致？

稿费制度是近代文学商业化的一种标志，是商业文学市场的一种象征。作家所得稿费不仅与其文学本身的质量和个人声誉相联系，还与市场相关。稿费制度的确立不仅是文酬观念本身的改变，而且因为连接了市场和文学，为中国文学带来了难以估量的变化。不论是《新小说社征文启》在写情小说上嫁接家国政治意识，还是《上海商务印书馆征文》过于实用和功利的倾向，都隐约显示了稿费制度对作者写作趋向的引导和限制，酝酿着新文学的某种气息。

（李默）

12月

被誉为清代小说压卷之作的《夜雨秋灯录》

夜雨秋灯录

每部实洋　四角五

（原载1877年12月29日《申报》）

光绪三年（1877），天长人宣鼎所著的文言短篇小说集《夜雨秋灯录》由上海《申报》馆以仿聚珍版印行问世，共八卷115篇。在清代为数不少的仿《聊斋志异》著作中，《夜雨秋灯录》被认为是较好的一部，被誉为清代小说的压卷之作。鲁迅《中国小说史略》说：“《夜雨秋灯录》十六卷（光绪二十一年序），其笔致又纯为《聊斋》者流，一时传布颇广远。”[①]蔡尔康为其书所作的序言则称：“书奇事则可愕可惊，志畸行则如泣如诉，论民故则若嘲若讽，摹艳情则不即不离。”[②]

《夜雨秋灯录》的作者宣鼎（1832—1880？），字子九，又字素梅；号瘦梅，又号邋遢书生、金石书画丐，安徽天长人。宣鼎多才多艺，诗画俱佳，更兼书法、篆刻等艺事，作小说、戏剧其实可称是其余事。宣鼎少年时期家境丰裕，且天资过人，勤奋好学。20岁时因母亲和嗣父相继去世，家道开始中落。26岁入外家为婿。后因太平军攻占天长，携家离乡，飘零四海。《夜雨秋灯录》自序中说，自己“慷慨从军，几死锋镝”。31岁时，曾充任当道幕僚，此后又辗转各地，馆淮海，游山左，入兖州滋阳县幕。“奔疲蹇涩，近于托钵”，不觉“忽忽焉行年已四十矣”。40岁时曾大病一场，病愈后开始创作《夜雨秋灯录》，两年后

① 鲁迅：《中国小说史略》，第164页，天津：百花文艺出版社2002年版。

② 蔡尔康：《〈夜雨秋灯录〉蔡序》，《夜雨秋灯录》（上、下），第2页，上海：上海古籍出版社1987年版。

得文115篇。《夜雨秋灯录》的初稿在1877年刊行后，《夜雨秋灯续录》于光绪六年（1880）出版，仍为八卷115篇。

夜雨秋燈錄初集卷一

天長宣　鼎瘦梅甫著

青天白日

《夜雨秋灯录初集》书影

关于《夜雨秋灯录》的题材，鲁迅在《中国小说史略》中曾将此书与《聊斋志异》作比较，说它“然所记载，则已狐鬼渐稀，而烟花粉黛之事盛矣”[①]。事实上，《夜雨秋灯录》中鬼狐之事确有减少，但烟花粉黛之作却并不多。宣鼎在《自序》中说：“取生平目所见、耳所闻、心所记忆且深信者”，“樵歌牧唱，有时上献刍荛；鬼董狐谐，无语不关讽劝”[②]，蔡尔康的序言亦说其书“搜罗奇事，掇拾旧闻”[③]，可见其书题材来源于社会现实，但是兼有虚构之神怪鬼狐之事。作者欲借怪力乱神之事来写牢骚，寄美刺，这正是古代文学中讽劝精神的一种表现。《夜雨秋灯录》在一定程度上也的确反映了近代的社会现实。如《赚渔报》抨击为富不仁、欺凌渔户的恶劣行径，《金竹寺》揭露富豪魏虎强夺民女，《驴化为履》则讽刺了富户人家的吝啬，《白老长》描写官场的黑暗腐败，《蛇膈》写地主阶层对贫农的土地兼并。这些小说有许多已接触到当时社会矛盾的深层，具有较深刻的批判意义。《夜雨秋灯录》中最出色的当属爱情题材的小说，这类小说描写青年男女尤其是女性对爱情生活的向往和追求，歌颂她们对爱情的专一和真挚，这使得这些女子往往具有一种超越时代的魅力。如《雪里红》中的雪里红自主择婿，不善吟咏、歌舞、刺锦等女儿之事，却有杀马贼、解郡围的壮举；又如《耍字谜》中女扮男装的泸州刺史之女刘世璜。她们积极的人生态度，对人生价值的自主追求，在当时的时代氛围里确实具有一种超前的魅力。再如《盈盈》中的张盈盈、《铁簪子》中的筝娘，她们用果决的态度来证明对爱情的始终不渝；《秦二官》中的阿良、《香憨儿》中的慧哥，都勇敢地做出了与所爱之人私奔的叛逆之举。《麻疯女邱丽

① 鲁迅：《中国小说史略》，第164页。

② 宣鼎：《〈夜雨秋灯录〉自序》，《夜雨秋灯录》（上、下），第4页。

③ 蔡尔康：《〈夜雨秋灯录〉蔡序》，同上书，第2页。

玉》则是一篇流传较广的名篇，讲述粤西美女邱丽玉为爱情自我牺牲的故事，情节跌宕数次，最终有情人终成眷属。这篇小说的影响非常大，从它派生的作品有昆曲《病玉缘》、评剧《麻疯女》，长篇小说《邱丽玉》，还被拍成了电影。除了歌颂这些具有积极意义的正面女性形象，《夜雨秋灯录》也叙写了一些命运凄惨的女性，她们往往是被污辱、欺凌甚至遗弃的对象，如《姜小玉》中的小玉、《宓珠》中的宓珠。

宣鼎是位多才多艺的才子，艺术修养很高，这种艺术修养在《夜雨秋灯录》中时有体现。这首先表现在小说的语言艺术上，《夜雨秋灯录》的语言雅致而畅达，质朴而不失清丽，它并不像《聊斋志异》那样在文言上追求古奥，而是趋向于浅近易懂，但又不会流于粗俗。书中有关自然景色的描写，常常颇具诗情画意，有时也会使用质朴的语言，带有亲切的乡土之气，如《樟柳神》一篇描写农村夏天的风貌：

> 时正酷暑，晨风清凉，行至秋稼湾，日渐上，热甚。路旁有人家，茅舍闭门，主犹酣寝。门外搭豆花棚，蔓延接髡柳，下有两石凳，颇洁净，露水犹湿，遂拭以布巾，就坐小歇，钻火吸烟。忽闻棚上有歌者，声啾啾如秋后知了吟，倾听之，歌曰："郎在东来妾在西，少小两个不相离。自从接了媒红订，朝朝相遇把头低。低头莫碰豆花架，一碰露水湿郎衣。"[1]

这段文字抓住主人公的一些细节动作进行描写，生动传神。

《夜雨秋灯录》在清末曾有比较大的影响。谭献《复堂日记补录》认为其书有《拾遗记》之遗意，指出了其书情节曲折、语言优美、想象丰富的艺术特点。丘炜萲《菽园赘谈》中说："梅（谓宣鼎）之笔墨颇近《谐铎》，意翻空而易奇，纤新隽永，有清淡之风，观者善之。"[2]民国以后，《夜雨秋灯录》颇受冷落，学界对它研究亦极少。

（孙捷）

---

① 宣鼎：《〈夜雨秋灯录〉自序》，《夜雨秋灯录》（上、下），第156页。

② 转引自宣鼎：《正续夜雨秋灯录》（上、下），第15页，长春：时代文艺出版社1987年版。

1884 年

5月

《点石斋画报》的追求与特色

画报出售（申报馆主人启）

本馆新创画报特请善画名手选择新闻中可惊可喜之事绘制成图并附事略由点石斋刷印每月定期数次每次八图由送报者随报出售每本收回工料洋五分其摹绘之精笔法之细补□之工谅购阅诸君自能有目共赏无俟赘述上海除卖申报人兼售外申昌书画室亦有出卖外埠则随报分寄就近取阅可也兹准于四月十四日第一卷书成发兑特布

（原载 1884 年 5 月 8 日《申报》）

《点石斋画报》第 1 号

《点石斋画报》是石印画报的代表，由上海《申报》老板英商美查创办，英文名称为 *The Illustrated Lithographer*。创刊于 1884 年 5 月 8 日，即光绪十年四月十四日，终刊时间大致有三说，即 1894 年、1896 年和 1898 年。《点石斋画报》一共出版了多少期，说法不一。根据近年的研究成果，学界多认为《点石斋画报》共出版 44 集 528 号，终刊于 1898 年 8 月，即光绪二十四年六七月间。

1884 年 5 月 8 日的《申报》头版，登出了第一则《点石斋画报》广告。随后每一期《申报》在头版第一条都会有这样一则广告，反复宣传，上一期《点石斋画报》的宣传往往到刊登下一期画报广告时才停止。

这一期的《点石斋画报》上也有美查所撰的《点石斋画报缘启》:

画报盛行泰西，盖取各馆新闻事迹之颖异者，或新出一器，乍见一物，皆为绘图缀说，以征阅者之信，而中国则未之前闻。同治初，上海始有华字新闻纸，厥后《申报》继之，周谘博采，赏奇析疑，其体例乃渐备，而记载事实，必精必详。十余年来，海内知名，日售万纸，犹不暇给，而画独阙如，旁询粤港各报馆亦然。于此见华人之好尚，皆喜因文见事，不必拘形迹以求之也。仆尝揣知其故。大抵泰西之画，不与中国同。盖西法娴绘事者，务使逼肖，且十九以药水照成，毫发之细，层叠之多，不少缺漏。以镜显微，能得远近深浅之致。其傅色之妙，虽云影水痕，烛光月魄，晴雨昼夜之殊，无不显豁呈露。故平视则模糊不可辨，窥以仪器，如身入其境中。而人物之生动，犹觉栩栩叫欲活。中国画家拘于成法，有一定之格局，先事布置，然后穿插以取势，而结构之疏密，气韵之厚薄，则视其人学力之高下，与胸次之宽狭，以判等差。要之，西画以能肖为上，中画以能工为贵，肖者真，工者不必真也，既不皆真，则记其事又胡取其有形乎哉？然而如《图书集成》、《三才图会》，与夫器用之制，名物之繁，凡诸书之以图传者，征之古今，不胜枚举。顾其用意所在，容虑夫见闻混淆，名称参错，抑仅以文字传之而不能曲达其委折纤悉之致，则有不得已于画者，而皆非可以例新闻也。虽然，世运所至，风会渐开，乃者泰西文字，中土人士颇有识其体例者，习处既久，好尚亦移。近以法越构仇，中朝决意用兵，敌忾之忱，薄海同具。其好事者绘为战捷之图，市井购观，恣为谈助，于以知风气使然，不仅新闻，即画报亦从此可类推矣。爰倩精于绘事者，择新奇可喜之事，摹而为图，月出三次，次凡八帧，俾乐观新闻者有以考证其事。而茗余酒后，展卷玩赏，亦足以增色舞眉飞之乐。倘为本馆利市计，必谓斯图一出，定将不翼而飞，不胫而走，则余岂敢。

光绪十年暮春之月尊闻阁主人识。

结合上引两段文字，可以看出《点石斋画报》办报之初的一些特点和宗旨。

其一，《点石斋画报》主要发售方式是与《申报》同时销售，有夹带发售的特点，但也可以单独购阅，比如上引广告中的申昌书画室代售以及发往外埠随报分寄等。其实申昌书画室亦为美查与人合创，而负责画报的点石斋也是其在 1878 年创立的。点石斋本身在画报问世之前就已经以其先进的石印技术在印书局中十分有名，在《申报》、《新闻报》等报纸上常常可以看到点石斋印书局图书的广告。多样化的销售方式和印刷质量的保证使得《点石斋画报》销量极好，最初每号可到3000份以上，以后销量更高。广告中虽然没有提及，但《缘启》中提到画报为旬刊——每月出三次。在其后的类似广告中，美查还提到如果有读者漏期没有买全，《点石斋画报》还将每12期集成一卷，方便读者收藏。这样便发展出独特的两套编次方式：一是每期封面上印着序号和出版日期；另一则是从读者装订成册的角度来编排。后者基本单位是集，每集下又有12号，分别以"甲一"、"甲二"、"甲三"等表示。画报出版时在页缝中印有"甲一"、"甲二"、"甲三"等区别期号，再辅以连贯的页数。每集最后一号会附上本集全部画的目录。这样读者每集齐一集，便可装订成书籍样。集的排序按照天干（甲乙丙丁戊己庚辛壬癸）、地支（子丑寅卯辰巳午未申酉戌亥）、八音（金石丝竹匏土革木）、六艺（礼乐射御书数），再到文人的四德（文行忠信）以及周易（元亨利贞），依次下来，至终刊，共有44集528号。

其二，《点石斋画报》与以往画报不同，并非以图衬文，而是以文衬图，以图为主。在《点石斋画报》之前已有《小孩月报》、《瀛寰画报》和《画图新报》三份所谓"画报"。但如阿英所说："因为《小孩月报》，实系一种文字刊物，附加插图，目之为画报，是不大适当的。《瀛寰画报》内容，也只是些世界各国风土人情的纪载，缺乏新闻性。……无论其为《小孩月报》，为《画图新报》，为《瀛寰画报》，其图皆出自西人手，制图亦皆用镂版。"[①]而《点石斋画报》如广告所言是国人画手作画，以新闻趣闻为画题，又是以图为主，所以应该算是中国第一份画报——同时凸显了画和报两种特点。但这并非说所有的画报中的画都是以图为主，例如画报报道缅甸战争时，全是文字；又如一部分游记采用了一半图一半文字的方式，中间用线隔开——不同于用文字补白的方式。但总体上来说，《点石斋画报》仍然是一份画册式的报纸。

其三，从《缘启》中可以看到美查有意在画报上实现一种不同于中国传统绘画艺术的绘画，即讲究人物真实和视觉科学。这种要求自然和美查自身的西方美术修养有关，但结合《点石斋画报》本身的性质，这种新的艺术风格也是必需的。中国传统绘画讲究意境和留白，《点石斋画报》作为一份商业化报纸，

① 阿英：《中国画报发展之经过》，《晚清文艺报刊述略》，上海：古典文学出版社1958年版。

很难实现这两者。首先《点石斋画报》要关注市民社会所关注的都市市井环境而非山水花鸟，这种环境中的事件本身就热闹拥挤不堪，很难构造传统美学中的闲适优雅的意境；其次，即使在表现乡野传奇的部分，《点石斋画报》也将细节画得极其琐碎和真实，这无疑是作为一份新闻趣闻，画报有义务去满足读者的好奇心和窥探欲，自然越详细越好；再则，商业化的报纸，纸张成本本来就要尽量缩减，又怎么可能作出大量留白呢?

其四，《点石斋画报》本身的兴趣点在“可惊可喜之事”。《点石斋画报》第1期第一幅画就是《力攻北宁》，是一个战争报道。如《点石斋画报缘启》中美查所强调的，战争无疑是当时市井气氛中的一个兴奋点。值得注意的是，《点石斋画报》在报道战争时所采取的视角，即所谓“其好事者绘为战捷之图，市井购观，恣为谈助，于以知风气使然，不仅新闻，即画报亦从此可类推矣”，似乎编辑者并不在意战争本身的状况，更关注的是市井阶层对战争的态度。市民喜闻乐见的是战争的胜利图景即大捷图，可见新闻本身所包含的伦理价值在《点石斋画报》中并不那么重要，重要的是市民需要怎样的价值，怎样的价值观念更能够吸引市民读者。这就决定了《点石斋画报》对所报道的新闻常作壁上观，不追寻其中的意义，唯以“新奇”为骛。市民阶层审美力上的绵弱，决定了他们对表现生活沉重面的黑色题材和主题的回避和拒绝，即使偶涉负面新闻，态度也显得格外委婉和宽容。一味追求“可惊可喜”的新鲜之事，格局自然很小。这是画报面向中下文化层次的市民的定位使然。

其五，《点石斋画报》总体上是以特邀的画家作画为主。吴友如是其中最重要的画家。虽然吴友如1890年11月便离开了《点石斋画报》，其间也有一段时间不在画报工作，但是由于前六号的画报有40%是他创作的，所以画报的风格实际上是他奠定的。如果说美查是策划者，吴友如应该算是最有力的实践者。他的画作大多融入民间年画线描技巧与西洋画透视、解剖之术，擅作层次丰富之大场景铺陈，线条简洁生动，构图新颖。第一集受邀的画家还有：金蟾香、张志瀛、马子明、吴子美、顾月洲、贾醒卿、田子琳。第一集以后加入的有：周慕桥、符节、何元俊、葛龙芝、戴子谦、李焕尧、沈梅波、王剑、管劬安、金庸伯等。他们构成了画报的固定画师群体，使得刊物能保持稳定的特色。这也是商业化报刊的一大特征：只有稳定而成功的风格才能保持长久的生命力。

在《点石斋画报》取得成功之后，美查在《申报》广告中又陆续有一些关于画报的探讨，有名曰“见所见斋”的疑似美查好友的作者也曾发表《阅画报书后》对画报进行评点，认为画报是开启民智教化社会的有力工具。作为一份面对中下文化层次市民的画报，开启民智自然是毋庸赘言的，教化社会却有些勉为其难：画报也在宣扬因果报应和惩恶扬善，但只是市民社会价值观的附和而谈不上教化；画报介绍西方器物科技的作用的确功不可没，但在价值观念上也没有太多突破。例如报道女子会议，不关注女子学问和气度，却意在窥探私密，就显出了小市民的俗气。因此“教化劝诫”云云，在一份商业化画报里，不过是一种自我加镀的装饰。如果卸去教化等等重负，作为一份晚清社会画史，其市民性、商业性反而是弥足珍贵的。

（李默）

1891 年

7月

王韬与《后聊斋志异》

石印绘图后聊斋志异

后聊斋志一种乃天南遁叟王韬先生所辑先生博览群书著作颇富所辑是编集近日烈女侠士青楼名姝以及僧道鬼狐文人伤心女子薄命可惊可喜可悲之情□□□□笔法匀心斗角奥妙无穷事奇文奇读之可以感人性情揣摩之可以化人文□□实灯残酒后解颐一助仿前聊斋志例分十二卷每篇首口名人绘图□□之石印书画并妙装帧精雅外用布套每部六本码洋二元

（原载 1891 年 7 月 8 日《申报》）

《后聊斋志异》，原名《淞隐漫录》，王韬（1828—1897）著，各篇原发表在《申报》副刊《画报》上，历时三年余。1884 年由点石斋石印出版，之后上海鸿文书局和积山局用点石斋原版缩印，改名为《绘图后聊斋志异》出版多次。

1891 年 7 月 8 日《申报》刊登了缩印本《绘图后聊斋志异》的广告。缩印本舍弃的原书名《淞隐漫录》，点出了作者王韬写作时隐居在沪上“淞北之寄庐”的信息，比《后聊斋志异》这个后起的书名包蕴丰富，也更风雅脱俗。缩印本舍弃原名，刻意把此书作为蒲松龄文言短篇小说集《聊斋志异》的续貂之作，不知是否符合作者本意，但从书籍营销角度看，大概书商是想借《聊斋志异》的巨大声名提高此书的身价。

广告列举了这本文言小说集各篇故事所涉及的范围，包括“烈女侠士青楼名姝以及僧道鬼狐”，强调博览群书、著作颇富的作者善于描画“文人伤心、女子薄命”等“可惊可喜可悲之情”，而且笔法高妙，“事奇文奇”，可作“灯残酒后解颐一助”。由于附有石印插图，就有“书画并妙”、“装帧精雅”之类的宣传语。总之，广告突出了该书的各项卖点，显示了一种商业的眼光。但这些卖点，都没有超出一般文言短篇小说集共有的特点，仅把王韬的著作看作《聊斋志异》众多仿作中的一部，只是学问较好、文笔比较优美而已：这恰恰低估了它的实际价值。

《后聊斋志异》广告

王韬绝非普通的文人墨客，他曾应英国传教士麦都士之邀，到上海墨海书馆工作。因化名黄畹上书太平天国被清廷下令逮捕，在英国驻沪领事帮助下逃亡香港，协助英华书院院长理雅各将“十三经”译为英文。他曾漫游法、英等国，后在香港集资创办《循环日报》，评论时政，提倡维新变法，影响很大。又曾应日本文人邀请前往日本，游览了东京、大阪、神户、横滨等城市，写成《扶桑记游》。晚年回到上海担任格致书院院长，直至去世。他是那个时代难得的接受西方先进文化，并曾远渡重洋亲身探访西欧、日本的维新思想家。新颖的思想和广阔的阅历，使得作者晚年所作的文言小说集自然别具新意，不可能湮没于《聊斋志异》的众多仿作之中。

《后聊斋志异》的特异之处从作者自序便可见一斑。古代文言短篇小说大多为谈狐说鬼的超自然题材，王韬却在序言的开头大谈无神论，倡言古代文言小说中常见的狐仙、五通等物根本不存在，而这些灵异现象只是“圣人以神道社教”，是“为下等人说法”。中国古代主张无神论的作家颇有一些，王韬的与众不同之处在于他的无神论是建立在西方近代科学知识基础上的，他热情赞扬西方人“穷其技巧，造器致用”，能够凭借科学技术达到“舟车之行，蹑电追风”、“信音之速，瞬息千里”、“化学之精，顷刻万变”，认为古代中国人不着边际的神话幻想都被掌握了近代先进科学技术的西方人在现实中一一实现了。在中西比较后，王韬对于耽溺于谈狐说鬼的文言小说提出了尖锐的批评：“不此之务，而反索之于支离虚诞，杳渺不可究诘之境，岂独好奇之过哉？其志亦荒矣！”[①]尽管如此，全书收集的文言短篇一半以上还是谈狐说鬼的老题材，作者如此不留余地地贬损自己正在进行的小说工作，说明他是有着满腔抱负、一身本领不得施展的怨愤的。自序最末一句说：“世之见余此书者，即作信陵君醇酒妇人观可也。”[②]把创作文言短篇小说比作信陵君政治失意后自暴自弃以醇酒妇人慢性自杀，作者的隐忧和沉痛可见一斑。

鲁迅《中国小说史略》把王韬《淞隐漫录》、《淞滨琐话》与宣鼎《夜雨秋灯录》并列，称“其笔致纯为《聊斋》者流”，“然所记载，则已狐鬼渐稀，而烟花粉黛之事盛矣”，这个评价是中肯的。[③]不过“狐鬼渐稀”并非“狐鬼全无”，全书中仿效《聊斋志异》谈狐说鬼的篇章还是占了颇大的比例，但作者既然已经用西方近代科学知识驳斥了狐鬼灵异的虚妄，接受了西方近代思想的他对于“圣人以神道社教”以“为下等人说法”的小说写作策略又明显没有太大的兴趣，所以这部分最接近《聊斋志异》的短篇小说恰恰因为承袭蒲松龄以来的窠臼而无法超越先贤，是全书比较不重要的部分。使得《淞隐漫录》在文言短篇小说史上别具一格的倒是那些描画“烟花粉黛之事”的作品。王韬在自序结尾“信陵君醇酒妇人”的提法并非全然是文学比喻，这位极具名士气质的作家确实是上海青楼妓院中的常客，即便是在出国旅行期间，风流成性的王韬也没有放过北里之游的机会。因为他长期出入烟花柳巷，非常熟悉当时烟花女子的生活与命运，当他一腔牢骚无法排遣，落笔为文则顿时烟霞满纸，虽有不少作品不免流于无行文人的游戏笔墨，但其中对于妓女才华由衷欣赏、对妓女不幸命运寄予深切同情的优秀作品，笔力直追晚明余怀的杰作《板桥杂记》。

更使此书可在中国笔记小说史上聊备一格的是，王韬开创性地把短篇小说的笔触延展到异国女郎。美貌轻佻的日本农家女阿传行凶杀人，几乎成为疑案，被逮三年后终于明正典刑，一时震动日本，被排成戏曲在戏院演出。当时正在日本旅行的王韬观剧后写成长篇歌行《阿传曲》，他自称这篇诗歌在日本一时洛阳纸贵，后又据此敷演成传奇体小说《纪日本女子阿传事》，他仗一支健笔把这个美丽而妖冶的东瀛少女刻画得历历在目。又如《媚梨小传》，叙英国美女子

① 王韬：《〈松隐漫录〉自序》，《淞隐漫录》，第 1—2 页，北京：人民文学出版社 1983 年版。

② 同上。

③ 鲁迅：《中国小说史略》，第 164 页。

媚梨因为背盟另嫁，新婚之夜新郎被新娘从前的情郎羞辱后愤而自杀，媚梨改嫁一中国官吏远赴上海定居，不料情郎从伦敦尾随而至，媚梨知难幸免，借故支开她的中国丈夫，举枪与从前情郎同归于尽。小说曲折紧凑，情节时时陡转，且越翻越奇，叙异域佳人，而牵合开埠后上海洋场背景，也是一篇难得的佳作。此外如《柳桥艳迹记》、《桥北十七名花谱》、《东瀛才女》等篇直接描写众多日本青楼女子的群像，也是此类笔记小说从未涉足的题材。王韬具有以西学知识为背景的开阔眼界和满腹经纶却得不到施展舞台的悲愤，转而从事文言小说创作，从当时书局编辑所撰的书籍广告中，可以看出他的小说真正不同于前人的卓越之处并不为时人所理解。但这并不能掩盖其价值：王韬的文言短篇小说反映了最初接受西学并亲历外洋的第一代中国知识分子在文学创作中的新变，因而在文言小说史的尾声留下了富有特色的一笔。

（周羽）

1892 年

2月

《海上奇书》的分量

海上奇书告白

每月朔望出书一本　实价一角　托申报馆代售

海上奇书共是三种随作随出按期印售副先睹为快之意其中最奇之一种名曰海上花列传乃是演义书体专用苏州土白演说上海青楼情事其形容尽致处俱从十余年体会出来盖作者将生平所见所闻现身说法搬演成书以为冶游者戒故绝无半个淫亵秽污字样至于法绘精工楷书秀整犹为此书余事此外两种一曰太仙漫稿翻陈出新戛戛独造不肯使一笔蹈袭聊斋窠臼一曰卧游集摘录各小说中可喜可诧之事萃为一编作他日游观之券此海上奇书之大略也定于二月初一日出售第一册海上奇书每本实价一角本埠由卖申报人代售外埠售申报处均有寄售大一山人启

（原载 1892 年 2 月 5 日《申报》）

《海上奇书》创刊于 1892 年，是目前公认的中国首部小说期刊。它比 1902 年梁启超在日本横滨发起的《新小说》杂志早 10 年时间，也就是说领先中国小说期刊大潮整整 10 年。韩邦庆集主编、编辑、作者、发行人等多种职能于一身，仅靠一人之力维持了这本半月刊达 15 期之久。他对刊物发行过程中广告宣传颇为看重，据统计，前后刊登广告达 43 次之多，仅在刊物创刊号出版前，就在当时发行量最大的中文报纸《申报》上从光绪十八年正月初六（1892 年 2 月 4 日）起至正月二十八日（2 月 26 日）止刊登了 11 次广告[①]，由此可见韩邦庆的现代意识和商业眼光。

韩邦庆，号太仙，广告署名的大一山人，是太仙的拆字格，说明广告正是

① 范伯群:《〈海上花列传〉的广告案例》，2008 年 5 月《书城》第 24 期。

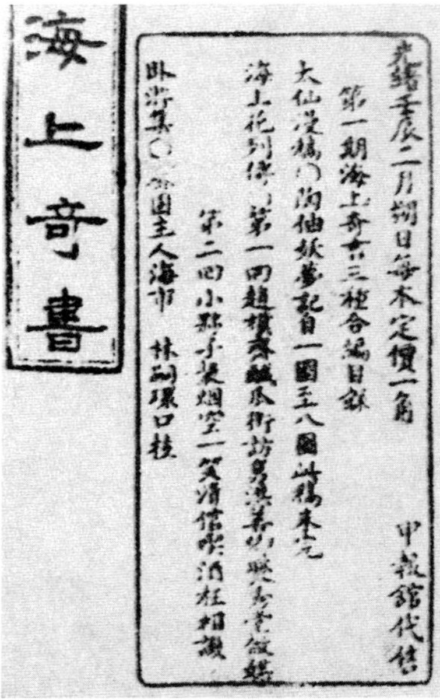

1892 年《海上奇书》第 1 期

出于韩氏本人的手笔。广告着重介绍了刊物将要登载的主要内容，明确介绍即将登载的小说“共是三种，随作随出，按期印售”，后来的 15 期杂志非常忠实地按照广告所说进行操作。可见，在办刊之初，主编韩邦庆对于刊物内容早已胸有成竹。而“随作随出，按期印售”的刊载方式，开启了中国本土创作小说刊物连载的先河。作者不再先完成小说全文，然后付印发表，而是边写边印，按期连载。这种长篇小说创作、出版方式使得作者只对全书有一个大致的轮廓和规划便开始写作，往往后面的内容还全无把握，之前的文字已经公之于众，这就迫使作者必须按照基本固定的节奏完成小说创作，不容有所延误。韩邦庆创办《海上奇书》，很大程度上是为了推出《海上花列传》，对读者来说是可以“先睹为快”，对作者而言，又何尝不是“先付印出版为快”？继《海上奇书》而起的众多小说类期刊，大都采取了这种长篇小说逐期连载的出版方式。这种全新的小说创作模式深刻地影响了小说内在的形式和结构的演变，一方面大大促进了小说类期刊出版和长篇小说创作的繁荣，但也导致了大量构思粗糙、写作随意的跑马作品的涌现。始作俑者的《海上花列传》却是小说艺术质量上乘之作。

韩邦庆爱用一个“奇”字，刊物取名“海上奇书”，同样，他宣传刊物的重头戏长篇小说《海上花列传》，则用“其中最奇之一种”以相标榜。奇在何处呢？作者自称“专用苏州土白演说上海青楼情事”，从语体使用上看，将吴方言由民众口语和戏曲、曲艺口头语言表演艺术引入书面写作领域，确是一奇。因为长期以来，用方言写作，即使对于生活在方言区的绝大多数作家，都被视为禁区。主要原因有二：一是我国缺乏方言书面写作的传统，许多活跃在方言区民众口语中的词汇，在书面语中没有对应的文字，客观上造成方言写作的困难；二是以方言写作势必使此方言区之外的读者无法阅读，从而画地为牢地限制读者范围。据孙玉声《退醒庐笔记》记载，孙玉声见到初名《花国春秋》的《海上花列传》前 24 回时，曾劝说韩邦庆：“此书通体皆操吴语，恐阅者不甚了了。

且吴语中有音无字之字甚多，下笔时殊费研考，不如改易通俗白话为佳。”韩邦庆反驳说：“曹雪芹撰《石头记》皆操京语，我书安见不可以操吴语？”针对文中有音无字的方言自造字，他说：“虽出自臆造，然当日仓颉造字，度亦以意为之。文人游戏三昧，更何妨自我作古，得以生面别开。”[①]韩邦庆有此“自我作古”的霸气，遂得以写出一部“生面别开”的吴方言长篇小说，赓续嘉庆年间张南庄首创的吴方言小说《何典》的传统。同为吴方言小说，《海上花列传》与《何典》有两点不同：一、《何典》篇幅较小，通篇以吴方言写成；而《海上花列传》篇幅巨大，数十万字，只有人物对话用苏白，其余叙述描写仍以普通白话。二、《何典》反讽色彩极为浓厚，通篇贯穿戏谑、挖苦的黑色幽默；《海上花列传》是狎邪小说，却没有落入众多同类型小说夸张造作、溢恶扬丑的俗套，不仅如广告中所说“绝无半个淫亵秽污字样”，写上海妓院故事而能如鲁迅《中国小说史略》所称赞的“平淡而近自然”。广告自陈：“其形容尽致处俱从十余年体会出来，盖作者将生平所见所闻，现身说法，搬演成书”，韩邦庆长期出没上海青楼，小说创作有丰厚的生活积淀做支撑，其人又确有小说天才，所以成就了这部名作。《海上花列传》出版数十年后能令小说奇才张爱玲倾倒不已、亲自动笔翻译成白话语体，这也是文学史上的一段佳语。

如果说连载方言长篇小说《海上花列传》是文学出版和小说创作的极大创新，由先后刊载的 12 篇文言短篇小说组成的《太仙漫稿》则延续了自魏晋唐宋以来的文言小说的老传统。文言短篇小说在乾隆年间有蒲松龄《聊斋志异》和纪昀《阅微草堂笔记》双峰对峙，交相辉映，稍后的沈起凤《谐铎》等书也颇受欢迎，但到光绪年间，文言短篇小说已经式微。韩邦庆很明白文言小说续貂《聊斋》者太多，因此奋力摆脱蒲翁的影响，以“翻陈出新，戛戛独造，不肯使一笔蹈袭《聊斋》窠臼”自任。《海上花列传》、《太仙漫稿》皆为韩氏原创，《卧游集》则是前人作品的转载，26 篇转载文字涉及海外地理、各地风俗、民间杂技等“各小说中可喜可诧之事”，属于期刊补白性质的文字，但同样反映了编者韩邦庆好奇尚异的文学品位和编辑趣味。

从广告对期刊内容的介绍来看，广告文字相当平实，并无刻意赚取读者

---

① 孙玉声：《退醒庐笔记》，沈云龙主编《中国近代史料丛刊》第 80 辑，第 139 页，台北：文海出版社 1971 年版。

眼球的商业性噱头，其对刊载作品的自评也是客观中肯的。广告还强调了该刊“法绘精工，楷书秀整”，可见写稿、编辑、发行一把抓的韩邦庆对于刊物的美编、装帧也颇为在意，体现了韩氏全面的编辑才能。他委托《申报》下属的“点石斋”印刷刊物，在本埠由“卖《申报》人”代售，外埠则委托《申报》的寄售点代售。在本小利微、精力财力人力物力皆有限的情况下，善于依托有实力的近代传媒发展文学出版，可见韩氏的经营能力和独到眼光。而最为难能可贵的是韩邦庆对于刊物品质的执著和坚持。《海上奇书》出版至第 9 期，在光绪十八年六月初一日（1892 年 6 月 24 日），《申报》上登载了一则《〈海上奇书〉展书启》：

> 《海上奇书》今出第九期矣。历蒙诸君赏鉴，不胜知己之感。惟说部贵于细密，半月之间出书一本，刻期太促，成稿实难；若潦草搪塞，又恐不厌阅者之意，因此有展期之请，兹于六月朔日出第九期书以后，每月朔日出书一本，庶几斟酌尽善，不负诸君赏鉴之意。再第九期以前之书所存不多，欲补买前八期，书价仍一角。

为了保证刊物质量，宁可改半月刊为月刊。其对读者的负责和对办刊事业的严肃，保证了《海上奇书》刊物的高品质。可惜韩邦庆英年早逝，《海上奇书》办到第 15 期便停止，但这本独特的杂志在中国小说史上仍旧留下了浓墨重彩的一笔。

（周羽）

1893 年

2月

《新闻报》“在商言商”的定位

本馆告白

本馆开设上海北市四马路横街原名望平街即英工部局所称山东路第一百五十六号门牌坐东朝西石库门便是

本馆每日出报一纸即礼拜日亦照常出报并不间断每报一纸收取工料送力钱十文他埠则视路之远近酌加

本馆恭刊上谕及一切紧要事务皆由传来详□编译□到□刊不少耽延

本馆告白一项定价格外从廉计第一日每字取钱两文第二日以后每字只取钱一文长行告白以三百字起码短行告白以五十字起码多则以十字递加但期五都之市买卖流通本馆不务孳孳为利

本馆首列论说务取正大光明有裨民生国计不敢效处士横议致于罪戾倘诸君具有高见卓识发为崇□□□尽可抄稿赐教本馆当于每礼拜期内□挪一日代为刊布注明作者姓名不敢掠美

本馆征收诗词歌赋以及各种杂作□刊于新闻之后告白之前以备一格诸君如有佳篇随时抄稿赐教倘不入选幸勿见责

本馆新闻必务实在不事捕风捉影论说必期正大不敢妄建讥讽官报必极详明不使争一漏万议案必探详明不容草率含糊阅者鉴之

本馆实事求是秉笔直书不拘私情不受贿赂惟迹涉暧昧或界在疑似者□付阙如

本馆定自开馆之日为始所有发出报纸一概奉送观看不取分文届期既满乃照收报资

本馆告白亦于开馆之日为始奉送七日不取分文七日之后第八日起乃照常核收然登与不登仍听自便惟望先期到馆知照以□录等

（原载 1893 年 2 月 17 日《新闻报》）

《新闻报》创刊于清光绪十九年正月初一（1893 年 2 月 17 日），比《申报》晚了 21 年。初期由中外商人合资兴办，共同组织公司经营，以英国人丹福士为总董，斐礼思为总理，中国人张叔和为主要出资创办人，蔡尔康为主笔。清光绪二十五年股权为美国人福开森（John. C. Ferguson）购得，聘汪汉溪为总经理，汪去世后由其子汪伯奇继任。金煦生、李浩然等相继任总编辑。清光绪三十二年改组为有限公司，称美国公司，福开森任总董，朱葆三、何丹书、苏宝森等为华人董事。民国五年（1916）因慑于风起云涌的抵制美货运动，改在香港注册，改称英国公司。民国十八年福开森将部分股权转让给史量才，报纸产权逐步完全转为中国人所有。

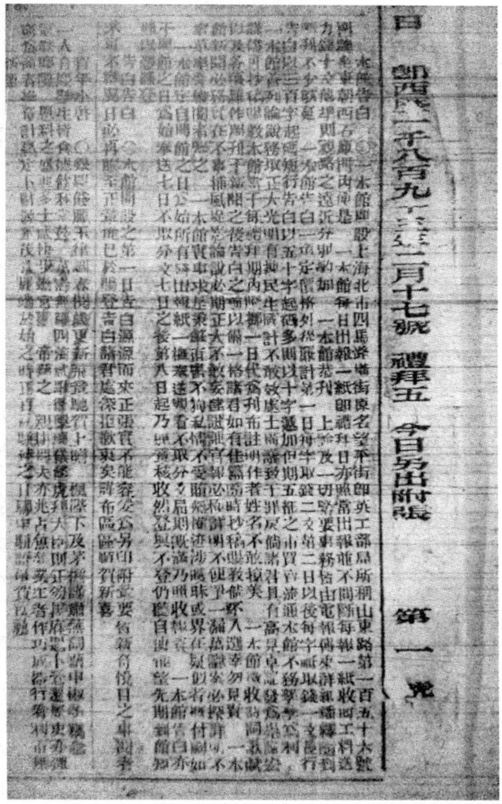
礼拜五 今日另出附張 第一號
本館告白

《新闻报》第 1 期《本馆告白》

《新闻报》虽然创刊晚了《申报》21 年，但上海报业却一直有“申新两报”并称一说，甚至有“申新”和“新申”的排位之争。而创刊在《新闻报》之前、与《申报》对垒多年的《字林沪报》更是被《新闻报》后来居上，逐渐望尘莫及。可见在近代上海及其周边，《新闻报》的影响是极其大的。而这种崛起和《新闻报》的营销策略和定位都有着密不可分的关系。

在《新闻报》的创刊号头版头条刊登了我们这里摘录的《本馆告白》。在此告白的左侧空出两列的地方，又有这样一则针对前面告白内容的再告白，或者称之为回应式的告白：

告白告白：

本馆开设之第一日，告白源源而来，正张实不能容，爰为另印附章。要皆新奇悦目之事阅者不可不察阅，翼日必再□至正章。惟已于赐登告白诸君处，深抱歉衷矣。讳布区区，顺贺新喜。

从两侧告白大致可以看出《新闻报》的某些追求。

其一，告白虽然提倡诸君子发表“有裨民生国计”的论说，但又作出两个限制：一是排斥“处士横议”，二是提出“不敢妄建讥讽”。在此前提下，征收时政论说，就有自欺欺人之嫌，但也说明《新闻报》并不想像《申报》那样追求“报格”，而要放低身段，以商业为目的，关注政治并不是其首要选择。

其二，《新闻报》也不是不谈政治，因为政治也是市民比较关注的话题，作为以市民为读者对象的大报，是不能不关注重要的政治事件的，而且还要强调报道的时效和翔实。它要回避的是具体政治事件中复杂而暧昧的关系、容易引发争论之处，其真正关注的是政治事件的新闻效应，而不是其本身的是非曲直。这是一种为吸引读者、利于销售的经济利益驱动下的关注，已经大大区别于传统士大夫和现代知识分子的出于责任感的关注。这也可以视为独立于政治的态度，后来《新闻报》就更加自觉地将自己的基本立场和态度定位为“在商言商”。辛亥革命后，《新闻报》更是逐渐改革报纸内容，以报道经济新闻为主，以工商界为主要读者对象。为有充足的经济信息来源，除设专职记者采访外，还在各行各业聘请通讯员，在会审公廨、捕房等处聘请特别报事员，在北京设常驻记者，国内各大城市均建立通讯网；在各国首都也聘请了访事人员，随时向报馆提供信息或直接供稿。报纸还逐日介绍商情、商场动态，经济信息十分灵通。《新闻报》因此有了“柜报”的称呼——商业柜台都少不了它。

其三，告白还反复提到报社的优惠活动。《新闻报》创刊之初，模仿《字林沪报》免费发放报纸。不同的是，《新闻报》还免费发送广告版面，并且连送七天。报纸与书籍不同，其发行本身的利益是十分微薄的，广告费用是报纸盈利的重要手段。《新闻报》明确地意识到这一点，它才有意推出这种优惠活动。从“告白告白”可以看到这种优惠的反响出乎意料地好，《新闻报》不得不出附张来刊登正张无法刊登的广告。这与后来《新闻报》极力笼络广告商的策略是一致的。而它的广告生意确比《申报》好得多。在收费的折扣上也比《申报》硬一成，至少半成，比如《申报》按照刊例实收七折的广告，《新闻报》就得收七点五折或八折。难怪汪汉溪要坚持把“申新两报”改称“新申两报”。

以上是从告白来看《新闻报》早期的定位策略：尽管告白宣称“本馆不务

孳孳为利”，它实际是一份追求利益最大化的商业报刊。其远离政治横议的宗旨和广告策略的出奇制胜都是围绕盈利为中心而展开的。

我们需要探讨的是，这种办报宗旨真的是成功的吗？在其巨大的经济收益背后隐藏了什么？

我们首先发现的是其内在的矛盾。作为供公众阅读的新闻报刊本身要求真实，《新闻报》在告白里也强调要“秉笔直书”；但在经济利益最大化原则驱动下，真实性似乎就不那么牢靠。中日甲午战争爆发后，为了迎合读者对日本猖狂的不服气的心理和对于战局消息喜胜不喜败的态度，斐礼思要求主笔每日发表一篇评论，“昌言日军败绩，捏称清军胜局，甚至竟然有所谓‘夜壶阵’之类的假新闻”，“这种徒增读者心理快感的手法，居然大受读者‘欢迎’，销数果然蒸蒸日上，争以先睹为快”[①]。但对新闻原则无所顾忌的破坏，其影响也是很恶劣的。

其次，在追求利益最大化的商业原则下，真的能够“在商言商”，享有政治上的超然地位吗？这无疑也是不现实的。事实上，《新闻报》从来就没有逃脱过近现代接连不断的政治风波的撞击，而在每一次撞击中，《新闻报》的主持者都为了维护和追求商业利益而向国内统治者或外来侵略者妥协、退让。以至在1940年代沦陷期间被日军控制，抗日胜利后又被国民党控制。正是《新闻报》的保守的“明哲保身”的态度，在中国复杂的政治局势中，将自己陷入进退失据的境地，连报纸自身的独立性都保不住。

最后，《新闻报》的困境，固然是因为中国近现代的政治环境过于恶劣，但也和它自身为追求利益最大化而迎合、屈从市民阅读快感的定位选择直接相关。《新闻报》的软弱和变化不定，以至捏造新闻，正是市民立场和利益诉求相结合的结果。市民只要读得开心，报人也乐得赚得开心。但一旦过了线，例如在沦陷时期，标榜“无党无偏”的《新闻报》主动向日本侵略者屈膝，市民读者却不接受这样对利益和侵略者的双重低头，销量一时大减，它就受到无情的惩罚了。这一深刻的历史教训，或许在最初的告白里已经埋下了伏笔。

（李默）

① 转引自王丁：《〈新闻报〉丹福士时期的营销策略》，2008年《青年记者》第20期。

4月

康有为《新学伪经考》的意义

南海康长素先生所著新学伪经考十四卷

是书考得费易毛诗古文尚书周礼左传尔雅说文皆是伪书为二千年未辟之学海内争先快睹者也用白纸印钉收回纸墨工价银二两书在上海各书局发售

（原载 1893 年 4 月 28 日《新闻报》）

在晚清思想史上，康有为注定是一个绕不过去的思想家。康有为是 19 世纪末向西方寻求真理的代表人物，1898 年戊戌变法运动的领导者。他的《新学伪经考》、《孔子改制考》、《大同书》等著作，在知识界、政治界无不引起如“大飓风”、“火山大喷火”、“大地震”（梁启超语）般的震动。

光绪十七年（1891）康有为在广州创办万木草堂，聚徒讲学。在弟子们的协助下，完成了第一部代表作《新学伪经考》，全书共十四卷，三十多万字，当年即刻板发行。1893 年 4 月 28 日，上海出版的《新闻报》刊有《新学伪经考》的广告。

康有为

《新闻报》创刊于光绪十九年正月初一，创刊不到 2 个月，即刊出《新学伪经考》的图书广告。虽然它湮没于《新闻报》广告版众多豆腐块般的小广告之中，但已说明不仅当时的出版商人意识到新闻媒体对图书销售的促进作用，作为晚清杰出的思想家、政治家的康有为也已敏锐地认识到新闻媒体对传播新思想、启蒙大众具有不可代替的作用。两年之后的 1895 年，在“公车上书”后不久，康有为即创办《中外纪闻》、《强学报》等报刊，宣传维新思想。除《新学伪经考》之外，他后来的《南海先生最近政见书》、《欧洲十一国游记》等著作也曾先后在《新民丛报》、《时报》等报刊上大做广告。

《新闻报》的这则广告主要介绍了《新学伪经考》的主要内容：“是书考得《费易》、《毛诗》、古文《尚书》、《周礼》、《左传》、《尔雅》、《说文》皆是伪书”，限于广告的文本性质和有限的篇幅，这句话的介绍只能简明扼要，点到为止。康的弟子梁启超在《清代学术概论》中这样概括《新学伪经考》的主要内容：“一、西汉经学，并无所谓古文者，凡古文皆刘歆伪作；二、秦焚书，并未厄及‘六经’，汉十四博士所传皆孔门足本，并无残缺；三、孔子时所用字即秦汉间篆书，即以‘文’论，亦绝无今古之目；四、刘歆欲弥缝其作伪之迹，故校中秘书时，于一切古书多所羼乱；五、刘歆所以作伪经之故，因欲佐莽篡汉，先谋湮乱孔子之微言大义。”①

《新学伪经考》奠定了康有为近代今文经学大师的地位。不过，康有为写这部书的目的，并不单纯出于学术目的，而是试图通过否定“古文经学”，来打破人们盲从信古传统观念的束缚，在学术上、思想上为维新变法提供理论支持。在康有为所处的年代，尽管有许多先进的知识分子能够放眼看世界，要求变法图强，但上层顽固守旧派死守着“天不变，道亦不变”、“祖宗之法不可变”的陈旧观念，拒绝革新。而康有为的《新学伪经考》从理论上摧毁了具有两千年历史的中国封建专制制度的理论基石——古文经学，给高唱“祖宗之法不可变”论调的顽固守旧派以当头棒喝。

梁启超在谈到《新学伪经考》的巨大影响时说：“此说一出，而所生影响有二：第一，清学正统派之立脚点，根本摇动；第二，一切古书，皆须从新检查估价。”②试想，那些从小读经的学者、士人、官员，一旦发现千年来朝廷倡导扶持、自己幼时即“口不绝吟于六艺之文，手不停披于百家之编”、成年后赖以安身立命的圣贤之书，不过是刘歆为新莽篡权而作的伪书，心中的震惊该如何形容？几乎在同时代的欧洲，德国哲学家尼采宣布“上帝已死”，而《新学伪经考》则无疑宣布了中国原来的儒家经典出现了信仰危机，于是“一切价值必将

① 梁启超：《清代学术概论》，第78页，上海：上海古籍出版社2000年版。

② 同上。

重估”，顽固派“恪守祖训”等观念的学术基石被彻底动摇了。因此，《新学伪经考》的问世，成为中国“思想界之一大飓风”[①]，正如广告中所说：“海内争先快睹。”各省纷纷翻印，在社会上引起极大的震动。在《新闻报》这则广告刊出之后的第二年（1894）夏历七月，御史安维峻上奏请焚《新学伪经考》、禁粤士从学，两广总督李瀚章令康有为将此书自行焚毁。戊戌政变后，又曾两度被禁。直到1917年，康有为才将此书重新刻本出版，改名《伪书考》，并在书前题辞里感慨此书命运不济，当年在广州初刊，立即引起关注，甲午年间奉圣旨被销毁，戊戌、庚子又有两次奉伪旨毁板。有学者考证，此说有康有为自我炒作之嫌，甚至其所说的士大夫纷纷奏折谏言销毁此书，也存有许多明显漏洞。

不过，由于康有为以政治为主要目的，不屑做严谨纯粹的学术研究，因此《新学伪经考》在学术上有不少硬伤，把古文经学都指为“伪经”更是缺少根据。对此，梁启超也不讳言：“有为以好博好异之故，往往不惜抹杀证据或曲解证据，以犯科学家之大忌，此其所短也。”[②]这些致命缺点使得《新学伪经考》及其后同样“穿凿附会”、“武断太过”的《孔子改制考》（1898年刊行）虽有思想解放之功，但实际效果却事与愿违。康有为武断地全盘否定两千年来封建政权赖以施行统治的古文经典，引起了整个官僚、士大夫阶层的不满，不仅没有起到预期的作用，反而给人以攻击的口实，为日后的维新变法树立了许多敌人。与康有为私交颇好的朱一新，多次与其通信讨论《新学伪经考》，认为此书将学术引向歧途，而且对人心塑造没有积极影响。[③]曾经支持维新变法的湖南巡抚陈宝箴认为康有为学说有失偏颇，并上折要求将《孔子改制考》一书版本销毁。[④]孙家鼐甚至指斥康有为虽有才华，但治学态度不端正。[⑤]严复、唐才常、谭嗣同、章太炎等人，也都曾在公开场合或私下里表示不赞同康有为之说。

当然，《新学伪经考》、《孔子改制考》其实也不无学术贡献，这种贡献主要在于书中存疑求证的学术精神，彰显了传统学术蕴涵的创新因素，对传统学术

① 梁启超：《清代学术概论》，第78页。

② 同上。

③ 参见朱一新：《朱侍御答长孺第三书》，康有为著，楼宇烈整理《康子内外篇（外六种）》，北京：中华书局1988年版。

④ 参见《陈宝箴请厘正学术造就人才折》，中国史学会编《中国近代史资料丛刊·戊戌变法》（二），第357—359页，神州国光社1953年版。

⑤ 参见《孙家鼐严禁悖书疏》，同上书，第430—432页。

是一大解放，客观上推动了民国年间疑古辨伪学术的发展。“古史辨派”的开创者顾颉刚正是在读到《新学伪经考》之后，才开始摆脱传统经学流派的束缚，广泛地开展古史辨伪工作，此后遂有七册本皇皇巨著《古史辨》的问世。因此，《新学伪经考》不仅促进了清末思想解放，在一定程度上也推动了传统学术的更新和发展。

（杨剑锋）

1895 年

1月

《何典》："笑"的否定与怀疑

新印何典出售

何典一书不著撰者姓氏其中嬉笑怒骂足以穷九九幽变相鬼之董狐殆后身耶昔罗两峰画鬼趣图如牛渚燃犀须发毕见或谓□□能视鬼故能肖鬼之情状然东□说鬼姑妄言之□空破荒不妨羌无故实也本局仿聚珍版式排印出售每部码洋一角五分赐顾者请移玉三马路申报馆申昌书室各埠申昌购取可也此布

（原载1895年1月8日《申报》）

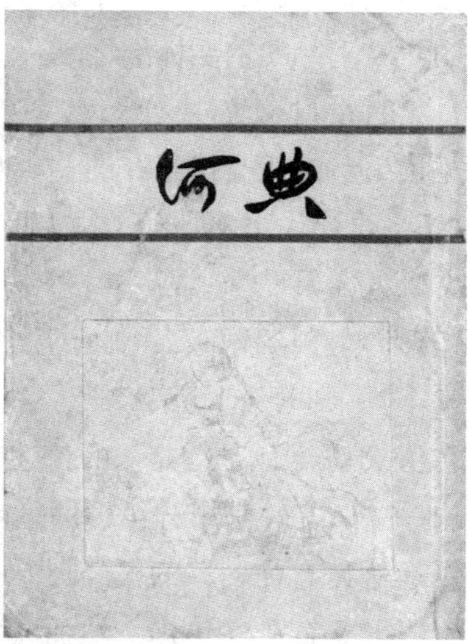

《何典》1926年版封面

《何典》是成书于清代嘉庆年间的一部长篇讽刺小说，作者为上海著名才子张南庄，在书前有托名太平客人所作序言。1878年该书由《申报》馆出版发行，并在1895年1月的《申报》上刊登广告。后由刘半农进行标点并略作注释，于1926年交北新书局发表，一时颇为畅销，到1930年已重版三次。[①]

作为中国文学史上的一部"旷世奇书"，《何典》如广告里所说，"嬉笑怒骂足以穷九九幽变相"，恣肆无忌，将鬼情、人情、世情描绘得淋漓尽致，将俗语、粗语、土语运用得活灵活现。吴稚晖曾经感慨，他"嬉笑怒骂"的文章，正是在看到了《何典》的头两句"放屁

① 顾农：《"谈鬼物正像人间"的〈何典〉》，2010年4月12日《人民政协报》。

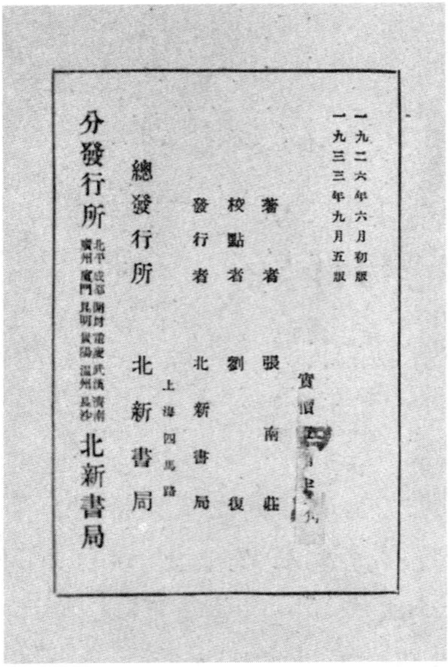
一九二六年六月初版
一九三三年九月五版
著者 張南莊
校點者 劉復
發行者 北新書局
實價
總發行所 北新書局 上海四馬路
分發行所 北平 成都 開封 重慶 武漢 濟南 廣州 廈門 昆明 貴陽 温州 長沙 北新書局

《何典》1933 年五版版权页

放屁，真正岂有此理”后得到的要诀。[①]有学者称赞《何典》，认为它“引发促进了对旧价值系统的全面怀疑与批判”[②]，开近代小说变革之先河。

一部“通篇鬼话”的《何典》，为何能得到诸多名家的一致赞扬呢？首先，正如书名所象征的那样，《何典》一书实际所蕴涵的正是对儒家经典价值体系的一种嘲弄：“语曰：‘出于何典？’而今以后，有人以俗语为文者，曰‘出于《何典》’而已矣。”[③]而“典故”和“用典”两词，在儒家文化传统中正具有特殊的意义。据刘勰在《文心雕龙》中最早的诠释，“用典”的合法性被直接建立在儒家“圣贤”与“经典”的合法性上。在诗文中的用典是否恰当娴熟，成为判断一个人对文化传统是否谙熟、是否可以被称为“文质彬彬”的“君子”的重要标准之一。

而在本书之中，张南庄却反其道而行之，将自己“逢场作戏，随口喷蛆，见景生情，凭空捣鬼”的“游戏之作”奉为“新典”，将三家村中的粗言秽语与“圣人文字”并列。而在《序言》之内，“太平客人”亦故弄玄虚，列举了《艺文志》、《吕览》、《汉书》等一系列的“装鬼”之典，更举出四书五经为证，言“若乃‘三年伐鬼’，则见于《书》；‘一车载鬼’，则详于《易》；‘新鬼大，故鬼小’，则著于《春秋》”[④]。在这里，“太平客人”对“鬼典”的列举方式明显在仿效刘勰对“用典”的论述和列举，然而这种嘲仿却对儒家的传统进行了解构——这是一个十分吊诡的循环：在传统的儒家文章中，“用典”的重要功效之一是从具有神圣性的“经典”中摘取能够证明自身观点的论据，从而为自身的论述确立合法性依据。然而《何典》的作者张南庄和写作《序言》的“太平客

① 刘半农：《重印〈何典〉序》，张南庄《何典》，第 19 页，天津：天津古籍出版社 1994 年版。

② 袁进：《试论嘉庆年间小说的新变》，2005 年 1 月《上海大学学报》。

③ 鲁迅：《为半农题记〈何典〉后作》，《何典》，第 10 页。

④ 太平客人：《〈何典〉序》，同上书，第 23 页。

人”却通过他们的文学实践，在笑声中发出了疑问：如果典籍可以一本正经地被用来为鬼话连篇作注解和证明，那么经典本身的神圣性又何在呢？

对经典的解构，进一步带来了对一切传统价值的怀疑。“修身、齐家、治国、平天下”一向作为传统文人对人生境界的最高期许而存在，而《何典》一书却通过一个严格完成了修齐治平的传统文人的故事，揭示了这种人生追求的虚空。书中最后一章的回目是《阎罗王君臣际会　活死人夫妇团圆》，前半句所代表的国家、君臣，后半句所言的家庭、夫妇，都在最后的大团圆式的结局中和谐地成就了价值的完满实现。被庙堂文化和民间文化所一致认可的大团圆结局，自有其深刻的文化机制和心理机制的根源：对一方而言，“作为‘庆典’，‘大团圆’结局体现的是一种‘礼乐之和’、‘治世之音’与‘昌盛之象’”[①]；而对另一方而言，这种才子佳人、夫荣妻贵的理想，则关乎忠孝节义的民间传统道德规范，是维系民间文化伦理的重要因素之一。然而，在作者笔下，无论是作为传统人生理想的自我与社会的和谐，还是民间式的伦理哲学，都几近于笑柄：

> 次日，又宣众鬼入朝，论功行赏。便封活死人为蓬头大将，地里鬼为狗头军师，同辅朝政；冒失鬼为掉盆将军，镇守鬼门关；偷犯鬼为尽盆将军，摸壁鬼为冬瓜将军，同守阴阳界；雌雄人为塞杀将，守护酆都城各阴门；无常鬼实授枉死城城隍。
>
> ……宫娥引了臭花娘来至宫中，朝见王妃，奏知其事。王妃便将出长裙短袄，凤冠霞帔与他替换；又教宫娥替他梳头攒鬓，插花戴朵，搽粉点胭脂，改了女妆；又赏了一副竖头铺盖，一座虚花镜架，一个箍旧马桶。[②]

“功成名就遂封官”不过封的是“蓬头大将”、“狗头军师”；而“夫荣妻贵”所接受的赏赐不过是“一个箍旧马桶”。这里的悲剧不是无法实现的人生理想，而是人生理想在得以实现之后却发现终生追求的目标本身一无意义。“这篇令人喷饭的小说通过层出不穷的鬼话，触及了当时中国人思维模式的底线，即中国人再也不必要像过去那样为某些人生理想而感动。就如同书中主人公的鬼名所表示的含义：英雄无非活死人，美人不过臭花娘。传统价值所确认的许多美好都

---

① 冯文楼：《“大团圆”结局的机制检讨与文化探源》，2008 年 4 月《陕西师范大学学报》。

② 张南庄：《何典》，第 152 页。

被笑谑粉碎，暗淡无光地零落在这个鬼故事的各章回中。”[①]对传统价值伦理的无情粉碎使得主人公必须面对一个被“抛入”其中的“荒诞的世界”，而在《何典》的笑谑解构之后，若能产生出的“新人”应当且只能是一个“价值的自我立法者”。尽管张南庄的笔触只停留在对传统价值的解构上而并无建构，但他的解构行动本身却为“新人”的产生揭开了枷锁，提供了创造与之前不同的另一种价值伦理的可能性。

张南庄在此书中所表现出的在嬉笑怒骂之间解构儒家传统的狂妄，必须置于它所产生的那个时代中去进行解读才能充分了解其意义。有学者提出“近代”的开端应该从嘉庆后期开始。从时代精神的视角解读，这一观点具有重要的意义。何谓现代性？福柯认为，现代性首先是人的思想试图反思自身的现在，是人“为了理性自身而运用理性”、“不臣服于其他权威”的努力的开始，是对人的生命意义和价值体系的一次依用自身的理性所进行的彻底的反思。[②]因此，现代性必然意味着对一切传统价值的重新估量和定位，因而也意味着——无论是彻底或不彻底的——与传统的断裂。在近代的开端，我们读到了龚自珍的宣言：“虽天地之久定位，亦心审而后许其然。苟心察而弗许，我安能颔彼久定之云？”[③]这段话之所以具有划时代的意义，在于它清醒地表现出了一个独立个体试图运用自我理性对传统和价值体系的反思。只有经过这样的反思，传统才能被决定接纳抑或摒弃，现代性的萌芽也才能在此之中产生。

而《何典》的价值亦在于此，在于张南庄出于个人的“主体之思”对于传统的评价和判断，以及在他痛快淋漓的嬉笑怒骂之间反映出的与传统决裂的决心和对一切价值的重估与否定。在《何典》所娴熟地使用的那些关于“吃喝拉撒”的“村言俗语”之间，在那些与性相关的“污秽之词”之间，肉体的最基本的、却被权力话语禁锢阉割已久的功用被重新发现了，在此读者可以感受到一种蓬勃的生命力。[④]这些在传统话语体系中被着意删除或省略的语词，被摆到了与“典”同列的供桌上，由此而发出的笑声是“带有狂欢式色彩的笑声”，是“全民的，大家都笑，大众式的笑”，是“包罗万象的，它针对一切事物和人，

---

① 王韬：《连篇鬼话的涵义——评〈何典〉对于传统价值的否定》，2008 年 3 月《明清小说研究》。

② 福柯：《什么是启蒙？》，李康译，1997 年 6 月《国外社会学》。

③ 龚自珍：《文体箴》，《龚自珍全集》，第 418 页，上海：上海人民出版社 1975 年版。

④ 参见王韬：《连篇鬼话的涵义——评〈何典〉对于传统价值的否定》，2008 年 3 月《明清小说研究》。

整个世界看起来都是可笑的，都可以从笑的角度，从它可笑的相对性来感受和理解”，是“双重性的，它既是欢乐的和兴奋的，同时也是讥笑的、冷嘲热讽的”。[①]由于“身体”在经历了千年的辖制之后重新被恢复为“纯粹的肉体”，并且这一纯粹的肉体在一系列巧妙的偷梁换柱之下被抬高到可以与“崇高”并列的地位，这一发现注定既带有原始生命力的欢乐，又带有对传统的崇高价值的冷嘲热讽。然而，如果说真正的“狂欢节的笑”应当带有“死亡和新生”的双重色彩，这一过程本身便既是毁灭又是创造[②]；《何典》中的“笑”却明显地更偏重于解构和毁灭的部分，作者仅仅止笔于对传统价值体系的彻底嘲弄，却忽视了新生的可能。或许我们应当说：《何典》为新的价值框架下“新人”的产生创造了可能的空间，但纵观近代小说，却没有创造出真正的“新人”形象。这也许是近代小说在精神层面上共有的重要阙失之一。

（刘云）

《花月痕》：“足以启发固有之真性情者也”

重印六部处分则例及花月痕告成（摘要）

六部处分则例为道光朝……花月痕亦已重印告成虽系小说家言而写怨言情口吻绝肖与曹雪芹石头记足以辉映后先每部四本码洋四角诸君子请临申报账房购贩可也

（原载 1895 年 1 月 22 日《申报》）

《花月痕》一书在近代小说史上是一部影响甚广的作品。该书创作于同光年间，1888 年由双笏庐刊出，署名为“眠鹤主人”（魏子安）著。1895 年 1 月 22 日，《申报》上刊登《花月痕》广告，题目为《重印六部处分则例及〈花月

① 巴赫金：《巴赫金全集（第六卷）》，第 14 页，石家庄：河北教育出版社 1998 年版。

② 同上。

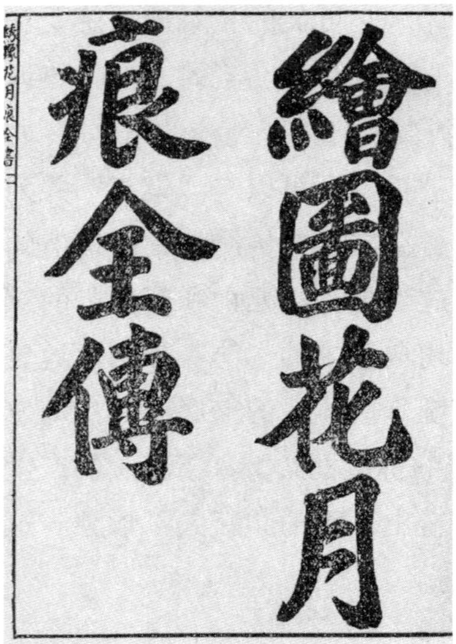

《花月痕》书影

痕〉告成》，内中评价《花月痕》“虽系小说家言，而写怨言情，口吻绝肖，与曹雪芹《石头记》足以辉映后先”。

《花月痕》一书所叙述的，是发生于士子韦痴珠、韩荷生与妓女刘秋痕、杜采秋之间的爱情故事。韦痴珠怀才不遇，终生潦倒，缠绵愁病，终于殒身；而刘秋痕亦为之殉情。韩荷生则仕途得意，建功立业，得封列侯；杜采秋归之，亦得受一品夫人封典。小说文辞雅洁华湛，描摹儿女情状，细致入微。文中诗词亦具有很高的水准，典雅优美，在当时称为独步。

《花月痕》在清末民初风行天下，广受喜爱，几可与《红楼梦》并称。《申报》广告的评价，虽不无营销的考虑，但也多少反映了时人的普遍评价。如吴绮缘对《花月痕》的评论，便与之异曲同工：“尝于髫龄，偷阅《石头记》，懊恼者累日，不饮不食，如醉如痴，家人以为病，故亦不识其自何来，终以放声一恸，不药而愈。是为导余眼泪之引线。其后阅《花月痕》，亦复如是。于此知说部之感人最深，实足以启发固有之真性情者也。……古来之说部虽多，而值得绮缘一哭者，舍是二书之外实不可多得。”[①]将《花月痕》与《红楼梦》并称为“古典小说的高峰”的提法，在今人看来或许不可解，但在近代却屡见不鲜。究其原因，在于《花月痕》虽一向被视为“狭邪小说”，却与《九尾龟》之类的“嫖界指南”有着根本的差别，确有其独特的艺术魅力和对时代精神的准确把握。

《花月痕》从一开篇便将一个“情”字放在全书的首要地位，将传统以为不值一提的男女之情提升到“人之良心，其发见最真者，莫过于男女分上”的意义加以阐释，引经据典，提出“《大学》言诚意，必例之于‘好好色’；《孟子》言舜之孝，必验之于‘慕少艾’”[②]，借此确立“情”之合法性，将“有真情”作为“存真心”的充要条件，明言自己著述乃是为那些有“真意气、真性情、真

① 吴绮缘：《余之妻·序》，转引自袁进《中国文学的近代变革》，第290页。

② 魏子安：《花月痕》，第2页，北京：人民文学出版社1982年版。

面目”之人作传：

> 今人一生将真面目藏过，拿一副面具套上，再无第二副更换。人心如此，世道如此，可惧可忧！读书人作秀才时，三分中却有一分真面目，自登甲科，入仕版，蛇神牛鬼，糜至沓来。……须知喜怒哀乐，十万副面具只是一副铜面具也。——然则生今之世，做今之人，真面目如何行得去呢！你看真面目者，其身世坎坷，不一而足，即如先生所说那一般放浪不羁之士，渠起先何曾不自检束，读书想为传人，做官想为名宦，奈心方不圆，肠直不曲，眼高不低，坐此文章不中有司绳尺，言语直触当世逆鳞。又耕无百亩之田，隐无一椽之宅，俯仰求人，浮沉终老，横遭白眼，坐困青毡。不想寻常歌伎中，转有窥其风格倾慕之者，怜其沦落系恋之者，一夕之盟，终身不改。①

魏子安对于真情和真心的推许，将其看作是人的本性，是人之所以为真正的人的根本条件，其思想明显受到了李贽的影响。在李贽的理论中，“真心”，即“童心”，是“绝假纯真，最初一念之本心也”，“若失却真心，便失却真人。人而非真，全不复有初矣”。②“真心”是人作为独立个体的单纯生命体验和本质属性；而人进入社会之后，却开始用他者的目光、用社会的礼仪风俗来规范自己、制约自己，随之失却了这一最为宝贵本性，戴上了一副“铜面具”，最终成为符合社会要求的相似体。这便是李贽所批判的“以假人言假言”。李贽对“童心”、魏子安对“真心”的呼吁，正是希望人能摆脱礼节风气、社会规范的压迫与强制，回到原初的生命体验。这可以看作现代个人意识的萌芽。

正是在这一意义上，我们才可以理解近代以来评论者对《花月痕》中的主人公韦痴珠的推许。从社会功利角度看来，韦痴珠是一个彻底的失败者，潦倒半生，一事无成，最后落魄而终。然而，评论者却纷纷赞许他“傲骨嶙峋”、“通身气派”，道理何在？答案正是因为他是一个秉持“真意气”、驰骋“真性情”之人。痴珠的“通身气派”，不仅在于他的“狂傲”，更在于其“情根深种”：

> 痴珠怔怔地望着子善，哇的一声，呕出一口血来，也不说话，就自躺下。子善忙邀心印过来，只见痴珠坐起道：“风尘澒洞，天地邱墟，何况秋

① 魏子安：《花月痕》，第 3 页。

② 李贽：《童心说》，《李贽文集》第 1 卷，第 92 页，北京：社会科学文献出版社 2000 年版。

痕！”心印就也说道：“你通人，再没有参不透的道理，勘不破的世事。”子善接着说道：“本来你也要走，他不过先走几天哩。”痴珠不语，只叫秃头，不见答应。穆升四处找遍，全没踪迹。痴珠翻笑道：“这个呆奴，怕是找秋痕去哩。”

这里穆升、林喜，就在痴珠卧室前一间下榻。到了五更天，听得痴珠说道：“秋痕，你怎不等我断了气就走呢？”一会，又听得说道：“如今你的心换给我，我的心换给你，好不好呢？”接着又吟道：“人间独辟钟情局，地下难埋不死心！”走进里屋照料，却是睡着鼾呼。[①]

这一段文字写韦痴珠对妓女刘秋痕的痴情，着实动人。在当时的社会文化之中，为妓女动情落泪，甚至于呕血，应当说并不合乎社会规范，甚至会令人鄙夷。然而正因其情深意切，使人不以其为“淫”，反要感佩其真情、真意、真心，为其强烈的情感而感动。如果说文学的本质属性是“以情动人”，是作者以深厚丰富的感情寄托于作品之中，引起读者感情上的共鸣，给读者以强烈的感动[②]，那么，韦痴珠对爱情的坚定追求所展露出的“亦余心之所善兮，虽九死其犹未悔”的精神，其中所蕴涵的“对自我的坚持和执著”[③]，正是一种普遍人性的体现，即追求个性解放、自我意识的精神，故而能深深地感动当时和后世的读者。

《花月痕》在文学上的另一大特色是其语言优美典雅，尤其是其中所穿插的诗词，都具有相当高的水准。鲁迅在《中国小说史略》中评《花月痕》道：“其布局盖在使升沉相形，行文亦唯以缠绵为主，但时复有悲凉哀怨之笔，交错其间，欲于欢笑之时，并见黯然之色，而诗词简启，充塞书中，文饰既繁，情致转晦。符兆伦评之云：‘词赋名家，却非说部当行。其淋漓尽致处，亦是从词赋中发泄出来，哀感顽艳。’”[④]《花月痕》中的词赋，一直是论者在评判其文学价值时难以取舍的。尽管近代以来，论者多以为《花月痕》中诗词过多，在某种程度上影响了情节的推进，甚至“损害了小说的自然结构”[⑤]，如吴趼人在《二十年目睹之怪现状》中借“才妓”沈月卿之口讥讽《花月痕》道：“天下哪里有这

---

① 魏子安：《花月痕》，第 326 页。

② 参见章培恒：《中国文学史（上）》，第 14 页，上海：复旦大学出版社 1996 年版。

③ 同上书，第 19 页。

④ 鲁迅：《中国小说史略》，第 186—187 页，上海：上海古籍出版社 1998 年版。

⑤ 徐鹏绪、张俊才：《中国近代文学研究概论》，第 340 页，天津：天津教育出版社 1992 年版。

等人、这等事！就是悼文，也不过古人的成句，恰好凑到我这句说话上来，不觉冲口而出的，借来用用罢了；不拘在枕上、在席上，把些陈言老句，吟哦起来，偶一为之，倒也罢了，却处处如此，哪有这个道理！这部书作得甚好，只这一点是他的瑕疵。”[①]从小说艺术上看，这一批评是颇能中其弊病的。但是，即使是认为书中过多的诗词妨碍了小说的艺术表达的人，同时也不得不承认其所使用的文言“别创一格”、典雅高妙，诗词更是历来小说中总体水准相对最高的。如第十五回杜采秋所作的诗：

多情自古空余恨，好梦由来最易醒。
岂是拈花难解脱，可怜飞絮太飘零。
香巢乍结鸳鸯社，新句犹书翡翠屏。
不为别离肠已断，泪痕也满旧衫青。[②]

直至今日，这首诗以及书中其他名句脍炙人口的程度似乎犹在小说《花月痕》之上。不少读者只知有“多情自古空余恨，好梦由来最易醒”、“薄命怜卿甘做妾，伤心恨我未成名”等诗句，但不知其出典《花月痕》。自从嘉庆后期开始，小说的雅驯化一直是一个重要的趋势，如陈球的《燕山外史》试图采用四六骈文来写小说，屠坤试图用高深的文言来作小说等，都是希望通过语言的雅化，使小说这一传统中被认为是俗夫俗妇所喜爱的文体的文学地位得到提升；《花月痕》在小说中插入高妙的诗歌的作法，也是对这一试图驯化小说、提高小说地位的努力的延续和发展。[③]从总体上来看，在使小说雅化的潮流之中，《花月痕》相对来讲是最为成功的：文中优雅的诗词和文言并没有使人如其他一些作品一样有过于不真实之感，相反却能契合书中主角“才子”和“诗妓”的身份，借诗词深化了对他们内心世界的描写，如上文所引杜采秋的诗，就恰如其分地体现了她与韩荷生分手后睹物思人的痛楚心情，对感情多变、好梦易醒的黯然感慨，使这一人物形象愈加丰满，同时也增加了小说的文学色彩。

《花月痕》的问世，对后来的鸳鸯蝴蝶派产生了深刻的影响，“可以算作鸳

① 吴趼人：《二十年目睹之怪现状》，第 451 页，北京：人民文学出版社 1993 年版。
② 魏子安：《花月痕》，第 105 页。
③ 参见袁进：《中国文学的近代变革》，第 296 页。

鸯蝴蝶派的鼻祖……‘鸳鸯蝴蝶’的意象就是它发明的”[1]。《花月痕》虽然素来被归在“狎邪小说”类中，但实际上清末民初的狎邪小说大多与之并不十分相似；反而是鸳鸯蝴蝶派爱写的才子佳人悲剧，大多与《花月痕》中的故事框架和人物性格有着继承关系，“韦痴珠的‘孤高傲世’，转变成了一种知识分子的清高。如在张恨水的《巴山夜雨》等作品中，依然可以见到他的影子”[2]，这种推崇独立人格，并以反对传统社会规范的狂傲态度为其性格特制的人物形象，为中国现代通俗文学开辟了一路重要的人物性格原型。而徐枕亚使用哀艳优美的四六骈文来写作《玉梨魂》的尝试，也可以看作是对《花月痕》为代表的雅化的才子佳人小说的继承。

（刘云）

① 袁进：《中国文学的近代变革》，第 295 页。

② 同上书，第 297 页。

5月

傅兰雅"时新小说"征稿启事

求著时新小说启

窃以感动人心变易风俗莫如小说推行广速传之不久辄能家喻户晓气息不难为之一变今中华积弊最重大者计有三端一鸦片一时文一缠足若不设法更改终非富强之兆兹欲请中华人士愿本国兴盛者撰著新趣小说合显此三事之大害并袪各弊之妙法立案演说结构成编贯穿为部使人阅之心为感动力为革除辞句以浅明为要语意以趣雅为宗虽妇人幼子皆能得而明之述事务取近今易有切莫抄袭旧套立意毋尚希奇古怪免使骇目惊心限七月底满期收齐细心评取首名酬洋五十元次名三十元三名二十元四名十六元五名十四元六名十二元七名八元果有嘉作足劝人心亦当印行问世并拟请其常撰同类之书以为恒业凡撰成者包好弥封外填名姓送至上海三马路格致书室收入发给收条出案发洋亦在斯处英国儒士傅兰雅谨启

（原载 1895 年 5 月 25 日《申报》）

在中国近代文学史上，傅兰雅倡导"时新小说"是一个不可忽略的事件。研究者们大多将首倡"小说的近代变革"之功归于傅兰雅，而发表于 1895 年 5 月 25 日《申报》上的《求著时新小说启》（此则广告又登载于 1895 年 6 月《万国公报》第 77 卷）则具有标志性的意义。在这篇短短的征文广告中，傅兰雅开宗明义地提出了以小说为"感动人心，变异风俗"的利器的主张，针对当时中国"鸦片"、"时文"、"缠足"这三大时弊，呼吁"中华人士愿本国兴盛者，撰著新趣小说，合显此三事之大害，并袪各弊之妙法，立案演说，结构成编，贯穿为部，使人阅之心为感动，力为革除"。

在傅兰雅看来，小说的社会功用是决定它的存在价值与意义的根本：小说不仅可以，而且必须成为改变社会、实施教化的工具。尽管他在启事中也对小说的文笔、叙事等方面提出了要求，指出"辞句以浅明为要，语意以趣雅为宗”、“述事务取近今易有，切莫抄袭旧套；立意毋尚希奇古怪，免使骇目惊心”，但这些要求如果从文学性的角度来看，都是极其粗浅的，只是为使小说能在社会中更好地传播、适应各个阶层的阅读需求。实际上，傅兰雅对他所倡导的这一“时新小说”的文学价值本身并无太大的关切。在他心中，小说的文学价值只相当于一种外在的装饰而不具本体性的意义，小说最终的价值必须由它所承载的“道”来赋予；如果说小说的文学性值得重视，也只是因为它可以帮助“道”的传扬，进而成就重要的社会教化功用。这样一种对小说文学价值的认识，与中国“言之无文，行而不远”的古语，在本质上并无太大区别。

为了证明小说的这一功用，傅兰雅不惜使用了甚至有些夸张的赞颂之词：“(小说）推行广速，传之不久辄能家喻户晓，气习不难为之一变。”对小说通过改变人心最终可以改革社会风俗的这样一种乐观的描述与推断，在后来的梁启超等人的笔下进一步夸大，最终成就了“小说救国”的神话，其滥觞便是曾经在傅兰雅的文章中被引用过的例子——对斯托夫人（批茶女士）的小说《黑奴吁天录》和《五月花》的误读以及基于此误读的称颂，将其视为以小说推动社会变革与进步的代表，甚至升到“以一支纤弱之笔力，拔无数沉沦苦海之黑奴，使其复返于人类”[①]的高度。

这一思想对近代文学的影响是极其深远的。它与中国古代对“文”的经世致用意义的信奉看似同出一脉，实际相去甚远。正如研究者所说：“中国古代小说原来就与经世致用关系甚远，像这样提出极为具体的社会问题以及解决问题的妙法的小说，更是未曾有过。”[②]中国古代也有“文以载道”的传统，提倡文学的现实意义，但这里所指的“文学”并不包括小说。傅兰雅对小说的推崇，实际上是将传统观念中的文学（主要是诗文）的经世致用意义置换为小说的经世致用意义。而他的这一提法，实际上是基于多方面的考量。其中颇为重要的则是西方文学传统对文学特别是小说的认识的影响。尽管西方近代文学观念的重要特点是将文学从功利性的桎梏中解脱出来，强调文学的独立性和审美价值，但传教士们所接受的文学观却远远落后于时代。“他们所持的文学观念，还是西方中世纪基督教会‘劝善惩恶’的文学观念，将文学的功能仅仅看作‘教

①《批茶女士传》，1902 年 6 月《选报》第 18 期。

② 袁进：《中国文学的近代变革》，第 253 页。

化’。”[①]在他们的思想中，文学性依然只是作为教化的附庸存在而不具有独立的价值与意义。应该说，经由传教士传来的西方重视文学教化功能的观念，和中国经世致用传统的结合，对傅兰雅这一代人文学观形成的影响是十分深刻的。

不可忽略的是，傅兰雅在《求著时新小说启》中竭力推崇小说“感动人心，变异风俗”的作用，甚至赋予其净化社会风俗、引导国力兴盛的意义，就意味着一直处于边缘地位的小说，终于被承认为是一种“道”的载体，进而在一定程度上可以分享“文”的神圣意义。这在中国文学史上可以说具有划时代的意义，铸成了近代小说从文学边缘向中心运动的不可或缺的一环，为以后梁启超所倡导的“小说界革命”直接作了理论的准备。

有外国研究者发现，傅兰雅撰写的这则启事的英文版曾发表在《中国记事》6月号杂志底页的广告中这则英文启事将原中文启事中隐含的民族主义淡化，却增加了基督教方面的要求。[②]译文如下：

> 总金额150元，分为七等奖，由鄙人提供给创作了最好的道德小说的中国人。小说必须对鸦片、时文和缠足的弊端有生动的描绘，并提出革除这些弊病的现实可行的方法。希望学生、教师和与在华传教士机构有关的牧师都能看到附带的广告，并受到鼓励来参加这次竞赛；由此，一些真正有趣的和有价值的、文理通顺易懂的、用基督教语气而不是单单用伦理语气写作的小说将会产生，它们将会满足长期的需求，成为风行帝国的受欢迎的读物。所有手稿将会得到收条，手稿须密封好，在农历七月末之前送交汉口路407号格致书室或傅兰雅收。[③]

两则征文启事的差异，很可能是因为中英文广告所设想的受众不同。中文广告面对中国知识分子，因此，大谈“中华弊病”与小说对“本国兴盛”的作用；而英文广告的主要受众是牧师和教会学校所培养出来的精英学生，他们更关心的是基督教式的道德吁求。从这一对比中，我们更能感受到傅兰雅对“时兴小说”的提倡，对小说救世功能的强调内含的民族主义的动因。

《求著时新小说启》又是一个公开的有奖竞赛征稿广告。傅兰雅所设想的受

① 同上书，第142页。

② 参见韩南：《中国近代小说的兴起》，第159页。

③ 同上书，第158—159页。

众是极为广泛的。只要对文学存有兴趣、怀抱救国之念的“有识之士”，都可以自由地参与到“时新小说”的创作中来，符合要求的来稿将公开印行。因此它采取了“小说有奖竞赛”的形式。启事详细规定了奖金的数额与等级，并应允对作者发给稿酬、出版印行和鼓励其“常撰同类之书，以为恒业”，这其实是为依靠稿酬生活的新型职业小说家的出现提供了物质条件，并内含着一种借助市场来推行有益于社会道德风气改良的小说的思路。这是一种奇异的混合策略，它将中国传统的经世致用和基督教的救世吁求融为一体，而采用现代市场化手段进行推广。

在几个月后的《时新小说出案》里，傅兰雅公布了结果：应征小说数目并不少，但符合要求的佳作却几乎没有，只能为鼓励创作计颁发奖项。这或许并不尽如人意，但毕竟预示了近代文学一个新的发展方向。

（刘云）

1896 年

1月

《海上花列传》广告原文

绘图海上花列传全书

人生行乐不外乎吃着嫖赌吃着赌各处仿佛惟嫖则上海为最胜而嫖害亦惟上海为最深也花也怜侬者风雅好色之魁乐而不淫倾心声色是书为其所撰描摹妓家之艳迹装饰之华丽身价之高下应酬之冷暖以及鸦婢鸨娘龟奴蝶使各种脚色各有口气且尽以吴谚出之以官文相问答若使一人执卷对念静坐听之不啻入众香国里而见此势利形容沉迷其中者阅此亦常哑然而笑废然而返矣更将妓家诸名色圈套分别绘图石印装订十六本分二函定价洋一元六角

（原载 1896 年 1 月 7 日《申报》）

《海上花列传》1894 年初版封面

《海上花列传》作者韩邦庆，字子云，号太仙，别署大一山人，江苏松江（今属上海市）人。韩邦庆自幼随父定居北京，幼年聪颖，但成秀才之后再没有中第，曾赴河南为官府幕僚。后长期旅居上海，也曾为《申报》撰稿。韩邦庆自编的中国第一部小说期刊《海上奇书》便由《申报》代售。《海上花列传》作为作者唯一的长篇小说，部分曾在《海上奇书》上连载，同时连载的还有作者的短篇小说集《太仙漫稿》。

《海上花列传》是近代最重要最优秀的小说之一。小说叙述用京白，对话则皆操吴语，是用吴语写成的第一部狭邪小说，之前也只有一部吴语白话小说《何典》问世，《海上花列传》在语言艺术上可谓有创新。《海上花列传》以上海妓院为基点，生动且深刻地描绘了一幅近代都市万象图。其风格平淡自然，颇得鲁迅、张爱玲等名家赞赏；其结构新颖，以“穿插藏闪”的手法较好地把握了对近代都市万家的抒写；其人物繁多，生动少有重复，情节细腻委婉，较好地继承了《红楼梦》以降的文学传统。

《海上花列传》最早出现在1892年农历二月初一《海上奇书》创刊号上，以后每期连载两回，总刊登连载数有30回和28回两种说法。《海上奇书》停刊后，《海上花列传》1894年以单行本问世，共64回。出版当年，韩邦庆即与世长辞，时年39岁。对于《海上花列传》是否完结，作者是否有过续书的计划，目前学界看法不一，有待讨论。

虽然《海上花列传》曾经在期刊上连载过，但是它和当时大部分连载小说的创作方式还是有所不同。当时以及后来的许多连载小说，都是一边连载一边创作，作品普遍显得仓促粗糙，由于有读者和编辑的压力，在艺术性、独立性上有所残缺。据孙玉声《退醒庐笔记·〈海上花列传〉》记载：“辛卯（1891）年秋应试北闱……出其著而未竣之小说稿相示，题曰《花国春秋》，回目已得二十有四，书则仅成其半。”[①]这说明，1892年《海上花列传》连载之时已成书12回，也许更多。也就是说，连载期间诞生的新回目最多也就18回。小说连载不到一年，可以说，韩邦庆的创作时间是比较充裕的。而《海上花列传》从停载到出单行本，期间间隔一年多，单行本中的30多回新回目至少可以说不是在连载的压力下创作的。所以《海上花列传》全书基本不按连载时间控制来创作，并不算标准的连载类作品。

《海上花列传》这点的与众不同，首先保证了小说的艺术独立性，防止了编辑和读者在创作时对作者所造成的压力，保证小说可以按作者自己的构想理想地发展；正因此，小说中悲天悯人的文人情怀得以在浮华奢靡的商业都市中得以保存。

《海上花列传》的广告最早出现在《申报》的《海上奇书》的广告中。广告本身十分简单，只是介绍当期连载的《海上花列传》的回目及其名称，并没有细节的介绍和宣传。1896年1月7日，《申报》上出现《海上花列传》单行本广

① 孙玉声：《退醒庐笔记》，沈云龙主编《中国近代史料丛刊》第80辑，第139页。

告时便变得详细复杂很多。广告全文录于文前。

此广告抓住两点做宣传：其一，《海上花列传》的劝诫之效是十分显著有用的；其二，《海上花列传》对妓家的描摹是细致生动的。而这两者在广告的宣传中似乎是互相矛盾的。一方面说《海上花列传》揭露了妓院的重重圈套，另一方面却宣传妓女的艳丽、妓院的豪华，甚至将妓女的形象绘图发售，似乎有意无意在以情色想象吸引读者。但实际上这两者又是合二为一的。对小说劝诫功效的宣传是基于当时社会对小说“觉世”作用的普遍认可，这一点似乎可以使《海上花列传》以狭邪题材站得住脚；而情色想象的宣传却是抓住很多市民读者的好奇心和窥探欲，促使其购买。两者看似矛盾，实际上只是基于商业目的的手段，为了扩大销量。

但是《海上花列传》毕竟和很多别的狭邪小说不一样，韩邦庆并没有屈从于市民趣味，将狭邪题材写得色情私密，相反，他将这种题材处理得委婉隐晦。另一方面，虽然韩邦庆也受到当时小说界的一致看法的影响，自言为劝诫而作，但他本人的才情和对人生的洞察使得小说本身超脱了这个主题，变得悲天悯人。所以《申报》的宣传词实际上并没有击中小说本身的特点，读者也许基于宣传去购买，但是很快会发现小说本身离自己想要的阅读感受错位得厉害（《海上花列传》本身也离市民趣味差得很远，不利于其商业化）。所以《海上花列传》销量其实很小。在《新闻报》1900 年 6 月 14 日，一则“闲书小说类”的小合集广告里，登着“海上花也怜侬新书六角”。区区十个字，连书名都没有，而且价钱相对于之前的降了一元钱，降价达到一半以上，更不要讲出绘图本了。

《海上花列传》是一部优秀的小说，但是并不适应商业都市的市民趣味。在狭邪小说日益繁荣、利益趋丰的时候，这样优秀的文本怎么可能被编辑文人遗忘呢？于是，在 1901 年 5 月 26 的《新闻报》上出现了这样一则广告：

新编海上百花趣乐演义

此书是海上花也怜侬所作，原名百花列传。专讲风流子弟爱色贪花，屡被海上名妓迷惑，倾家而丧身者指不胜屈，是乃受愚已极，良可悲也。故将万种迷惑柔软情形逐节细表编成演义，使人皆知妓之骗术，应对有方，不为所困。奈原书语句欠妥，尽非苏白，未免拉杂不伦，致看者前□莫接，何能知妓骗术多。特重将是书细心□改，句化苏白，加入时下新闻令人趣乐，名曰百花趣乐演义。凡海上官商暂停顾客，宜速购。看此书立能知妓枪花，解其苏白。庶可彼此对□致□然莫□，岂非醒迷妙诀极佳快车。每部八大本，减实一角。凡买此书，须认本牌号，以免假充。

这则广告是非常有趣的，作者对韩邦庆原著进行了一系列的修改，这与传统小说中的续书现象不同。其修改的理由主要是原小说中只有对话用苏白，而不是全用苏白。早在1891年，孙玉声看到《海上花列传》时曾经质疑全书对话用吴语会使小说很难畅销。十年之后，改编者竟然会觉得《海上花列传》还不够苏白化。值得注意的是，此时狭邪小说对话用苏白的现象已经越来越普遍。这不能不说是上海在经济发展的同时，其文化地位也日益提高，上海周边的语言也开始变成一种文化输出物，京白不再能够在上海文坛一统江湖了。

更有趣味的是，修改者声明了他修改小说的目的。同前面的《申报》广告一样，他也强调小说有醒世之功，但是《申报》广告强调的是小说能让人远离妓院，而改编者的目的是为了让读者知道妓女的骗术，可以不为所困，安全嫖妓。虽然只是意思上的一点变化，但显示出观念上的极大转变。劝诫主题似乎逐渐变成了服务市民的主题，在服务市民阶层的前提下，改编者对原小说加入时事新闻便很容易理解了。作者将全部小说文字改为苏白，更是为了使往来上海的客商游人能迅速地熟悉上海嫖界语言，不失为一种指南介绍。

不消说，这种改编仍然只是出于商业的目的，但是，十年之间广告宣传指向的变化却向人们展示了更多的东西：十年前苏白作为一种对艺术独立性的追求，十年后却成为市民趣味的一种要求；十年前一种对全新都市文化的洞察和描绘还显得如此新颖独创，十年后都市文化本身的世俗性却迅速崛起，将还试图冷静观察的文人视角卷入物欲的洪流之中。这之间，有着吴语运用不断庸俗化的过程，有着市民文化不断中心化的过程，也有着传统文人艺术旨趣从中心不断被边缘化的过程。这三个过程都一体化于上海高速发展的资本主义经济中，这三者的矛盾也贯穿于上海现代化的进程中。而广告作为作者和读者之间的媒介，作为商业文化的产物，作为市场指向的反映，无疑是集中体现这些变化的最好的文本。

（李默）

1897 年

8月

《游戏报》：小报的发端

本报按日排印海上群芳姓氏里居表告白

本报特派访事人将上海所有长三书寓各校书姓氏里居逐一抄录齐全排列为表因限于篇幅分日载在报端并注明某弄第几家字样甚为详细庶重来崔护前度刘郎人面仍逢仙缘易缤未始非冶游之一助也至于调头搬场更随时当更正此布

（原载 1897 年 8 月 12 日《游戏报》）

《游戏报》为我国有影响的早期文艺小报，而且被公认为近代第一份小报，1897 年 6 月 24 日（光绪二十三年五月二十五日）创刊于上海。《游戏报》为日刊，每天出版两张，四版，约五千余字。它的版式与《申报》类似，略呈长方形。初出时为连史纸单面印刷，1898 年 8 月改为白报纸双面印刷，六个版面，头版左侧多为报馆所登告白以及广告，约占头版版面的三分之一。右侧大体首列一文，文章称为“论说”。第二版多刊登新闻，乃“从访事抄来，或系友人寄至。有闻必录，报纸之例也”（《论游戏报之不合时宜》，《游戏报》第 149 号）。这些新闻内容多为趣味性强的社会新闻。报纸反面全是广告。售价最初五文，后改六文，后又增至七文。初期由《指南报》代售，后设馆于四马路惠福里自行发售。《游戏报》的创办人李伯元，别号南亭亭长、游戏主人，在近代文学史上主要是以小说家的身份知名。

《游戏报》的创刊号现在已很难找到了，关于它初创时的情况，张乙庐在《李伯元逸事》中说道：“上海小报，创于常州李伯元氏之《游戏报》。其体裁略如旧式大报，销路甚广。”[①]孙玉声也提道：“当其（指李伯元）橐笔游沪时，沪

① 转引自李楠：《晚清、民国时期上海小报研究》，第 20 页，北京：人民文学出版社 2005 年版。

遊戲報

《游戏报》第 50 号书影

上报馆，只《申报》、《新闻报》、《字林沪报》等，寥寥三四家。李乃独辟蹊径，创《游戏报》于大新街之惠秀里。风气所趋，各小报纷纷蔚起，李顾而乐之。又设《繁华报》，作《官场现形记》说部，刊诸报端，购阅者踵相接，是为小报界极盛时代。”[①]吴趼人《李伯元传》中说，李伯元“创为《游戏报》，为我国报界辟一别裁，踵起而效颦者，无虑数十家，均望尘不及也”[②]。从这些论述中可以知道，《游戏报》初创时市场销路甚好，广受读者欢迎，并且影响到同类报纸的兴起。而报人们也从自己的实践中意识到，他们所办的报纸不同于以往《申

① 孙玉声：《退醒庐笔记》，沈云龙主编《中国近代史料丛刊》第 80 辑，第 139 页。

② 转引自李楠：《晚清、民国时期上海小报研究》，第 20 页。

报》、《新闻报》等门类，是报界的“一别裁”，只差提出“小报”这一概念而已。“小报”一词源于西方，最早特指在伦敦有轨电车上阅读的微型报纸，其篇幅仅及大型报纸的一半大小。李伯元在创报不久的第63号上撰写的《论〈游戏报〉之本意》一文开首便提出了“《游戏报》之命名仿自泰西”，这表明了他对自己所办报纸的一个清晰定位。

在同一篇文章里，李伯元接下来便谈到《游戏报》的办报理念：

> 岂真好为游戏哉？盖不得以之深意存焉者也。慨夫当今之世，国日贫矣，民日疲矣，世风日下而商务日亟矣。有心世道者，方且汲汲顾景之不暇，尚何有桓舞酣歌，乐为故事而不自觉乎？然使执途人而告知曰，朝政如是，国事如是，是犹聚喑聋跛僻之流，强之为经济文章之务，人必笑其迂而讥其背矣。故不得不借游戏之说，以隐寓劝惩，亦觉世之一道也。①

李伯元在这里反复申述的观点有两层含义。他一方面辩解道，《游戏报》并非真的一味追求娱乐，玩世不恭，而是要“借游戏之说”，来达到“隐寓劝惩”的觉世之道；另一方面又表达了为避免“人必笑其迂而讥其背矣”，办报要吸引群众兴趣的商业理念。这一段话可谓对《游戏报》进行了一次正名，以便取得士大夫阶层的理解与容忍，提高报纸的业界地位，但更主要的，李伯元不仅仅是一介文士，也是一位有着敏锐商业眼光的报人，他知道小报针对的读者群是普通的市民大众，甚至是贩夫走卒，这注定了《游戏报》作为小报追求娱乐性和商业性的本质特征。《游戏报》在之后的发展中基本是以这种理念来指导办报的。《游戏报》因此在内容上着力于当时吸引市民的最世俗的领域——花（青楼艺妓）、伶（戏子）两界。最典型的一个例子，也是常为人津津乐道的，是1897年《游戏报》主办的“开花榜”活动。但是《论〈游戏报〉之本意》中“隐寓劝惩”的说法也并非全是假大空的漂亮话，《游戏报》上有许多寓言小品，都是从这一角度出发对社会时事进行的辛辣嘲讽。如一篇题为《国子监生上孔方兄小启》的文章就是如此，李伯元杜撰了一个科举顺利者——国子监生，用其口吻来嘲讽清政府的腐朽无能，只知道割地赔款。国子监生代表的是服从晚清科举制度者，却在文中反过来抨击晚清朝政。但是在1901年李伯元将《游戏报》

---

① 1897年8月25日《游戏报》。

转手给他人，自己转而创办《世界繁华报》之后，《游戏报》的这一与世浮沉的特点便被削弱了。有学者指出："《游戏报》初创时期的游戏文章是批评时政的一种手段，而后固定为加强小报娱乐休闲旨趣的重要文体样式，渐渐由时评文章扩展至小报的各类题材散文，并保留和延续下来，直至小报生命结束。"[①]事实上李伯元之转手《游戏报》，也正与"隐寓劝惩"这一理念遭遇挫折有关。

《游戏报》的终刊日期，阿英《晚清小报录》的说法是："终刊期不详，就访求所得，可证明已发行至宣统二年（一九一〇）终，约五千号。"[②]民国之后在革命派的鼓吹之下，关心国事、关心民族民主革命的风气盛行，小报的生存受到了严重的打击，晚清的小报几乎消失殆尽。可以想象，即使《游戏报》存至民国，恐怕亦难以经受这一轮的考验。无论如何，作为中国近代小报的发端，《游戏报》在启蒙民众和社会批判上有自己的贡献，而对于开拓经营性、娱乐性的报业"别裁"一体，更是带动了近代小报风潮的兴起，为市民文化的建设以及之后通俗文学的兴盛奠定了基础。

（孙捷）

① 李楠：《晚清、民国时期上海小报研究》，第 298 页。

② 阿英：《晚清小报录》，《晚清文艺报刊述略》，北京：中华书局 1959 年版。

11月

滑稽小说与都市消遣文学思潮

释《消闲报》命名之义

……司者劳之对也王事贤劳簿书鞅学使无养息以节之似背于爱惜精神之理故古人右十旬休假之说今之西人休息之期则以七日一来复而晨昏歇息之时亦有定候既歇息则闲矣既闲则当有消闲之法矣一篇入目笑口常开虽非调摄精力之方要亦可为遣闷排愁之助也此可为当道诸公消闲也或者高人韵士酒阑灯灺苦茗既热有约不来走马王孙倦游既迫深闺才友刺绣余闲既无抵掌之良友复乏知心之青衣得此一纸借破岑寂或可暂作良友青衣观乎此可为高雅诸君消闲者也甚或读书童子读史传不得其门者谈聊斋志异乃足启其聪明读毛诗不知其义者诵元人曲本乃适以开其智窍此无他庄重难收诙谐易入耳此则后来之秀于正课之暇亦可借此以消闲也……

（原载1897年11月《消闲报》第2号）

滑稽小说本身在中国近代自有其发展的历史，从各个方面来讲都并不单一对应着都市消遣文学这一文类。滑稽小说和消遣文学思潮的关系是复杂的。

在晚清，以《游戏报》为首的小报中，虽然都打着“游戏”、“滑稽”的名头，但是实际上都是以游戏文字隐寓劝惩。这些晚清小报之中即使有许多无意义的插科打诨、噱头笑料，互相讥讽，油嘴滑舌，但都不是游戏文字的主流，有价值的游戏文章大都是对时政、官场和社会弊病进行嘲讽的。

但这么多的滑稽讽刺文字的问世，促进了小报的发行量，也引起了大报的注意。1897年11月24日，《字林沪报》便开始赠送附张《消闲报》，这实际上是最早的中国现代报纸副刊。在第2号上，有《释〈消闲报〉命名之义》一文，对游戏文字的消遣功能作了初步的阐释与倡导，较好地揭示了滑稽作品和都市消遣文学之间的关系。其中有几点颇值得注意。

《消闲报》第 62 号

其文首先谈道：“今之西人，休息之期，则以七日一来复，而晨昏歇息之时，亦有定候。”这里所说的，是现代意义上的都市人的生活方式及相应的时间标准。在农业社会，人们的生活节奏受自然的影响，大多日出而作日落而息，体力劳动与休息相交替。这里的“休息”并非休闲意义，只是为了恢复体力。而在现代都市，人们的生活节奏是被细化的，工作的时间被限定在一定的时间段，都市中的生活因此有了更多的自由度和灵活性。于是就有了“休息之期”，有了消闲的需要与可能。因此，“消闲”是和现代都市特定生活方式联系在一起的。此时的中国，随着上海等地都市化的进程，已经具备了和西人一样的消闲条件，以消闲为功能的文学就应运而生，滑稽作品的消闲作用也得以彰显。

文章接着指出，游戏消闲文字，“虽非调摄精力之方，要亦可为遣闷排愁之助也”。都市中人，身体劳作也许不如乡村农民那样累，但都市生活的快节奏和压力，更要求排解精神的疲累。这正是消闲文学的功能，即所谓“一篇入目，笑口常开”。担负消闲功能的滑稽小说所提供的，正是都市为保持自身稳定平滑运作的润滑剂，它与歌舞场、咖啡厅、跑马场等等城市设施发挥着同样的作用。

从左翼的观点看来，这是一种精神的麻痹，是资本运作控制人的伎俩；但是从市民的角度而言，它确实提供了一种更为轻松的生活方式。

文章提出，此类滑稽文学，特别适合都市里的“高雅诸君消闲”。他们“读史传不得其门”、“读毛诗不知其义”，或许读《聊斋志异》、诵元曲更合口味，即所谓“庄重难收，诙谐易入耳”。

了解了滑稽文学与都市消遣文化的联系，我们会发现都市消遣文化本身也不断地影响着滑稽小说的发展。

“滑稽”文学在中国古代更多是讽刺时政和变相地抒发文人内心的复杂感受，是一种披着笑话外衣的严肃文字。《游戏报》在解释“游戏”二字的意义时也说“不得不假游戏之说，以隐寓劝惩，亦觉世之一道也”。后来的小说界革命中，滑稽小说一直是《新小说》、《绣像小说》、《月月小说》、《小说林》这些杂志很重要的栏目，并被赋予了“革命”的内涵。

但是民国时期大量的滑稽游戏文字问世的时候，《游戏杂志》中就出现了这样一篇序：

> 不世之勋，一游戏之事也。万国来朝，一游戏之场也。号霸称王，一游戏之局也。楚汉相争，三分割据，及今思之，如同游戏。宋金互斗，半壁东南，及今思之，如同游戏。克复两京，功盖寰宇，及今思之，如同游戏。茅庐三顾，鱼水君臣，及今思之，如同游戏。况真有庐寒听清曲、烽火戏诸侯之帝王哉？考韩柳奇文，喻马说龙，游戏之笔也。良平妙策，鬼神傀儡，游戏之战也。风轮火琯，纵横九万里，其制作之始，不过游戏之具而已。祖德宗功，上下五千年，其肇造之初，不过游戏之偶而已。由是言之，游戏岂细微事哉？顾游戏不独其理极玄，而其功亦伟。邹忌讽齐王，谏也，宋玉对楚王，问也；或则战胜于朝廷，或则自宽其谴责。其余如《捕蛇者说》、《卖柑者言》，莫不藉游戏之词、滑稽之说，以针砭乎世俗，规针乎奸邪也。然此亦非易言也。尽有如香熏斑马，而不能一下游戏之笔者，盖知臣朔诙谐，亦别有过人处在也。当今之世，忠言逆耳，名论良箴，束诸高阁，惟此谲谏隐词，听者能受尽言。故本杂志搜集众长，独标一格，翼籍淳于微讽，呼醒当世。顾此虽名属游戏，岂得以游戏目之哉？且今日之所谓游戏文字，他日进为规人之必要，亦未可知也。余鉴于火琯风轮之起点，宗功祖德之开端，而知今日之供话柄驱睡魔之《游戏杂

志》，安知他日不进而益上，等诸诗书易礼春秋宏大之列也哉！是为序。[①]

这篇序虽然在后半段仍然唱着滑稽游戏为讽世之道的老调子，但它前半篇却洋洋洒洒地将历史功勋万千过往全部归于游戏，这种价值取向其实是非常颓废的：一切均“游戏之事”，处处皆“游戏之场”，深藏着对时局的失望，并隐含着自我放弃的姿态。这与晚清时滑稽小说的主旨已经有了很大不同，既不明言是为了消闲，对所谓劝诫立场也并无信心。这样的变化，或许可以归咎到都市文化的腐蚀性：它隔绝了历史洪流给人带来的冲击，消解了原本宏大壮阔的历史内涵，也进一步消解了个人面对历史的使命感和责任感。

但更不可忽视的是民国时期思潮变化的具体原因。在晚清，各种改良和革命者尽管纷纷扰扰，对于未来却始终保持着乐观的心态；但在民国，貌似翻天覆地的革命，并没有达到人们的预期，腐败、道德败坏等等社会的肮脏面仍然存在，都市发展中出现的问题更让人绝望，极大地打击了原先的自信，虚无与颓废之风兴盛一时。在这样的情势和时代氛围下，转向消闲，就成了一种逃避，轻松潇洒之下，掩盖不住的是沉重和灰暗。

（李默）

① 见1913年12月《游戏杂志》第1期。

1898 年

12月

《清议报》、《新民丛报》：首倡“第四权”的近代报刊

《清议报》叙例

呜呼我支那国势之危险至今日而极矣虽然天下之理非剥则不复非激则不行挽近百余年间世界社会日进文明有不可抑遏之势抑之愈甚者变之愈骤遏之愈久者决之愈奇故际列国改革之始未尝不先之以桎梏刑戮干戈之惨酷吾尝纵观合众国独立以后之历史凡所谓十九世纪之雄国若英若法若奥若德若意若日本当其新旧相角官民相争之际无不杀人如麻流血成河仁人志士前仆后起赶场蹈火者项背相望国势岌岌危于累卵不绝如线始则阴云妖雾惨黯蔽野继则疾风暴雨迅雷掣电旋出旋没相搏相击其终乃天日忽开赫曦在空和风甘雨扇畅群类世之浅见者徒艳羡其后此文物之增进民人之自由国势之勃兴而不知其前此抛几多血泪掷几多头颅以易之也我支那数千年来义狭之风久绝国家只有易姓之事而无革政之事士民之中未闻有因国政而以身为牺牲者是以民气嗒然不昌国势薾焉不振日澌月削以至于今日而否塞极矣善夫烈士谭君嗣同之言也曰世界万同之变法无不经流血而后成中国自古未有因变法而流血者此国之所以不昌也有之请自嗣同始呜呼吾闻谭君之言始焉而哀终焉而喜盖我支那数十年以来正如严冬寒冱水泽腹坚及有今日之事乃所谓一声春雷破蛰启户自此以往其必有仁人志士前仆后起以扶国家之危于累卵者安知二十世纪之支那必不如十九世纪之英俄德法日本奥意乎哉乃者三年以前维新诸君子创设时务报于上海大声疾呼哀哀长鸣实为支那革新之萌蘖焉今兹政变下封禁报馆之令揆其事实殆与一千八百十五年至三十年间欧洲各国之情形大略相类呜呼此正我国民竭忠尽虑扶持国体之时也是以联合同志共兴清议报为国民之耳目作维新之喉舌呜呼我支那四万万同胞之国民当共鉴之我黄色种人欲图二十世纪亚洲自治之业者当共赞之今将本报宗旨规例列左

宗旨

一　维持支那之清议激发国民之正气

二　增长支那人之学识

三　交通支那日本两国之声气联其情谊

四　发明东亚学术以保存亚粹

规例

一　本报所刊约分六门　一支那人论说　二日本及泰西人论说　三支那近事　四万国近事　五支那哲学　六政治小说

二　本报每月发刊三次以阴历—日十一日二十一日发行每次于发行前五日定稿

三　报中所登支那人论说系由本馆自聘之主笔撰述共日本及泰西论说则由寄稿或译稿采登各国志士如有关心支那大局惠赐大稿者请于每次定稿之前惠寄必当照录

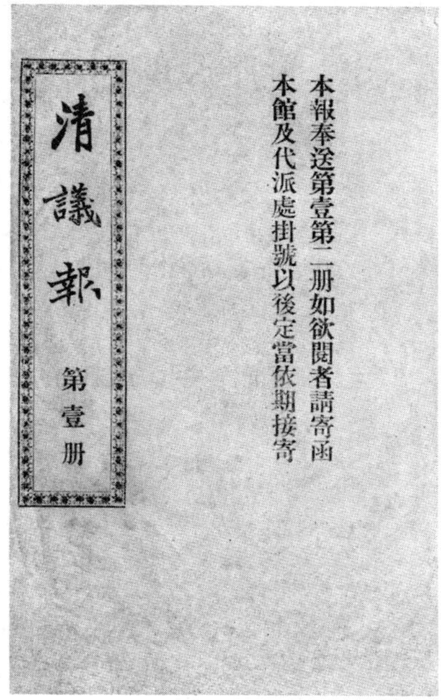

《清议报》第 1 册

（原载 1898 年 12 月 23 日《清议报》创刊号）

《清议报》与《新民丛报》是辛亥革命之前最为重要的维新派报纸，均由梁启超主办。在中国报业史上，这两份报纸不独于当日影响深广，更有承上启下的重要意义。

《清议报》于 1898 年创办于日本横滨，十日一期，共出 100 期。梁启超任总编，主要撰稿人有麦孟华等。后因火灾于 1901 年 12 月 21 日停刊。《新民丛报》是梁启超在《清议报》停刊后，于 1902 年 2 月 8 日在日本横滨创办的，为半月刊。编辑和发行人署名冯紫珊，实际负责人是梁启超，撰稿人有韩文举、蒋智由、马君武等。该报史上最为著名的事件当属立宪派与革命派之间的论战。当时《民报》是同盟会的刊物，而《新民丛报》则为立宪派的主要阵地。论争一直持续到 1907 年。《新民丛报》亦于论战结束当年停刊，共出 96 期。[①]

关于《清议报》与《新民丛报》的办报原因和理念，梁启超在我们这里摘

① 张枬、王忍之：《辛亥革命前十年间出版的期刊简介》，中国人民大学新闻系编《中国近代报刊史参考资料》，第 116—117 页，北京：中国人民大学出版社 1979 年版。

《新民丛报》第 1 号

录的《〈清议报〉叙例》中阐说甚明：“支那国势之危险，至今日而极矣”，已经到了必须变革维新的紧要关头；戊戌维新失败，六君子流血牺牲，使维新力量遭受了重大打击，梁启超亦避居国外，希望通过报纸传播维新派思想，促使人民奋起救国，“是以联合同志，共兴《清议报》，为国民之耳目，作维新之喉舌。呜呼！我支那四万万同胞之国民，当共鉴之；我黄色种人欲图二十世纪亚洲自治之业者，当共赞之”。这里明确将《清议报》定位为“国民之耳目”、“维新之喉舌”，并以“四万万同胞之国民”和“欲图二十世纪亚洲自治之业者”为后盾，其浓厚的民族主义和亚洲主义的色彩，是尤可注意的。在创办《新民丛报》的阶段，梁启超则更为重视报纸“开民智”的教育作用，在《本馆告白》中阐明，本报的报名“取《大学》中的‘新民’之义”，重点在为人民提供“融合中西方教育的方法”，因此办报方针“以教育为主，以政论为依托”，实际上是要进行公民教育、传播“公民意识”。①

梁启超对报纸作用的认识在当时是颇为先进的。早在创办《时务报》时期写作的《论报馆有益于国事》一文中，他便提出：“今夫万国并立，犹比邻也，齐州以内，犹同室也。比邻之事，而吾不知，甚乃同室所为，不相闻问，则有耳目而无耳目；上有所措置，不能喻之民，下有所苦患，不能告之君，则有喉舌而无喉舌。其有助耳目、喉舌之用，而起天下之废疾者，则报馆之为也。”“阅报愈多者，其人愈智；报馆愈多者，其国愈强。曰：惟通之故。其益于国事如此。”②这里的“齐州同室”和“万国并立”的国家统一、世界共存的眼光，同样引人注目。他正是在这样的民族的与世界的双重视野下，突出了报纸沟通“中国与世界”、“上层与下层”的“耳目、喉舌之用”。就国内事务而言，他重

① 梁启超：《本馆告白》，1902 年 2 月 8 日《新民丛报》第 1 号。
② 梁启超：《论报馆有益于国事》，中国人民大学新闻系编《中国近代报刊史参考资料》，第 242 页。

视的是报纸对“人智”和“国强”两方面的独特作用。五年之后，在《本馆第一百册祝辞并论报馆之责任及本馆之经历》中，明显可见他对报纸的作用和责任的认识又得到了进一步深化：

> 《清议报》之事业虽小，而报馆之事业则非小。英国前大臣波尔克，尝在下议院指报馆记事之席（各国议院议事时，皆别设一席以备各报馆之傍听记载）而叹曰：“此殆于贵族、教会、平民三大种族之外，而更为一绝大势力之第四种族也。”（英国议院以贵族、教徒、平民三阶级组织而成。盖英国全国民实不外此三大种族而已。）日本松本君平氏著“新闻学”一书，其颂报馆之功德也，曰：“彼如豫言者，驱国民之运命；彼如裁判官，断国民之疑狱；彼如大立法家，制定律令；彼如大哲学家，教育国民；彼如大圣贤，弹劾国民之罪恶；彼如救世主，察国民之无告苦痛而与以救济之途。”谅哉言乎！近世泰西各国之文明，日进月迈，现已往数千年，殆如别辟一新天地，究其所以致此者何自乎？我曰是法国大革命之产儿也。而产此大革命者谁乎？或曰中世神权专制政体之反动力也。而唤起此反动力者谁乎？或曰新学新艺勃兴之结果也。而勃兴此新学新艺者谁乎？无他，思想自由、言论自由、出版自由，此三大自由者，实惟一切文明之母，而近世世界种种现象皆其子孙也。而报馆者实荟萃全国人之思想言论，或大或小，或精或粗，或庄或谐，或激或随，而一一绍介之于国民；故报馆者，能纳一切，能吐一切，能生一切，能灭一切。西谚云：“报馆者国家之耳目也，喉舌也，人群之镜也，文坛之王也，将来之灯也，现在之粮也。”伟哉，报馆之势力！重哉，报馆之责任！[①]

这里，将报人定位为“贵族、教徒、平民”之外的“第四种族”，将“思想自由、言论自由、出版自由”视为“一切文明之母”，从这一高度来评价报纸的作用，可谓提纲挈领，充分提升了现代报纸的价值和意义。在《新民丛报》第17期刊登的《敬告我同业诸君》一文中，梁启超更是明确提出，作为新闻媒体的报纸应具有监督政府、引导国民的重任。[②]梁启超的这一思想，对中国近现代办报理念影响深远，标志着中国近代新闻思想从此达到了一个新的高度。

《清议报》的内容，据前引梁启超在《叙例》中所言，主要包括以下几方

---

① 中国人民大学新闻系编：《中国近代报刊史参考资料》，第299页。

② 梁启超：《敬告我同业诸君》，1902年10月2日《新民丛报》第17期。

面：（一）支那人论说；（二）日本及泰西人论说；（三）支那近事；（四）万国近事；（五）支那哲学；（六）政治小说。可以看出，《清议报》以刊登时事新闻和社论为主，间有为“保存亚粹”而登的中国哲学论述和为“发表政见”而撰写的政治小说。《新民丛报》与《清议报》内容相比更为丰富，“每期有论说、学说、时局、政治、史传、教育、小说等项目”[①]。《清议报》上所刊登的新闻、时评，均侧重于中国现状，或揭露政府腐败、阐释变法之不得不行，或对照日本、泰西，宣传维新之必要性，传播民主、自由、人权的理论。《新民丛报》由于办报方针侧重“公民教育”，故涉及面更广，计有四大类：“（1）评介或涉及西方文化思想；（2）强化报纸的舆论监督或舆论引导功能；（3）提倡运用西方理论观点，改革中国的旧史学、旧文学；（4）大量介绍科技新发明、新知识。”[②]由于《清议报》和《新民丛报》均属于较为严肃的政治性报刊，商业性不强，于大众性、文艺性、娱乐性方面均不甚注重，所刊登小说也大多为“政治小说”，刊登的广告也远较同时的《申报》等商业报刊为少。根据《浙江潮》1903 年 4 月 17 日刊登的《杭城报纸销数表》的调查数据，《申报》的主要受众为官场、商家，销量约 500 份；《杭州白话报》的主要受众群体为普通市民，销量约 700—800 份；《新民丛报》的主要受众为学生，销量约 200 份。[③]尽管这只是杭州一地的调查结果，但《新民丛报》面对的主要受众群体和销量，由此可见一斑。

《清议报》和《新民丛报》在中国近代报业史上具有划时代的意义。这两份报纸开启了近现代新闻界“政治家办报的传统”，使“报刊政论家”这一群体得以成型。[④]同时，梁启超所提出的现代新闻思想，提升了人们对报刊的认识，传播了民主、自由、人权的理念，开启了新闻自由和舆论监督的时代要求，对中国现代报刊的繁荣居功甚伟。

（刘云）

---

① 张枏、王忍之：《辛亥革命前十年间出版的期刊简介》，中国人民大学新闻系编《中国近代报刊史参考资料》，第 117 页。

② 许正林：《中国新闻史》，第 91 页，上海：上海交通大学出版社 2008 年版。

③ 傅宁：《中国报刊最早的受众调查》，2003 年 10 月《新闻爱好者》。

④ 许正林：《中国新闻史》，第 91 页。

1899 年

6月

《巴黎茶花女遗事》的影响

译印巴黎茶花女遗事

是书为西国注明小说家所撰书中叙茶花女遗事历历如绘其文法之妙情迹之奇尤出人意表加以译笔甚佳阅之非独豁人心目且于西国风俗尚亦可略见一班洵为小说中出色当行之作非寻常小说所可同日而语也现与新译包探案长生术二种合印出售每部白纸价洋一角竹纸价洋二角五分不折不扣如欲购者请向昌言报馆及各书坊购取可也

昌言报馆代白

（原载 1899 年 6 月 3 日《游戏报》695 号）

谈论西方小说的翻译引进和对中国社会的巨大影响，首先要说《巴黎茶花女遗事》。虽早此二十多年的 1873 年，已有了蠡勺居士译述的《昕夕闲谈》，但从文化传播史的角度看，真正对中国人形成重要影响的第一部西方小说，当推《巴黎茶花女遗事》。它不仅仅开创了晚清翻译西方文学作品的风气，还从一定意义上改变了清末士人的文学观念。

法国著名小说家小仲马在 19 世纪 40 年代所写的《茶花女》，在欧洲社会经历了半个世纪的轰动和争论后，被林琴南和王子仁以《巴黎茶花女遗事》为名第一次译成了中文。目前可见的最早刊本是己亥正月（1899 年 2 月）在林琴南家乡福州出版的木刻大巾箱本，真正使该书不胫而走，一时“洛阳纸贵，风行海内”的，是汪康年通过高梦旦帮助获得了版权转让后，在上海出版的铅印本。上海索隐书屋委托昌言报馆代为发行，后归商务印书馆出版。

1899 年 6 月的《游戏报》连续刊登了近一月的《茶花女》广告，只说是“西国著名小说家所撰”，但对作者和译者均无任何介绍。广告显示的是中国人对《茶花女》的最初接受与理解："中叙茶花女遗事，历历如绘。其文法之妙、情迹之奇尤出人意表。加以译笔甚佳，阅之非独豁人心目，且于西国风俗尚亦可略见一班。"注重"文法之妙、情迹之奇"，还是中国传统看小说的眼光；从小说略见"西国风俗"，大概是中国人接触西方文学通常的心理；"译笔甚佳"，倒是注意到了林纾的特殊贡献。

《茶花女》的流行，使得以后几年里出现了十数种报刊连载和单行本，再版高达二十多次。而汪康年等人为宣传此书所刊载的系列广告，终于也使得"冷红生"的真实身份大白于天下。

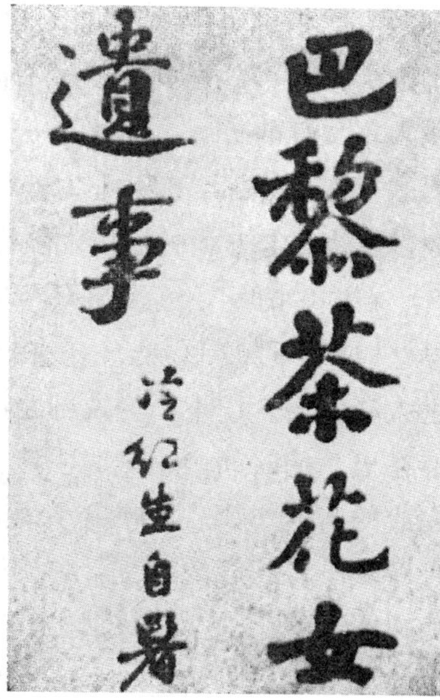

《巴黎茶花女遗事》书影

据说在翻译时，林纾与王寿昌就感动得"相对大哭，声彻户外"。马克为了亚猛的事业前途及家庭幸福默默牺牲，以中国才子佳人小说中罕有的悲剧结局收尾，这种暗合中国传统伦理道德标准的悲剧色彩，在中国士人的道德体系里升华出一种新的审美方式，因而小说风行一时亦在情理之中，它给清末士人带来了巨大的震撼。时人评价其"以华文之典料，写欧人之性情，曲曲以赴，煞费匠心。好语穿珠，哀感顽艳。读者但见马克之花魂，亚猛之泪渍，小仲马之文心，冷红生之笔意，一时都活，为之欲叹观止"①。

包天笑在《钏影楼回忆录》中讲述自己译小说的开始，也提及林译《茶花女》问世后，"哄动一时，有人谓外国人亦有用情之专如此的吗，以为外国人都是薄情的，于是乃有人称之为'外国红楼梦'"②。也确如读《红楼梦》一般，每个人都从自己的角度去揣摩该书的主题。严复的"可怜一卷《茶花女》，断尽支那荡子肠"③的诗句，是该译本轰动一时的真实写照。

中国人始终认为，即便在科技、政治制度和法律形式方面落后于西方，上

① 邱炜萲：《挥尘拾遗》卷三，星洲观天演斋丛书。
② 包天笑：《钏影楼回忆录》，第 171 页，香港：大华出版社 1971 年版。
③ 严复：《严复集》，第 365 页，北京：中华书局 1986 年版。

乘的文章学仍唯中国独有。“经史外添无限学，欧罗所作是何诗。”中国传统小说因为是世俗的样式，以说书传播、白话为主的叙述文体，使小说愈发不可能步入雅文学的行列。林纾与王子仁第一次合译《茶花女》时，不愿署真名实姓，而署“冷红生”，还多次口口声声称译此书为“游戏笔墨，本无足轻重”，就连高梦旦也在与友人的通信中屡称此书属于“游戏之作”[①]。

在这一时期，近代知识界对小说的地位和作用的认识开始发生重要的转变。早些时候，严复和夏曾佑就在《国闻报》的《本馆附印说部缘起》中以“天下之人心风俗，遂不免为说部之所持”指出小说重要的社会作用。但晚清小说能够在极短的时间内上升为主流，靠的显然不是梁启超的“新民说”和几部没有完成的政治小说。在晚清小说由边缘向主流过渡的时期，一般士大夫对小说的兴趣及小说观念的改变，与盛极一时的林译小说关系非常大。林纾以其高雅的诗文所译的这部女性血泪史，改变了白话小说粗俗文体的形象，将各自为政的小说与文人文学融合在一起，从而把小说从文学结构的边缘推向中心。

林译《茶花女》的出版，大大推动了中国的小说翻译和创作活动。林纾本人也从此走上翻译小说的道路，不再用外号自隐，署字“琴南”。虽然其后他的翻译理念受到严复、梁启超、夏曾佑等营造的“小说载道”、“小说新民”这一启蒙话语系统的影响，但由于最初的翻译动机不同，他没有像梁启超那样因过强的工具理性而失掉文学的感觉。

《巴黎茶花女遗事》的轰动效应一直持续到20世纪40年代，据统计，1946年前，先后出版过夏康农译本、秦瘦鸥译本、李连萃编译本、王慎之译本、凌霄与吴璇玲译本、徐慰慈译述本等。文人倾倒于和“茶花女”有关的一切，连她在书中所读的不甚著名的小说《漫朗摄实戈》也在1915年9月被翻译出版。

《茶花女》首次把第一人称叙事的小说技巧和一种打破才子佳人大团圆式结尾的西方小说形式带入中国，引来小说家纷纷效仿。以“东方小仲马”自诩的徐枕亚，在《雪鸿泪史》中以日记的形式记录女主角筠倩临终前的思绪；苏曼殊《碎簪记》、《焚剑记》诸篇，被认为与《茶花女遗事》相仿佛。正是这种巨大的影响，使不少小说史家都把林译《巴黎茶花女遗事》看作是言情小说的滥觞。

（邹瑞玥）

①《高梦旦致汪康年》，《汪康年师友书札》，第1654页，上海：上海古籍出版社1986年版。

武侠小说："侠"的理想与传统

奇书出书布告众知

彭公案后按　五角
七侠五义　　六角
三侠传　　　五角

上海南画锦里□文社书庄启

（原载1899年6月19日《游戏报》）

在近代流行的小说样式中，"如果说侦探小说是历史最短的真正'舶来品'的话，那么武侠小说是渊源最深远的地道'中国货'"[①]。武侠小说的历史，有研究者认为，可以追溯到《史记》中的《游侠列传》，尽管这一提法有混淆"史"与"小说"之嫌，但司马迁笔下的荆轲形象，确实是对武侠小说中侠义精神的最好阐释；武侠小说的真正兴起应当在唐代，唐传奇《昆仑奴》、《红线传》、《聂隐娘》等，以今天的眼光来看，也称得上是出色的武侠小说；明清则是武侠小说发展史上的又一个繁荣期，《水浒传》被认为是武侠小说史上的"空前高峰"，而《封神演义》亦对此后的神怪侠义小说产生了相当大的影响。[②]

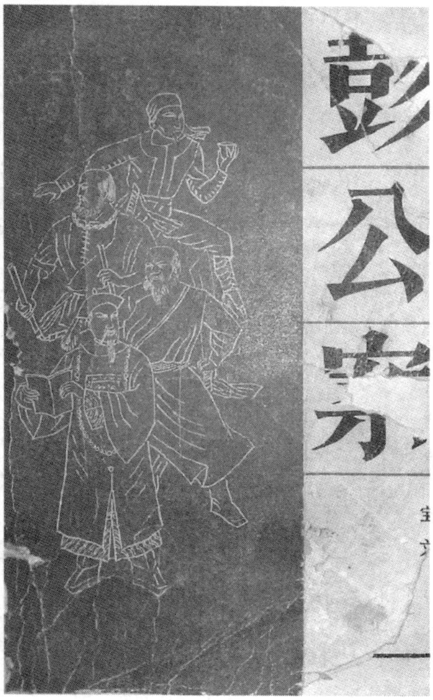

《彭公案》书影

清代则产生了武侠小说史上的一种新变体——公案小说。鲁迅在《中国小说史略》中评述清代武侠小说道："明季以来，世目《三国》、《水浒》、《西游》、《金瓶梅》为'四大奇书'，居说部上首；

① 张华：《中国现代通俗小说流变》，第171页，济南：山东文艺出版社2000年版。
② 同上书，第172—174页。

比清乾隆中，《红楼梦》盛行，遂夺《三国》之席，而尤见称于文人。唯细民所嗜，则仍在《三国》、《水浒》。时势屡更，人情日异于昔，久亦稍厌，渐生别流，虽故发源于前数书，而精神或至正反，大旨在揄扬勇侠，赞美粗豪，然又必不背于忠义。其所以然者，即一缘文人或有憾于《红楼》，其代表为《儿女英雄传》；一缘民心已不通于《水浒》，其代表为《三侠五义》。”[①]

《三侠五义》一书，研究者历来认为是根据石玉昆的说唱话本《龙图公案》改写而成。《龙图公案》唱本本身甚为拙劣，经文人润饰之后，既保留了民间说唱文学诙谐纯朴的特色，又往往有“闲中着色”、神采奕奕之笔。小说从“狸猫换太子”的宋仁宗身世之案开始，进而叙述包公的身世、婚配以及断案经历，插以诸多草莽豪杰为包公人格所感共襄其事，屡断奇案，力压权贵强暴，终成国富民安之局。题目中的“三侠”指南侠展昭、北侠欧阳春、双侠丁氏兄弟；“五义”指钻天鼠卢方、彻地鼠韩彰、穿山鼠徐庆、翻江鼠蒋平、锦毛鼠白玉堂。[②]后俞樾赞叹此书“事迹新奇，笔意酣恣，描写既细入毫芒，点染又曲中筋节，正如柳麻子说‘武松打店’，初到店内无人，蓦地一吼，店中空缸空甏，皆瓮瓮有声：闲中着色，精神百倍”[③]，然而认为书中第一回所叙之“狸猫换太子”之事荒诞不经，故删削修改，又因书中所叙之侠不止三位，更其名为《七侠五义》。

《三侠五义》一书，正如鲁迅所点评的：“至于构设事端，颇伤稚弱，而独于写草野豪杰，辄奕奕有神，间或衬以世态，杂以诙谐，亦每令莽夫分外生色。值世间方饱于妖异之说，脂粉之谈，而此遂以粗豪脱略见长，于说部中露头角也。”[④]书中情节大抵拙劣不足观，但其文字在古代白话小说中却别具一格，叙及豪杰江湖之事，每每粗中有细，幽默潇洒并长，尤其往往于不动声色之间讽刺入骨，其文学技巧的精妙是值得赞叹的。例如：

> 一时来到紫禁门，王头儿递了腰牌，注了人数，按名点进。到了御河，大家按档儿做活。智爷拿了一把铁锹，撮的比人多，掷的比人远，而且又快。旁边作活的道：“王第二的！”智爷道：“什么？”旁边人道：“你这活

---

① 鲁迅：《中国小说史略》，第195页。

② 同上书，第198页。

③ 俞樾：《七侠五义传》序，《七侠五义》，北京：北京燕山出版社1997年版。

④ 鲁迅：《中国小说史略》，第199页。

计不是这么做。”智爷道：“怎么？挖的浅咧？做的慢咧？”旁边人道：“这还浅！你一锹，我两锹也不能那样深。你瞧，你挖了多大一片，我才挖了这一点儿。俗语说的：‘皇上家的工，慢慢儿的蹭。’你要这末做，还能吃的长么？”智爷道：“做的慢了，他们给饭吃吗？”旁边人道：“都是一样慢了，他能不给谁吃呢？”智爷道：‘既是这样，俺就慢慢的。’旁边人道：‘是了。——来吧，你先帮着我撮撮啵。’智爷道：“俺就替你撮撮。”哈下腰正替那人撮时，只见王头儿叫道：“王第二的！”智爷道：“怎么？”王大道：“上来吧，吃饭了。你难道没听见梆子响么？”智爷道：“没大理会。怎么刚作活就吃饭咧？”王大道：“我告诉你，每逢梆子响是吃饭，若吃完了一筛箩，就该做活了。天天如此，顿顿如此。”智爷道：“是了，俺知道了。”王大带他到吃饭的所在，叫他拿碗盛饭。智爷果然盛了碗饭，大口小口的吃了个喷鼻儿香。①

《三侠五义》的另一成就在于它对人物个性的塑造，已经开始超脱之前绝大多数通俗侠义小说对江湖豪杰的标签化处理，而擅长于通过细节，塑造彼此不同、恰成对照的英雄人物个性。如欧阳春之豪侠意气，黑妖狐智化之机智诙谐，南侠展昭之宽厚容人，在相互映衬之下，人物个性变得愈发鲜明。《三侠五义》塑造最为成功的人物是“锦毛鼠”白玉堂，这一形象不同于以前通常意义上的江湖豪侠，他长相俊逸，但心胸狭窄、骄纵傲慢，行事狠毒之处甚至大违侠之本义；作者在写出他的缺点的同时，又费尽笔墨铺陈他的意气风发、豪爽重情，如最为生动的“三试颜查散”一节，令人感到其工于心计之外，更重的却是为朋友两肋插刀的“义”，慷慨豪迈之处终不失任侠之气。白玉堂的形象接近于希腊悲剧中的英雄，尽管其气概令人敬仰，但因为某种带有缺陷的个性，而终于酿成个人的悲剧。这样一个被如实描绘、瑕不掩瑜的悲剧英雄形象，在中国小说史上是颇为少见的；而金庸在《神雕侠侣》之后所塑造的一系列以杨过为代表的孤狂傲世的英雄侠客形象，似乎也可以看出中国武侠小说史上由白玉堂所代表的这一传统的面影。

清代另一部著名的公案小说是《施公案》，该书叙述的是绿林英雄黄天霸本欲行刺施公，却被其忠孝节义打动，自愿改名施忠，辅佐贤臣，共勘奇案。小

---

① 石玉昆：《三侠五义》，第544页，广州：广东人民出版社1980年版。

说情节十分幼稚，语言亦粗糙贫乏，与《三侠五义》难以相提并论。然而，这部小说的意义在于将江湖豪客与清官的配搭组合发展到了极致，“是‘公案’向章回化发展、与武侠的神奇威力相结合的始作俑者，是一个典型的代表；后来，在晚清其续书又成为公案小说章回化、武侠化的收束者”[①]。《三侠五义》中的江湖豪侠，与包拯之间尚是主宾的关系，保存了相对的人格独立性与行动自主性，除了南侠展昭之外，包拯对其他几位侠义之士的约束性并不强。他们辅助包拯，一方面是出于尽忠的思想，另一方面则是出于行侠仗义、除暴安良的传统侠义要求。而在《施公案》之中，黄天霸与施公的关系却是主奴，为了帮助施公，他可以刺杀义兄义嫂，完全违背江湖道义，其指导思想已经从传统的侠义变为彻底的忠义；实际上在这忠义二字当中，义为虚，忠为实，甚至为了尽忠，可以违背最基本的传统伦理道德底线。侠的人格独立性的丧失，是使清末传统武侠公案小说失去魅力的重要原因。[②]

清代出现的另一种较为特别的公案小说形式是以皇帝为主角的公案小说，较为典型的有《乾隆巡幸江南记》。该书描写的是乾隆皇帝因梦示而化名“高天赐”下江南微服私访，招揽绿林豪杰，剪除贪官，镇压恶霸，除暴安良，为百姓申冤的故事。故事情节虽荒诞不经，却符合了一般平民百姓的文化心理和审美趣味，故而百余年来流传不衰，直至上世纪90年代，仍有由此原型改编的港台电视剧风靡一时。小说中的乾隆形象，是一个文武皆通的才子、出贤入圣的皇帝，全书一开卷便赞颂道：“开基创业以来九十余年，传至第四代仁圣天子，真个文可安邦，武能定国，胸罗锦绣，腹满珠玑；上晓天文，下知地理，三坟五典，无所不通；诸子百家，无所不读；兵书战策，十分精通；十八般武艺，件件皆能”，并在开卷诗中称其为“天地生成大圣人”。[③]研究者认为，乾隆这一形象，实际上是公案小说中的传统清官加侠客组合的升级：“小说中的乾隆虽是皇帝身份，所行却是侠客之事，他常常不顾国法，以暴制暴，对国家官吏大打出手，甚至打上公堂，未经审判就随意处死地方官吏及恶霸，描写中明显地具有市民的审美情趣。小说中的乾隆集清官和侠客的功能于一身，惩凶除恶，解民倒悬，所不同的是，乾隆不但武功盖世，更有至高无上的权力，可以任意制

---

① 黄岩柏：《中国公案小说史》，第230页，沈阳：辽宁人民出版社1991年版。

② 参见张华：《中国现代通俗小说流变》，第175页。

③《乾隆游江南》，第1页，北京：华夏出版社1995年版。

裁任何奸佞，痛快淋漓，干净利落，反映出市井细民的梦幻心理。”①乾隆身兼清官与侠客双重角色于一体的设定，从某种意义上讲，可以看作是在公案小说的框架内恢复侠的人格独立性的一种努力。在传统的公案小说中，清官大多不谙武艺、身无自保之力，因而才需要侠的保护与帮助；而侠客则愿意协助清官，借助其手中的权力，更好地实现除暴安良的目标。但是，无论是《三侠五义》中的主宾关系还是《施公案》中的主奴关系，都必然要以清官为主，造成侠客必须服从清官命令的局面，因而也就使得侠客部分甚至全部地丧失了其人格独立性，而这恰恰是传统侠义精神中最吸引人的一方面。因此，《乾隆巡幸江南记》中所作的将清官与侠客合而为一的设定，实际上是用至尊的身份，帮助侠客恢复了“行动但任于心”、潇洒不羁的人格特质，再度给予其不受传统社会规范和他人意旨的拘束，仅凭侠义精神行事的权利。

晚清的另一大武侠小说类别是剑侠小说，代表作有《雍正剑侠奇案》和《仙侠五花剑》等。“剑侠”是武侠小说中最为悠久的传统之一，唐传奇中的聂隐娘和红线都是著名的剑侠。相比于一般侠客，剑侠更有“人莫能窥其用，鬼莫得蹑其踪，能从空虚之入冥，善无形而灭影”②的特质，超然世外，高洁洒脱。后期对剑侠的塑造，往往更有半侠半仙的性质，故而能够更不受社会规范拘束，行踪飘忽不定，做事随心所欲，人格独立性更强。与公案小说相比，注重个人独立性的剑侠小说显然更具有新武侠小说的特质；日后，这一传统经还珠楼主的发展，在现代蔚为大观；直至今日，在流行的网络奇幻小说之中，仍然可以看到剑侠小说的影响。

（刘云）

---

① 罗立群：《中国武侠小说史》，第 142 页，广州：花山文艺出版社 2008 年版。

②《聂隐娘》，林骅《唐传奇新选》，第 277 页，武汉：湖北教育出版社 2006 年版。

1902 年

2月

梁启超与《李鸿章》

饮冰室主人著

李鸿章

李鸿章死矣生平毁誉藉籍迄莫得其真相今者盖棺论定天下莫不欲知其为何等人本馆总撰述梁任公先生特叙其一生行事加以论断名曰“李鸿章”记载详尽议论精确读此不特可以知李鸿章亦可以知李鸿章时代之中国也

（原载 1902 年 2 月《新民丛报》第 1 号）

我国的史传文学，自司马迁《史记》起，代有佳作，源远流长。然而近代以来，西风东渐，以纪传、碑传为主要形式的传统史传文学吸收了西方传记文学的营养，开创出新的风貌，成为近代文学一个不可忽略的品种。而开风气之先的，则是梁启超。20 世纪初，梁启超撰写过多种中外名人传记，曾经独立于文集，数次结集出版，包括《中国六大政治家》（收录管仲、商鞅、诸葛亮、李德裕、王安石、张居正的传记）、《中西伟人传》（收录张骞、班超、匈牙利人噶苏士、意大利建国三杰、法国罗兰夫人等中西著名人士的传记）、《康南海》、《李鸿章》等作品。其中《康南海》、《李鸿章》是梁启超所撰名人传记中最负盛名的两部作品，而尤以《李鸿章》为最，被誉为“二十世纪中国四大传记”之一。

有人认为，历数梁启超传记文的写作，流亡日本时的 1901 年实为关节点。[①]《康南海》（后改名《南海康先生传》）和《李鸿章》（又名《中国四十年来大事记》）都撰写于这一年。此后，梁启超对传记的著述兴趣一发而不可收，笔涉的人物也从同时代扩展到西方近世及清以前。1902 年 2 月，他在日本横滨创

①《〈梁启超传记〉五种·序言》，天津：百花文艺出版社 2009 年版。

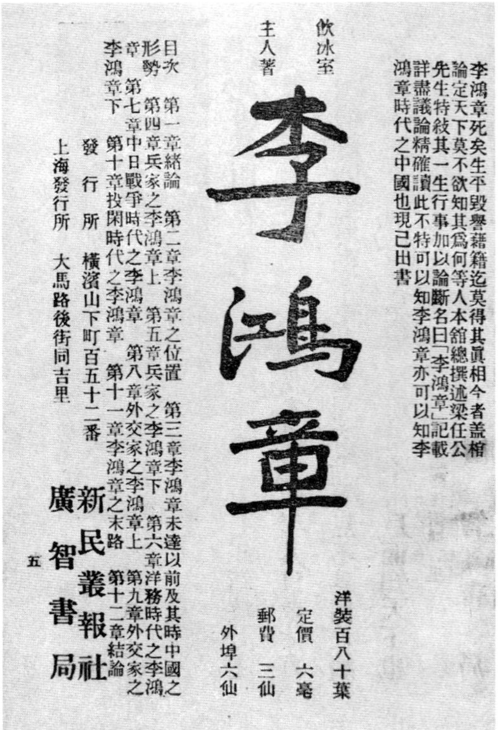

《李鸿章》广告

办了《新民丛报》，其中专设“传记”一栏。在梁氏1903年2月离日游美以前，《新民丛报》的“传记”栏全部由其包揽，接连刊发了《匈加利爱国者噶苏士传》、《张博望班定远合传》、《意大利建国三杰传》、《（近世第一女杰）罗兰夫人传》、《新英国巨人克林威尔传》等。

在梁启超所著的多部名人传记之中，“四十八点钟”一气呵成的《康南海》因最早采用新文体，开中国现代传记文学之先河，而其后不久撰写的《李鸿章》则以皇皇六万言奠定了梁启超现代传记文学先行者的历史地位。

1901年11月7日，78岁高龄的李鸿章在代表大清国与西方列强签订了不平等的《辛丑条约》之后不久，在屈辱和病痛中辞世。流亡日本的梁启超很快完成了《李鸿章》一书的写作，并由横滨《清议报》馆印行，《新民丛报》社发售，次年初即再版。1902年2月出版的《新民丛报》第1号以专页刊出了再版《李鸿章》的图书广告。

广告中谈到此书短短数月便售完再版，可见《李鸿章》之受读者欢迎的程度。事实上，由于市场销量大好，《李鸿章》屡次再版。到这年的八月，《李鸿章》已印刷至四版，而《新民丛报》也不遗余力地配合宣传。如5月15日出版的《新民丛报》第10号刊有《李鸿章》第三版的广告：“本社总撰述饮冰室主人所著《李鸿章》一书于李侯一生行事记载详尽，论断精确，未及两月，即已风行海内外，共为识者所赞赏，而大有洛阳纸贵之观，是此书之身价可想而知矣。兹三版已补印成书，凡欲知近数十年李鸿章时代之中国者不可不人手一编也。”8月1日出版的该刊第15号《李鸿章》第四版的广告：“《李鸿章》一书出版未及数月，已风行海内外，刷印之数不下二万。本社为思想普及计，特再付印四版，减价出售。苟欲知近四十年来之中国与此老怪杰之关系何如者，请急手一编。”广告透露了在短短数月之内《李鸿章》前三版的发行量已超过二万，这在当时已属难得，因此用“洛阳纸贵”形容并不为过。在国内，《李鸿章》由上海广智书局发行，并在《时报》等改良派报刊进行广告宣传。

关于《李鸿章》在近代传记文学中的开创性意义，《新民丛报》第 1 号“绍介新著”栏目已有说明：“此书以泰西传记新体，叙述李鸿章一生经历而论断之，其体例实创中国前此所未有。”梁氏在该书《序例》中也强调“此书全仿西人传记之体”，可见他是有意借鉴西方传记文学，对中国传统的史传体进行了改良。

我国传统的史传文学一般以《史记》为楷模，辅以年谱、行状、墓志铭等体裁。梁启超在《李鸿章·序例》中写道：“中国旧文体，凡记载一人事迹者，或以传，或以年谱，或以行状，类皆记事，不下论赞，其有之则附于篇末耳。然夹叙夹议，其例实创自太史公《史记》，《伯夷列传》《屈原列传》《货殖列传》等篇皆是也。后人短于史识，不敢学之耳。著者不敏，窃附斯义。”[①]不过，《李鸿章》虽有对传统史传的继承，但它致敬的对象并非《史记》，而是西方传记文学。他说：“此书全仿西人传记之体，载述李鸿章一生行事，而加以论断，使后之读者，知其为人。”[②]所谓西人传记之体，就是通常所说的“评传”，其主要特点是夹叙夹议，叙议结合，传中有评，评中有传，评传相间。《李鸿章》一改传统史传文学“某某者，某某人也”的陈旧套路，分为“李鸿章之位置”、“李鸿章未达以前及其时中国之形势”、“兵家之李鸿章”、“洋务时代之李鸿章”、“中日战争时代之李鸿章”、“外交家之李鸿章”、“投闲时代之李鸿章”、“李鸿章之末路”八大主题，共十二章，洋洋六万余言。这样的体例结构和超乎以往的篇幅容量，与我国传统的史传与杂传以及年谱、行状、墓志铭等体裁决然不同，是 19 世纪末 20 世纪初思想解放运动的产物，也是向西方学习的结果。

李鸿章是中国近代史上的风云人物，也是近代中国屈辱史的经历者和见证人，自甲午战争以来，对他的争议就从未停止。褒之者称他为“再造玄黄”的伟人、晚清“唯一有能耐可和世界列强一争长短之人”，贬之者斥为“汉奸”、“卖国贼”，可谓盖棺而论未定。梁启超与他“于政治上为公敌，其私交亦泛泛

---

① 梁启超：《李鸿章传》，第 1 页，北京：中华书局 2012 年版。

② 同上。

不深”，却能避免不同政治立场的偏见，按照“不虚美，不隐恶”的实录原则，做到评价公允、褒贬分明、不存私见、客观公正，实属不易。在书中，他既指出李鸿章“不识国民之原理，不通世界之大势，不知政治之本原，当此十九世纪竞争进化之世，而惟弥缝补苴，偷一时之安，不务扩养国民实力，置其国于威德完盛之域，而仅摭拾泰西皮毛，汲流忘源，遂乃自足”的致命缺点，是造成李鸿章个人悲剧的根本原因，同时也承认李鸿章之识“固有远过于寻常人者”，对他在外交谈判中“刻意磋磨，毫无让步”表示钦佩，对李鸿章操心国事“鞠躬尽瘁，死而后已”的精神也给予极高评价，甚至将其与历史上的名相诸葛亮相比。用《新民丛报》广告中的话来说，梁氏对李鸿章的批评堪称“记载详尽，议论精确”，其史识甚至令后辈许多史学家汗颜。

在书中，梁启超注重传主与时代的关系，特别强调李鸿章的悲剧是历史的悲剧，“内治不修，则外交实无可辩之理。以中国今日之国势，虽才十倍于李鸿章者，其对外之策，固不得不隐忍迁就于一时也。此吾所以深为李鸿章怜也”①，对李的不幸历史际遇表示同情：“然则徒罪李鸿章一人，乌呼可哉？”“嗟乎！应龙入井，蝼蚁因人，老骥在枥，驽骀目笑，天下气短之事，孰有过此者耶？当此之际，虽有苏张之辩，无所用其谋，虽有贲育之力，无所用其勇。舍卑词乞怜之外，更有何术？”②在第一章《绪论》中说：“吾敬李鸿章之才，吾惜李鸿章之识，吾悲李鸿章之遇。”又说：“彼苍者天，前之所以宠此人者何以如是其优，后之所以厄此人者何以如是其酷耶？”③这种“了解之同情”（陈寅恪语）不仅是理解传主的一把钥匙，也是认识历史的钥匙。

梁氏撰写《李鸿章》，绝非单纯地为一位刚刚去世的名人立传，而是为了宣传启蒙思想、教育大众。前引《新民丛报》为《李鸿章》四版所做广告，强调其“思想普及”的意义，是深知其意的。梁启超在《中国历史研究法》中论述理想专传的写法，认为应该是以一个伟大人物对于时代有特殊关系者为中心，将周围关系事实归纳其中，横的竖的，网罗无遗。按照这一思路，这部《李鸿章》实际上是以人带史，通过李鸿章一人，写到李鸿章所处的时代，故又名《中国四十年来大事记》。因此，《新民丛报》第 1 号的“绍介新著”称此书“其

① 梁启超：《外交家之李鸿章（下）》，《李鸿章传》。
② 梁启超：《外交家之李鸿章（上）》，《李鸿章传》。
③ 梁启超：《序例》，《李鸿章传》。

论李也，于常人所共非谤者而讼直之，于常人所共不察者而责备之，处处皆有特识，而于数千年来群治之积习，及数十年来朝政之失宜，所以造成今日之结果者，尤三致意焉”。广告中也屡次强调“读此不特可以知李鸿章，亦可以知李鸿章时代之中国”、“苟欲知近四十年来之中国与此老怪杰之关系何如者，请急手一编”。这使得《李鸿章》特别具有历史与时代的深度与厚重，即使今天读来仍不失为一篇优秀的传记文学作品。

梁启超的文字，一向具有鲜明的个人风格，文字极具张力。这些特点在《李鸿章》等传记文学作品中也表现了出来。文中浅近的文言，夹杂着大量的口语、俚语和新名词，“笔端常带情感”，务为平易畅达。这种“颇有一种魔力焉”的“新文体”，使传记文学更易于在识字不多的普通人中传播，从另外一个方面促进了现代传记文学的发展。

梁启超的《李鸿章》为现代传记文学开创了一种新模式。此后，他又相继撰写了《三十自述》的自传及《匈加利爱国者噶苏士传》、《意大利建国三杰传》、《(近世第一女杰)罗兰夫人传》等一系列中外名人传。这些传记文学作品在内容上宣扬平等、自由、博爱的思想，在形式上仿效西方传记，标志着中国古典史传文学正向现代传记文学的转化。此后，从辛亥革命到五四运动前后，传记写作蔚为风气，成为反帝、反封建、宣传革命和新思想、新文化的重要工具。

（杨剑锋）

8月

“新小说”的理论与倡导

中国唯一之文学报《新小说》（摘录）

小说之道感人深矣泰西论文学者必以小说首屈一指岂不以此种文体曲折透达淋漓尽致描人群之情状……其诸新世界之青年亦在所不弃欤条例如下

一本报宗旨专在借小说家言以发起国民政治思想激励其爱国精神一切淫猥鄙野之言有伤德育者在所必摈

一本报所登载各篇著译各半但一切精心结撰务求不损中国文学之名誉

一本报文言俗语参用其俗语之中官话与粤语参用但其书既用某体者则全部一律

一本报所登各书其属长篇者每号或登一回二三回不等惟必每号全回完结非如前者清议报登佳人奇遇之例将就钉装语气未完戛然中止也

本报内容如下

一图画专搜罗东西古今英雄名士美人之影像……其画皆由著译者意匠结构托名手写之

二论说本报论说专属于小说之范围……题尚夥多不能豫定

三历史小说历史小说者专以历史上事实为材料而用演义体叙述之……

四政治小说政治小说者著者欲借以吐露其所怀抱之政治思想也其立论皆以中国为主事实全由于幻想其书皆出于自著……

五哲理科学小说专借小说以发明哲学及格致学其取材皆出于译本……

六军事小说专以养成国民尚武精神为主其取材皆出于译本题未定

七冒险小说如鲁敏逊漂流记之流以激励国民远游冒险精神为主题未定

八探侦小说探侦小说其奇情怪想往往出人意表……题未定

九写情小说人类有公性情二一曰英雄二曰男女……题未定

十语怪小说妖怪学为哲理之一科……

十一札记体小说如聊斋阅微草堂之类随意杂录

十二传奇体小说本社员有深通此道酷嗜此业者一二人欲继索士比亚福禄特尔之风为中国剧坛起革命军其结构词藻决不在新罗马传奇下也题未定

十三世界名人逸事体例略如世说新语但常有长篇巨制大率剌取古今中外豪杰之轶事足以廉顽立懦者最而录之于青年立志最有裨助

十四新乐府本报全编皆文学科所属也故文苑一门视寻常报章应有特色专取泰西史事或现今风俗可法可戒者用白香山秦中乐府尤西堂明史乐府之例长言永叹之以资观感

十五粤讴及广东戏本此门专为广东人而设纯用粤语其余或有应增之门类随时补入

另　以上各门不能每册具备但每册最少必在八门以上

一定价零售每册四角定阅全年十二册者定价四元定阅半年六册者定价二元二角邮费另加惟皆须依日本银折交

一代派至十份以上者照例提二成为酬劳

一定阅全年半年者必须先将报费清交乃为作实否则一概不寄决弗徇情

一海内外各都会市镇凡代派新民丛报之处皆有本报寄售欲阅者请各就近挂号

一本报第一号定于中历九月十五日发行欲先睹为快者请预订挂号通知署横滨山下町百五十二番新小说报社

上海本报社支店广告

报社报章之销流于内地者向皆托广智书局经理发售今以该书局事务繁冗未暇兼顾故特分设支店以为专售之所凡发行报章及一切帐目嗣后皆归本支店自行经理原日本报各地之分派诸君及欲定阅本报者以后请径到本支店交易可也本支店并代理横滨新小说及发售广智书局书籍

上海四马路老巡捕房对面日本新民丛报支店谨启

（原载1902年8月18日《新民丛报》第14号）

梁启超主编的《新小说》月刊是继韩邦庆《海上奇书》之后中国最早专载小说的期刊，1902年创刊于日本横滨，次年，迁移至上海，由广智分局发行1年，共出24期。

1902年《新民丛报》第14号上，刊登了署名“新小说报社”的长达数千

《新小说》第 1 号书影

字的宣传介绍文字《中国唯一之文学报〈新小说〉》，此文是杂志社同人自作的为《新小说》作广告的文字。文章开宗明义，劈头写道“小说之道感人深矣”，突出小说感染人心的巨大力量。随后一方面引证西方文学研究者推崇小说文体，“必以小说首屈一指”；一方面指出小说在中国古典中渊源有自，可以追溯到先秦以前，《汉书·艺文志》已把小说列入九流之中，只是汉唐以后的学者“困于破碎之训诂”，对小说文体的巨大价值认识不足，而“反鄙小说为不足道”，造成小说文体长期在中国文坛受冷落、受压抑的局面。不过广告并没有为传统小说（旧小说）喝彩，相反，指出读者喜读小说过于他书是不可改变的人性使然；而长期以来由于小说得不到公正的社会地位，造成“好学深思之士君子吐弃不肯从事”小说创作，反被轻薄无行的小人盘踞小说领域，遂使小说的坏影响流毒天下，并进一步推论出“中国人心风俗之败坏，也未始不坐是”的结论。于是顺理成章地引出《新小说》创刊的目的和宗旨：

> 本社同人恫焉，是用因势利导之，取方领矩步之徒所不屑道者，集精力而从事焉。班孟坚不云乎：“闾里小知者之所及，亦使缀而不忘，如或一言可采，此亦刍荛狂夫之议也。”其诸新世界之青年，亦在所不弃欤？①

这里，《新小说》同人的办刊目的表达得很明白：正是由于认识到小说影响世道人心的无可比拟的巨大力量，同时有感于目前风靡读者的传统小说（旧小说）败坏人心、流毒天下的恶劣社会影响，所以挺身而出，利用小说这一载体，因势利导，改革小说文体，使其为革新思想、革新政治服务。

这则发刊广告，如果与发表在《新小说》第 1 号的梁启超的名文《论小说与群治之关系》合观，《新小说》诸公的思路便昭然若揭了。广告还只是说西方

① 见 1902 年 11 月 14 日《新小说》第 1 号。

学者“必以小说首屈一指”，梁文已经不容辩驳地把小说这一在中国文学传统分类中久被压抑鄙视的体裁，一下子超拔到“小说为文学之最上乘”。其论据除了重复广告中提到过的小说感人至深的特点之外，还借用佛教术语归纳了小说“熏、浸、刺、提”四种大力。文章用极度夸张的修辞描述四力的巨大作用，说：“文家得其一，则为文豪；能兼其四，则为文圣。有此四力而用之于善，则可以福亿兆人；有此四力而用之于恶，则可以毒万千载。”[①]由此得出结论：小说因为拥有此四力，既“可爱”又“可畏”，鉴于其影响人群、社会、历史“不可思议”的巨大支配力量，所以无愧于“文学之最上乘”的称赞。

从客观效果看，《新小说》杂志的横空出世和《论小说与群治之关系》在创刊号上的发表，极大地提高了小说这一文学体裁在中国士大夫读者心目中的地位，直接开启了“小说界革命”的序幕，对于中国小说发展史乃至整个中国文学史的走向都起到了不容低估的历史作用。但是，以学理而论，《中国唯一之文学报〈新小说〉》和《论小说与群治之关系》这两篇纲领性的“新小说”理论文章，都破绽百出。不仅如此，中国小说没能在此新旧小说转换的紧要关头顺利走上良性的发展道路，直到五四新文学运动之前都没能产生一流的小说作家和一流水准的小说作品，都与中国小说近代变革的这一重要转折点大有关系。

《新小说》杂志迅速提升小说的文体地位，是依靠过度突出小说文体的社会教化价值而达到的，表面上对小说的推崇备至，遮蔽了其骨子里对小说内在的审美价值、艺术价值的极端忽视。如其所论，小说只是在作为引导社会进步的宣传工具的层面上具有重大价值，而如果小说不能在此领域实现其所想象、强加的社会功用，便会被以同样的逻辑弃如敝屣。

质言之，《新小说》推崇小说的举措是中国“以文治国”，强调文学的主要功用在于为社会、政治服务的文学传统的延续。主编梁启超和报社同人自我选择的社会角色首先是热心政治改革的政治家、革新家、宣传家，其次才是报人、编辑、文学家和文学翻译家。

维新人士注重小说的社会宣传功能，并不从 1902 年始。早在百日维新之前的 1897 年，梁氏的老师康有为已经在《日本书目志》中说：“泰西尤隆小说学哉”，关注到了小说体裁在西方社会的地位，肯定了小说“易逮于民治、善入于

---

① 梁启超：《论小说与群治之关系》，陈平原、夏晓虹编《二十世纪中国小说理论资料（第一卷）》。

愚俗”的通俗教育宣传作用。同年，《国闻报》决定广为采集小说随报纸附送读者，严复在说明这一举措原委的《本馆附印说部缘起》中盛赞小说文体“入人之深，行世之远，几几出于经史上”，足以把持人心风俗的巨大力量，并说“且闻欧、美、东瀛，其开化之时，往往得小说之助”。关于小说对于西方政治革新的积极影响，1897 年的康有为和严复还表述得比较温和，到了 1898 年年底梁启超作《译印政治小说序》的时候，此点就被夸大了，他说：“欧洲变革之始，其魁儒硕学，仁人志士，往往以其身之经历，及胸中所怀政治之议论，一寄之于小说”，而欧洲的贩夫走卒、士农工商都对小说趋之若鹜，于是“往往每一书出，而全国之议论为之一变。彼美、英、德、法、奥、意、日本各国政界之日进，则政治小说，为功最高焉”。[①]当时正值戊戌政变发生不久，六君子遇难，康梁流亡日本，梁启超初创《清议报》的时期，梁氏对于小说政治影响力的近乎夸张的显著拔高，与他当时看到政治小说风靡日本读书界的情况有关，也可能与他此时变法维新遭遇重大挫折之后的心态有很大关系。以康有为、梁启超为代表的维新志士在政治改良惨遭失败后，循着“以文治国”的传统思路，把小说当作继续维新变法未竟之业的重要媒介，是中国维新运动在政治层面失败后转向文化（文学）层面寻求突破的无可奈何的权宜之计。而 1902 年《新小说》杂志的创办正是这一逻辑自然发展的产物，正是出于上述逻辑，梁启超才会在《论小说与群治之关系》的开头高呼：

> 欲新一国之民，不可不先新一国之小说。故欲新道德，必新小说；欲新宗教，必新小说；欲新政治，必新小说；欲新风俗，必新小说；欲新学艺，必新小说；乃至欲新人心，欲新人格，必新小说。[②]

文字广告，如要起到良好的宣传效果，一要观点鲜明，表达有力；二要朗朗上口。以这个标准衡量，上引刊登在《新小说》杂志创刊号上醒目位置的《论小说与群治之关系》的开篇段落，可以看作非常醒目抢眼的广告性质的文字。这里突出的“新”字，既可读作形容词理解的新旧的“新”，更可作为动词理解的更新、创新、革新的“新”。梁氏于此把现代国民的培养教育、现代道德的建立、现代宗教的变革、现代政治的革新、现代风俗的养成、现代学艺的更新乃

① 梁启超：《译印政治小说序》，陈平原、夏晓虹编《二十世纪中国小说理论资料（第一卷）》。

② 梁启超：《论小说与群治之关系》，陈平原、夏晓虹编《二十世纪中国小说理论资料（第一卷）》。

至人心、人格的革故鼎新的希望，全部寄托在小说的革新之上。小说于是承载了从政治角逐场上败退下来的一代维新人士东山再起的理想和目标。如此高抬小说的功用，客观上迅速地吸引了广大士大夫读者对小说的关注和兴趣，也聚集了一批有志于通过小说创作、翻译用以改革现实政治、改良社会风俗的文人从事小说革命的事业。但不虞之誉，必招求全之毁，小说文体在其地位魔术般飞升的同时，也因为承载了太多“生命中无法承受之重”，在小说界革命的开端就预伏了今后文学发展的危机。

《论小说与群治之关系》是登高一呼的小说界革命纲领性文件，《中国唯一之文学报〈新小说〉》则非常务实地详细罗列了杂志的办刊宗旨、编辑规则、栏目设置以及拟定登载的创作、翻译小说。此文宣称《新小说》办刊条例有四：一是关于所载作品内容，专载激励国民爱国精神的小说，而“有伤德育者”坚决不登；二是杂志所载作品来源，“作译各半”，既重视原创，也不偏废翻译，但必须都是“精心结构”之作，不能有损“中国文学之名誉”；三是杂志所载作品所使用的语体标准灵活，文言、俗语可以参用，而俗语之中官话和粤语可以参用，这里的俗语当是指白话体书面语，而因为杂志同人多是广东人士，杂志的目标读者群体也以广东籍人士居多，所以粤语白话体也可参酌使用。但是同时强调登载作品语体的内在一致性，即一个作品开始连载时所使用的语体必须贯彻始终。四是关于杂志编排正规性的自我约束，保证连载作品必须每号把全回登载完毕，不可“语气未完”而“戛然中止”。

后面详列了杂志预备设置的图画、论说、历史小说、政治小说、哲理科学小说、军事小说、冒险小说、探侦小说、写情小说、语怪小说、札记体小说、传奇体小说、世界名人逸事、新乐府、粤讴及广东戏本等十五个栏目。于每一个栏目之下规划刊载的作品也作详细介绍。比如在政治小说栏目详细介绍了拟定刊载的三部互相关联的小说《新中国未来记》、《旧中国未来记》、《新桃源》（一名《海外新中国》）。三部小说的具体内容也各有详细介绍，其中《新中国未来记》的梗概尤其详尽。但其后《新中国未来记》仅连载至第五回便中断，《旧中国未来记》、《新桃源》更是未见刊载。由此可见，《新小说》初创时雄心颇大，构思颇详，但后来未能如其初衷，克竟全功。尽管如此，《新小说》首倡“小说界革命”，开了中国专载小说的期刊的先河，团结、发掘了一批重要的小说作家、翻译家加入小说事业，它率先以历史、政治、军事、侦探、写情等为小说归类并作为栏目设置，创作小说、翻译小说兼收并蓄，小说语体文言、白话可以参用等特点，都成为此后诸多后起的小说类杂志期刊争相仿效的模板。《新小说》上，梁启超自作的《新中国未来记》虽然未能终篇，但曾引起思想界激烈争论，成为中国现代文学史、思想史上的一个重要事件；吴沃尧最初通过《新小说》一举成名，他的著名小说《痛史》、《二十年目睹之怪现状》、《九命奇冤》等最初都发表在《新小说》上，《新小说》的这些历史成就都是彰明卓著、不可抹杀的。

（周羽）

世界历史小说的创作实验

洪水祸

此书即法国大革命演义也昔法王路易第十四临终之言曰朕死后大洪水将来故取以为名此书初叙革命前太平歌舞骄奢满盈之象及当时官吏贵族之横暴民间风俗之腐败次叙革命时代空前绝后之惨剧使人股栗而以拿破仑撼天动地之霸业终焉其中以极浅显之笔发明卢梭孟德斯鸠诸哲之学理尤足发人深省

（原载 1902 年 8 月 18 日《新民丛报》第 14 号）

清末民初出现了许多世界历史小说，按照其反映的内容，大致可划分为两类：其一，以整个世界历史为对象，按照时间的顺序，演述各国历史的发展及变迁，如《泰西历史演义》、《万国演义》、《万国通俗史》、《世界历史演义》；其二，选取某一主题，围绕这个主题，对一国历史加以通俗化的表述，如《洪水祸》（讲述法国大革命历史）、《罗马史演义》、《美国独立记演义》、《美利坚独立记》、《朝鲜亡国演义》、《三韩亡国史演义》、《俄国立宪史演义》等。《泰西历史演义》和《洪水祸》分别代表了这两种不同的历史小说。

《洪水祸》1902 年 11 月 14 日至 1903 年 9 月 6 日连载于梁启超所创办的《新小说》第 1 至第 7 号，作者雨辰子，标明为“历史小说”。1902 年 8 月 18

日，《新民丛报》第 14 号刊登了上文摘录的《洪水祸》广告。1902 年 10 月，《新民丛报》第 17 号再次为《洪水祸》登出广告：

洪水祸演义　雨辰子撰

第一回　揭俚语隐括全文　惊恶梦逆知大祸

此书乃演法国大革命之历史，具见前号广告，著者精心结撰，将当时事实网罗无遗，而略访齐武名士经国美谈之例，别运匠心，以组织之目光如炬，笔力如椽，寄托遥深，趣味浓厚。第一回先就历史上感情发一段绝大议论，以为全书楔子。乃叙路易第十四之雄才鸷略，揭洪水祸之根原。华严楼阁，笼罩全书，一读已使人政治思想油然而生。从来著小说者，于卷首数回最难作势，易使人沉闷。本报既非全书同时并出，故比寻常作者更难，无一回可容懈笔，而每书第一、二回尤难著笔。本社同人苦心经营，务求避博士买驴之弊，免令阅者生厌。自问全册章回体诸种，其发端处皆颇有妙笔，而此书尤为擅长，读者待第一号出版时，当信自誉之不谬。又，每回之末皆将正史事实详注，读此实可以代正史，一举而数善备也。

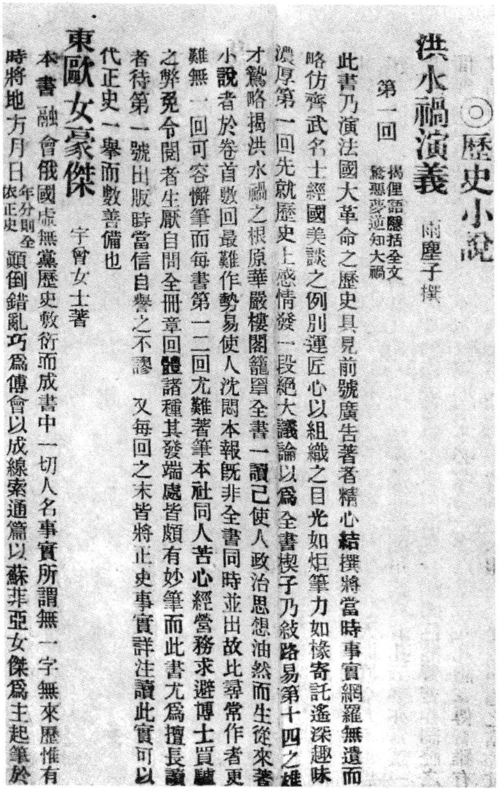
◎歷史小說

洪水禍演義　雨塵子撰

第一回　揭俚語隱括全文　驚惡夢逆知大禍

此書乃演法國大革命之歷史具見前號廣告著者精心結撰將當時事實網羅無遺而略仿齊武名士經國美談之例別運匠心以組織之目光如炬筆力如椽寄託遙深趣味濃厚第一回先就歷史上感情發一段絕大議論以爲全書楔子乃敍路易第十四之雄才鷙略揭洪水禍之根原華嚴樓閣籠罩全書一讀已使人政治思想油然而生從來著小說者於卷首數回最難作勢易使人沈悶本報既非全書同時並出故比尋常作者更難無一回可容懈筆而每書第一二回尤難著筆本社同人苦心經營務求避博士買驢之弊免令閱者生厭自問全冊章回體諸種其發端處皆頗有妙筆而此書尤爲擅長讀者待第一號出版時當信自譽之不謬　又每回之末皆將正史事實詳注讀此實可以代正史一舉而數善備也

東歐女豪傑　羽衣女士著

本書融會俄國虛無黨歷史敷衍而成書中一切人名事實所謂無一字無來歷惟有時將地方月日（年分則全依正史）顛倒錯亂巧爲傅會以成線索通篇以蘇菲亞女傑爲主起筆於

《洪水祸》广告

从这两则广告来看，《新小说》对《洪水祸》的期待很高。首先，广告给读者一种皇皇巨著的错觉，用“法国大革命”、“空前绝后”、“撼天动地”等词来渲染这种印象。其实《洪水祸》只有五回，也没有迹象表明作者曾经续写过。其次，广告从第一、二回着手来分析小说的写作技巧，从而使读者产生阅读全书的欲望。这样的广告不落俗套，不是以华而不实的语言进行漫无边际的夸张赞美，而是有的放矢，有明确的读者意识。再次，广告中说“本社同人苦心经营”即可证明这一点，可见《洪水祸》是《新小说》社精心打造的、能够代表其社文学思想理念的一部小说。

《洪水祸》仅五回，却拥有这般宏大的广告，在文学史上当属少见。如果了解《洪水祸》的出现背景，庶几可以理解。《洪水祸》登于《新小说》，而历史小说作为类型概念第一次出现，是在1902年《新民丛报》第14号的《中国唯一之文学报〈新小说〉》广告中提出的：“历史小说者，专以历史上实事为材料，而用演义体叙述之。盖读正史则易生厌，读演义则易生感。征诸陈寿之《三国志》与坊间通行之《三国演义》，其比较厘然矣。故本社同志，宁注精力于演义，以恢奇俶诡之笔，代庄严典重之文。”①《新小说》创办之初，历史小说也是其重点推介的小说。《新小说》广告中开列的历史小说著译目录包括《罗马史演义》、《十九世纪演义》、《自由钟》、《洪水祸》、《东欧女豪杰》、《亚历山大外传》、《华盛顿外传》、《拿破仑外传》、《俾斯麦外传》、《西乡隆盛外传》等。但最后登出的仅有《东欧女豪杰》和《洪水祸》两种，因此《洪水祸》的历史使命也就更为重要。历史小说之所以能作为梁启超“小说界革命”的主力军，正是因为中国历史小说崇高的地位和深远的影响力。将丰富的历史敷演为小说，既能普及历史知识，弘扬民族精神，又能使国人以史为鉴，从中吸取经验教训，从而起到改造社会人心的教育作用。

《泰西历史演义》现存36回，1903年5月29日至1904年11月21日连载于《绣像小说》第1—38期，作者为洗红庵主。1906年由商务印书馆出版单行本，封面题“新小说泰西历史演义”。此书可以称得上是一部通俗的世界近代史著作，作品第一至第六回，从拿破仑出生科西嘉开始，演述了拿破仑侵略奥地利以及与英国为首的盟国之间的战争，最后兵败滑铁卢，客死孤岛的历史，中间也提到了拿破仑的国内改革；第七至第九回，介绍了英国殖民统治印度的历史；第十至十六回，讲述了拿破仑之后法国政府动荡的状况；第十七至二十六回，演绎了一部美国独立史；第二十七至三十六回，则叙述了俄国彼得一世改革的情况。《泰西历史演义》以浅显的笔触，将一部宏大的西方近代史勾勒出来，虽然只是截取其中的

① 梁启超：《中国唯一之文学报〈新小说〉》，陈平原、夏晓虹编《二十世纪中国小说理论资料（第一卷）》，第42页。

片段来写，但由于其对于中国历史的警示意义显著，因而影响力较大。

文学史对于《泰西历史演义》往往一笔带过，只有从晚清的报纸广告上才能管窥其当时出版情况。《泰西历史演义》的广告十分丰富：1903年5月31日的《新闻报》登："《泰西历史演义》，洗红庵主演。互市以后交涉日烦，欲悉外情则列邦之史尚焉。此书仿《三国演义》体裁，以极浅显之笔达之，自无诘屈聱牙、扞格不通之虑。"1906年11月23日的《申报》登："《泰西历史演义》，此书以演义体口叙拿破仑、华盛顿、彼得诸人动地惊天之事业，真觉奕奕如生，风云动色，其关于行政之得失，党派之纷争，具见一斑，不堪借鉴，同一铺叙事实，往往读史乘而倦生、阅稗官而神往者，由其咸人较□也可□□□□之。洋装一册大洋三角。"1910年第12期的《教育杂志》也刊登了广告，内容为："历史小说《泰西历史演义》三角。"从这几则广告看来，《泰西历史演义》的广告有几大特点：第一，广告登载在知名度最高的媒体。《申报》、《新闻报》和《教育杂志》都是当时的大型媒体，发行量大，受众广泛。第二，广告词虽短，却能一语中的，内容也并不相同。使用不同的广告词可以跟随时代需求，让读者认识到作品的不同方面，优势突出。第三，突出《泰西历史演义》的特色，如仿照《三国演义》体裁，使用浅显的语言等，并指出其时代意义和借鉴价值。

《泰西历史演义》是一部极有特色的历史小说，它出版单行本时，配上了几十幅插图，其精致程度不亚于《点石斋画报》中的图画。《泰西历史演义》中还使用了许多中国的歇后语、俗语、诗词，将拿破仑中国化，例如，第六回写道："却说拿破仑正在无可如何之际，那人叠着两个指头，说道：'为今之计，主公只有自投英国兵船，叫他给地一方，暂时避难。'拿破仑吃惊道：'那不是成了他的砧上肉，釜中鱼么？'那人接着说道：'不妨，不妨！我想英国度量宽宏，器局开展，决不至于如此。'拿破仑泪如雨下，道：'这真正是楚霸王说的：天亡我，非战之罪也。'当下众文武齐声相劝，道：'主公，俗语说得好：龙游浅水遭虾戏，虎落平阳被犬欺……'"①无论是作为文图结合的时代典型，还是作为目的语翻译的典型作品，《泰西历史演义》都具有史料价值。

19世纪末至20世纪初，西方近代国家的历史进化观念在严复等思想界先驱的介绍下传入中国，改变了中国人对于历史的认识。一部分小说家也在进化论

① 洗红庵主：《泰西历史演义》，第67页，南昌：百花洲文艺出版社1996年版。

历史观念影响下突破了传统的历史和文明观念的束缚，写出了在思想主题上不同于传统历史演义的新小说，在鲜明的世界意识和民主平等思想的指导下创作了一批取材于外国历史的小说，体现了知识分子宇宙观和历史观的转变。《泰西历史演义》和《洪水祸》就是在这样的背景下诞生的。虽然以《泰西历史演义》和《洪水祸》为代表的一大批晚清历史小说艺术价值并不高，然而它们对西方历史的介绍、鲜明的忧患意识和对新思潮的传播在当时具有转折性的意义。在这些历史小说的熏陶下，中国知识分子开始拥有世界意识和进化史观，开始重新认识中国与世界的关系。

（狄霞晨）

10月

《东欧女豪杰》与无政府主义

东欧女豪杰

本书融会俄国虚无党历史敷衍而成书中一切人名事实所谓无一字无来历惟有时将地方月日年分则全依正史颠倒错乱巧为傅会以成线索通篇以苏菲亚女杰为主起笔于一八七三年俄政府下令禁学生留学瑞士终一八八一年亚历山大第二被弑共得二十余回前半为游说时期后半为办事时期将该党主义及其缘起随处补述其中叙事虽及男儿然注重女子有媸有妍有老有少有女公子有女学生有为党魁有执贱役有伪托夫妇有假充农工有杀夫夺产有钻穴劫财有陈义法廷有主持报馆有坐捐党资有演说征行有新式结婚有拒奸全节此外约暗号造密语开店子制炸药种种色色光怪陆离尽将秘密结社情状和盘托出真有行山阴路上应接不暇之观得此一册胜读十部儿女英雄传多多矣

（原载 1902 年 10 月 2 日《新民丛报》第 17 号）

虚无党即无政府主义团体，无政府主义形成于 19 世纪的法国，盛行于 19 世纪后期的俄国。描写虚无党人的作品一度成为晚清翻译文学的热潮，影响了一代中国人。许多晚清报刊诸如《新新小说》、《月月小说》、《新小说》、《小说时报》、《小说丛报》、《竞业旬报》等都刊登过虚无党小说，《东欧女豪杰》、《女党人》、《虚无党》、《无政府主义》、《虚无党奇话》、《虚无党真相》、《女虚无党》等主要来自俄国的译作风行一时。这当然和中俄国情的相近有关：共同面临着专制统治，革命党人也都屡禁不止。

《东欧女豪杰》就是在这样的背景下，受到中国译界和读者的特别青睐，于 1902 年 11 月 14 日至 1903 年 7 月 9 日连载于《新小说》第 1 号至第 5 号，为未完成稿，近六万字。阿英将其编入《晚清文学丛钞》时，作者署名为岭南羽衣女士。曾有人推测羽衣女士即梁启超本人，也有人说羽衣女士是康有为的弟子罗

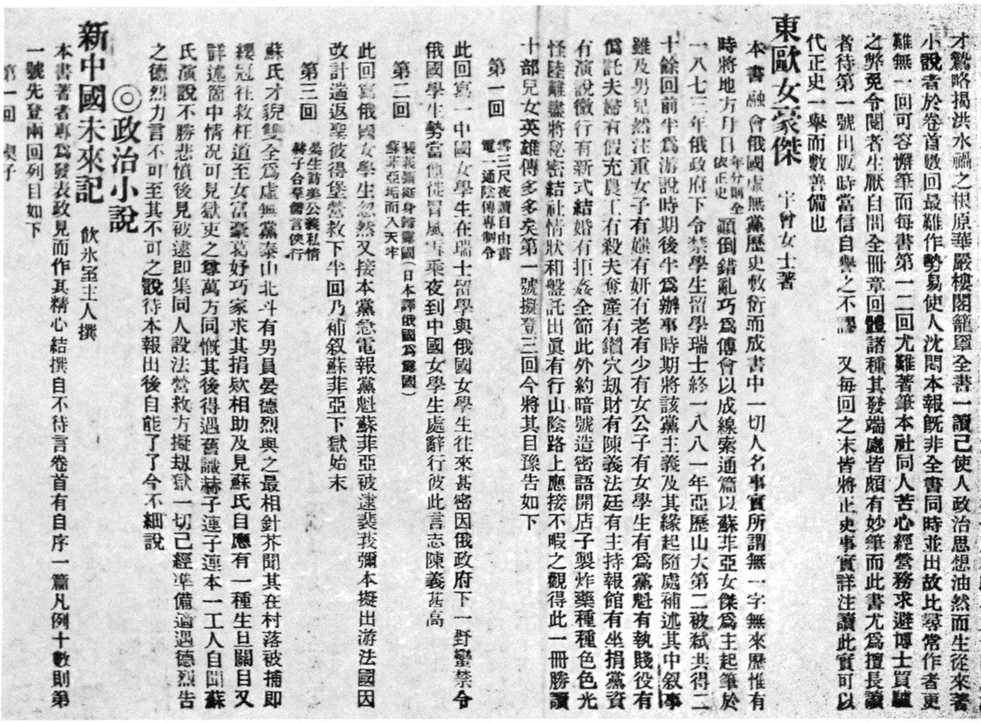
才歎略揭洪水禍之根原華嚴樓閣籠罩全書一讀已使人政治思想油然而生從來著小說者於卷首數回最難作勢易使人沈悶本報既非全書同時並出故比尋常作者更難無一回可容懈筆而每書第一二回尤難著筆本社同人苦心經營務求避博士買驢之弊冤令閱者生厭自問全冊章回體諸種其發端處皆頗有妙筆而此書尤爲擅長讀者待第一號出版時當信自舉之不謬 又每回之末皆將正史事實詳注讀此實可以代正史一舉而數善備也

東歐女豪傑 羽衣女士著

本書融會俄國虛無黨歷史敷衍而成書中一切人名事實所謂無一字無來歷惟有時將地方月日（年分則全依正史）顛倒錯亂巧爲傳會以成線索通篇以蘇菲亞女傑爲主起筆於一八七三年俄政府下令禁學生留學瑞士終一八八一年亞歷山大第二被弒共得二十餘回前半爲游說時期後半爲辦事時期將該黨主義及其緣起隨處補述其中敘事雖及男兒然注重女子有孀有妍有老有少有女公子有女學生有爲黨魁有執賤役有僞託夫婦有假充農工有殺夫奪產有鑽穴刼財有陳義法廷有主持報館有坐捐黨資有演說徵行有新式結婚有拒姦全節此外約暗號造密語開店子製炸藥種種色色光怪陸離盡將秘密結社情狀和盤託出眞有行山陰路上應接不暇之觀得此一冊勝讀十部兒女英雄傳多多矣第一號擬登三回今將其目豫告如下

第一回 雪三尺夜讀自由書 電一通陰傳專制令

此回寫一中國女學生在瑞士留學與俄國女學生往來甚密因俄政府下一野蠻禁令俄國學生勢當倶徙冒風雪乘夜到中國女學生處辭行彼此言志陳義甚高

第二回 長義俠挺身歸露國（日本譯俄國爲露國） 蘇菲亞垢面入天牢

此回寫俄國女學生忽然又接本黨急電報黨魁蘇菲亞被逮裴我彌本擬出游法國因改計遄返聖彼得堡營救下半回乃補叙蘇菲亞下獄始末

第三回 晏生訪學公義私情 赫子合羣儒言俠行

蘇氏才貌雙全爲虛無黨泰山北斗有男員晏德烈與之最相針芥聞其在村落被捕即縲絏往救枉道至女富豪葛好巧家求其捐欵相助及見蘇氏自應有一種生旦關目又詳述箇中情況可見獄吏之獰萬方同慨其後得遇舊識赫子連子漣本一工人自聞蘇氏演說不勝悲憤後見被逮即集同人設法營救方擬刼獄一切已經準備適遇德烈告之德烈力言不可至其不可之說待本報出後自能了了今不細說

新中國未來記 ◎政治小說 飲冰室主人撰

本書著者專爲發表政見而作其精心結撰自不待言卷首有自序一篇凡例十數則第一號先登兩回列目如下

第一回 楔子

《东欧女豪杰》广告

普或者名医张竹君女士，至今尚无定论。所谓“东欧”，其实特指俄国。1902 年 8 月 18 日《新民丛报》第 14 号评论道：“盖爱国美人之多，未有及俄罗斯者也。其中事迹出没变化，悲壮淋漓，无一不出人意想之外。以最爱自由之人，而生于专制最烈之国，流数千万志士血，以求易将来之幸福，至今未成。而其志不衰，其势且日增月盛，有加无已。中国爱国之士，各宜奉此为枕中鸿秘者也。”

梁启超对《东欧女豪杰》可谓情有独钟：他不仅在主编的《新小说》上郑重推出，列小说第二篇，放在自己写的《新中国未来记》之前，而且特别在主编的《新民丛报》第 17 号上，为《东欧女豪杰》做了整版的广告，详细介绍了《东欧女豪杰》的背景、内容及前三回的概要，其字数之多，在当时的小说广告中是极为罕见的。这自然和梁启超对虚无党的推崇相关：“虚无党之事业，无一不使人骇、使人快、使人歆羡、使人崇拜。”[1]

① 梁启超：《论俄国虚无党》，《饮冰室文集全编》（卷一），第 259 页，上海：广益书局 1948 年版。

我们这里摘录的《新民丛报》上的广告最引人注目之处，在于广告突出女性地位，并与《儿女英雄传》作比，这自然有借其影响提高中国读者的预期程度，拉近与异国读者之间的距离的用心；但或许更为重要的，是要突出女性的“英雄”地位：“其中叙事虽及男儿，然注重女子有媸有妍，有老有少，有女公子，有女学生，有为党魁，有执贱役”，且有“假充农工”、“杀夫夺产”、“钻穴劫财”、“陈义法廷”、“主持报馆”，以至“造密语”、“制炸药”之举。这些在中国传统价值观中大逆不道之行为，在晚清读者看来也都匪夷所思；但在小说里，却被当作自由女神般的“女豪杰”来赞扬，本身就自有一种吊诡的神秘色彩，并把读者带入一个全新的世界。读者，特别是女性读者看了，是不能不怦然心动的。《东欧女豪杰》在发表时，没有将它纳入“政治小说”的范畴，而特意注明是“社会小说”，显然是要借此改变社会风气，影响社会舆论。因此，广告也就自然地把重点放在宣扬女权主义，无政府主义则相对显得不那么重要了。读者所记住的，也是“女豪杰”苏菲亚的形象。鲁迅曾谈道：“那时较为革命的青年，谁不知道俄国青年是革命的、暗杀的好手？尤其忘不掉的是苏菲亚，虽然大半也因为她是一位漂亮的姑娘。现在的国货的作品中，还常有‘苏菲’一类的名字，那渊源就在此。”[①]巴金也曾翻译过苏菲亚的传记，蒋光慈甚至写下了“此生不遇苏菲亚，死到黄泉也独身”[②]的诗句。1904年创刊的《女子世界》第9期，发表了署名亚庐的《哀女界》：“他日义旗北指，羽檄西驰，革命军中，必有玛尼他、苏菲亚为之马前卒者，巾帼须眉，相将携手……”苏菲亚成为晚清中国女权实践的模仿对象，与法国的罗兰夫人齐名，都是影响中国知识分子的近代女杰。

《东欧女豪杰》之外，确有许多以宣扬无政府主义为主旨的小说，且多有广告。如《民报》第10号刊登的张继所撰的《无政府主义》广告，即宣称该书重在宣扬“无政府主义及无政党之精神”，并对法国、西班牙、意大利、德意志、奥地利、匈牙利、瑞士、英国、美国的无政府党均有详尽介绍。《民报》第13期又刊登了日本人久津见蕨村著、渊实译的《无政府主义》广告。《时报》刊登的《虚无党真相》广告，更是写得有声有色：“自来言虚无党内情，无有详于是

---

① 鲁迅：《祝中俄文字之交》，《南腔北调集》，第47页，北京：人民文学出版社1980年版。

② 胡苏明：《“五四”时期芜湖反封建的斗争》，《文史资料选辑》，第2辑，第22页，合肥：安徽人民出版社1981年版。

书者，书为德国摩哈孙著，日人译出东文，今由天涯芳草馆主人译成汉文，而披发生润色加评，修达华赡，不愧名作，至其事迹尤引人入胜，全书以学生为该党人，又以神奇女及娘子军渲染之，或则智计绝伦，或则柔情如海，可歌可泣，愈出愈奇。其描摹官吏腐败社会黑暗，更可作吾国前车之鉴。"[1]这或许有广告特有的夸张，但这些虚无党小说对无政府主义思潮在中国的传播起到了推波助澜的作用确是事实。而此后无政府主义作为一股激进的政治、文化思潮，参与了新文化孕育、诞生和发展的过程，对中国政治、思想文化及文学的发展产生了深远影响，也许是更加值得重视的。

（狄霞晨）

科学思潮与科幻小说

科学小说　海底旅行

此书为法国大科学家之作结构奇伟寄托遥深盖稀世之名著也其中叙述海底别有世界华严帝网光怪陆离令人目骇魂夺不可思议而所尤重者在发挥自由精神不徒以科学著而已其用笔之神妙兔起鹘落每读一回掩卷百思不能知其下回作何变相洵中国前所未有之奇书也第一号拟登四回豫告其目

（原载 1902 年 10 月 2 日《新民丛报》第 17 号）

在晚清的翻译小说潮中，科幻小说是颇为重要的组成部分。1902 年 11 月 14 日《新小说》第 1 号刊载了《海底旅行》，标为"泰西最新科学小说"，当为最早译入之科幻小说。这部小说是法国科幻作家儒勒·凡尔纳的代表作，描述了科学家们乘坐潜水艇"诺第留斯号"环游各大洋的故事，情节生动而不失严谨，至今仍是世界范围内最为畅销的科幻小说之一。该书的广告登载于《新民丛报》第 17 号，从这里摘录的文字看，介绍者的关注点，"不徒以科学著而已"，更在其

① 见 1907 年《时报》总第 1268 号。

神奇的内容与文笔，以及背后的“自由精神”。

晚清科幻小说译作之中最著名的，当属同为儒勒·凡尔纳所著的《从地球到月球》。这一小说目前所发现的晚清译本有两个，一为鲁迅所译，名为《月界旅行》，作者名误为查理士·培伦，由日本东京进化社1903年出版；另一译本则由井上勤翻译，名为《环游月球》，商务印书馆1904年初版，到1913年已印行第五版，可见销量甚广。

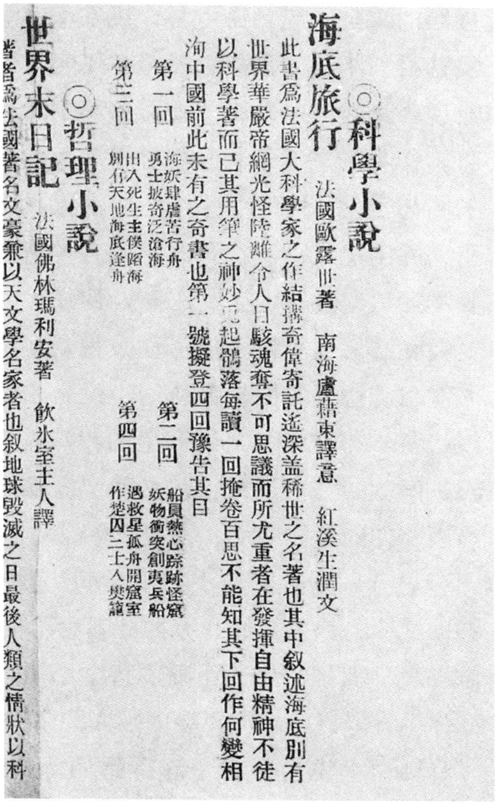

《海底旅行》广告

《环游月球》的广告同时刊登于1904年9月11日的《申报》和12日的《新闻报》上。书名列在商务印书馆“说部丛书”中，广告盛赞译者的“文笔雅洁无比”，强调该书寓科学原理于小说叙述之中、设想奇特、引人入胜的特点。更值得注意的是鲁迅在《月界旅行辨言》里的评价，他赞扬作者“学术既覃，理想复富。默揣世界将来之进步，独抒奇想，托之说部。经以科学，纬以人情。离合悲欢，谈故涉险，均综错其中。间杂讥弹，亦复谭言微中。十九世纪时之说月界者，允以是为巨擘矣。然因比事属词，必洽学理，非徒摭山川动植，侈为诡辩者比”[①]。这里指出科幻小说“学术”与“理想”结合、“独抒奇想”、“经以科学，纬以人情”的特点，并涉及“谭言微中”“间杂讥弹”的文笔，都是点到要害的。

当时重要的科幻小说译作还有海天独啸子所译押川春浪《空中飞艇》、周桂笙所译凡尔纳《地心旅行》、杨德森所译爱斯克洛提斯《梦游二十一世纪》以及包天笑所译《铁世界》等。《空中飞艇》一书由明权社于1903年出版，书中所

① 鲁迅：《月界旅行辨言》，《鲁迅全集》第10卷，第163—164页，北京：人民文学出版社2005年版。

描绘的乘坐飞艇环游世界、飞往太空、来去自由的奇异旅程，影响了诸多清末民初科幻小说的创作，使得“飞艇”、“空中电车”等空中飞行器一时成为科幻小说界最热门的题材，在某些科幻小说中甚至出现了“空中舰队”的设想，并将其作为未来战争制胜的关键和民族勃兴的重要途径。如王祖献就曾经经过比较指出，《月球殖民地小说》一书中所写“李安武等人至印度无人岛上开创经营，并制造气球飞往月球见到各种奇异景物的故事，明显受到海天独啸子所译日本押川春浪的《空中飞艇》影响”[①]。

晚清科幻小说不但译作数量众多，甚为畅销，同时所受到的评价也颇为引人注目。包天笑明确称科幻小说是“文明世界之先导”[②]；而鲁迅则言及科幻小说将科学与文学结合所产生的特殊作用：“盖胪陈科学，常人厌之，阅不终篇，辄欲睡去，强人所难，势必然矣。惟假小说之能力，被优孟之衣冠，则虽析理谭玄，亦能浸淫脑筋，不生厌倦”，“故掇取学理，去庄而谐，使读者触目会心，不劳思索，则必能于不知不觉间，获一斑之智识，破遗传之迷信，改良思想，补助文明，势力之伟，有如此者！”他进而指出：“我国说部，若言情谈故刺时志怪者，架栋汗牛，而独于科学小说，乃如麟角。智识荒隘，此实一端。故苟欲弥今日译界之缺点，导中国人群以进行，必自科学小说始。”[③]

科幻小说为何在晚清得到如此高的评价，甚至与政治小说一同被并举为“唯二”的有益于国家、社会的小说形式？[④]这与晚清科学主义思潮有关。

“科学主义”与“科学”看似相近，实则不同。如果说“科学”指的是知识领域内的一种认知系统，那么“科学主义”则“更多地表现为一种形而上的信念和原则”[⑤]，蕴涵着以科学统一人类的价值观及知识领域、解决一切社会问题的倾向。纵观近代中西文化交流史，“科学”始终是中国知识分子最为关注倾慕的主题之一。早在明末，来中国传教的耶稣会士们面临中国人对于福音的漠然，

① 王祖献：《外国小说与清末民初小说题材体裁的多样化》，1993年《安徽大学学报（哲学社会科学版）》第3期。

② 包天笑：《铁世界译余赘言》，《铁世界》，上海：文明书局1903年版。

③ 鲁迅：《月界旅行辨言》，《鲁迅全集》第10卷，第164页。

④ 参见海天独啸子：《空中飞艇弁言》，陈平原、夏晓虹编《二十世纪中国小说理论资料（第一卷）》，第90页。

⑤ 杨国荣：《科学的形上之维——中国近代科学主义的形成与衍化》，第3页，上海：上海人民出版社1999年版。

不得不以“格物致知”为主的“西学”开道，并依托于此才确立了自身得以留置中国的合法性。鸦片战争之后，随着从“师夷长技以制夷”到五四将“民主”与“科学”并称的吁求的转化，对“科学”的倾慕逐渐超越了“技”与“器”的层面而上升到“道”的高度，转化为现代性的科学主义思潮，“科学”被赋予了不仅可以在实用层面上，更可以在文化层面上提供“救世良方”，为社会、国家指引出路的终极的价值——信仰体系的功能。①

在这样的思想背景下，科幻小说被看作是浅显易懂的科学教科书、传播西学的辅助手段和“改良思想，补助文明”的利器，被赋予类似“政治小说”的社会改造的功能，就是可以理解的。其正面作用和负面影响，都是相当深远的。

当科学被视为一种价值、信仰，超越了单纯的自然科学的知识领域而向哲学、艺术、文化领域扩展时，科幻小说的超越性，就受到格外的关注。《新小说》的发刊词《中国唯一之文学报〈新小说〉》将科幻小说列为“哲理科学小说”，认为它是一种“专借小说以发明哲学及格致学”的文类，在举例中则以柏拉图的《理想国》和凡尔纳的《海底旅行》、《月世界一周》并举②，这绝非偶然。晚清的具体文学实践早已促成了“理想国”和“海底旅行”有机结合的模式。“科学”成为建构乌托邦的主要工具，甚至是社会生活的基本准则。进化论从自然科学领域到社会科学领域的扩展和应用便是一个典型。这样的全方位遵循“科学”的乌托邦，背后往往潜藏着深切的国家主义的期许与焦虑。

于是，我们发现，在最早译介到中国的科幻小说——凡尔纳的《海底两万里》(《海底旅行》) 里，就已经显露了科学主义与民族主义结合的趋向。《海底两万里》是凡尔纳著名的科幻三部曲的第二部，其余两部分别是《格兰特船长的儿女》和《神秘岛》。《海底两万里》中的主人公尼摩船长的身份，在《神秘岛》中才得到揭示：他不但是一个走在世界科技尖端的科学家，同时也是印度王子，曾经领导过印度的抗英运动，试图推动印度独立。在抗英运动不幸失败后，他才带领忠心的手下来到孤岛上，用当时世界最先进的科学技术建造了潜水艇“诺第留斯号”，试图在未曾为人所开发的海洋和潜水艇这个完全人造的世界中建立平等而博爱的社会制度，寻找在陆地上已然不可能寻求到的自由。

---

① 杨国荣:《科学的形上之维——中国近代科学主义的形成与衍化》，第6—24页。

②《中国唯一之文学报〈新小说〉》，陈平原、夏晓虹编《二十世纪中国小说理论资料（第一卷）》，第45页。

尼摩船长身上体现了“爱国志士”和“科学家”两种身份的有机融合，而他的行为实际上是那个古老的乌托邦神话借助“科学”这一现代性因素在19世纪的回潮。这也正是广告中特别称许这部小说“而所尤重者在发挥自由精神，不徒以科学著而已”的原因。而在《海底两万里》的续集《神秘岛》里，这一神话所依托的场地从潜水艇升格为一个鲁滨孙式的孤岛，同样由于海难而来到岛上的五个美国人借助“科学”和“理性”建立起了理想的社会。值得注意的是，在这五个人中，真正起到领导者作用的是工程师赛勒斯·哈顿，他依据自己丰富的科学知识，不但成为生活物资的生产者，也成为社会制度的建构者。《海底两万里》和《神秘岛》的寓言，实际上表达的是19世纪欧洲人对于以科学和理性建构完美世界、在人间建立上帝的天国这一思想的信任与盲目乐观。

在晚清科幻小说中，我们可以看到以科学来建构乌托邦这一原则被更为忠实地执行，并与中国独特的国族主义焦虑相结合，构建出了一种常见的故事模式：叙述者进入未来，发现中国采用科学，推行教育，变法图强，改革政治，已然成为世界强国。吴趼人的《新石头记》不啻为其滥觞。有研究者指出，《新石头记》中塑造的“文明境界”虽然以科学技术为经、“开明专制”为纬，然而在其统治者们以“欧美强国命名”所显露的政治渴望和对“红、黑、棕”等有色人种的鄙视背后，不难看到社会达尔文主义的思想流露。[①]在当时深受科学主义影响的知识分子心中，“民主”和“科学”不过是硬币的一体两面，而国家主义则是统摄这二者的最终目的。

尽管晚清的科幻小说热潮在五四后由于它本身的诸多弱点如粗制滥造、可读性差等逐渐归于衰落，但其中所蕴涵的文化心理则在中国近现代思想文化史上源远流长，影响深远。从五四的著名口号“德先生和赛先生”直到“科学与人生观”论争，都不难看到这一科学主义思潮的面影。

（刘云）

---

① 王德威：《贾宝玉坐潜水艇——晚清科幻小说新论》，《想象中国的方法：历史·小说·叙事》，第52页，北京：三联书店1998年版。

政治小说:《新中国未来记》、《女娲石》

新中国未来记

本书著者专为发表政见而作其精心结撰自不待言……本书乃虚构今日以后之事演出如火如荼之中国但发端处最难盖从今日讲起景况易涉颓丧不足以提挈全书也此回乃作为以六十年以后之人追讲六十年间事起手便叙进化全国之中国虽寥寥不过千言而其气象万千已有凌驾欧美数倍之观……本书全部以史体出之而皆由一人所讲演这场大演说开宗明义讲中国何以能维新自立之原因语语足为今日志士针砭而推本于立宪期成同盟会创此会之人名曰黄克强即全书上半部之主人翁也

(原载1902年10月2日《新民丛报》第17号)

晚清影响最大的小说思潮,莫过于由梁启超所首倡的"政治小说",其主要代表作有梁启超本人所撰写的《新中国未来记》、海上独啸子的《女娲石》等。《新中国未来记》的广告刊登于《新民丛报》第17号,一开始就言明"本书著者专为发表政见而作,其精心结撰,自不待言"。这是可以证之以梁启超所写的《绪言》的:"余欲著此书,五年于兹矣","顾确信此类之书,于中国前途,大有裨助,夙夜志此不衰,既念欲俟全书卒业,始公诸世,恐更阅数年,杀青无日,不如限以报章,用自鞭策,得寸得尺,聊胜于无。《新小说》之出,其发愿专为此编也。兹编之作,专欲发表区区政见,以就正于爱国达识之君子。编中寓言,颇费覃思,不敢草草"。[①]创作小说的目的既在"发表区区政见",本身就构成了一种政治行为,希望"于中国前途,大有裨助";但又"以史体出之",采用"寓言"的形式,以取得历史与文学的品格。这样的集政治性、现实性与历史性、文学性于一体的追求,是深刻地影响了以后中国现代文学的发展的。

梁启超如此看重《新中国未来记》的创作,显然希望该书能够成为他在《论小说与群治之关系》中所提倡的具有"不可思议的魔力"的小说的标本。在梁启超笔下,小说的意义被提升到"欲新人心,欲新人格,必新小说"[②]的高度,

---

① 梁启超:《新中国未来记》,《梁启超全集(第十九卷)》,第5609页,北京:北京出版社1999年版。

② 梁启超:《论小说与群治之关系》,陈平原、夏晓虹编《二十世界中国小说理论资料(第一卷)》。

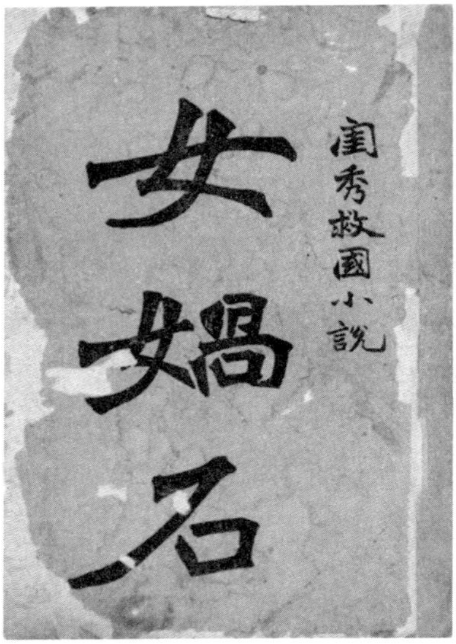

《女娲石》书影

其实是内含着“文以载道”的传统文学观念的，他只是将“文”的范围作了灵活的扩大，将小说也容纳进其中。在这一逻辑下，“文”的价值不取决于“文”自身，而取决于所承载的“道”；这其实也正是梁启超理直气壮地宣布写作《新中国未来记》，以发表“政见”（也即他以为的“道”），而丝毫不谈及自己的艺术追求的内在逻辑。

有学者指出，在梁启超的体系中，“小说”的意义只是“当时当世”的“觉世”意义而非可以“藏诸名山、传之后世”的“传世”之文。[①]梁启超在《新中国未来记》的《绪言》中，明确表示国家人群的问题：“其现象日日变化，虽有管葛，亦不能今年料明年之事，况于数十年后乎？”“但提出种种问题一研究之，广征海内达人意见，未始无小补。”[②]在他眼里，小说与时文一样，是为解决当时当地的独特问题，而绝非透视人性、描述人情，以引起千百年后读者共鸣而传世的。其实，他对自己的作品不具多少文学性趣味也有较为明白的认知，自嘲其“似说部非说部，似稗史非稗史，似论著非论著，不知成何种文体”，“编中往往多载法律章程、演说论文等，连篇累牍，毫无趣味，知无以餍读者之望矣，愿以报中他种之有滋味者偿之”。[③]

梁启超对小说的这一认知渊源主要是日本的“政治小说”。但在当时，日本政治小说思潮也正趋于没落之中。研究者指出，梁启超发动“小说界革命”时，日本已有坪内逍遥、北村透谷诸人先后发表论文阐释政治小说的弊病；梁启超介绍过日本期刊《自由灯》，那上面就曾发表过坪内逍遥的反思文章，但“梁启超视而不见，他的传统文学观念和用小说宣传改良主义政治观点的政治需要使他对坪内逍遥和日本的近代作家持排斥态度，不愿将他们介绍到中国”[④]。梁启超也

① 参见夏晓虹：《觉世与传世——梁启超的文学道路》，第5—7页，北京：中华书局2006年版。
② 梁启超：《新中国未来记》，《梁启超全集（第十九卷）》，第5609页。
③ 同上。
④ 袁进：《中国文学的近代变革》，第168页。

自有逻辑：他看重的是政治小说在宣传其政治主张的便利，如果有一天小说本身“过其时，便以覆瓿焉可也”[①]，启蒙的目的达到，用作手段的报章文字自不妨速朽、丢弃。[②]这大概也是晚清绝大多数政治小说作者的普遍心态吧。

但梁启超们依然无法回避政治小说因急于宣扬个人政见，难以长期吸引读者，传播不广的弊端与现状，于是就有了增强作品吸引力的努力。海天独啸子的《女娲石》也因此引起注意：这是一次混合“政治小说”与“科幻小说”的新样式的试验。这样的合流的趋势，在当时并不鲜见，除了《女娲石》之外，足以为代表的还有《新石头记》、《新纪元》、《电世界》、《月球殖民地小史》等。[③]这些作品的结构、叙事模式和主旨与《新中国未来记》颇有相似之处，但由于插入了许多奇特的科学幻想，故而读来相比于专门以议论发表政见的《新中国未来记》较有趣味性。这类小说大多假托若干年之后，由于实行了政治改革，科技得到大力发展，中国国力强盛、傲视群雄；在这里，政治改革与科学进步成为一对不可分割的孪生命题，共同服务于一个终极的目标——强国保种的民族主义诉求。这类融合了科幻小说色彩的晚清政治小说尽管语言粗疏、情节荒诞简单，但其中所塑造的“政治改革”、“科学”、“民族主义”的三位一体的吁求，却影响深远。

（刘云）

---

① 梁启超：《新中国未来记》，《梁启超全集（第十九卷）》，第5609页。

② 夏晓虹：《觉世与传世——梁启超的文学道路》，第7页。

③ 参见王德威：《想象中国的方法：历史·小说·叙事》，第45—46页。

1903 年

5月

《绣像小说》的贡献

上海商务印书馆绣像小说（摘要）

文明小史　活地狱　俗耳针砭弹词　泰西历史演义　京话演述英轺日记　益智问答　经国美谈新戏　梦游二十一世纪　理科游戏

以上前九种新著后两种新译　商务印书馆主人谨启

（原载 1903 年 5 月 31 日《新闻报》）

1903 年 5 月李伯元在上海创办《绣像小说》，杂志为半月刊，1906 年停刊，共出版 72 期。《绣像小说》是晚清四大小说杂志之一，创办时间仅晚于 1902 年创刊的《新小说》，刊物维持时间和总发行期数皆居四大小说杂志之首。

署名为“商务印书馆主人”、发表在 1903 年 5 月《绣像小说》创刊号上的《本馆编印〈绣像小说〉缘起》，可以视为该刊宣布旨意的广告。文章开门见山地写道：“欧美化民，多由小说，榑桑崛起，推波助澜”，其作者多为“名公巨卿”、“魁儒硕彦”，他们“察天下之大势，洞人类之赜理，潜推往古，豫揣将来，然后抒一己之见，著而为书，以醒齐民之耳目，或对人群之积弊而下砭，或为国家之危险而立鉴，揆其立意，无一非裨国利民”。这里对小说“裨国利民”作用的强调，其实可以看作是对梁启超在《新小说》创刊号上发表的《论小说与群治之关系》的呼应。由此确立的是“远摭泰西之良规，进挹海东之余韵，或手著，或译本，随时甄录，月出两期，借思开化夫下愚，遑计贻讥于大雅”的办刊方针。后来《绣像小说》成为晚清“新小说”创作潮流里的中坚刊物之一，绝非偶然。

有意思的是，这篇类似宣言的《缘起》里，竟然对选用“绣像小说”作为杂志名称的原因未做任何说明。但这恰恰是其特点所在：明清以来通俗小说前

《绣像小说》第 1 期

面，往往附有书中人物的图像，用线条勾勒，描写精细，称为“绣像”，讲究图画与文字相辅相成的“左图右史”也正是中国图书传统；《绣像小说》在继承这一传统方面是高度自觉的：后来发行的 72 期杂志期期都附录了大量图画，既有人物绣像、补白插图和封面后的独立插页，又有紧贴长篇连载小说的逐回插图，大都以写实手法反映了当时的社会时事、风土人情和历史背景，与小说文本相配合，取得了相得益彰的装帧效果。

《绣像小说》总发行所是上海棋盘街中市商务印书馆，除在上海各书庄设有寄售处外，还在全国各地主要书庄以及香港、日本、新加坡等地设有 88 个寄售处。72 期绝大部分均刊载有广告，主要为本报馆或书局的出版物做宣传。其告白则说明每行四号 33 字，并分别以登的次数和行数为标准列出不同价格。

《绣像小说》“或手著，或译本，随时甄录”（《发刊词》），刊载的作品中，中文原创小说和翻译的外国小说各居其半，分别为 17 种和 16 种，其余则有传奇、戏曲、弹词、时调（通俗歌谣）等。

《绣像小说》的创作小说部分主要是由李伯元负责编辑的。李伯元是晚清谴责小说的重要作家，擅长以嬉笑怒骂、汪洋恣肆的笔墨对晚清的官场、社会的种种痼疾顽症作不留余地、不加节制的描写和嘲讽。在该刊上刊载的创作小说都不同程度地体现了李作的艺术风格。李伯元自著的长篇小说名作《文明小史》、《活地狱》，最初便是在该刊连载的。《文明小史》以庚子事变后清政府推行新政后的中国社会为背景，描写了西方文明最初引进中国的社会生活画卷，集中暴露了清朝政府的腐朽无能和假维新之名招摇撞骗的无耻行径，尽管有时叙述失之仓皇、立意失之肤浅，却是大规模描写维新运动的第一部小说。《活地狱》则对当时清朝政府统治下的黑暗腐败、草菅人命的司法监狱系统进行了淋漓尽致的描写和抨击。另一部署名洪都百炼生（刘鹗）的长篇小说《老残游记》，则是在该刊首发的最重要的晚清小说，同时也是抨击官场见解最为深刻独到的一部小说。短篇创作小说中，忧患余生的《邻女语》、杞忧子的《苦学生》、壮者的《扫迷帚》等作品比较著名。

《绣像小说》上刊载的翻译小说同样在近代小说史上占有一定的地位。李伯元不通外文，出版《绣像小说》的商务印书馆下设编译所，近代重要的外国文学翻译家奚若、吴梼都曾在其中工作。《绣像小说》译文部分的编辑工作很有可能借重了这批当时国内最优秀的文学翻译家。最初在《绣像小说》上发表的重要译本，有奚若用文言翻译的《天方夜谭》（通译为《一千零一夜》），这不仅是阿拉伯文学巨著译入中土的尝试，还成为一个公认的经典译本。吴梼是这一时期通过商务印书馆编译所和《绣像小说》崭露头角的重要翻译家：由他翻译的《灯台卒》据波兰大文学家显克微支的短篇小说名作《灯塔看守人》而译，比1909年鲁迅、周作人翻译《域外小说集》的文言译本要早；《山家奇遇》则为美国大文学家马克·吐温的短篇小说名作《加利福尼亚人的故事》的最初白话译本，很可能也是马克·吐温第一部被译介入中国的名作。《绣像小说》连载的《僬侥国》（第2期改名为《汗漫游》），实即英国讽刺小说名著《格列佛游记》，也早于林纾同一原著的译本。

《绣像小说》登载的创作小说和翻译小说中的精品，都很好地实践了“远摭泰西之良规，进挹海东之余韵”的办刊方针，在创作的选材、立意、艺术风格和翻译的选目等各个方面吸收了欧美、日本小说关心国事、关注政治社会问题的特点，在小说艺术造诣和翻译水准等方面都达到了当时中国小说界和小说翻译界的最高水平。

（周羽）

康梁游记中的眼光与见解

看看看　临时增刊

新大陆游记

我国人之侨美者百余万人实为我国一大殖民地自美禁华工之后其势渐减然商佣其地者仍不下数十万人今外人尚日增苛例务竭力以蹙我华民故我国人旅外之情形与外人禁制华人之情事皆为我同胞所亟欲详知且美国为平民政治第一完善之国一切政治制度均足为后进国之模范本社总撰述饮冰室主人于二月间出游北美察视一切情形特述所见闻著为此册首详华侨之情形次述美国之政俗以锐利之眼光为精审之观察迥非寻常游记可比内附图画数十幅鲜采美丽尤为美观洋装一大厚册约二三百页阅看本报长年者照例奉送不取分文零售价目未定

（原载 1903 年 5 月《新民丛报》第 32 号）

1903 年，梁启超为促进“中国维新会”的建设，游历了北美新大陆。他走海路由日本横滨出发，先抵加拿大温哥华，然后进入美国，一路游历纽约、哈佛、波士顿、华盛顿、费城、必珠卜（匹兹堡）、先丝亨打（辛辛那提）、纽柯连（新奥尔良）、圣路易、芝加哥、舍路（西雅图）、钵仑（波特兰）、旧金山、罗省技利（洛杉矶）。后整理旅途笔记，撰写成《新大陆游记》，新民丛报社 1903 年出版。

1904 年，康有为因戊戌变法失败后流亡海外，他由海路从香港出发，取道槟榔屿，经锡兰（斯里兰卡），抵意大利巴连的诗（布林的西），一路游览奈波里（那不勒斯）、邦卑（庞贝）古城、斐苏斐（维苏威）火山、罗马、佛罗练士（佛罗伦萨）、斐呢士（威尼斯）、美兰（米兰），共在意大利逗留两星期。然后经瑞士继续游历奥地利、匈牙利、德意志、法兰西、丹麦、瑞典、比利时、荷兰、英吉利诸国，一路写随感笔记，归后整理，拟写成《欧洲十一国游记》。但是 1905 年第一编《意大利游记》由广智书局出版后，后面十国的游记写作一度中断，1905 年康有为由德国至法国，再度游览巴黎，完成《法兰西游记》，作为《欧洲十一国游记》的第二编，于 1907 年出版。此后，康有为没有再继续发表其余九国的游记。

《新大陆游记》广告

游记一体，源远流长，历代不乏文人雅士游山玩水、流连光景之作。康梁皆为文采斐然的一代才人，他们写作游记的目的却都不在异域风光、山河美景本身。梁启超在《新大陆游记》的凡例中写道：“中国前此游记，多纪风景之佳奇，或陈宫室之华丽，无关宏旨，徒灾枣梨，本编原稿中亦所不免。今悉删去，无取耗人目力，惟历史中有关系之地特详焉。”[①]透露了梁氏游记的写作重心不在景致而在政治的写作策略。康有为同样把游记的着眼点放在欧洲历史政治考察和中西文明比较，且自以为其眼光、境界远在一般游记之上，如广告所说《欧洲十一国游记》“与前此寻常纪行之作，有若霄壤”，广告甚至拿之前不久刚刚出版的《新大陆游记》作比较，声称“其价值尚远在饮冰主人《新大陆游记》之上”。在广告中公开地贬低同类型商品以达到抬高本产品的目的，向来是商业广告的大忌。此则广告之所以敢这样写，究其原因，一来康梁二人有师弟之谊，学生不如老师在讲究尊师重道的传统中国社会不算丢脸之事，二来康氏素来狂妄自大，才会产生如此奇特的广告。康有为的自负，来源于他自认为天将降大任于斯人，放眼天下舍我其谁的自我认知。在《意大利游记》的自序中，康有为说汽车、汽艇、电线等深刻影响世界的伟大发明都刚巧被他赶上了，使他可以完成前人所无法想象的跨洋越海周游世界的壮举，仿佛冥冥中的命运“萃大地百年之英灵，竭哲巧万亿之心精”，“汇百千万亿之泉流而成江河湖海，以注于康有为之生世，大陈设

① 梁启超：《新大陆游记·凡例》，北京：社会科学文献出版社 2007 年版。

以供养之，俾康有为肆其雄心，纵其足迹，穷其目力，供其广长之舌，大饕餮而吸饮焉”。[①]康有为的自负使他对于命运给予他的机会有独特的理解，他在自序中写道：“独生康有为于不先不后之时，不贵不贱之地，巧纵其足迹、目力、心思，使遍大地，岂有所私而得天幸哉？”[②]结论是，老天爷所以待他康有为如此优厚，是寄予他重要使命的：“天其或哀中国之病，而思以荐而寿之耶？”[③]康氏虽然仍用了虚拟的疑问语气，其实，他已然自称是医治“中国之病”的不二人选，而广告干脆把这本游记称为“救时第一良药”，正好与康有为的自序相呼应。既然要医治“中国之病”，游记的目的自然就不在赏心怡情，其所关注的是广告所说的“各国政治、教学之本原”，而该书又“以祖国过去、现在之情状比较辨晰而定取法之方针”，借助在意大利各地的游览见闻，向国内读者介绍欧洲历史知识，并以中国情形相参照，随处通过平行比较进行政治评论和文明评论，并常有通达明澈的议论。如游罗马而得出罗马宫室建筑技术不及中国秦汉时期，中国对保存古迹的重视则又不如罗马的结论；又如写到参观被维苏威火山爆发突然掩埋的古罗马古城庞贝，因为涉及古罗马大浴场，康有为凭借其游历世界各地获取的知识纵论各国沐浴文化之不同。这些评论往往眼界广阔，见解透辟，富于知识性和趣味性。游记中的历史政治评论，则往往带有康氏主张君主立宪、反对反清暴力革命的保皇派政治倾向。当论及西罗马帝国以后欧洲历史上长时期政治分裂局面和现代欧洲民族国家的形成，康氏认为中国一统胜于欧洲分裂，进而论证推翻清朝政府的革命可能会造成国内分裂，将重蹈古代欧洲覆辙，大非中国之福。他对法国评价甚低，认为法国事事不如德、英两国，尤其对法国大革命深恶痛绝，写道：“当恐怖时，始则刑贵族、大僧，中则及地主、富室，终则及于缝衣、理发、靴匠、农民”，“遇人即杀，见物即焚；刀所不及，以火补之，假博爱之名以为屠队，用自由主义以为囚狱，假平等之说以杀夺富资、剪除才望，称自然之美而纵淫盗，比之黄巾、黄巢之祸，尚远过之”。[④]康有为是今文经大师，春秋公羊之学是其历史哲学的基础，他以据乱、升平、大同三世学说评论欧美社会发展现状：“吾昔者视欧美过高，以为可渐至大同，由今按

① 康有为：《欧洲十一国游记·意大利游记》，北京：社会科学文献出版社 2007 年版。

② 同上。

③ 同上。

④ 康有为：《欧洲十一国游记·法兰西游记》。

之，则升平尚未至也。”[①]此语发于第一次世界大战之前欧洲发展全盛之时，颇有预见性，但紧接着又说：“孔子于今日，犹为大医王。”[②]他本是到西方游历寻求医治“中国之病”的药方，兜了一圈，却把孔子奉为“大医王”，他从欧洲之游中苦心寻觅的所谓“救时第一良药”竟是正宗国产的孔老夫子，雄辩滔滔的康氏于此也难掩进退失据、脚步踉跄之态了。

梁启超的《新大陆游记》最初是作为《新民丛报》的临时增刊出版发行的，登载于《新民丛报》第32号上的这则广告一方面称扬美国是“一切政治制度均足为后进国之模范”的“平民政治第一完善之国”，一方面透露美国正在“日增苛例，务竭力以蹙我华民”的信息，广告所反映的典型的爱恨交杂的心情，正是当时开始自觉向西方学习而又发觉西方老师常常苛待东方弟子的中国人的普遍心情写照。如广告所说，此书“首详华侨之情形”，“次述美国之政俗”，对于北美华侨真实生活状况和美国的政治、社会情形有详尽的报道，同时加入了大量作为维新思想家的梁氏个人的判断和评论。梁启超写作时的心情也同广告所反映的相似，既对美国所代表的欣欣向荣的资本主义文明歆羡不已，又对在美华侨处境之恶劣深感无奈。梁氏的高明之处在于他确实能如广告所说“以锐利之眼光，为精审之观察”，不仅满足于对北美新大陆表面事实之报道，更着力于探寻埋藏在表面事实背后的经验和规律。如论及全球白人社会对待华人移民的态度，他总结为：“惟有两法：其一则既居其地者，一切应守志法律与彼民平等，惟限制我不许来；其二则来去任我自由，惟居其地者设特别法律以相待”，而归根结底是“不许与彼平等而已”，不失为对当时西方白人社会压迫华人移民总体状况的富于理论概括性的评论。[③]又如在介绍了旧金山华人社会总体状况后，总结华人之优点为有爱国心、国粹主义、义侠精神、冒险耐苦、勤俭守信等，而弱点则为有族民资格而无市民资格、有村落思想而无国家思想，只能受专制不能享自由，无高尚之目的，这些意见虽难免偏颇，却足以体现一个勇于从理论角度作民族自我批评的维新思想家的道德勇气和真知灼见。

梁启超的《新大陆游记》与乃师康有为的《欧洲十一国游记》还有一个共同倾向，即崇仰日耳曼、条顿民族如英、美、德、澳诸国，而对于诸拉丁民族

① 康有为：《欧洲十一国游记·法兰西游记》。

② 同上。

③ 梁启超：《新大陆游记·凡例》。

国家如意大利、法国及南美诸国颇为轻视。康氏断言法国事事不如德、英，梁氏更彻底，在谈论加拿大之胜于南美诸国时，认为原因是条顿民族的“宏毅慎重”远胜于拉丁民族之“轻飘浮傲无经验”；在谈到美国外来移民问题时，则干脆把非条顿、日耳曼移民统称为“欧洲及其他各地之下等民族”，还担忧美国因为太多的外来移民而丧失“立国之元气”。身为在种族问题上受压迫、受歧视最深重的华人，却秉持如此露骨的白人种族主义思想，或许也可算是那个时代所特有的思想界奇观吧。

（周羽）

6月

邹容《革命军》：“国民教育之第一教科书”

革命军

革命军凡七章首绪论次革命之原因次革命之教育次革命必剖清人种次革命必先去奴隶之根性次革命独立之大义次结论约二万言章炳麟为之序其宗旨专在驱除满族光复中国笔极犀利文极沉痛稍有种族思想者读之当无不拔剑起舞发冲肩竖若能以此书普及四万万人之脑海中国当兴也勃焉是所望于读革命军者

（原载1903年6月9日《苏报》）

胡适早在《非留学篇》一文中指出，晚清思想革命和政治革命的主要推手，是那些去过日本留学的年轻志士。在清政府统治的最后十一年里，随着民族主义思潮的风起云涌，无数革命志士义无反顾投身到推翻清政府统治的革命事业中，大量宣传“革命”、“排满”言论，传播资产阶级民主革命思想的著作如雨后春笋般出现，其中留日学生无疑起到了关键作用。但要论影响最大、传播最广的著作，则首推“革命军中马前卒”——邹容所著的《革命军》，章士钊在《介绍〈革命军〉》一文中称其为“国民教育之第一教科书”。

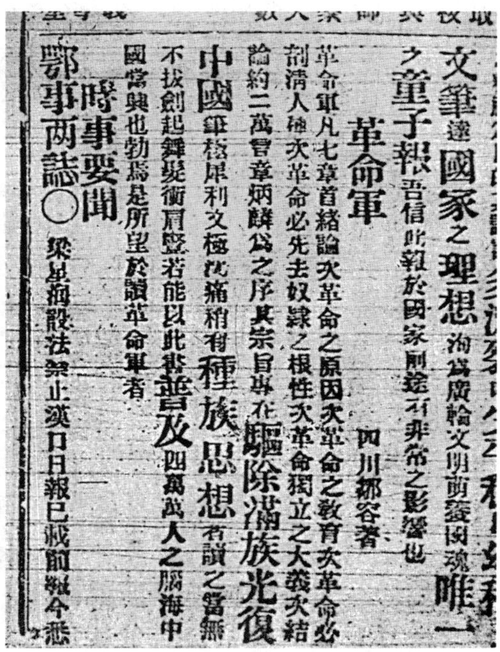
文筆達國家之理想洵為廣輸文明煽發國魂唯一之童子報吾信此報於國家前途有非常之影響也

革命軍　四川鄒容著

革命軍凡七章首緒論次革命之原因次革命之教育次革命必剖清人種次革命必先去奴隸之根性次革命獨立之大義次結論約二萬言章炳麟為之序其宗旨專在驅除滿族光復中國筆極犀利文極沈痛稍有種族思想者讀之當無不拔劍起舞髮衝眉豎若能以此書普及四萬萬人之腦海中國當興也勃焉是所望於讀革命軍者

時事要聞

鄂事兩誌○

《革命军》广告

邹容（1885—1905），原名绍陶，字蔚丹，四川巴县人。少年时就敢于指天画地，非汤武，薄周礼，鄙视功名，钦佩谭嗣同的学问、思想和人格，特别是崇敬其舍生取义、杀身成仁的气概。1902年春，邹容东渡日本，进入东京同文书院学习。在日期间，他如饥似渴地阅读了卢梭的《民约论》、孟德斯鸠的《万法精理》、约翰穆勒的《自由原论》等书籍，并积极参加留日学生的反清宣传。不久被迫离开日本，于1903年春回到上海，加入蔡元培、章太炎等人主持的爱国学社，在此期间与章太炎结为至交。在章太炎的影响之下，邹容的革命民主思想日渐成熟起来。他的《革命军》在日本东京时就已经开始写作，这一年的3月基本写成。1903年5月，《革命军》由上海大同书局印行出版，章太炎为之作序。

《革命军》出版后，《苏报》刊登了邹容写的《〈革命军〉自序》和一系列评论《革命军》的文章。其中《苏报》6月9日（五月十四日）发表章士钊（署“爱读《革命军》者”）撰写的书评，题目为《介绍〈革命军〉》。文中写道：

> 卓哉！邹氏之《革命军》也。以国民主义为主干，以仇满为用，驱以犀利之笔，达以浅直之词，虽顽懦之夫，目睹其字，耳闻其语，则罔不面赤耳热，作拔剑砍地、奋身入海之状。呜呼！此诚今日国民教育之第一教科书也！

这篇书评十分精要地介绍了《革命军》一书，并为之定下了“国民教育之第一教科书也”的断语。同日的“新书介绍”栏目也特别刊出了《革命军》广告。一篇简短的书评，一则广告，不约而同地从思想内容和文章特色两个主要方面对《革命军》进行了介绍。

首先从思想内容上看，《革命军》“以国民主义为主干，以仇满为用”，其宗旨在于“驱除满族，光复中国”。邹容认为，面临西方列强的侵略和国内封建专制主义的双重压迫，必须“欲御外侮，先清内患”。邹容认为满族与汉人不是同种，其“部落居于山海关之外，本与我黄帝神明之子孙不同种族者也。其土则秽镶，其人则膻种，其心则兽心”[①]。因此，邹容主张用革命的手段，推翻清王朝的专制统治。他热情地讴歌革命：“巍巍哉！革命也。皇皇哉！革命也。”“呜

① 邹容：《革命军》，罗炳良主编《影响中国近代史的名著·邹容〈革命军〉》，第31页，北京：华夏出版社2002年版。

呼！我中国今日不可不革命，我中国今日欲脱满洲人之羁缚，不可不革命；我中国欲独立，不可不革命；我中国欲与世界列强并雄，不可不革命；我中国欲长存于二十世纪新世界上，不可不革命；我中国欲为地球上名国、地球上主人翁，不可不革命。”①

《革命军》的更大贡献，在于第一次旗帜鲜明地举起了建立“中华共和国”的旗帜，明确提出了“立宪法”的要求，确立了“全国无论男女，皆为国民”，“凡为国人，男女一律平等，无上下贵贱之分”，“不得侵人自由，如言论、思想、出版等事”的民主、平等原则。②这在中国历史上都是破天荒的，其思想之成熟已超出当时绝大多数革命者，无怪乎《革命军》被认为是中国的“人权宣言”。

《革命军》的力量，还在“驱以犀利之笔，达以浅直之词”，具有极强的革命动员力。据章太炎《革命军序》，邹容自认为此书“辞多恣肆，无所回避，然得无恶其不文耶！”③《革命军》发表的同时，章太炎也在《苏报》上发表《驳康有为论革命书》，二文双璧辉映，是中国近代革命史上最重要的文献。邹、章二人虽为生死至交，但古文辞修养不同，两篇文章的风格也大相径庭。章氏文章词意高古，在上层文化界流传很广，影响很大；邹容《革命军》文辞浅易，文中大量地使用排比句、感叹词和简洁有力的短句，富有激情，气势磅礴，读起来酣畅淋漓，更受下层普通民众欢迎。《苏报》广告指出的《革命军》“文极沉痛”这一面，也不可忽视。

《广告》说，《革命军》令人“读之当无不拔剑起舞，发冲肩竖”，这绝非夸大之辞。《革命军》一发表，即不胫而走，一时洛阳纸贵，“不及一月，数千册销行殆尽”。正如邹容的预言：“文字收功日，全球革命潮。”④许多青年都是因读《革命军》而走上反清革命的道路的。孙中山在《革命原起》一文中追述说：《革命军》一书在华侨中极为欢迎，开导华侨风气作用颇大，开启了革命风潮初盛时代。鲁迅也说：“便是悲壮淋漓的诗文，也不过是纸片上的东西，于后来的武昌起义怕没有什么大关系。倘说影响，则别的千言万语，大概都抵不过浅近

① 邹容：《革命军》，罗炳良主编《影响中国近代史的名著·邹容〈革命军〉》，第7页。

② 同上书，第55页。

③ 同上书，第1页。

④ 同上书，第5页。

直截的‘革命军马前卒邹容’所做的《革命军》。”[①]

《革命军》引起清朝统治者的震恐，是预料中的。时任代理湖广总督的端方惊呼：“此书逆乱，从古所无，竟敢谤及列祖列宗，且敢直书庙讳，劝动天下造反，皆非臣子所忍闻。”[②]清政府更是视之如洪水猛兽，勾结帝国主义查封了爱国学社和《苏报》，以“大逆不道”罪逮捕了章太炎等人，这就是震惊中外的“苏报案”。邹容主动投案，希望能在公开审判中与清政府正面辩论。在狱中，章太炎曾作一首《狱中赠邹容》：“邹容吾小弟，被发下瀛洲。快剪刀除辫，干牛肉作餱。英雄一入狱，天地亦悲秋。临命须掺手，乾坤只两头。”[③]邹容作《狱中答西狩》诗以和之：“我兄章枚叔，忧国心如焚。并世无知已，吾生苦不文。一朝沦地狱，何日扫妖氛？昨夜梦和尔，同兴革命军。”[④]由于在狱中受尽凌辱，光绪三十一年（1905）二月，邹容在狱中不幸去世，年仅20岁。

“苏报案”不仅没有将革命风潮镇压下去，反而戏剧性地扩大了《革命军》的影响。在“苏报案”之后，《革命军》经过多次翻印，流传极广，风行海内外。孙中山多次指示翻印此书，并在华侨中广为散发。华兴会的发起人黄兴在1903年从日本回国后，大量翻印《革命军》，并且在军商各界散布，扩大反清宣传。据章太炎《赠大将军邹君墓表》：“君既卒，所著《革命军》因大行，摹印凡二十余版，远道不能致者，或以白金十两购之。”[⑤]

“此书为著名革命党志士邹容遗著，为清政府所严禁，以此书无存者，兹重为印行，定价大洋二角。”这是1911年5月《妇女时报》刊登的上海有正书局出版的《革命军》广告，这一广告在《妇女时报》持续刊出。在此之前，《民报》第9号（1906年）也曾刊登过《〈革命军〉〈猛回头〉〈灭汉种策〉合刻》的广告。此时正处在辛亥革命的前夜，清政府的统治已处于风雨飘摇之中。据估计，它在辛亥革命时期，共印了二十多版，总印数超过110万册，占清末革命书刊销售量的第一位。

---

① 鲁迅：《杂忆》，《鲁迅全集》第1卷，第234页，北京：人民文学出版社1980年版。

②《苏报鼓吹革命清方档案》，《中国近代史资料丛书·辛亥革命》（一），第446页，上海：上海人民出版社，1978年版。

③ 罗炳良主编：《影响中国近代史的名著·邹容〈革命军〉》，第89页。

④ 同上书，第90页。

⑤ 同上书，第95页。

为表彰邹容“当国民醉生梦死之时，独能著书立说，激发人心”的革命功勋，1921 年南京临时政府大总统孙中山追恤其为“陆军大将军”。

（杨剑锋）

《佳人奇遇》、《经国美谈》：翻译政治小说的代表作

《佳人奇遇》

吾国小说大半托词于才子佳人于政治上一无关系是以靡民气而毒社会耳是书亦以巾帼须眉□照合写然纯系国家大事绝无我国旧小说俗套现经再版校印精良洋式装订价洋七角

（原载 1903 年 6 月 19 日《新闻报》）

以梁启超为首的小说界革命强调小说的政治宣传功能，是以日本政治小说为本的。《佳人奇遇》和《经国美谈》即是当时诸多翻译日本政治小说中广受中国读者欢迎的译本。

《佳人奇遇》，东海散士（柴四郎）原著，梁启超译，自 1898 年 12 月 23 日《清议报》第 1 册开始连载，至 1900 年 2 月 10 日第 35 册刊毕。1901 年由广智书局出版单行本，1902 年此书又编入商务印书馆“说部丛书”。

1903 年 6 月登载在《新闻报》上的梁译《佳人奇遇》再版本的广告，字数不多而观点鲜明，落笔便在“政治”二字。广告说，中国传统小说以才子佳人题材居多而与现实政治毫无关涉，所以只能起到“靡民气而毒社会”的消极作用。而这部《佳人奇遇》妙就妙在仍然以男女情爱贯穿情节，却能做到所写“纯系国家大事，绝无我国旧小说俗套”。广告的修辞手法一如梁启超《译印政治小说序》、《论小说与群治之关系》等文章所惯用的把中西小说置于价值判断截然相反的二元对峙的结构之中，中国古典小说被说得五毒俱全、于国于民皆一无是处，而西方小说则神奇无比，对社会进步、政治改良皆功效显著。尽管如此，广告对于小说译本的描述本身，还是比较符合实际的。

《佳人奇遇》以日本会津藩青年东海散士第一人称展开叙述，叙其与流亡外国的西班牙将军之女幽兰、爱尔兰独立运动的志士红莲和明末遗臣鼎泰琏等人萍水相逢，共同投身政治斗争的故事。当时西班牙已经在资本主义强国角逐中沦为二流国家，爱尔兰正在进行争取反抗英国殖民者的独立运动，中国的明朝早已灭于清，而日本则正在谋求在反抗西方殖民侵略的同时成为亚洲强国。相似的经历和共同的理想使这些年轻人常在一起高谈阔论救国方略，并寻求机会进行现实政治斗争。正如广告所称，《佳人奇遇》也以"巾帼"、"须眉"互相爱慕的男女之情贯穿始终，主人公东海散士与幽兰、红莲同病相怜而产生缠绵悱恻的异国恋情。同时，小说又展现了极其壮阔的历史图景，北美独立战争、法国大革命、朝鲜东学党起义、中日甲午战争等重大历史事件纷至沓来，各国独立运动的名人相继登场。确乎如广告所说，小说虽写到不少男女情爱，但着眼点始终在国家命运、政治大事。

《佳人奇遇》的作者柴四郎（1852—1922）出身于日本会津藩武士家族，曾赴美留学七年，小说是作者根据自己游历欧美的经历创作的。1885年开始出版，1897年才出齐全部十六卷。梁启超在戊戌政变失败后流亡日本的船上偶然读到这部小说，非常欣赏，即凭借其非常有限的日语知识开始翻译。梁氏本人对于此书也有很高的评价："以稗官之异才，写政界之大势，美人芳草，别有会心，铁血舌坛，几多健者，一读击节，每移我情，千金国门，谁无同好？"[①]梁启超写于1898年年底的《译印政治小说序》最早鼓吹小说的政治功能，宣称欧美先进国家"往往每一书出，而全国之议论为之一变。彼美、英、德、法、奥、意、日本各国政界之日进，则政治小说，为功最高焉"[②]，号召全国大力译印政治小说。几乎与此同时，他亲自翻译的日本政治小说名著《佳人奇遇》开始在其主编的《清议报》上连载发表，因此这个译本不仅是译者梁启超亲自实践其小说理论的产物，也是中国有意识地翻译引进的首部外国政治小说，在中国近代小说史和中国近代翻译文学史上的地位非常重要。

《经国美谈》，日本矢野龙溪（1850—1931）原著，1900年至1901年在《清议报》上连载，1902年由广智书局出版单行本，译者不详。同年商务印书馆也推

---

① 梁启超：《清议报一百册祝辞并论报馆之责任及本报之经历》，1901年12月21日《清议报》第100册。

② 梁启超：《译印政治小说序》，陈平原、夏晓虹编《二十世纪中国小说理论资料（第一卷）》。

出了"说部丛书"本。1907年广智书局推出重新包装出版发行的该书评点本——扪虱谈虎客评订《经国美谈》，并于当年7月在《时报》上登载广告为新版本宣传。全文如下：

扪虱谈虎客评订《经国美谈》：是书乃前《清议报》所译。兹经扪虱谈虎客详为订正，并加眉批，以发明作者之意，全书遂焕然改观。此虽小说体裁，然实根据希腊正史演出，中含政治、道德、伦理、教育诸科学精义，最合中小学生徒之披览，非他稗官所能比也。译装三册定价大洋五角。上海广智书局白。

《经国美谈》书影

广告首先突出新推出的评点本的意义，称这个版本经过扪虱谈虎客的"详细订正"，而且加入眉批以发挥作者之意，所以使全书"焕然改观"。小说评点原是中国古典小说评论的传统，评点译本小说也不始于此书，值得注意的是广告后文所强调的"根据希腊正史演出，中含政治、道德、伦理、教育诸科学精义，最合中小学生徒之披览，非他稗官所能比"，突出了这部小说独具的知识价值和教育功能。

小说如广告所称，脱胎于希腊古史，根据普鲁塔克《希腊罗马名人传》所载史料敷演而成。书叙古希腊底比斯城邦的爱国志士巴比陀、威波能等人历尽艰险，推翻专制统治，确立民主政治，联合盟邦雅典，终于击败夙敌斯巴达，复兴底比斯。作者矢野龙溪一度担任日本驻华公使，曾在1881年与大隈重信一起组织改进党，他写底比斯城邦确立民主政治的艰难过程，实际是在宣扬改进党的政治观点，为立宪政治进行辩护。《经国美谈》在日本出版后，深受日本青年的欢迎，先后重印过数十版。小说所描写的弱国通过艰苦卓绝的努力终于自强发达的过程，鼓舞了明治时代日本青年奋起保家卫国的爱国主义热情，也激发了一代青年知识分子争取政治自由的革命热情。因此，广告说这部小说含有政治、道德、伦理、教育等各门社会科学的精义，适合当时的中小学生阅读，是比较切合其实际情况的。但是，小说译本最初于1900年在《清议报》上连载，是作为典型的政治小说推出的。而7年后重新推出的版本，从其广告来看，已经暗暗背离了最初的政治小说题旨，而演化为帮助中小学生增长百科知识的知识型文本。从这个小小的案例也可一窥晚清突出小说政治宣传功能的小说界革命，在受经济利益驱动的出版机构和读者市场的合谋之下，是如何逐渐被消解的。

（周羽）

李伯元的文学创作与广告

上海商务印书馆绣像小说第二期已出

目录列后

文明小史　南亭著　第二回　绣像　识大体刺史讲外交　惑流言童生喜肇事

活地狱　南亭著　第二回　绣像　买牌票猾役斗词锋　押班房豪奴堕骗局

（原载1903年6月19日《新闻报》）

李伯元（1867—1906），名宝嘉，别号南亭亭长，江苏常州人。他是一个成功的报人，也是一个高产的文人。我们对他的报人活动，如创办《游戏报》、《世界繁华报》，主编《绣像小说》，本书都有专门的论述。这里要讨论的，是“文人”李伯元的成就——当然，依然是和“报人”紧密联系着的“文人”；因此，我们讨论的重点也是二者的互动。

李伯元在上海十年间，先后写成《庚子国变弹词》四十回、《官场现形记》六十回、《文明小史》六十回、《中国现在记》十二回、《活地狱》四十三回（李伯元写了三十九回就去世了，吴趼人续四十至四十二回，欧阳钜源续四十三回）、《海天鸿雪记》二十回，以及《李莲英》、《南亭笔记》、《南亭四话》（诗话、词话、联话、曲话）、《滑稽丛话》、《尘海妙品》、《奇书快睹》、《醒世缘弹词》等书十多种。值得一提的是，他最为著名的三部小说《官场现形记》、《文明小史》、《活地狱》都始创于1903年。这一年，37岁的李伯元还在创作《中国现在记》。李伯元的大部分作品都发表在他所主编的报刊上。《官场现形记》连载于1903年4月至1905年6月的上海《世界繁华报》，分五编六十回，从1903年起，分编由上海世界繁华报馆印行。《绣像小说》是晚清著名的小说刊物，《文明小史》、《活地狱》也都是在这份杂志上连载问世的。《文明小史》连载于1903年5月29日至1905年7月的《绣像小说》（第1期至第56期）；《活地狱》连载于1903年5月29日至1906年4月的《绣像小说》（第1期至第72期）。这三部小说几乎是在同一时间创作的，呈现出很大程度上的相似性。李伯元的小说风格鲜明，人物众多，故事繁杂，一部长篇小说往往是故事套故事，故事连故事，呈现出社会小说连环记的效果。他的小说往往是以一个社会面向作为主题，例如“官场”、“监狱”，以此来描绘这一主题下的社会众生相。每一部长篇都可以分割成若干个短篇来读，前后人物情节无不关联，甚至前面出现的情节还没有结束就伴随着新的故事的开始。同一时期创作的作品也呈现出相当程度的相似性，甚至连互相调换其中一章都不会有人察觉。李伯元的小说是典型的报刊连载所催生的奇特文学产物：他的报人身份和文人身份也因此而统一了。

李伯元

李伯元的文学作品产生巨大影响，与他的广告意识也是分不开的。他是一个深谙洋场规则与广告效应的文人。他主编的《游戏报》上常常登出赠报启示：“本馆每逢礼拜日在张园送阅报纸：本刊自创行以来，颇蒙阅者许可，购阅日多。本埠张园内向派有专售本报之人。碍因游客多不携带零钱，以致购阅不便。今本主人特自今日为始，每逢礼拜日添印数百纸，于下午四五点钟时，遣人持往该园送阅。茶余酒后，适性陶情，冀与诸君子结文字缘。有欲先睹为快者，尚其坐橡皮车泡盖碗茶至该园静候也可。游戏主人启。”[1]这样一来，既不用担心报纸的积压滞销，又推广了报纸，可谓一举两得。《游戏报》真正打开局面，名

① 见1897年8月25日《游戏报》第63号。

声大振，是因为李伯元在1897年举办的丁酉夏季花榜。所谓花榜，就是以一年中十二种鲜花的名目在妓女中评选名花，采用民主投票的方式选举，所有的步骤均在报纸上进行。为了成功地举办花榜选美，李伯元发布广告："本届花榜系仿泰西保荐民主之例，以投函多寡为定。甲第之高下、名次之前后，皆视此为衡，本主人不参一毫私意焉。"[①]这次花榜轰动一时，选出了张四宝、金小宝、祝如椿等140名妓女荣登花榜。《游戏报》顿时声名大噪。

尝到了广告甜头的李伯元也为他的诸多小说刊登广告。《官场现形记》之所以能够一炮走红，就与他的广告营销策略不无相关。1903年10月22日的《世界繁华报》在连载《官场现形记》第十四章的同时刊登了一篇吴门游侠子的"特别来函"，名为《读〈官场现形记〉看！看！看！》，充满溢美之词，其实是一种变相的广告。1903年12月27日的《游戏报》刊登了《官场现形记》的广告，内容为："官场现形记，每部洋一元。此编专述中国官场怪奇之丑形，为世界种种人不可不读之书，有志为官者购宜急览升官秘钥，装订六本，实价一元。"这一则广告充满了功利色彩，《官场现形记》在今天看来是讽刺官场黑暗、谴责社会不公的小说，而当年登广告时竟然以"升官秘钥"来吸引读者。同年12月16日《世界繁华报》刊登《官场现形记》初续一二三编目录；1904年6月17日《世界繁华报》又刊登《官场现形记》广告，曰："1. 中国官场，魑魅魍魉靡所不有，实为世界一大污点。然数千年以来，从未有人为之发其奸而摘其覆者，有之，则以南亭此书始。此书措词诙谐，不减于《儒林外史》；叙事详尽，不亚于《石头记》。有欲研究官场真相者，无不家置一编，洵近来小说中唯一无二之巨制也。2. 此书描摹官场丑态，无微不至。某京卿谓：邹应龙打了严嵩，严嵩犹说打得好！打得好！今之官场中人，无不喜读此书，同此意也！"对比1903年12月27日的《官场现形记》广告词，可以发现其明显不同。前者以"升官密钥"作为卖点，李伯元大概也觉得这用词不太妥当，对自己倾注了大量心血的《官场现形记》来说是一种扭曲，因此话锋一转，改用"研究官场真相"来代替。在鲁迅看来，《官场现形记》远远不及《儒林外史》，更不能与《红楼梦》相提并论。而这则广告却大胆将《官场现形记》的地位无限拔高，以"近来小说中唯一无二之巨制"自称，虽然言过其辞，但也不失为一种招徕读者

---

① 王学钧：《李伯元的"艳榜三科"——佚文与传记》，1998年《明清小说研究》第1期。

的广告手段。

除了《官场现形记》以外，李伯元的其他作品广告也常常见诸报刊。1904年5月25日刊登了《海天鸿雪记》的广告，内容为："《海上花列传》一书，阅者咸知其为近今小说中之佳构。曰《海天鸿雪记》出版，直突过前人矣。盖作者涉历花丛三十年，始构此书，乃现身说法也。洋装四册，金字薄面，价一元。"并登出小说目录。《海天鸿雪记》虽好，但是绝对比不上《海上花列传》，这则广告再次虚晃一枪，让《海天鸿雪记》大出风头。同日还刊登了《庚子国变弹词》广告。他的《文明小史》广告刊登于1907年7月2日的《笑林报》上；《教育杂志》1910年第12期也刊登了"社会小说文明小史"的广告……

20世纪初，李伯元在上海如日中天时突然去世，人们一时竟难以接受，痛感失去了一位著名报人、小说家，也失去了一位杰出的广告人：为报人与文人的李伯元加上"广告人"这一修饰语，可谓名至实归。

（狄霞晨）

10 月

陈天华的《猛回头》、《狮子吼》

再版 猛回头

是书以弹词写述异族欺陵之惨剧唤醒国民迷梦提倡独立精神一字一泪一语一血诚普渡世人之宝筏也初版五千部不及兼旬销罄无余因增订删改（视原本约增四之一）再版五千部又为同志订购大半所余无多急宜购取

（原载 1903 年 10 月《游学译编》）

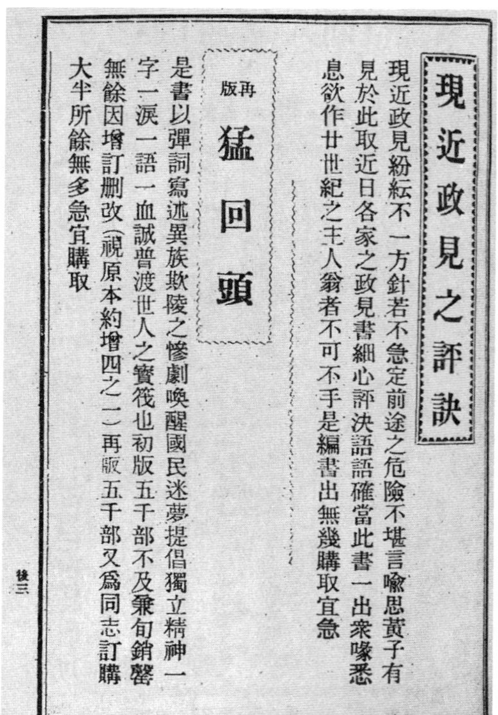
現近政見之評訣

現近政見紛紜不一方針若不急定前途之危險不堪言喻思黃子有見於此取近日各家之政見書細心評決語語確當此書一出衆喙悉息欲作廿世紀之主人翁者不可不手是編書出無幾購取宜急

再版 猛回頭

是書以彈詞寫述異族欺陵之慘劇喚醒國民迷夢提倡獨立精神一字一淚一語一血誠普渡世人之寶筏也初版五千部不及兼旬銷罄無餘因增訂刪改（視原本約增四之一）再版五千部又爲同志訂購大半所餘無多急宜購取

後三

《猛回头》广告

晚清宣传革命的文字，影响最大的，除了章太炎的《驳康有为政见书》、邹容的《革命军》外，还有陈天华的《猛回头》、《警世钟》。

《猛回头》、《警世钟》写于 1903 年。当时，因沙俄企图侵占东北三省，东京留日学生发起轰轰烈烈的拒俄运动。陈天华痛感国家主权沦丧，“涕泣交横”，于是咬破手指，写下数封血书，备述古今亡国惨痛情景，寄回国内。读了血书的人，无不动容，湖南巡抚赵尔巽也深为感动，亲临各学堂宣读，并刊登于官报。此后，陈天华又先后撰写《猛回头》和《警世钟》两书，以血泪之声，深刻揭露帝国主义列强侵略中国和清廷卖国投降的种种罪行，产生了极大影响。其中《猛回头》最早发表于《湖南俗话报》，再刊于《游学译编》第 11 期。《游学译编》还刊登了《猛回头》广告。

《广告》首先强调《猛回头》“以弹词写述”的形式特点。弹词，也叫“南词”，是明、清两代流行于南方的用琵琶、三弦伴奏的讲唱文学形式。包括说白和唱词两部分，说白为散体，唱词则以七言韵文为主，穿插以三言句；语言上则分为“国音”（普通话）和“土音”（方言）两种。陈天华少时因家境贫寒，曾辍学在乡间做小贩，常仿照弹词作山歌小调，此时写《猛回头》，采取弹词的形式，唱词部分主要是“3–3–4”整齐的句式，极富音乐性，无论是读还是听，都朗朗上口：这自然是为了便于普通百姓的接受。

广告并没有提到《猛回头》的说白部分是用白话写成，这或许是更应该注意的。陈天华的另两部著作《警世钟》和《狮子吼》也都选用白话文。其时，黄遵宪、梁启超、裘廷梁等维新派人士，为了开启民智，正在发动白话文运动；革命派志士，包括有反清倾向的留日学生，为了宣传革命，也办了许多白话报刊。据统计，1901 年到 1907 年间，全国共创办白话报 73 份，仅 1903、1904 这两年，就达到 29 份之多。尤其是进入 1903 年后，受拒俄运动和“苏报案”的影响，革命派已逐渐取代维新派，成了清末白话报的主要创办者。蔡元培曾说这些报纸表面普及常识，暗中鼓吹革命的工作，是反清革命运动的重要组成部分。《猛回头》首刊的《湖南俗话报》就是由湖南留日学生所办。

《猛回头》的白话富有弹词的特征，如文中各段起首的“列位”、“列位呵”等语，是弹词文本的常用语，类似章回体小说的“列位看官”等，既适合当时民众的阅读，也适合演唱。文中“俺”、“咱”等语，则是颇为纯粹的民间口语，更贴近下层民众。相比较而言，作于 1903 年秋的《警世钟》白话运用更加灵活，更接近口语。如篇首第一段：“嗳呀！嗳呀！来了！来了！甚么来了！洋人来了！不好了！不好了！大家都不好了！”篇末写道：“醒来！醒来！快快醒来！快快醒来！不要睡的像死人一般。同胞！同胞！我知道我所最亲最爱的同胞。”某种程度上说，正是《猛回头》、《警世钟》等在民众间有着极大影响的白话作品，为后来的五四白话文运动提供了一些可供模仿的成功范本。

就主题内容而言，正如广告所说，《猛回头》主要“写述异族欺凌之惨剧，唤醒国民迷梦，提倡独立精神”。这里所说的“异族欺凌之惨剧”，是相对汉民族而言，既指明亡后满族的残酷统治，又指鸦片战争以来西方列强的侵略；所说的

“独立精神”，是指民族独立而言。如果说邹容《革命军》主要内容是“反满”、“革命”，那么《猛回头》则以反帝、爱国为主题，“反满”的内容服务于“反帝”这一核心。全文由两大部分组成：第一部分包括“序”、“黄帝肖像后题”、“地理略述”、“人种略述”四节，说明作品的缘起，点明重整河山、反帝爱国的主旨；第二部分，包括“猛回头”、“十要”、“要学那”、“不学那”等四节，具体而详尽地阐明了作者的政治主张和爱国思想。其中第二部分是全文的核心。

作者首先悲愤地揭露了帝国主义侵略中国的狂妄野心，指出帝国主义瓜分中国的严峻形势：“日本占了台湾，俄国占了旅顺，英国占了威海卫，法国占了广州湾，德国占了胶州，把我们十八省都划在那各国的势力范围内，丝毫也不准我们自由。……我中国虽说未曾瓜分，也就比瓜分差不多了。”[①]陈天华认为，要避免被瓜分的命运，救亡图存，就必须推翻清朝的统治。他写道：“列位，你道今日中国还是满洲政府的吗？早已是各国的了！那些财政权、铁道权、用人权，一概拱手送与洋人，洋人全不费力，要怎么样，只要是一个号令，满洲政府立刻奉行。”[②]他一针见血地指出，清朝政府只不过是“替洋人做一个守土官长”，如果“事事依了朝廷”，大家都得“做洋人的百姓”，清朝政府已经完全成为“洋人的朝廷”。这是第一次以“洋人的朝廷”概括清政府，这一论断在当时无疑是振聋发聩的。

在这国难当头的危险时刻，如何改造中国严峻的现实？《猛回头》提出了十条革命主张，包括除党见、讲公德、重武备、务实业、兴学堂、立演说、兴女学、禁缠足、不吃洋烟等内容，提供了一个初步的建造共和国的理想蓝图。他还深刻地揭露了国民的某些劣根性，主张向德、法、美等强大的敌人学习。他大声疾呼：只要“四万万齐心决死”，“猛睡狮，梦中醒，向天一吼”，就一定能够“改条约，复政权，完全独立，雪仇耻，拒外族，复我衣裳”，“到那时，齐叫道，中华万岁，才是我，大国民，气吐眉扬”。[③]

《猛回头》通篇以血泪文字，力图唤醒同胞，强烈的爱国主义思想和浓厚的民族感情弥漫全书，读之令人动容，故它甫一问世，即受到热烈欢迎。革命党人把《猛回头》视为极好的革命宣传品，借以传播革命火种。辛亥革命领袖黄

① 陈天华：《猛回头　警世钟》，罗炳良主编《影响中国近代史的名著·邹容〈革命军〉》，第3页。
② 同上书，第4页。
③ 同上书，第12页。

兴1903年5月回国发动起义，带回《猛回头》等书数千册在军界、学界广为散发；湖北日知会用《猛回头》在新军中传播革命、发展会员；熊成基等发动安庆起义前，也曾用《猛回头》教育新军。而清政府却将《猛回头》视为洪水猛兽，列为“逆书”，下令严禁。

陈天华的另一部作品《警世钟》同样为宣传革命起到了重要作用。中国革命博物馆藏1904年排印本《警世钟》封面印有“本社印送，不取分文，自己阅后，转送别人”字样，说明它与《猛回头》一样，完全是革命宣传品，而非以赚钱为目的。年轻时的毛泽东正是在读了《警世钟》以后，才开始意识到，国家兴亡，匹夫有责（《西行漫记》），投身革命运动。陈天华还著有未完成的章回体政治小说《狮子吼》，现存八回，1905年发表于《民报》。小说描写狄必攘、孙念祖等人组织革命党，联络会党，留学欧美，以欧美资本主义国家为师进行反清革命斗争，建立新中国的故事。小说以“混沌国”比喻中国，以“蚕食国”、“鲸吞国”、“狐媚国”比喻帝国主义列强，揭露清政府把“混沌国”割送给帝国主义列强，斥责帝国主义者杀人如麻、残酷压榨百姓的罪恶。小说具有浓厚的种族革命思想和乌托邦的空想，虽没有《猛回头》、《警世钟》那样的影响，但也表现了作者热烈的爱国思想和对祖国未来命运的信心。

《猛回头》、《警世钟》、《狮子吼》是陈天华最为重要的作品，其他著作还有《国民必读》、《中国革命史论》、《论中国宜改创民主政体》、《绝命书》等。1906年《民报》第10号曾刊出《猛回头》、《国民必读》、《警世钟》三部著作的广告，发行者为湖南留日学生宁调元等创办的《洞庭波》杂志社，并说明“正在印刷之中，不日可以发行”。此时陈天华已逝，故广告特别注明是“陈天华遗著”，大有缅怀逝者、激励国人之意。《民报》第9号还刊登过古今图书局将《猛回头》与《革命军》、《灭汉种策》三部著作合刻的广告。

陈天华的作品经后人收集整理为《陈天华集》，1928年由民智书局出版。

（杨剑锋）

1904 年

3 月

近代杂志界重镇《东方杂志》的开端

新出东方杂志简要章程

一　本杂志以启导国民联络东亚为宗旨

二　本杂志略仿日本太阳报英美两国而利费 Review of Review 体裁除本社撰译论说广辑新闻外并选录各种官民月报旬报七日报双日报名论要件以便检阅

三　本杂志区别门类如下

1 社说（选论来稿附）2 谕旨 3 内务 4 军事 5 外交 6 教育 7 财政 8 实业 9 交通 10 商务 11 宗教 12 杂俎 13 小说 14 丛谈 15 新书月目

四　编次方法首关于本类之论说次史事次章奏次公牍次规程次新闻仍以先本国后外国为序

五　每类无论多少各自为页不相搀杂以便分钉成书

六　同志寄稿属登请署真姓名及详细住址以便通讯惟应否登载由本社同人酌定原稿恕不检还信资自给

七　每册卷首编成目录详注页数以便检讨全年十二册另编总目录亦注明页数

八　本杂志分门别类搜罗宏富选择精审有志之士欲检查时事者得此可免抄录之繁

九　本杂志字数较现行杂志为多售价极廉内地人士无力遍阅各报者得此亦足周知中外近事

十　本杂志用洁白洋纸洋式装钉每月一册每册二百五十页约十五万字另加精美图画以十幅为率

十一　每月二十五日发行

十二　每册售价大洋银二角五分预定全年十二册银二元五角遇闰照加

十三　邮局已通之处每册加邮费三分信局酒力由阅报者自给外国邮费照算

十四　本杂志托上海棋盘街中市商务印书馆为总发行所

（原载 1904 年 3 月 11 日《东方杂志》第 1 期）

《东方杂志》第 2 期

1903 年 12 月，时任商务印书馆总经理的出版家夏瑞芳在商务印书馆与日本出版企业金港堂合资后的一次编译会议上，提议创办一本综合性的杂志，名称定为《东亚杂志》。不过，由于当时德国驻上海总领事馆有德文《东亚杂志》，为避免名称相同而引起版权冲突，改为《东方杂志》。1904 年 3 月 11 日，近代刊行时间最长的大型综合性期刊《东方杂志》在上海正式创刊了。

作为商务印书馆的标志性刊物，《东方杂志》是商务印书馆继《绣像小说》之后创办的第二种杂志。为打开销路，扩大影响，在《申报》、《时报》等当时发行量和影响力最大的报刊大量刊登广告。

《东方杂志》在各报刊的广告主要有两种形式。一是所谓“简洁型”，在杂志创办之初，以扩大品牌知名度为主要目的。如 1904 年 6 月 14 日《时报》、1905 年 8 月 2 日《申报》、1906 年 11 月 23 日《申报》的广告等，都仅有很简单的广告语，告知读者本刊“每月一册，每年十二册，零售每册大洋二角五分”，或邮资、折扣、分印点等等基本信息。从《时报》1904 年 6 月 14 日广告的版式上看，“上海商务印书馆东方杂志”等品牌标志以大号字体印刷，字号比同版其他广告更大、更醒目。另一类是“目录型”广告，及时刊登最新一期的文章目录；对于杂志的最新改版、变化，也不忘提示。如 1909 年 9 月 7 日《时报》头版的广告即有“附告”：“本杂志于今年第三期起添列‘记事’一门，或属内政，或涉外交，择人人瞩目，而又确实可信者悉列入内。”其中，“人人瞩目”、“确实可信”特别予以加粗大字号，排版上的刻意为之，给读者造成强烈的暗示。

增设“记事”这样的栏目，只是《东方杂志》多次改版中的一次。作为近代“杂志界的重镇”，《东方杂志》历经清末、辛亥革命、五四运动、抗日战争、解放战争等各个重大历史时期，是近代刊行时间最长的大型综合性期刊。至 1948 年 12 月停刊时为止，历时 45 年，共出 44 卷、813 册，其间有过几次大的改革，杂志面貌也不断变化。在创办初期，《东方杂志》是一种文摘类性质的刊物，共辟有十五个栏目：社说、谕旨、内务、军事、外交、教育、财政、实业、交通、商务、宗教、杂俎、小说、丛谈、新书月目等。上至天地之大，下至昆虫之微，无所不包，是一本名副其实的“杂志”。后来经过几次大的调整和改革，取消了谕旨、奏章等官方文牍，增加文件、调查、附录、译件等栏目，按照文学、历史、哲学、工业、商业、理化、博物等现代学科分门别类，增强了刊物的学术性，逐渐成为现代化的综合性杂志。不仅杂志的内容、栏目不断变化，刊物的开本、装潢等方面也屡经变化。最初为月刊，1920 年 1 月以后改为半月刊，1947 年 7 月后又改回为月刊。最初为 24 开本，每本约 15 万字，后改为 16 开本，每本 20 万字，比同时期其他刊物字数多、装潢好、售价低，因而受到读者欢迎，发行量在 1 万份以上，最高时达到五六万份。这在当时是个相当了不起的数字。

《东方杂志》创刊之时，正值日俄战争，民族存亡的危机和西学大潮的涌入，都给这份杂志打下了深深的时代烙印。我们这里摘录的创刊号《新出东方杂志简要章程》明确提出“本杂志以启导国民、联络东亚为宗旨”，简明扼要地提出了知识启蒙和促进东亚联合的两大目标，对外主张联日抗俄，对内提倡君主立宪。同时，又给自己规定了“撰译论说”、“广辑新闻”和报刊选录三大内容和任务，并因此有了自我价值的认定：“本杂志分门别类，搜罗宏富，选择精审，有志之士欲检查时事者，得此可免抄录之繁。”“本杂志字数较现行各杂志为多，售价极廉，内地人士无力遍阅各报者得此亦足周知中外近事。”这既是宣传广告，又是一种承诺：早期《东方杂志》确实以其很强的资料性和综合性在众多报刊中脱颖而出。

在长达 45 年的发行史上，《东方杂志》先后经历了孟森、杜亚泉、钱智修、胡愈之、李圣五、郑允恭、苏继庼等主编，其中杜亚泉堪称贡献最大的一位。

杜亚泉（1873—1933），原名炜孙，号秋帆，笔名“伧父”、“高劳”等，浙江绍兴人。自幼聪慧好学，16 岁就中了秀才。1894 年中日甲午战争后，受中国知识界变法图强思潮的影响，毅然弃科举，转而学习自然科学，先后自学了数学、物理、化学、植物学、动物学，从而奠定了坚实的理科功底。1903 年秋，受夏瑞芳、张元济的邀请，进入商务印书馆编译所任理化部主任，在商务印书馆工作了 28 年。1911—1921 年间，出任《东方杂志》主编。他对杂志的内容和形式进行了大幅度的革新，大力推广介绍西方科学成果和自然科学思想，在杂志上增设了“科学杂俎”等栏目，及时传播科学知识，并大量刊登有关最新政治、经济、思想、学术、社会问题的撰述文章和翻译文章，各种思潮兼收并蓄。在主持编务之余，他还勤于著述，在《东方杂志》上发表文章达三百余篇。杜亚泉的不懈努力，使这个刊物成为当时具有重大影响的学术杂志，确立了《东方杂志》在杂志界的地位，发行量达到 1.5 万份，为其时各杂志之冠。《东方杂志》能成为旧中国最负盛名的杂志，杜亚泉功不可没。

杜亚泉主持期间的《东方杂志》在社会改革上主张温和渐进，在思想文化上主张东西方文化的调和折中，使之成为"中国文化保守主义的一个舆论重镇"①，这引起了激进派的不满。1918 年 9 月，陈独秀在《新青年》上发表《质问〈东方杂志〉记者——〈东方杂志〉与复辟问题》一文，12 月，杜亚泉发表《答〈新青年〉杂志记者之质问》。次年 2 月，陈独秀再发表《再质问〈东方杂志〉记者》。从此论战内容逐渐扩展，涉及的问题愈来愈多，参加者也愈来愈众，当时一些重要学人几乎无不参与。直至 1920 年杜亚泉辞去《东方杂志》主编职务后，论战仍未消歇，这在我国现代思想史上是空前的。这场论战第一次对东西文化进行了比较研究，对两种文化传统作了周详的剖析，对中西文化的交流提出了各自不同的看法，实开我国文化研究之先河。王元化认为，以后文化研究中诸重大问题及对这些问题所持观点，几乎均可从这次论战中见出端倪。其思路之开阔，论点之坚实，见解之深邃，往往难为后人超越。

《东方杂志》虽然是一种时事政治性质的杂志，但它从来没有放弃过对文学的关注，先后开设有"小说"、"文苑"、"海内诗录"、"文艺"等专栏，发表原创小说、翻译文学、诗词、文学理论研究等。其中"小说"一栏从杂志创办之初就已开设；"文苑"、"海内诗录"主要发表旧体诗词。有人统计，自 1915 年 7 月 15 日第 12 卷第 7 号到 1920 年 12 月 25 日第 17 卷第 24 号，《东方杂志》刊登了 99 位诗人的 1709 首诗作，大部分作者为同光体诗人，包括陈三立、陈衍、夏敬观、郑孝胥等诗人都曾在此发表诗作，同光体的理论著作、陈衍的《石遗室诗话续编》也在这里连载，这使《东方杂志》成为宋诗派诗人群体活动的重要阵地。②

（杨剑锋）

---

① 洪九来：《宽容与理性——〈东方杂志〉的公共舆论研究（1904—1932）》，上海：上海人民出版社 2006 年版。

② 杨萌芽：《〈东方杂志〉与清末民初宋诗派文人群体》，2007 年《复旦学报》第 5 期。

外国传记的选择与翻译

商务印书馆出版

传记丛书

拿破仑传　每部一册　价洋四角

日本矢岛元四郎著中国范枕石译拿破仑名震环球世人无不欲知其生平是书搜罗至富自其幼年入学之日以及遗骸归国之年内而家庭外而军国以至一言一行之微无不备载有崇拜英雄之念者曷取而三复之

克莱武传　洋装每部一册　价洋三角

英国马可来著本馆译英取印度始以商会终以战争实克莱武一人左右之今泰西人之心目已全注于我中国欲知印度之覆辙者请读是书

纳尔逊传　洋装每部一册　价洋一角

日本中村佐美著江阴何震彝刘张侯译近世海军英国最强导其先者曰纳尔逊纳君生平从事海军者凡三十五载伟烈雄猷照耀世界读此者犹有兴起之心

辟地名人传　每部一册　价洋五角

美国爱德华著无锡王汝宇译今日欧洲诸国几于控驭全球其始皆由二三豪杰抗志航海不避艰险搜觅新地风气既开兴起者众国家坐享其利而殖民之地乃愈推愈广矣是书汇集彼国辟地名人凡二三十辈各立一传读之可以增人进取之气

日本近世豪杰小史　每部一册　价洋五角

本馆编辑凡四卷明治维新以来彼国杰出之材人人乐为称道但知其略未知其详不无遗憾本馆因搜辑日本近世之有勋业学问侠义奇行者各列一传著为是编读之可知其人才之盛

（原载 1904 年 3 月 11 日《东方杂志》第 1 期）

关于晚清的翻译小说，阿英的《晚清小说史》作为主要小说类型提到的只有政治小说和侦探小说。阿英认为前期对政治小说翻译的重视主要是因为当时翻译小说初起，目的只在做政治宣传。我们这里讨论的晚清外国传记翻译文学，大概应该算入政治小说一类，起码是出于相似于政治小说的目的而产生的。

黎汝谦和翻译员蔡国昭用意译法合译的《华盛顿传》，开了向国人介绍美利

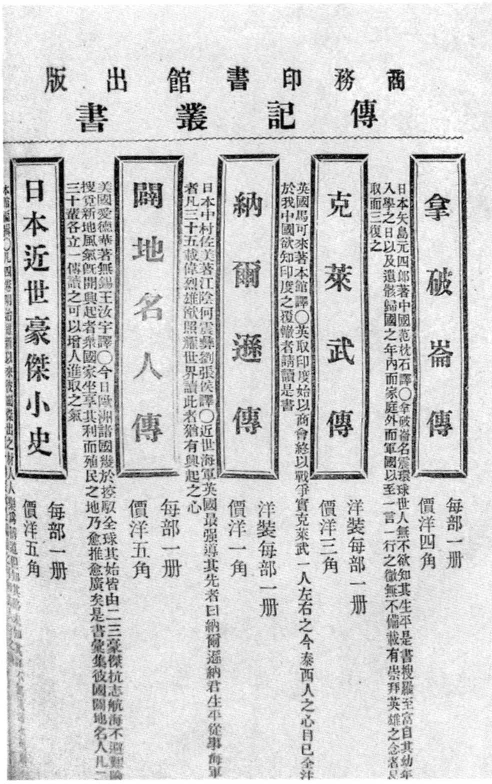

“传记丛书”广告

坚合众国民主政治的先河。鲁迅在南京水师学堂读书时，就读到了连载于《时务报》上的《华盛顿传》，它比严复翻译的赫胥黎《天演论》早两年。《林肯传》亦属同一类人物的传记。

《申报》旗下的《东方杂志》从1904年创办第1期开始在封底附页上就一直有各种书籍的大幅广告，而从1904年第1期到1912年一直陆陆续续有一页专门的传记文学的单幅广告，全文如前。

商务印书馆广告所推介的五种传记中，除最后一种为商务印书馆自主创作的，其余皆为翻译的传记作品。从这几则广告我们可以对当时的外国传记文学的翻译推介情况有一个大概的了解。

其一，五种传记的传主，拿破仑、克莱武和纳尔逊，是军事和政治奇才；《辟地名人传》介绍的是西方航海前驱；《日本近世豪杰小史》介绍的是明治维新时期日本的众多人才：他们全都是实干家型的俊杰，能够开辟一方新天地的先驱、英雄。其中《华盛顿传》和《林肯传》则承载了更多的东西。华盛顿拒绝连任总统，林肯为国民的平等和国家的统一死于刺杀。对这样的人物的关注，无疑反映了民众对政治领袖的一种期望，对新的民主政治思想和体制的向往。尽管对于华盛顿或者林肯的所作所为，当时的中国民众并不一定真的理解，他们是按照自己的知识结构去看待的，华盛顿的不连任被视为“禅让”，是极其贤德的行为；而林肯的为国牺牲就更符合中国传统想象。这样的人物传记的翻译，被赋予了浓厚的理想主义色彩。

其二，《克莱武传》和《辟地名人传》的广告都尖锐地提出了西方对东方的“殖民”问题。《克莱武传》广告提到英国对印度的侵略，并着意提醒：西方人“之心目已全注于我中国，欲知印度之覆辙请读是书”。《辟地名人传》广告则关注“今日欧洲诸国几于控驭全球”，“殖民之地乃愈推愈广”的现实。刊登广告的 1904 年正是日俄战争爆发之时，《东方杂志》一直密切关注日俄战争，不光有日俄政治军事高层人物的相片和介绍，甚至刊有日俄战争的军事活动地图、日本军人探望俄国战俘的画像。面对日俄战争，中国人的反应是复杂的。日本的强大既可能造成对中国的威胁，同时又是一剂强心针，对时人是很大的刺激，更加激发了强国、强种、强兵的改革要求。正是在这样的背景下，拿破仑、克莱武、纳尔逊等以战功闻名于世的人物以及日本“近世豪杰”传记的翻译介绍，成了翻译和出版界的热门。

（李默）

6月

《马氏文通》的内在焦虑

马氏文通广告

是书丹徒马建忠著马眉叔观察精通拉丁法兰西文字曾惠敏文集记其在法国学校卒业考试情形可谓我国言西学者之先进也是书专论中国文法陈解详明开数千年来未宣之秘观察自序谓积十余年之勤求探讨方成此编可想见其下笔不苟今承书主以是书归本馆专印现在再版精印洋装每部两册定价大洋壹元伍角书经存案翻印必究上海商务印书馆汉口广州商务印书馆同启

（原载1904年6月5日《新闻报》）

作为中国第一部现代意义上的语法研究著作，《马氏文通》具有划时代的意义。《马氏文通》1898年由商务印书馆出版，作者马建忠。《马氏文通》广告先后在1904年的《申报》和《新闻报》上登载，标题均有“学务大臣审定”字样。《新闻报》所登广告较为详尽。

广告一开始即这样介绍作者：“精通拉丁、法兰西文字”，“可谓我国言西学者之先进也”。这绝非虚词：马建忠是《文献通考》作者马端临第二十世孙，少年时期先后进入天主教耶稣会徐汇公学和耶稣会初学院学习；1876年，受李鸿章派遣赴法学习洋务，获法学学士学位。《清史稿》中评价他“善古文辞，尤精欧文，英、法现行文字以至希腊、拉丁古文，无不兼通”[①]。回国之后，马建忠继续协助李鸿章办理洋务，先后承担了出使印度交涉鸦片问题、协助朝鲜与英法等国签订商约和扑灭朝鲜大院君叛乱等重要外交任务，为晚清著名外交官。

马建忠的主要著作有《富民说》、《适可斋记言记行》、《勘旅顺记》和《文通》。《马氏文通》是其代表作，凝聚了其毕生心血。使用西方语言学理论分析

---

①《清史稿》第41册，卷四四六，列传二百三十三，第12483页，北京：中华书局1977年版。

汉语的尝试，自明末传教士进入中国以来便一直未曾停止过。据姚小平统计，在《马氏文通》之前，已有不少西洋汉语语法著作纷纷出版，“如马若瑟《汉语札记》（1731）、马士曼《中国言法》（1814）、雷慕萨《汉文启蒙》（1822）、洪堡特《论汉语的语法结构》（1826）和《论语法形式的通性和汉语的特性》（1827）、艾约瑟《官话口语语法》（1864）和《上海方言语法》（1868）、儒莲《汉文指南》（1866），等等”[1]。其中，最为著名的著作是瓦罗的《华语官话语法》，这也是世界上第一部正式出版的汉语语法书。它“根据古典拉丁语法的八大词类范畴，讨论了汉语的名词、代词、形容词、数词、动词、副词、介词、连词、叹词和助词等词类”[2]。然而，由于传教士对汉语的理解本身就难称深入，而西方语言学家大多又只

《马氏文通》广告

能根据传教士所提供的二手资料进行研究，故此造成了诸多的误解和偏差。19世纪时，西方语言学界的主流观点认为，汉语的语法结构是混乱的、简单的、意合式的，因而是一种极不完善的语言。汉语的这一特点影响了中国人的思维方式，使之与逻辑和科学完全不相容，既不可能原发性地产生逻辑、哲学和科学，甚至也不可能顺利地接受它们。[3]正是对于汉语的这种带有歧视性的认知刺激了马建忠，使他产生了写作第一部由中国人自己著成的汉语语法著作的使命

① 姚小平：《瓦罗〈华语官话语法〉中译本序》，2003年《外语教学研究》第2期。

② 王仁强：《认知视角的汉英词典词类标注实证研究》，第4页，上海：上海译文出版社2006年版。

③ 参见洪堡特：《论汉语的语法结构》、《论语法形式的通性以及汉语的特性》，《洪堡特语言哲学文集》，姚小平编译，第105—177页，长沙：湖南教育出版社2001年版。

感。他在其兄马相伯的帮助下，凭借对西方语言理论的丰富学识和深厚的中国古文底蕴，凝聚近二十年的心血，著成《文通》。在此书中，马建忠运用西方语言学理论对文言文语法结构进行了系统分析，并试图进而构建汉语语法体系："以泰西各国皆有学文程式之书，中文经籍虽皆有规矩隐寓其中，特无有为之比儗而揭示之，遂使学者论文困于句解，知其然而不能知其所以然。乃发愤创为文通一书，因西文已有之规矩，于经籍中求其所同所不同者，曲证繁引，以确知中文义例之所在，务令学者明所区别，而后施之于文，各得其当，不唯执笔学为古文词有左宜右有之妙，即学泰西古今一切文学，亦不难精求而会通焉。"①

广告中对《马氏文通》的赞词是："开数千年来未宣之秘"，这也基本上是多年来对该书一贯的评价。实际上，尽管对于汉语的语法系统少有研究，但中国并非缺乏语言文字学研究的传统。在中国传统的学术范畴中，语言文字研究被称为"小学"，有着与西方语言学研究迥异其趣的独特研究方法和学术体系，也取得了辉煌的成果。在序言中，马建忠试图弥合中西语言学的不同研究体系，在中国语言文字研究学术传统背景下阐明自己著书的初衷：

> 昔古圣开物成务，废结绳而造书契，于是文字兴焉。夫依类象形之谓文，形声相益之谓字；阅世递变而相沿，讹谬至不可殚极。上古渺矣，汉承秦火，郑许辈起，务究元本，而小学乃权舆焉。自汉而降，小学旁分，各有专门。……吴敬甫分三家：一曰体制，二曰训诂，三曰音韵。胡元瑞则谓小学一端，门径十数，有博于文者、义者、音者、迹者、考者、评者，统类而要删之，不外训诂、字韵、字书三者之学而已。三者之学，至我朝始称大备。②

接下来，他通过对训诂、字韵、字书三者之学研究现状的检视和批评，指出中国语言文字研究的历史性缺失在于只汲汲于一字一音的考求，而忽略了对"集字为文之道"的研究。而后者恰恰是语言研究的根本：

> 殊不知古先造字，点画音韵，千变万化，其赋以形而命以声者，原无不变之理；而所以形其形而声其声，以神其形声之用者，要有一成之律贯乎其中，历千古而无或少变。盖形与声之最易变者，就每字言之；而形声

①《清史稿》第41册，卷四四六，列传二百三十三，第12483页。

② 马建忠：《马氏文通》，第9页，北京：商务印书馆1998年版。

> 变而犹有不变者，就集字成句言之也。《易》曰："艮其辅，言有序。"《诗》曰："出言有章。"曰"有序"，曰"有章"，即此有形有声之字，施之于用各得其宜，而着为文者也。《传》曰："物相杂故曰文。"《释名》谓："会集众采以成锦绣，会集众字以成词谊，如文绣然也。"今字形字声之最易变者，则载籍极博，转使学者无所适从矣；而会集众字以成文，其道终不变者，则古无传焉。[①]

作为对这一根本性缺失的回应，《马氏文通》试图用西方语言学理论对汉语进行剖析，参照印欧语系语法建立汉语语法系统，为中国的传统小学"查阙补漏"。全书共分十卷，卷一"正名"为总论，介绍主要术语。在卷二至卷九中，马建忠主要研究了汉语的词类，将其分为实字和虚字两类，其下又细分为名字、动字、代字、静字、状字、介字、连字、助字、叹字九类，并借助广泛的文言文例句对之逐类进行了分析，确立了"字类假借"等汉语独有的重要语法概念。卷十为"论句读"，是对句法的总结，将句子成分定为起词、语词、止词、转词、表词、司词、加词七种，另有两类"不太正式的成分名称"[②]，为断词和状词；又"根据西方语法'格'的概念，为汉语立了几个'次'，作为分析句子时的一套辅助性术语"[③]，用来标明词类在句法结构中彼此之间的相互关系。在这一卷中，马建忠将汉语与西语对比后指出，西方语言的句法结构中必然有主语，而汉语的特点在于句中可以省略主语。这一创见在比较语言学研究史上，有着特殊的地位。[④]

作为试图采用西方语言学理论建立汉语语法的语言学开山之作，《马氏文通》的意义是无法比拟的。在《马氏文通》之后的汉语语法学著作，大多受到了它所确立的语法体系的影响。然而，它在具草创之功的同时，亦留下了不少谬失之处。其中，该书最易为后世语言学家所指摘者，在于过度模仿西方语法，某些地方甚至不顾汉语实际，不免有生搬硬套之嫌。但正如王力所言："我们应该深入研究《文通》的内容，然后能够作出正确的判断。本来，在语法学的初期，以西洋语法作为模特儿来研究语法，是不可避免的事。……《马氏文通》可以说是一部创造性的语法书，他开创中国语言学的功劳是很大的，正所谓'不废江河万古

---

① 马建忠：《马氏文通》，第 9 页，北京：商务印书馆 1998 年版。

② 吕叔湘：《马氏文通读本》，第 13 页，上海：上海教育出版社 2005 年版。

③ 同上书，第 21 页。

④ 参见吕叔湘：《马氏文通读本导言》，同上书，第 1—37 页。

流’。照搬西洋语法的地方固然也不少，但不能因此抹杀此书的价值。”[①]

《马氏文通》的创作动机明显受到国族主义思潮和经世致用思潮的强烈影响。马建忠写作《马氏文通》的根本意图之一，便是为了证明汉语并非如19世纪西方语言学界的主流认知般，是一种不存在明确而完善的语法体系的语言。他的这一努力可以看作是近代以来中国知识分子试图反抗西方文化歧视、为中华文明寻求国际定位和认同的潮流的重要组成部分。

马建忠在《后序》中对自己创作意图的阐明，还反映了更深层次的忧虑：“西文本难也而易学如彼，华文本易也而难学如此者，则以西文有一定之规矩，学者可循序渐进而知其所止境；华文经籍虽亦有规矩隐寓其中，特无有为之比拟而揭示之。遂使结绳而后，积四千余载之智慧材力，无不一一消磨于所以载道所以明理之文，而道无由载，理不暇明，以与夫达道明理之西人相角逐焉，其贤愚优劣有不待言矣。”[②]在马建忠看来，语法研究缺失所造成的汉语的难学，耗费大量时间，因而使中国人无暇修习其他学问，这是中国人文化素质低下的重要肇因之一，甚至由此而导致中华文明将无以与“达明理知西人相角逐”。正是这样的亡国灭种危机的焦虑，成了马建忠研究与写作的内在动力，《马氏文通》的最初写作意图，就是希望能够成为汉语语法教科书而不是单纯的语法研究著作，由此实现他节省汉语文学习时间、发展教育事业、强国富民的愿望。近代以来的汉语拼音化浪潮，也是出于与之同样的担忧。在卢憨章所设计的切音新字方案中，尽管他所选择的改良汉语的道路与马建忠并不相同，但二者关于设计目的的解说却惊人地相似：“窃谓国之富强，基于格致；格致之兴，基于男妇老幼皆好学识理。其所以好学识理者，基于切音为字……省费十余载之光阴，将此光阴专攻于算学、格致、化学，以及种种之实学，何患国不富强也哉？”[③]国家富强的前提是改革语言，这一思想几乎已经成了近现代不少有识之士的共识。然而，时至今日，当这一危机感在现实中已被弱化，我们重新回头审视近代知识分子为避免亡国灭种对汉语做出的种种改造尝试，当能做出更为客观的评价。

（刘云）

---

① 王力：《中国语言学史》，第175页，山西：山西人民出版社1981年版。

② 马建忠：《马氏文通》，第13页。

③ 卢憨章：《中国第一快切音新字》原序，《清末文字改革文集》，第1页，北京：文字改革出版社1958年版。

别具一格的《世界繁华报》

世界繁华报馆出版小说

官场现形记初编价一元　续编一元

海天鸿雪记价一元

庚子国变弹词价八角　以上趸批另议

本报在上海英大马路亿鑫里　另售各种小说　无一不备

（原载 1904 年 6 月 12 日《时报》第 1 号）

《世界繁华报》（又称《繁华报》）于 1901 年 4 月 7 日在上海问世，是李伯元创办的第三份报纸，从一开始就广登各种广告。1901 年 10 月 8 日的头版上就登出了丹桂茶园小叫天、新出唱本小说《子虚记》、大东公司苏湖杭班船、上海侯云蒸酒公司的玫瑰酒等广告，图文并茂，颇有“繁华”的感觉。使用语言以浅文言为主，偶尔也能见到吴语的影踪，例如，1902 年 10 月 15 日的报上曾

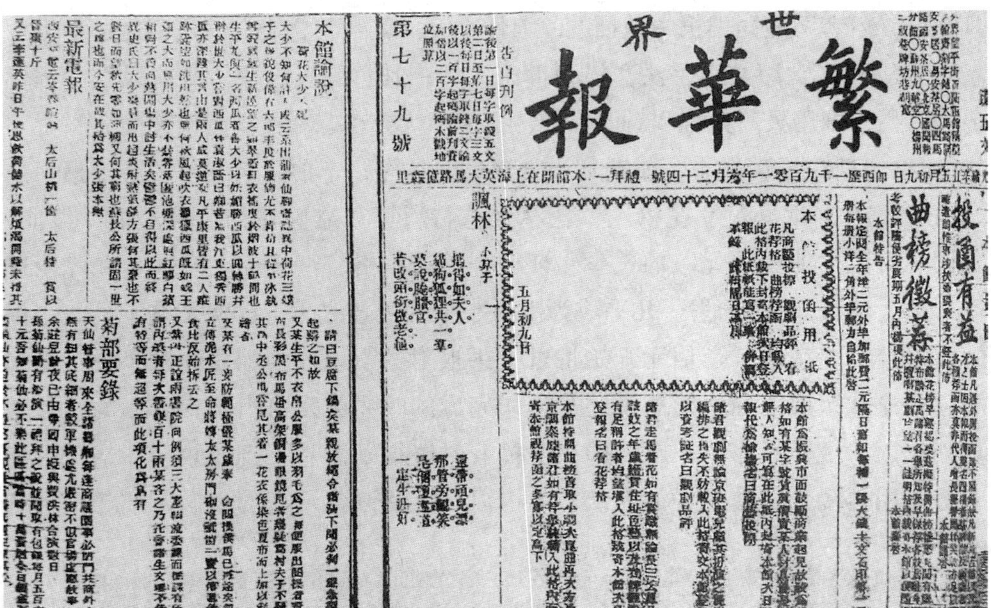
世界繁華報

第七十九號

本館論說

最新電報

菊部要錄

飄林

曲榜徵薦

投函有益

《世界繁华报》第 79 号

登载吴语小说："阿宝就对俚说：'喂，阿土，耐好笃，看格房子，倒底那哼哉。为啥倪搭勿来，倪是真心待耐口，耐一点勿摆勒心浪。如果耐再勿去看房子，等耐勿及要自家去看哉……"这样的文字生动鲜活，吴语区的读者读来别有一种风味。《世界繁华报》也是李伯元作品的一个广告平台，《官场现形记》、《海天鸿雪记》、《庚子国变弹词》，以及李伯元主编的《绣像小说》广告皆能找到。

比起其他小报，《世界繁华报》有许多独特之处。在体例上，李伯元首先打破文艺小报首冠论文，次为新闻，末附诗词的惯例，汲取大报按类分栏的长处，采用大报分类设栏的形式，诸如引子、本馆论说、时事嘻谈、评林、讽林、艺文志、野史、官篇、北里志、鼓吹录、谭丛、小说、论著、花国要闻、梨园要闻、书场顾曲、艺苑杂刊、翻译新闻、滑稽新语等等，但栏名并不固定，随内容而变。在体裁上，散文、诗词、寓言、谐语、理言、书信等等所在多有，而又"花样翻新，不名一格，逐日更换，层出不穷"[①]。《世界繁华报》不拘一格，凡是"讥弹时事"、"讽刺世人"、"引人发噱"、"间有寓意"之作，均择优刊登。此外，李伯元还在报首设置"商艺投标格"、"观剧品栏"，每天将律诗一首或绝句一首排在所报道的社会新闻前，提纲挈领地讽喻报道对象，以表明编者立场。该报特辟的"租界行名录"和"上海无双谱"两栏，前者与"海上九芳姓字里居录"隔日刊出，后者乃是同类报中独创的辞典性文字。其"艺文志"、"风俗志"、"世说新语"等栏，常用文学手法，描摹世态人情；其"北里志"、"鼓吹录"、"俳优传"诸栏，则用吴语方言和对偶标题，报道娼优界动态和社会里巷趣闻。[②]

《世界繁华报》虽小，影响却十分深远。首先，李伯元延续了《游戏报》的"花榜选举"，举办过"花榜"、"花丛经济特科"、"雏姬花榜"和小曲、昆曲、京调、秦腔"曲榜状元"的选举、评格、看花荐格，继续为上海妓女和优伶进行造星运动。"花榜选举"几乎成为上海小报的吸金之术，深深影响了上海小报的发展走向。其次，李伯元开始将过去买报附送小说改为刊登连载小说，影响深远。连载小说是在一篇小说还未创作完成的时候就发布出来，后面的章节随着创作逐步更新发布。作者的即兴发挥有时能得到意想不到的收获和结果，读者也不用再漫长等待小说的完结，而可以马上阅读到最新的小说章节。读者可

---

① 薛正兴主编：《李伯元全集》第5卷，第150页，南京：江苏古籍出版社1997年版。

②《上海新闻志》编纂委员会编：《上海新闻志》，第148页，上海：上海社会科学院出版社2000年版。

以与作者共同体验小说的乐趣，同时也有利于读者对作者提出建议，完善小说内容，作者与读者间的互动即是连载小说的乐趣所在。连载小说很适合高效率、快节奏的现代生活，因此成为近代报刊登载文艺作品的重要形式。再次，时事新闻在《世界繁华报》中的比例较大，既有“翻译新闻”、“最新电报”、“紧要新闻”等栏目直接刊载时事，又有“时事嘻谈”、“滑稽新语”等栏目以嬉笑怒骂的方式评论时人关心的事件，或鞭挞朝政黑暗，或揭露官场腐败，或嘲讽世态百相，或鼓吹富国强兵。“新编时事新戏”则索性把当时轰动的新闻编成戏曲唱本连载，如《康有为说书》、《大阿哥出宫》、《陆兰芬归阴》、《经连珊哭狱》等等。[①]这些零星的报道促进了专业剧评的出现。

《世界繁华报》虽为小报，但极具文学价值，《海天鸿雪记》、《官场现形记》、《繁华梦》、《英国诗人吟边燕语》等著名中外小说都曾由该报馆出过单行本。《世界繁华报》的生命与李伯元的创作生命是同步的，它见证了李伯元《官场现形记》、《海天鸿雪记》等重要作品的诞生。《官场现形记》连载于 1903 年 5 月至 1905 年 11 月的上海《世界繁华报》，分五编六十回，从 1903 年起，分编由上海世界繁华报馆印行。《庚子国变弹词》自 1901 年 10 月至 1902 年 10 月连载于《世界繁华报》。有学人发现在《庚子国变弹词》、《官场现形记》小说中有数则材料来源于《世界繁华报》的专栏内容。[②]这一发现证明了《世界繁华报》在李伯元的创作生涯中的重要作用。如果李伯元没有创办《世界繁华报》，著名的《官场现形记》可能就会是另外一番模样，甚至根本不会诞生。此外，该报还刊登过吴趼人的《糊涂世界》、《代王照狱中与康有为书》、《王船山、顾亭林、黄梨洲三大儒赞并序》等文章。世界繁华报馆还出版过吴趼人的《糊涂世界》、《瞎骗奇闻》、《发财秘诀》和《劫馀灰》，可见吴李二人关系之密切。总之，《世界繁华报》在清末小报中别具一格，影响力较大，成为李伯元文学创作的根据地和灵感来源，影响了上海小报的发展走向，创造了小说连载的形式，促进了专业剧评的出现，开辟了许多新型报纸专栏，深刻而广泛地影响了晚清文学的发展形态。

（狄霞晨）

---

① 薛梅：《迷失在“游戏”与“道德”的纠缠中——李伯元论》，第 7 页，华东师范大学硕士论文，2006 年。

② 参见蔡淑华：《漫游海上橱窗：晚清〈世界繁华报〉中的文化图景》，台湾暨南大学硕士论文，2009 年。

晚清时期的《时报》与报刊业务的改革

发刊例

第一　本报论说以公为主不偏徇一党之意见非好为模棱实鉴乎挟党见以论国事必将有辟于亲好辟于所贱恶非惟自蔽抑其言亦不足取重于社会也故勉避之

第二　本报论说以要为主凡所讨论必一国一群之大问题若辽豕白头之理想邻猫产子之事实概不置论以严别裁

第三　本报论说以周为主凡每日所出事实其关于一国一群之大问题为国民所当后意者必次论之或著之论说或缀以批评务献刍荛以助达识

第四　本报论说以适为主虽有高尚之学理恢奇之言论苟其不适于中国今日社会之程度则其言必无力而反以滋病故同人相勖必度可行者乃言之

第五　本报纪事以博为主故于北京天津金陵均置特别访事其余各省皆有坐访又日本东京置特别访事二员伦敦纽约旧金山芝加哥圣路易各一员其余美洲澳洲各埠皆托人代理又现当日俄战事之际本馆特派一观战访事员随时通信又上海各西报日本东京各日报及杂志皆购备全份精择翻译欧美各大日报亦定购十余家备译务期材料丰富使读者不出户而知天下

第六　本报纪事以速为主各处访事员凡遇要事必以电达务供阅者先睹之快

第七　本报纪事以确为主凡风闻影响之事概不登录若有访函一时失实者必更正之

第八　本报纪事以直为主凡事关大局者必忠实报闻无所隐讳

第九　本报纪事以正为主凡攻讦他人阴私或轻薄排挤借端报复之言概严屏绝以全报馆之德义

第十　本报待置批评一门凡每日出现之事实以简短隽利之笔评论之使读者虽无暇遍读新闻已可略知梗概且增事实之趣味助读者之常识

第十一　本报每张附印小说两种或自撰或翻译或章回或短篇以助兴味而资多闻惟小说非有益于社会者不录

第十二　本报设报界舆论一门凡全国及海外所有华文报章共六十余种本报悉与交换每日择其论说之佳者撮其大意叙述之使读者手一纸而各报之精华皆见焉此亦各报馆之通例也

第十三　本报设外论撷华一门凡东西文各报之论说批评其关于我国问题及

世界全局问题者则译录之如报界舆论之例

第十四　本报设介绍新著一门凡新印各书每礼拜汇录其目及出版局名定价数目其善本加以评论以备内地学者之采择

第十五　本报设词林一门诗言文词之尤雅者随录焉

第十六　本报设插画一门或寓意讽事或中外名人画像或各国风景画或与事实比附之地图随时采登

第十七　本报设商情报告表一门上海各行市价专员采访详细记载外埠亦摘要随录

第十八　本报设口碑丛述一门其有近世遗闻轶事虽属过去亦予甄录以供史料而资多识

第十九　本报设谈瀛零拾一门凡世界之奇闻琐记足以新我辈之耳目者亦间录焉

第二十　本报于京钞及官私专件取材务博别裁务精要者不遗蔓者不录

第二十一　本报编排务求秩序如论说谕旨电报及紧要新闻皆有一定之位置使读者开卷即见不劳探索其纪载本国新闻以地别之外国新闻以国别之

第二十二　本报编排务求显醒故一号二号三号四号五号六号字模及各种圈点符号俱行置备其最要紧之事则用大字次者中字寻常新闻用小字用大字者所以醒目也用小字者求内容之丰富也论说批评中之主眼新闻中之标题皆加圈点以为识别凡以省读者之目力而已

第二十三　本报遇有紧要新闻特别电报当发传单以期敏速

第二十四　本报别类务多取材最富既用各小号字排入尚虑限于篇幅不能全录特于每日排印洋纸两大张不惜工资以求赡博而定价格外从廉

第二十五　本馆广聘通人留局坐办外尚有特约寄稿主笔数十人俱属海内外名士议论文章务足发扬祖国之光荣

（原载 1904 年 6 月 12 日《时报》）

《时报》于 1904 年 6 月由狄平子创办于上海，社址在福州路广智书局楼上。出于政治环境考虑，创刊时挂的是日商招牌，由日本人宗方小太郎出面担任名义发行人，总经理是狄平子，总主笔是罗孝高。

《时报》之名取自《礼记》“君子而时中”一语，意思是办此报要合于“时”，“道国齐民，莫贵于时”。因此，《时报》在内容上追求“与时相应”和

“随时而变”。

《时报》的《发刊词》以及后附的二十五条附例均出自梁启超之手。附例第一条便强调：“本报论说，以公为主，不偏徇一党之意见”，梁启超努力想为《时报》塑造一个执中允公的姿态，但事实上《时报》却有明显的政治取向，是当时流亡海外的康有为、梁启超领导下的保皇派的机关报。它既抨击封建势力顽固派，又批评革命党人，宣传君主立宪、主张和平政策。而狄平子作为康有为的弟子，创办《时报》本就是在康的授意下进行的。

《时报》甫一创刊，就以其崭新独特的风格与编辑面貌出现在读者面前。《发刊词》的第一至九条陈述了它的文风追求：公（不偏徇一党之意见）、要（必一国一群之大问题）、周（其关于一国一群之大问题）、适（适于中国今日社会之程度）、博（务期材料丰富）、速（务供阅者先睹之快）、确（凡风闻影响之事，概不登录）、直（忠实报闻，无所隐讳）、正（重德义）。事实上，除了第一条“以公为主”、“不偏徇一党之意见”难符其辞之外，《时报》的文章基本做到了其他诸条的要求，尤其在新闻报道方面，《时报》“于北京天津金陵，均置特别访事；其余各省皆有坐访。又日本东京置特别访事二员，伦敦、纽约、旧金山、芝加哥、圣路易各一员，其余美洲澳洲各埠皆托人代理。又现当日俄战事之际，本馆特派一观战访事员随时通信。又上海各西报，日本东京各日报及杂志，皆购备全份，精择翻译。欧美各大日报，亦定购十余家备译。务期材料丰富，使读者不出户而知天下”。这样的新闻职业精神在当时中国报界确乎领先，因而受到读者的好评，《时报》也借此在很短的时间内取得极好的销量，跻身沪上大报行列，与已创刊多年的《申报》、《新闻报》鼎足而三。胡适对此有过评价：“前清光绪三十年的二月……《时报》便出版了。那时日俄战争初起，全国的人心大为震动，但当时几家老报纸，仍旧做那古文的长篇论说，仍旧保守那遗传下来的老格式与老办法，不能供给当时的需要，就是那比较稍新的《中外日报》，也不能满足许多人的期望。《时报》应此时势而产生，他的内容与办法也确能打破上海报界的许多老习惯，能够开辟许多新法门，能够引起许多新兴趣，因此，《时报》出世后，不久就成了中国智识阶级的一个宠儿。”①

《时报》在编辑工作上有过很多改革创新。发刊例第十条说：“本报待置批

① 胡适：《十七年的回顾》，1921 年 10 月 3 日《时报》。

评一门，凡每日出现之事实，以简短隽利之笔评论之。”这就形成后来的“时评”专栏，“时评”不是《时报》首创，但形成专栏、产生重大影响却始于《时报》。当时《申报》和《新闻报》的评论已形成所谓的“报章八股”，老套、无实际意义。而《时报》的时评则很有特色，每日数篇，短小灵活，驰骋自如。该报的三个主要编辑都有各自的短评专栏：陈景韩负责“时评一”，主评国内要闻；包天笑负责“时评二”，主评外埠新闻；雷奋负责“时评三”，主评本埠新闻。每篇都是一二百字不等的短评，皆配合当天重大新闻而发，虽然只有一二百字，但是文字流畅、言辞冷峻，因而很受读者欢迎。影响最大的是陈景韩以“冷”、“冷血”等笔名所写的短评。后来，胡适谈到《时报》的贡献时说，这些短评“逐渐变成了中国报界的公用文体”。研究者在谈及陈景韩领头的《时报》“时评”时曾说：“《时报》的短评在当日是一种创体，做的人也聚精会神的大胆说话，故能引起许多人的注意，故能在读者脑筋里发生有力的影响”，“用简单的词句，用冷隽明利的口吻，几乎逐句分段，使读者一目了然”，“这确是《时报》的一大贡献”。[1]

陈景韩

《时报》另辟有“小说”专栏，这当然也是晚清报纸杂志常用的做法。《时报》发刊例第十一条云：“本报每张附印小说两种，或自撰，或翻译，或章回，或短篇，以助兴味而资多闻。惟小说非有益于社会者不录。”这一计划在创刊号上即得以实践，1904年6月12日就刊载了《中国现在记》、《伯爵与美人》。有时每日登载三种小说，如1906年正月28日就登载了《千里马》、《爱国制造所》、《飞花城主》。《时报》登载小说的栏目多于其他报纸，作者也比较集中，最初多是办报者的同人小说，如包天笑与陈景韩。为了改变作者来源单一的现象，鼓励新人参与小说创作，《时报》曾在1907年3月29日刊登“小说大悬赏”的广告：“本报现在悬赏小说，无论长篇短篇，是译是作，苟已当选登载本

① 范伯群：《〈催醒术〉：1909年发表的〈狂人日记〉》，2004年5月《江苏大学学报（社会科学版）》。

报者，本报当分三等酬金。第一等每千字十元，第二等每千字七元，第三等每千字五元，不当选者原件送还。第一次期限，自三月十六日始至四月十五日止。本馆敬启。”两个多月后，这一活动有了成果，并陆续刊登新人的小说。这些悬赏小说在当时的文艺界就产生了一定的影响，其中包括李涵秋的《雌蝶影》，其结局被认为“新小说结局之佳，无过此者”，此后还推出了单行本。除少量创作外，《时报》还大量译载西方文学作品，基本使用白话。其中，爱情题材的《空谷兰》、探案题材的《火里罪人》都曾传诵一时。另外一些世界名著如凡尔纳的《八十天环游地球》（刊于1905年12月）、雨果的《悲惨世界》（译名《逃犯》，刊于1907年8月）、莎士比亚的《哈姆雷特》（刊于1910年4月），均为国内较早的白话译本。

《时报》的另一创新是副刊和专刊的创设。发刊例第十五条说：“本报设词林一门，诗言文词之尤雅者随录焉。”第十六条说：“本报设插画一门，或寓意讽事，或中外名人画像，或各国风景画，或与事实比附之地图，随时采登。”即是副刊思想的发萌。最初《时报》常刊载文艺类文字如笔记、诗词话之类，狄平子《平等阁笔记》即载于此。包天笑提议将众文友来稿放入一个专栏内，起名“余兴”，这便有了最早的副刊。副刊由于其趣味性，对于提高《时报》的销量起了很大作用，并引起其他报纸的仿效，《申报》随即辟出副刊《自由谈》，《新闻报》设副刊名为《快活林》。

除了报纸的内容设置，《时报》在报纸版面印刷方面亦有突破。《时报》打破成例，首创对开报纸，分为四版、两面印刷的现代版式，继又改进标题、字体、圈点符号等编排形式，又注重新闻图片的宣传，常用复色套版印刷，使版面显得醒目多彩。发刊例第二十一条：“本报编排，务求秩序。如论说、谕旨、电报及紧要新闻，皆有一定之位置，使读者开卷即见，不劳探索。其纪载本国新闻，以地别之；外国新闻，以国别之。”第二十二条：“本报编排，务求显醒。故一号、二号、三号、四号、五号、六号字模及各种圈点符号，俱行置备。其最要紧之事则用大字，次者中字，寻常新闻用小字。用大字者，所以醒目也；用小字者，求内容之丰富也。论说批评中之主眼，新闻中之标题，皆加圈点以为识别。凡以省读者之目力而已。”第二十四条：“本报别类务多，取材最富。既用各小号字排入，尚虑限于篇幅，不能全录，特于每日排印洋纸两大张，不惜工资以求赡博，而定价格外从廉。”即是《时报》追求宣传效果的新闻精神的体现。

辛亥革命以后，《时报》由于政治原因以及陈景韩的外走《申报》，元气大伤，迅速地衰落下去，在狄楚青所经营的有正书局的支持下，艰难维系到 1920 年。次年，由黄伯惠接办，直至 1939 年 9 月 1 日因经费困难而最终停刊。

（孙捷）

9月

《新新小说》的鹤立鸡群

新新小说第一号现已出版

装精订全年共十二册大洋二元六角半年一元四角零售每册两角五分任代派者统提两成为酬外埠邮资照加附要目如下

○中国兴亡梦○侠客谈○菲猎滨外史○食人会○心理小说　圣人欤盗贼欤○吴梅村遗稿　秣陵春传奇○伏鷩庵奇觚二十六则

总经售处上海四马路冬首开明书店启

（原载1904年9月《时报》）

《新新小说》，创刊于光绪三十年（1904）八月初一，停刊时间不明。目前可见十册，前八册为月刊，即从光绪三十年八月初一到光绪三十一年四月初一；后两册分别为光绪三十二年五月初一和光绪三十三年四月初一，可算是年刊。

《新新小说》的主编问题存在疑问，现存三种看法：其一认为只有陈景韩，即冷血一人；其二认为只有龚子英，即侠民一人；其三认为以上两人合编，但陈景韩是主导。《新新小说》整个编辑班子不太固定，且比较散漫。据《新新小说》第3期《本报特白》曰："本报发始，不过为一二友人戏作，后为见者怂恿，因以付刊，故一切定名等类皆近游戏。"因此，一二期栏目设置都是模仿《新小说》；从第三期开始，《新新小说》才进入正轨，确立了自己最主要的栏目：侠客谈。第3期的《新新小说》又有启事云："本报拟定十二期为一结束……为一主义，如此期内，则以侠客为主义，而以他类为附。至十二期后，乃再行他主义。"显然要想做成以主要栏目为主题的主题类期刊，但由于目前只见前十回，"侠客主义"就是可见的《新新小说》的唯一主题。

《新新小说》是小说界革命影响下的产物，自然也有着和《新小说》所秉承的相似的理念，即“故欲新社会，必先新小说”。但它与《新小说》又有明显的不同。

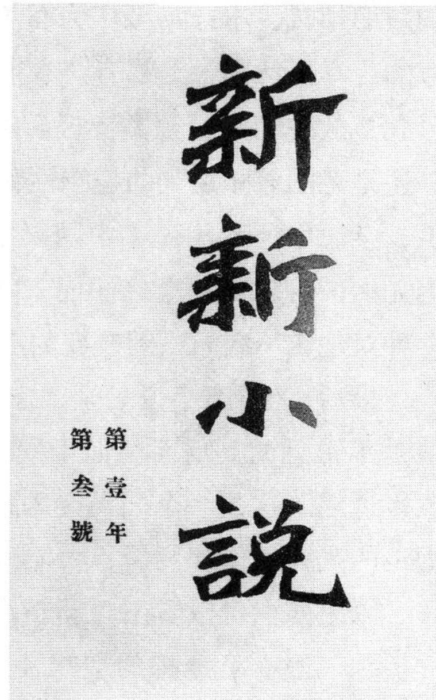

《新新小说》

首先，在对社会变革的态度上，《新新小说》明显要激进许多。《新小说》倾向于改良，而《新新小说》倾向于革命。这一点从它对《马赛曲》的翻译和各种暴力革命性质的小说的刊登上都可以看出来。但是它又主张时下大汉族主义的民族革命，更倾向于对国民性的革命——侠客主义，即利用侠客的“杀”来淘汰国民中的劣等民众，甚至延伸到病人、老人等等弱势群体，是一种十分过激的进化论理解，尽管幼稚，却在改造国民性、强国强种的大旗帜下被赋予了正面的含义，从而显得理直气壮。

其次，在对“新”这一概念的理解上，《新新小说》不仅强调了所登载的小说之新，更强调了“新”在当时所代表的进化论的含义。《新新小说·叙例》中说：“小说新新无已，社会变革无已，事物进化之公例，不其然欤？向顷所谓新者，曾几何时，皆土鸡瓦狗视之；而现顷代起之新，自后人视之，亦将如今之视昔也。使无现顷之新，则向顷之新，或五十步而止矣；使无后来之新，则现顷之新，或百步而止矣。吾非敢谓《新新小说》之果有以优于去岁出现之《新小说》也，吾惟望是编乙册之新于甲，丙册之新于乙；吾更望继是编而起者之尤有以新之也，则其有裨于人群岂浅鲜哉！”[①]《新新小说》不仅强调自身较之于旧小说处在一个“新”的阶段，更强调了自己本身也处于一个不断自我更新的过程中。这有别于当时对“新”的一个普遍理解，并不是简单二元对立了新与旧，而是进一步认识到“新”本身也是变化的、运动的，从而使得“新”成为《新新小说》不断进步的理念。

再次，与《新小说》不同，《新新小说》第1、2号的《本报特白》言：“凡有诗词杂记、奇闻笑谈、歌谣俚曲、游戏文字以及灯谜酒令、楹联诗钟等类，不

①《新新小说·叙例》，1904年9月《新新小说》第1号。

拘新旧体裁，本社均拟广为荟集。”可见其刊物具有明显的游戏性质，后在3—7号的《本报特白》上都有“本报发始不过为一二友人戏作，后为见者怂恿，因以付刊，故一切定名等类皆近游戏，现虽仍旧不背此义”的说明。《新新小说》似乎还是意图兼顾期刊的趣味性和游戏性，但是遍览全刊，其实游戏性质的文本很少，杂志中所刊小说《中国兴亡梦·自叙》说：“痛哉！希望既绝之人，其无聊为尤……百求其消遣之法而未之得。”这种消遣实际上是对家国之痛的排遣，是一种对现实不满而试图改变的追求，并不是市民消遣意义上的游戏文字。

最后，《新新小说》全杂志从未刊登广告，这在报刊商业运作比较成熟的晚清是不常见的，反而类似于同人杂志。编辑人员配置上的散漫和稿源不足的现象也说明了这是一个同人杂志。《新新小说》的小说从不向社会征文，总是几个固定的人在创作和翻译，大体就侠民、冷血、小造、兰言、之等几个人。

以上四点可以看出《新新小说》的一些基本特点：侠客主义、不断更“新”的追求、被有意压抑的趣味性以及同人性。这些特点使得《新新小说》在晚清的小说期刊中鹤立鸡群，常被列入晚清六大小说期刊中进行讨论。侠客主义和“新”的态度使得《新新小说》的立场激进而坚决，严肃性使得其立场获得主流的发言权，同人性使其较少受到商业化和市场化的影响。但是同样也是这些因素，又直接或间接地导致《新新小说》出刊极少，现存仅仅十册。这些要素本身又互相牵制：其严肃性或称之为目的性上的追求，限制了同人杂志本身远离商业市场后的自由表达；而对自由表达的限制又反过来压抑了其在不断的进化和更新上的追求：这都显示了《新新小说》在商业市场和家国理想的夹缝中求生存的困境。

（李默）

“妙文、快文、奇文”《官场现形记》

妙文　快文　奇文

官场现形记三编出版

初编一元　二编一元　三编一元

此书专叙中国官场恶态穷形尽相巨细靡遗第三编尤为出色两江总督幕某君且因是书远嫌辞职亦可见其感发人之深矣他如宦官贪黩朝臣阘茸文武酣嬉家庭诟谇实为此书放一异彩今已出版每部六本仍售大洋一元初编二元续编一元□准捕房查办翻刻各书庄幸勿误收被累总售处上海英大马路泥城桥东亿鑫里一弄世界繁华报馆启

（原载 1904 年 9 月《时报》）

《官场现形记》，作者李伯元（名宝嘉），1903 年至 1905 年在《世界繁华报》连载发表，1906 年世界繁华报社出版 60 回版本，是此书最早的完整版本。小说每连载 12 回为 1 编，出单行本。

这里摘录的，是《时报》为《官场现形记》第三编所做广告。广告开头特用较大字体排印“妙文、快文、奇文”字样，虽是为吸引读者注意的生意经，倒也先声夺人，气势不凡。陶潜有诗曰：“奇文共欣赏，疑义相与析。”这广告开头六字道出了小说连载时读者争相传阅、风靡一时的火热情景，也可能激发广告读者购买单行本一窥全豹的欲望。更值得注意的是，广告作者在广告开头大字体打出的六个字，透露出仍把小说当作文章欣赏的阅读心理，而这种不重视长篇小说的总体结构，只关注每一段落独立自足的文章趣味，也是《官场现形记》鲜明的形式特点。

广告介绍此书“专叙中国官场恶态，穷形尽相，巨细靡遗”，话虽不多，描述此书特色却句句中的。此书最大的特色确实在“专叙”二字。我国有几千年官本位文化，历代文学涉及官场情态乃至讽刺、抨击其间恶态者，并不鲜见。但或如《枕中记》、《南柯太守传》等文言短篇小说，虽全篇描述官场纷扰、仕途风云，而篇幅短小，容量有限；或如《儒林外史》、《红楼梦》等白话长篇小

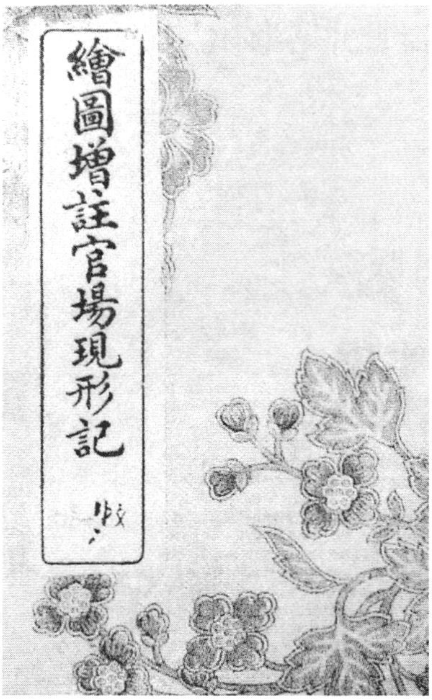

1904 年粤东书局石印《官场现形记》口袋本书影

说，虽涉及不少官场故事，却并不专为官场而发。独有这《官场现形记》专门把小说的镜头聚焦在清朝末年的官场之上，60 回长卷虽缺乏中心人物和足以驾驭全局的情节主线，但在专注于官场风云加以百般描摹这一点上则始终如一，确为中国小说史上前无古人的创举。历代文学所展现的官场的确多非净土，但一般也总被描绘得诸色人等、百态杂陈，可能总体上贬多于褒，但以往涉及官场内容的文学作品在刻画仕途艰险、官场险恶之余，总还是会创造一些刚直不阿、两袖清风的清官循吏的文学人物形象，充当传统忠奸对立模式中善的一极。可是，《官场现形记》所展现的晚清官场竟然一团漆黑，全无善类，不仅“专叙”官场，而且专叙官场之“恶态”，如此价值判断一边倒的文学写作策略，也是晚清独有而前无古人的。

其二，广告所说“巨细靡遗”，即小说故事所涉及社会的广度非常惊人，是其第二大特色。全书所叙的三十多个官场故事，所涉及的官场人物上自太后、皇帝、军机大臣、各省督抚，下至道府州县、统领管带，乃至书办、书吏、衙役、佐杂，大大小小官吏百余人之多，官场上下不同阶层人物被小说一网打尽，都没有逃出作者的笔触。广告所提到的“宦官贪黩，朝臣阘茸，文武酣嬉，家庭诟谇”，都由 60 回书中连缀的官场故事一一揭发出来。

其三，最能形容此书总体艺术风格的莫如广告所用的“穷形尽相”四字。小说以官场为对象，着重揭露各种官僚寡廉鲜耻，腐化堕落，贪污受贿，卖官鬻爵，对百姓百般欺压，对洋人卑躬屈膝的种种丑态。于此，作者李宝嘉展露了过人的文学才能，在全书三十多个可以独立成篇的小故事中，他总是能够选择最具有代表性、最能突出人物性格的情节材料加以润色渲染，运用极端夸张讽刺的手法，进行细致生动的刻画，使各类贪官污吏的丑恶形象和肮脏灵魂暴露无余，无处藏身。例如全书首回写举人出身的王仁开馆授徒，为了激发学生读书的积极性，开导学生说读书方可做官，而做官的好处则十分诱人，“点了翰林，就有官做，做了官，就有钱赚，还要坐堂打人，出起门来，开锣鸣道”。博取功名、出仕为官是那个时代所有读书人读书应考的目标没有错，可是做了官则可有钱有势，坐堂打人的说法，太过不堪，这种上不得台面的话，竟然由一个举人出身的老先生堂而皇之地在课堂宣讲而丝毫不以为耻。如果觉得如此描写一个读了多年圣贤书的老举人未免过于夸张，有失分寸，不尽符合生活的真实，那么比起第五十三回所着力刻画的文总督来，这位举人就显得小巫见大巫，相形失色了。小说中的这位制台大人，无论见了什么人，只要官比他小一级，他就要给人家钉子碰。而对于洋人则又畏之如虎，不但丝毫不敢得罪，连正常的外事交涉也战战兢兢，生怕闯祸。“制台见洋人”一段尤其夸张，先是制台以为是一般访客而极不耐烦，给了前来通禀的巡捕一个巴掌，巡捕壮着胆子说来客是要紧的，制台道：“他要紧，我就不要紧？随你是谁，总不能盖过我！”等巡捕说清来访者是洋人领事，制台气焰顿消，半是尴尬半是着急，又给巡捕一巴掌，说：“混账王八蛋！我当是谁！原来是洋人！洋人来了，为什么不早回，叫他在外头等了这半天？”办事欺下媚上原是官僚的通病，八国联军进京之后不少清朝官员真正领教了洋枪洋炮的厉害，一变拳乱之前的虚骄自满而一味媚外苟且，也是当日的实际状况。但一个总领三省军政的官居正二品的总督毫无大臣气度，举手投足完全是一个市井无赖，不适应如此极度夸张的笔法的读者可能会瞠目结舌，这种超出普通生活常态和普通读者经验的，把人物的性格缺陷、人格污点用挖苦、讽刺的笔法加以浓墨重彩的渲染、不留余地地揭露的手法，就是所谓的“穷形尽相”。这种写法的好处和缺陷，同样明显。如此不留余地地把被讽刺、挖苦的对象的丑态无限放大，加以戏谑化处理，确实能够写得酣畅淋漓，使得读者喷饭大笑、爽快至极，这正应和了广告所宣扬的“妙文、快文、奇文”的宗旨，也可以使得小说一时之间风靡读书界，但是，正如鲁迅所指出的，这样写作必然“辞气浮露，笔无藏锋”，而且难免“过甚其辞”，宗旨只在取快于一时，“以合时人嗜好”，大大限制了小说所能达到的艺术高度。

《官场现形记》能够取得轰动一时的效果并在近代小说史上占有一席之地，是其得天独厚的创新精神和迎合读书市场的需要使然，而此书终于未能在小说艺术上获得更大的成就，也由其先天存在的不足所注定。鲁迅说：“官场伎俩，本小异大同，汇为长编，即千篇一律，特缘时势要求，得此为快"[1]，十分中肯地道出了《官场现形记》这类小说写作面临的最大难题。正因为官场伎俩本来大同小异，由散漫的结构简单连接起来的几十则官场故事，很难做到不千篇一律。当日小说连载，每天阅报的读者只面对数百到千把字的短章，独立欣赏，只要作者运用夸张手法"穷形尽相"地挖苦各类官员一番，便容易获得同样对腐败官场非常不满的市民读者的欢迎；但一旦将这些短章连缀起来作为长篇小说出版，阅读效果肯定不及连载时那么好。

作者个人的阅历、修养也是制约文学作品最终艺术成就的重要因素。李宝嘉卓有文才，具有一定的社会阅历和经验，对于当时的官场状况也有通盘的了解。但是，长期生活在中下层社会的他不可能有接触督抚乃至军机、太后这样高级官场的机会，这就使得他描写中下级官吏尚能比较有生气、有说服力，而一旦写到高级官员则不容易把握好分寸，人物形象大都严重夸张变形，不符合生活的逻辑，失去了文学应有的节制。

这种完全不讲节制的夸张、讽刺笔法，在读者和市场的刺激和鼓励下，成为《官场现形记》及其他仿效者的整体艺术风格。鲁迅等具有五四文学立场的研究者对于这种明显有违现实主义创作原则的艺术手法和风格，评价是偏低的。其实，如果不过于固执地站在现实主义文学原则的基础上对其加以评判，转而引用一些其他的标准进行参照，可能得出不一样的评价和结论。即如"制台见洋人"一段，如果换一个角度考察，其实这种夸张变形的戏谑化手法，非常类似相声、滑稽戏、评书、弹词和民间故事书等民间文艺常用的艺术手法。拿相声来说，讲述晚明不学无术的纨绔子弟由于机缘巧合而官运亨通的《连升三级》、讲述乾隆年间刘墉智斗大奸臣和珅的《官场斗》、讲述朱元璋请贫贱之交的乞丐朋友担任厨师操办御筵大宴群臣的《珍珠翡翠白玉汤》，这些经历了时间检验的民间曲艺文学的经典之作，所使用的故事结构、刻画官场人物的漫画式夸张手法乃至为博读者（观众）一笑而设置的笑料机制，都与《官场现形记》如出一辙。于此不难发现，《官场现形记》等小说除了在小说结构、批判精神等方面对《儒林外史》等小说有继承外，与民间文学尤其是民间滑稽文学、曲艺文学之间有着更加密切的血缘关系。

---

① 鲁迅：《中国小说史略》，第219页。

正如有的研究者指出的，晚清以《官场现形记》为代表的一批所谓谴责小说，其背后的商业动机与表面的道德动机同样明显，小说作者和读者，一面对于腐败的官场、社会无情揭露，一面却又沉溺在哈哈镜似的漫画、笑谑之中无法自拔，小说的作者和读者无形中也成为应该受到讽刺和揭露的腐败社会环境的一部分。

（周羽）

“说部丛书”的胸怀

说部丛书

案中案　是书纪英国一女子父官……每册售价大洋二角
环游月球　是书纪美国格致家数人环游月球……每册大洋三角

上海商务印书馆〇汉口　广州商务印书分馆同启

（原载1904年9月12日《新闻报》）

“说部丛书”是商务印书馆发行规模最大的丛书之一。名曰说部，实际上包含了各种翻译长篇小说、短篇小说、剧本、传记、神话、寓言等体裁，总的来说，以通俗文学为主。从1903年至1924年，共出版了220多部作品。

这套大型的丛书得以印行，与1903年前后商务印书馆成立编译所，并改革印刷技术有关。丛书分两种。第一种从1903年底开始，分10集，每集10种，历时6年才出完。当时影响甚大的《佳人奇遇》、《经国美谈》、《回头看》、《英国诗人吟边燕语》、《足本迦茵小传》、《鲁滨孙飘流记》、包探案等都位列其中。译者多署“商务印书馆编译所”。

这一丛书也可看出小说界革命的影响。第一集第一编《佳人奇遇》的译者梁启超，在该小说的序言《译印政治小说序》中谈道，西方多“政治小说之体”，这种小说对变革现实、推进政治的作用甚大，“彼美、英、德、法、奥、

“说部丛书”广告

意、日本各国政界之日进，则政治小说为功最高焉”，将小说的功用上升到改造社会的地位，开了小说界革命的先声，也掀起了一股翻译小说的热潮。其后影响甚大的第二编《经国美谈》也是政治小说，这两部正是“说部丛书”的奠基之作。

丛书最初发行时有点名不副实：封面颜色、字体都不统一；有的小说在书名前冠以“某某小说”，有的却没有。内容则紧跟小说界革命潮流，多为侦探、政治、科幻、冒险、伦理等题材，与中国传统的小说偏好有一定距离，能够看出对“欲新一国之民，不可不新一国之小说”的小说界革命的响应。1905 年《足本迦茵小传》出版后，言情小说后来居上。总的来说，这一“说部丛书”以侦探小说为最多，言情小说次之，两类相加总共占一半左右。

1914 年初，商务印书馆清退日股，开始重新发行“说部丛书”，初集为第一种“说部丛书”的再版，二三集每集 100 编，第四集目前只可见 23 编。新出的“说部丛书”里，“商务印书馆编译所”很少再以著作人出现，反映了清末士人对翻译小说态度的变化。装帧亦有所规范，由于个别小说的变化让“说部丛书”出现了“双包案”①，因此重印后一律在书名前按题材归类。此做法各有利弊。小说的丰富内涵被褊狭地概括，像《英国诗人吟边燕语》居然被归入“神怪小说”，实在有点不伦不类。

“说部丛书”在每本小说封二封三上，都会附上商务印书馆出版的杂志、图

---

① 初集所收的小说大都来自之前发行过的“说部丛书”，唯有第一、第二编有所变化，结果出现了“双包案”：封面标“说部丛书第一集第二编”的有“经国美谈”与“剧场奇案”两种。为示区分，后来改“第一集”为“初集”。

书广告。“说部丛书”为自己做的广告不拘一格：有的按题材分类，如“冒险小说”广告、“言情小说”广告，挑选2—3本精彩的简要介绍故事概要；有的翻译小说甚至会和新撰小说列在一起；有的以“林琴南先生译”为噱头，再按题材分类；也有以“说部丛书（初集）”为题，说明“一百种分十编，零售四十余元全部定价二十元，书名列下”，并应允“买整套有优惠”。除了书名外，还注明小说有几册，“白话”需特别标注，林纾翻译的小说也会特别列出，如同丛书的一块金字招牌。

这种颇市场化的广告，给读者选择小说提供了极大的方便，也很快暴露了小说作为消遣读物定位的倾向愈演愈烈，翻译小说逐渐向着迎合市场趣味的方向滑入滥情的境地。在“说部丛书”的广告中，以言情小说为题的广告最为式样繁多，数量巨大，照应了它轰轰烈烈的出版状况。论情节，皆不出女主角“贞而美”、男主角“勇而义”的人物形象，“言情则矢忠不二，言侠则视死如归”，“种种阻力不期皆为其种种动力”是通用的情节套路。

但这万变不离其宗的小说特别好销，翻译家也批量制造这些小说。在第二集100种书里，有29种为言情小说，远高于位居第二的社会小说的17种；而从第三集第九十七编《还珠艳史》书后附的“商务印书馆出版言情小说”广告中可以看到，前16编中就有7部言情小说，其流行可见一斑。

除了“说部丛书”，商务印书馆同时还发行不少小说丛书。“欧美名家小说”以翻译世界名著为主；“小本小说”定位袖珍口袋本，多重印畅销小说，不分翻译或新撰；“林译小说丛书”的卖点是林纾雅驯的译笔；而“说部丛书”的定位是欧美通俗文学。不过，作为近代中国人接触西方文学的第一媒介，从近代人的接受方式来看，很难给这些翻译小说一个“通俗”或“严肃”的界定。“说部丛书”亦收录了大量名著，计有：狄更斯《块肉余生述》（《大卫·科波菲尔》）、《孝女耐儿传》（《老古玩店》）、《冰雪姻缘》（《董贝父子》）、《贼史》（《雾都孤儿》）；易卜生《傀儡家庭》（《玩偶之家》）、《梅孽》（《群鬼》）、《社会柱石》（《青年同盟》）；雨果《孤星泪》（《悲惨世界》）、《双雄义死录》（《九三年》）；夏洛蒂·勃朗特《简·爱》（《媒孽奇谈》）；巴尔扎克《哀吹录》（《人间喜剧》节选）；塞万提斯《魔侠传》（《堂吉诃德》）；大仲马《侠隐记》（《三剑客》）；华盛顿·欧文《拊掌录》（《见闻杂记》）、《旅行述异》；笛福《鲁滨孙飘流记》；斯威夫特《海外轩渠录》（《格列佛游记》）；司各特《撒克逊劫后英雄略》（《艾凡赫》)；莎士比亚《天仇记》(《哈姆雷特》)、《亨利第六遗事》，兰姆姐弟改编的《吟边燕语》(《莎士比亚戏剧故事集》)；其他名作还有《天方夜谭》、《伊索寓言》、《希腊神话》、《不如归》等。

在晚清时代，一群留辫子、穿长衫的文人就懂得欣赏世界名著，实在是件令人感觉自豪又有趣的事情。但当时对这些名家名作的接受，不见得比通俗小说家的作品更加靠谱。以托尔斯泰为例，“说部丛书”一共收其作品7种，但除了《现身说法》是其传记《幼年·少年·青年》外，其他几种大都是教诲色彩很浓的宗教题材民间故事，这些都不是作为小说艺术大家的托尔斯泰之长。

从“说部丛书”收录的小说来看，可以说，当时的翻译家尚未修炼出鉴赏作品艺术价值的成熟眼光。作家的声望和作品的流传度，是译者确定翻译作品的一个重要指标。在“说部丛书”里，将近一半都是英国作家的作品。其中又以维多利亚时代作家最受欢迎，包括狄更斯、柯南道尔、哈葛德、斯蒂文森等，以及很多已被今天的文学史遗忘的作家。维多利亚时代是英国的鼎盛时期，与晚清基本同时。以“文学救国”为翻译理想、受“欲新一国之民，不可不新一国之小说”观念影响的士人，不可能不对帝国鼎盛时期的文学给予更多关注。法国作家中译本最多的凡尔纳及仲马父子也有相似的特点。

当时名著翻译的特点，大致可以归纳为三点：其一，选取的名家名作以故事性取胜，在原本的选择中，对于情节的要求远远大于其他因素，因此翻译家并不在意把剧本、传记都当作小说来译；其二，原作虽有英、法、日、俄、美、德、瑞士、荷兰、匈牙利、挪威、比利时、西班牙等各国作品，但由于翻译家语言所限，大都是根据英译本或日译本转译的；若要再以这样的译本欣赏原作的艺术水平，不免失之毫厘、谬以千里；其三，当时翻译小说多采用意译，像包天笑、周瘦鹃、苏曼殊这样可作可译的译者，常技痒难耐，删改原著的现象层出不穷；林纾甚至只能通过别人的口述了解小说的概貌。这样翻译过来的作品，读者除了看一个“好看的故事”，无法体会更多的东西。这样的接受态度证明，以名著多少来评判清末民初翻译小说的是非功过，是值得商榷的研究方式。

狄更斯《块肉余生述》的广告介绍很有代表性：“此为迭更司第一得意之作，叙一遗腹孤婴自述其遭后父虐待，困苦颠连，莫可告诉。林琴南先生译成中文，每读一遍令人歌泣不能自已。”

翻译家也会出于翻译理想，刻意选择有教义、情节性强的故事来翻译。林纾的译作将“传”、“记”、“录”一类的字眼入小说标题，把读者的注意力引向故事情节，就是为达到“其事可传，其行尤可用为子弟之鉴”[①]、“令垂老亡国之英雄，激发其哀厉之音”[②]的效果。梁启超在《论小说与群治之关系》中说：“吾今且发一问：人类之普通性，何以嗜他书不如其嗜小说？答者必曰：以其浅而易解故，以其乐而多趣故。……在文字中，则文言不如其俗语，庄论不如其寓言，故具此力最大者，非小说末由！”在这批“新小说”派译家“文以载道”的理想里，小说如史、如寓言，能像镜子一样照出教训，揭示真理，故事赋予了小说功能性，是小说的精髓所在。

当然，故事自有故事的魅力。因其清新的风味和宽阔的眼界，“说部丛书”在许多现代作家的青少年时期都扮演了重要的角色。沈从文、冰心、林语堂、郭沫若、曹禺、钱锺书、丁玲、周作人等都在文章表达了对它的喜爱，鲁迅、张爱玲等也是它的忠实读者。在《秋》的第九章中，巴金特意设计了芸向觉新借阅“说部丛书”的细节。在小说里，“说部丛书”代表了一种不曾了解的、充满生机的生活，意味着年轻、未来与希望，很能体现一代年轻人对“说部丛书”的接受。巴金在《怀念二叔》一文中也说，“说部丛书”为他打开了眼界，使他看到外面的世界，接触各种生活，理解各样人物。他觉得“说部丛书”让他张开双臂去迎接新的思想，迎接新的文化运动。

不少翻译家也为“说部丛书”增光添彩，扮演了极其重要的角色。在可查的323种“说部丛书”中，有124种是林纾的作品，其译笔之雅驯、数量之庞大，都是无可比拟的。根据《民国时期总书目·外国文学卷》，由他翻译的“说部丛书”小说，重印次数基本都在3次以上。在各种“说部丛书”广告里，以“林琴南先生译”为噱头招揽读者的广告数量最多。林纾不仅提升了“说部丛书”的整体水准，也提升了丛书阅读人群的数量和水准。商务印书馆后来举办征文比赛，发布的广告中都特别注明奖品为“林译小说丛书”，张天翼小时候就因参加征文获得过一套。

参与“说部丛书”翻译的还有梁启超、伍光健、吴梼、奚若、包天笑、周桂笙、周氏兄弟、朱东润、褚嘉猷、周瘦鹃、徐卓呆、王蕴章、恽铁樵、赵尊岳、

---

① 林纾：《英孝子火山报仇录》序，《林琴南书话》，第26页，吴俊标校，浙江：浙江人民出版社1999年版。

② 林纾：《撒克逊劫后英雄略》序，同上书，第34页。

张舍我等。这些文人的教育背景、志趣都不尽相同，对翻译原本的选择带有一定的个人色彩，或多或少预示了他们后来的文学道路；使用的翻译语言也包括文言、浅近文言与白话。在多种文学观念碰撞冲击的清末民初，“说部丛书”体现出了它海纳百川的胸怀。在对它的深入研究中，我们或许能重新审视通俗小说对现代中国复杂的塑造功能。

（邹瑞玥）

林译《吟边燕语》的误解与魅力

英国诗人吟边燕语

闽中林琴南先生善译小说脍炙人口毋待赘言今又译英诗人莎士比笔记莎为欧洲诗圣其所著述梨园演唱至今勿衰此为其诗之纪事凡二十则先生一一为制新名其目如下肉券驯悍孪误铸情仇金神合蛊征医谐狱配环证女变林集礼哄仙狯珠还黑瞀婚诡情惑飓引洋装册售大洋三上洋商务印书馆汉口广州商务印书馆同启

（原载1904年9月12日《新闻报》）

《吟边燕语》，林纾、魏易译，1904年商务印书馆出版。原名为*Tales from Shakespeare*，通译为《莎士比亚戏剧故事集》。此书很可能是英国戏剧家莎士比亚（林纾把莎士比亚译为“莎士比”）的不朽剧作通过翻译进入中国文学系统的开始，在中西文学交流史上和中国对于西方古典文学的接受史上都具有重要意义。然而这次翻译活动所肇始的文学因缘对于莎剧和此书原著、原著者有着多重误解，这些误解在该书出版当年于《新闻报》上所做的广告中，已经显露无遗。

译者林、魏二人最大的误解是把该书的改编者忽略了。广告和林纾冠于卷首的序言都把此书称为“莎士比笔记”，而绝口不提兰姆的名姓。但从林纾不提兰姆的情形看来，他即使知道他所翻译的作品出自兰姆改编，也对于这位作者毫不重视，最多只把此人视作转述莎士比亚原作的二传手，可以完全忽略不计。一般而言，此类对于伟大名著的改编之作都是面向儿童读者的，属于儿童普及读物，不入世界名著之林。偏偏林纾翻译的这个译本是个例外，主要原因是作者之一的查尔斯·兰姆（Charles Lamb，1775—1834）绝非无名之辈，他是《伊里亚随笔》的作者，是英国18世纪最重要的散文家之一。此书由玛丽·兰姆和查尔斯·兰姆姐弟合作完成，当初是专为英国儿童所作的文学启蒙读物，如今已经成为全世界莎剧初学者重要的入门书。林纾完全不懂外语，对于英国文学史的有限知识全从口述合作者的介绍和古文家视角的领悟而来。而他的合作者魏易的英文水平尽管不错，可惜他也不是文学专业出身，对于英国文学史缺乏全面、正确的认识，才造成林纾对于如此重要的查尔斯·兰姆完全忽视。更为荒唐的是，林纾在序言中一再拿另一位英国小说家哈葛德（林序译为哈葛得）与莎士比亚对举，说什么“英文家之哈葛得，诗家之莎士比，非文明大国应特之士耶”、“余老矣，既无哈、莎之通涉，特喜译哈、莎之书”云云，把着实应该好好提一提的兰姆撂在一边，而把文学成就和文学史评价明显低于莎士比亚和兰姆的神怪冒险小说作家哈葛德大书特书。这也许是中西两大文学系统初次交汇时期难以避免的有趣的误会。

《吟边燕语》广告

莎士比亚戏剧究竟是什么文学体裁，林、魏二人也没能搞清。广告说：“莎为欧洲诗圣，其所著述，梨园演唱，至今勿衰，此为其诗之纪事。”林纾在序言中说：“莎氏之诗，直抗吾国之杜甫。”“诗圣”、“杜甫”等比附，都仅把莎士比亚作为一个杰出诗人来看待，序言又说：“英文家之哈葛得，诗家之莎士比，非文明大国应特之士耶”，意思更明白：写小说的哈葛德是被林纾视为“文家”的，而莎士比亚则属于与“文家”相对照的“诗家”。当然，说莎士比亚是英国大诗人，并没有错，莎翁的十四行诗足够成就他伟大诗人的名声。问题在于，作为戏剧家的莎士比亚显然比作为诗人的莎翁更重要，而且，这里林、魏所翻译的也是根据莎剧改编的戏剧故事集，与莎翁的十四行诗并没有什么关系。因此，广告和序言把莎剧理解为诗歌，把戏剧故事集理解为“诗之纪事”或笔记小说，都存在理解的偏差。而广告提到莎士比亚的著述“梨园演唱，至今勿衰”，可见译者也模糊地意识到，莎氏之“诗”不同于杜甫之诗，是可以进行舞台戏剧表演的。可是中西文学类型相差悬殊，中国的戏剧以韵语演唱为主而以散文念白为辅，西方戏剧纯为念白而少有歌唱，因此以“梨园”比附西方戏班虽无大谬，说莎剧演出为“演唱”则明显不妥。

林纾的卷首序言为了替翻译莎士比亚张目，发表了颇为严厉的时事文化评论，说当时的“吾国少年强济之士，遂一力求新，丑诋其故老，放弃其前载，惟新之从”，这样简单地认为西方只是唯新是求，是“誉人增其义，毁人益其恶”，虽已凸现其文化保守主义倾向，却也不失为通达之见。又说“盖政教两事，与文章无属。政教既美，宜泽以文章。文章徒美，无益于政教。故西人赡国利兵，外侮不乘；始以余闲用文章加娱悦其心目，虽哈氏、莎氏，思想之旧，神怪之托，而文明之士，坦然不以为病也”，为说明莎士比亚作品充满神仙鬼怪而思想落后，西人却仍然趋之若鹜，提供理论依据。[①]莎剧有很多神鬼题材和超自然力量的出现，但并不能说明莎剧思想陈旧，这里林纾依然对莎剧存有误解，他无法理解借助神话想象的文学虚构与崇奉牛鬼蛇神、因果报应的愚昧迷信之间的区别。然而，林纾歪打正着，他的“文章徒美，无益于政教”，对于当时小说界革命风潮中甚嚣尘上的盲目夸大文学对于现实政治、社会改革的能动作用的主流舆论，具有一定的解蔽作用。

尽管存在不少知识上的误解，林民早期翻译的《吟边燕语》是其翻译生涯中较为用心之作，体现了较高的翻译水平和文学水准。不唯如此，林纾的这个文言译本，在一定程度上充分发挥了文言语体的独特优势，成为一个可以脱离原著、独立欣赏的文本。虽然原著目前有不少后出的更为忠实的现代白话译本，依然难掩林译本独特的艺术魅力。

当然，几乎所有的林纾译本都因其独特的文言翻译语体、古文家视野对于原

---

① 林纾：《吟边燕语》，第 1 页，北京：商务印书馆 1981 年版。

作的增删去取以及各种有意或无意的误译，比很多后出的较为忠实的译本更有个性，更对读者具有阅读吸引力。但是，《吟边燕语》比一般的林译小说显然更具优势，原著把一个情节复杂曲折的故事用不长的篇幅娓娓道来的体裁似乎本与我国的文言笔记相类似，因此一旦被古文高手林纾妙手点化，立刻两相契合，有水乳交融之感。而且，原著与译本的目标读者有明显不同，前者针对英国启蒙阶段的儿童读者，后者则是具有相当文言阅读能力的成年读者。因而，正如“吟边燕语”四字与平直的“莎士比亚戏剧故事集”给读者的感觉不同一样，《吟边燕语》总体的文本风格比原著更为高雅华瞻，也更具文人气息。

兰姆姐弟所改写的二十则莎剧故事，译本全部翻译，一个也没有遗漏。兰姆原作每一则故事都延续了莎剧原名，而其中不少剧名径以剧中主人公姓名命名。林纾仿效中国传统笔记条目，施展其生花妙笔，为二十则莎剧故事分别另取了恰如其分的二字篇名。广告作者也意识到此举颇有特色，不仅在广告中宣传“凡二十则”故事，“先生一一为制新名”，还把全部篇目名称罗列在广告中。可能是广告作者的疏忽遗漏，也可能是手民的失误，广告中只罗列了“肉券、驯悍、孪误、铸情、仇金、神合、蛊征、医谐、狱配、女变、林集、礼哄、仙狯、珠还、黑瞀、婚诡、情惑、飓引”十八则篇名，而遗漏了“鬼诏”、“环证”两篇。这些林纾自创的二字篇名，往往能够一举抓住各篇莎剧情节的关键，非常精练生动地反映剧情内容。如以“肉券”翻译喜剧《威尼斯商人》，全剧核心便在于犹太高利贷者夏洛克手中所持有的写明如不能如期偿还本金，债务人将被割取一磅肉的借据，于是借据便成了“肉券”。又如喜剧《仲夏夜之梦》，精灵迫克被仙王派去寻找一种奇异的爱情花汁，并顺便借此解决两对情侣的爱情苦恼，但没想到由于迫克的大意，反倒引起了情人们的混乱，林纾因迫克狡狯而题篇名为《仙狯》。其他如因哈姆莱特复仇之起因源于其父老国王之鬼魂对其子的命令，遂题为《鬼诏》；雅典的泰门富时宾客盈门，贫后门可罗雀，泰门因此看透世态炎凉，诅咒金钱的罪恶，遂题为《仇金》；李尔王的两位巧言令色的女儿继承产业前后判若两人，遂题为《女变》；《暴风雨》则径题为《飓引》，整个故事由于暴风雨造成船舶失事引出，“飓引”比“暴风雨”概括性更强。这一系列两字篇名都颇具巧思，不仅点题、切题，也发挥了文言洗练、浑成的独特魅力，毕竟拼音系统的西方语言是不可能做到如此表情达意、两全其美而又整齐划一、富于形式美感的。

《吟边燕语》的正文部分也是文言应用于文学翻译的上乘之作。文言作为文学工具，其优、劣势都非常明显：简洁明快、毫无拖沓，善于叙述动作、点染气氛，是其长；而大而化之、笼统因循，尤不善于生活化的人物语言描写和委曲详尽的心理描写、景物描写，是其短。而《吟边燕语》这样的笔记体裁，恰能扬文言之长而避其所短。如《鬼诏》（即《哈姆莱特》）的结尾部分：

> 太子知身死，仇且莫复，遂挺其傅毒未尽之刃刺王腹，王僵，太子亦垂毙。卫士霍雷旭大悲，欲殉太子。太子曰："壮士勿尔，尔叙吾冤抑之事告天下可尔。"霍雷旭遂勿死。而一时观者咸恸，以为太子仁恕，苟嗣王者，丹麦当承平也。①

哈姆莱特手刃其杀父仇人叔父克劳蒂斯，毒发垂毙前叮嘱遗言，一旁围观臣民悲痛万分的场景，被寥寥数笔描画得纤细无遗，如在目前。更为可贵的是，文言营造的类似于史传体的高贵、悲壮的气氛，正与莎士比亚悲剧原作所营造的崇高伟大的意境相契合，而这样的艺术效果却是兰姆原作对英国孩童讲故事的语气所无法达到的。从这个意义上说，同样是普及、介绍莎士比亚剧作，林纾的译本《吟边燕语》具有兰姆姐弟合著的《莎士比亚戏剧故事集》所没有的一些优势，因而，林纾、魏易向中国读者介绍莎士比亚的这一具有开创性意义的工作，也就更有了历久弥新的历史内涵和文学价值。

（周羽）

---

① 林纾：《吟边燕语》，第106页。

11 月

章太炎《訄书》之思与文

章太炎先生訄书已到

（原载 1904 年 11 月 13 日《时报》第 155 号）

无论是在晚清民国的政治舞台还是在文化舞台上，被人称为“章疯子”的章炳麟（太炎）都具有举足轻重的地位。他不仅是主张排满鼓吹共和的民主革命家、中华民国的开国元勋、同盟会和辛亥革命的重要领袖，同时还是一位杰出的思想家、著名的经学大师、公认的国学宗师，清学正统派的“殿军”（梁启超语），被尊为一代儒宗。

章炳麟的主要成就和历史功绩可分为政治和学术两个方面。鲁迅在《关于太炎先生二三事》中说章炳麟是“有学问的革命家”，强调他首先是一位对推翻清政府、建立民国有历史功勋的革命家。在政治上，章炳麟先后主持《苏报》、《民报》，发表《驳康有为论革命书》等一系列富于战斗力的文章，不遗余力地鼓吹革命、排满，以一支凌云健笔与孙中山、黄兴等人并肩作战，“七被追捕，三入牢狱，而革命之志，终不屈挠”，不愧为 20 世纪民主主义革命的急先锋，同盟会和辛亥革命的重要领袖。学术上，章炳麟涉猎甚广，在经学、哲学、文学、语言学、文字学、音韵学、逻辑学等方面都有深湛造诣，一生著述宏富。后人编辑《章氏丛书》、《章氏丛书续编》和《章氏丛书三编》。建国后，上海人民出版社将他的著作编定为《章太炎全集》出版。

在章氏的著作中，代表作《訄书》以其谨严的体例、深刻的思想、闳懿的文笔、深远的影响而占有重要地位，最能反映出章氏思想和文章风格。（訄，音 qiú，迫也。“訄书”意为受国运所迫而非说不可的话。）

1904 年 11 月 13 日至 20 日上海出版的《时报》刊登了“章太炎先生訄书

《訄书》广告

已到”的大字广告。此时，章炳麟因“苏报案”正在狱中服刑，但震惊中外的“苏报案”却也使他的《訄书》声名远播，产生了极大影响，因此，此广告虽寥寥数语却极引人注目，“已到”这两个字写出人们迫切期待的心情。《訄书》初刻本于1900年在苏州木刻出版，由梁启超题签，收入论文50篇，同年即重印，增入附录两篇。1902年章炳麟由日本回国后，重新改定《訄书》。1904年4月，章炳麟在狱服刑期间，《訄书》重印本在日本由东京翔鸾社铅印出版，包括前录两篇、正文63篇，并多次印行。1906年，章炳麟出狱后到日本，检阅脱字、误字，再次刊行。重印本的封面题签改成与他在《苏报》案中共患难的邹容。辛亥革命之后，章氏对《訄书》进行了新的删定，分为九卷，改书名为《检论》，收入作者手定的《章氏丛书》。从这则广告的时间推测，《时报》广告中的《訄书》当是日本东京翔鸾社的重印版，刊登广告的作新印书馆大概是此书的代销者。同年10月10日，蔡元培主编的《警钟日报》也刊登了“章炳麟訄书再版已到”的广告。这说明1904年4月在日本出版的《訄书》重印本至少在1904年10月已经传播到国内，而国内颇有影响的《时报》连续刊登该书广告，对《訄书》的传播起了推波助澜的作用。

从思想内容上看，《訄书》是章炳麟早期的论学、论政文集，是探讨学术流变，总结历史经验和提倡社会改革的重要著作。而其书篇目的变化也从一个侧面反映了章太炎思想的变化。如初刻本有《客帝》、《分镇》二文，赞同康有为的保皇思想，而重印本收入“前录”，篇名改为《客帝匡谬》、《分镇匡谬》，对初刻本的“客帝”思想进行修正，强调“满洲弗逐，欲士之爱国，民之敌忾，不可得也”，反映了章炳麟思想从维新改良到革命的变化。后来的《检论》删掉了许多革命性的文章，反映了作者在革命低潮时期的某些情绪。

从文学角度上看，《訄书》代表了近代政论散文的最高成就。书中收录的政论文章如《客帝》、《正仇满论》等，颇能表现出章炳麟散文的特点：感情强烈，思想敏锐，内容充实，组织严密，虽词不迫切，而含意独厚，自有一种动人力量。他以深厚的学识作革命政论，文字锐利，“真是所向披靡，令人神旺”[①]。

章炳麟在上海与梁启超同办《时务报》的时候，谭嗣同就将其二人的文章风格进行过比较：“大致卓公（梁）如贾谊，章似司马相如。”[②]章炳麟与梁启超虽然一个主张革命，一个主张维新，但二人同为当时思想界领袖，行文都饱含激情，富有鼓动性。不过，与梁启超浅近直白的时务文体相比，章炳麟的文章喜用僻字、僻典，文字古奥，令人索解为难，连博雅如鲁迅也说《訄书》“读不断，当然也看不懂”，一般人更是望而生畏。黄遵宪说梁启超的文章是“报馆之文”，而章炳麟的文章是“文集之文”，这种概括是准确的。梁启超为文旨在唤醒民众，传播新思想，主要面对具备初步读写能力的普通民众，故力求其“俗”，而章炳麟章为文则欲以传世，故力求其“雅”。他将文章分为“雅”、“俗”二种，质直的词语叫“俗”，有规律的词语叫“雅”。造辞能表达意旨，叫做“尽俗”；“雅”则是文章的最高境界。在主持同盟会机关报《民报》时，他不满意两汉文和唐宋文，而以魏晋文相号召，自称少慕韩愈“造词之则，为文奥衍不驯”，认为“魏晋之文，大体皆埤于汉，独持论仿佛晚周，气体虽异，而其守己有度，伐人有序，和理在中，孚尹旁达，可以为百世师矣”。因此，虽然他的文章大都与政治斗争有关，但章氏对自己笔锋犀利、脍炙人口的《驳康有为论革命书》等文章其实并不以为然。1909 年，上海有人“定近世文人笔语为五十家”，章太炎列名其间，但章氏却大为不满，认为自己那些发表在《民报》上并广获好评的“战斗的文章”并不值得推崇：“仆之文辞为雅俗所知者，盖论事数首而已。斯皆浅露，其辞取足便俗，无当于文苑。”[③]相反，倒是《訄书》中那些佶屈聱牙、深奥隐晦的文章“博而有约，文不奄质，以是为文章职墨，流俗或未之好也”[④]，这些文章方是“传世”之文，才真正当得起“文章”二字。

① 鲁迅：《关于太炎先生二三事》，《鲁迅全集》第 6 卷。

② 谭嗣同：《致汪康年梁启超书》，蔡尚思、方行编《谭嗣同全集》，北京：中华书局 1981 年版。

③ 章太炎：《与邓实书》，《章太炎全集》第 4 卷，上海：上海人民出版社 1985 年版。

④ 同上。

由此可见，章炳麟为文力求其“雅”，追求“传世”之文。不过，作为大学问家的章炳麟对“雅”的理解未免过于偏颇，以为多用古字、僻典，炫耀卖弄学问，使别人看不懂的便是“雅”。为此，他不惜在文中大量使用早已不通行的通假字和《说文》中的“本字”，如用“捄”字代替救护的“救”字，用“遴”代替吝啬的“吝”，用“祝”字代替“咒”字，用“鄦”来代“许”，用“解遘”代替“邂逅”，等等，给读者造成很大的阅读障碍，未免有故弄玄虚之嫌，也阻碍了《訄书》的传播，以至于林纾批评他是把《说文》中的一些难字弄到一起，毫无价值。胡适说：“章炳麟的古文学是五十年来的第一作家，这是无可疑的。但他的成绩只够替古文学做一个很光荣的下场，仍旧不能救古文学的必死之症，仍旧不能做到那‘取千年朽蠹之余，反之正则’的盛业。”[①]林纾、胡适的批评可能不无苛刻之处，但也说明了《訄书》的古奥文风实在是曲高和寡。

（杨剑锋）

① 胡适：《五十年来中国之文学》，台北：远流出版社 1986 年版。

12月

谴责小说《宦海》、《轰天雷》、《最近社会龌龊史》及其广告

社会小说轰天雷

每部定价四角

（原载1904年12月16日《花世界》）

唯一奇观官场小说宦海出现

是书为大著述家张春帆先生编辑描摹官场之变态仕途之风波体会入神形容尽致历经刊入十日小说之卷首每期四页颇为阅者称许誉为奇观第全书多至数十回陆续登载非一年之久不克竣事阅者以不获快睹全豹迭函本社谓非赶印单行本不足以快先观之心爰特商诸著者赶竣是稿付诸手民日夜排印纸张洁白清丽悦目洵为唯一之奇观也今已出书每册定价洋三角发行所上海环球社图画日报馆谨启

（原载1909年12月27日《时报》）

晚清是谴责小说的时代。清朝末年，具有改良思想的小说家纷纷通过小说来抨击政府和时弊，提出挽救国家的主张，《官场现形记》、《二十年目睹之怪现状》、《老残游记》、《孽海花》代表了这类小说的最高成就，被后人誉为“清末四大谴责小说”。晚清优秀的谴责小说极多，张春帆的《宦海》、藤谷古香（孙景贤）的《轰天雷》、吴趼人的《最近社会龌龊史》（后改名为《近十年之怪现状》）也颇有价值。

《轰天雷》的作者孙景贤（1880—1919），字希孟，号龙尾，笔名阿员，化

名藤谷古香，江苏常熟人。《轰天雷》共14回，孙景贤假托从日文小说译出，1903年上海大同印书局出版，翌年再版，并于1904年12月16日在小报《花世界》上刊登广告，后收入阿英编《晚清文学丛钞·小说四卷》。此书据近代史上常熟人沈北山其人其事创作，具有重要的史料价值。小说中荀北山是个穷翰林，虽然娶了常熟乡绅的女儿，却被丈人家认作疯子，不得进家门。戊戌政变后，荀北山上万言书，请诛荣禄、刚毅、李莲英三凶，他携奏折请大学士徐桐代奏，被徐桐逐出。亲朋故旧唯恐祸发株连，酿成大狱，派人将他押送还乡。途经天津，北山将折稿投送《国闻报》发表，引起一场轩然大波，被捕下狱，最后获释。《轰天雷》讽刺了那些为求飞黄腾达投靠新党的文人，第八回写到一位莫检讨，念二十六个英文字母如同鹦鹉弄舌一般叽里咕噜，“将帽子一掀，又将三根鼠须捋了三捋，说道：‘诸翁，弟是不做名士，要做新党的。现在这些名士都没用了，新党才能飞黄腾达哩。’”[①]《轰天雷》还记载了戊戌六君子行刑时的场景，对康有为颇有意见：“看的人议论纷纷，有的说康有为信奉外国人，应该杀的；有的说康有为自己逃了，倒害了这些人；有的说你不听见有上谕四路搜索么，他终究逃不了的；有的说康有为认识洋鬼子狠多，有鬼子来保护他的；有的说鬼子也讲道理，康有为闹得太利害，他们也不肯管这闲事的。”[②]小说中北山本来一文不名，因《国闻报》发表其奏折原稿如“轰天雷”般声名大振，可见作者是十分肯定报纸的宣传力量的。

《轰天雷》的特别之处不仅在于谴责性，而且在于其假托日本小说。作者孙景贤为什么要这么做呢？这与他的留日背景有关。孙景贤28岁东渡日本，就读于日本明治大学法律科，曾任职于长崎领事馆，民国时在外交部任职。孙以诗文著称，为南社社员，著有《龙尾集》、《梅边乐府》等诗集，《轰天雷》是其文学作品中极为少见的小说。晚清随着日本小说的大量译介，日译小说已经成为读者喜读的品牌之一。孙景贤作《轰天雷》却假托日本小说，也反映了当时社会这一特殊风潮。

比起《轰天雷》来，《宦海》的广告要更丰富一些。1909年12月27日，《时报》和《劝业会报》同时推出了《宦海》的广告，形成一定的规模效应。内

① 藤谷古香：《轰天雷》，第60页，南昌：百花洲文艺出版社1996年版。

② 同上书，第62页。

《宦海》广告

容录于文前第二则。从这则广告来看,《宦海》在出单行本之前已经在《十日小说》上连载了一年，吊足了读者的胃口。由于读者频频写信催促报馆为《宦海》出单行本，为了满足读者的需求，报社只好加紧排印，出这份广告则是为了告知天下：这部读者翘首以盼的作品已经出书了。其广告手法之高超，用语之精到，不愧是一则优秀的广告。

没有读过《宦海》连载的读者也许会有这样的想法：善于写沪上青楼、风月情场的张春帆这次又将推出怎样的皇皇巨著呢?《九尾龟》到1909年已经出版了八集，声势极大，直到1910年才将十二集全部出完。这则广告也用连载一年这样的话造成了这样的错觉，其实，真正读过《宦海》的读者就知道，这部小说只有四卷二十回，六万字，顶多只能算作中篇小说。张春帆也丝毫没有续写之意，二十回的回目为：“六万言铺张宦海，二十回结束全书”，可见张春帆无意续写，好不容易凑满了二十回，且不管故事有没有讲完，赶紧收笔。

《宦海》虽短，作为一部谴责小说还是极有力量的。张春帆离开上海后，前往广东任官,《宦海》便是以其在广东的见闻为基础而演绎出来的一部小说，对于了解张春帆的生平也有重要的史料价值。小说中谴责了那些没有能力办事只想捞油水的官吏，将一个好心为国办事的陈连泰给逼死了，又滥用权力，折磨陈连泰的儿子。张春帆在此批判道：“亏得有这样的一个人出来给中国人争口气儿，情愿减价承办，中国的一班官吏，应该竭力保护他、奖赏他才是道理。如今非但不能够保护奖赏，倒反把他这样的催挫折磨起来，这些中国官吏的程度，也就可想而知的了。……看官，你想中国官场的办事，大约都是这个样儿。我们中国的事情，哪里有弄得好的日子？"[①]对于张春帆，《宦海》的出版可能并不像《九尾龟》那样给他带来更大的名声和财富，然而对作为一个小说家的他，则丰富了其写作面向：写《宦海》，他故意绕开《九尾龟》的那些浓情蜜意、花前月下，开始严肃地讨论起国计民生起来。

《最近社会龌龊史》（又名《近十年之怪现状》）是吴趼人的作品，1910年11月8日《申报》上刊登了这则广告："是书为大小说家南海吴趼人公之遗墨。先生之小说最受社会之欢迎，其价值早有定评，而此编尤其发愤之作，所谒多近十年社会上怪怪奇奇，龌龊情状，而寻常起居，婉转叙入，又若人心目中恒有之事，读之不啻身游其境，令人生无限感慨，增不少阅历，固不独解忧忘倦已也。且书中一人一事皆有来历，有心人见之，自知其妙。洋装二册大洋一元。总发行所：上海四马路奇若居对门时务书馆、宁波分馆。寄售处：鸿文书局、广智书局。"同年11月24日又在《国华》上登广告，题名为《社会小说绘图最近社会龌龊史》，内容与《申报》广告大致相同。这则广告发布在吴趼人去世之后，作为吴趼人去世之前的未完之作，显然具有追念的价值。因此广告中特意加粗"遗墨"二字，希望引起读者重视。

吴趼人的代表作是《二十年目睹之怪现状》，而《近十年之怪现状》是他自己为《二十年目睹之怪现状》所作的续书。吴趼人的创作力极强，一生著有《二十年目睹之怪现状》、《痛史》、《九命奇冤》、《曾芳四传奇》、《俏皮话》、《两晋演义》等数十种小说及寓言、传记、改良戏曲等作品。他在《近十年之怪现状》的自叙里面说道："惟《二十年目睹之怪现状》一书，部分百回，都凡五十万言，借一人为总机捩，写社会种种怪状，皆二十年前所亲见亲闻者，惨淡经营，历七年而犹未尽杀青，盖虽陆续付印，已达八十回，余二十回稿虽脱而尚待讨论也。春日初长，雨窗偶暇，检阅稿末，不结之结。二十年之事迹已终，念后乎此二十年之怪状，其甚于前二十年者，何可胜记？既有前作，胡勿赓续？此念才起，即觉魑魅魍魉，布满目前；牛鬼蛇神，纷扰脑际。入诸记载，当成大观。于是略采近十年见闻之怪剧，支配先后，分别弃取，变易笔法，厘定显晦，日课若干字，以与喜读吾书者，再结一翰墨因缘。"[②]吴趼人借

---

① 青心才人、张春帆、古吴墨浪子：《金云翘传　宦海　春秋配》，第255—256页，长春：时代文艺出版社2003年版。

② 吴趼人：《近十年之怪现状》，第2页，天津：天津古籍出版社1986年版。

这部续书将《二十年目睹之怪现状》的“九死一生”生平交代一番，以解读者心中困惑，又延续了前书的笔法，将近十年来社会的情状展示出来，极尽讽刺批评之能事。然而由于前书名气太大，后者篇幅又短，最终还是难逃一般续书默默而终的命运。

《近十年之怪现状》可看之处并不少，有的故事可笑可气，发人深省，读过一遍之后很难再忘记。例如第十四回写道：“且说陈雨堂自从到了济南，守了一个多月，不曾得着差使，光景日见窘迫，又不便向人告贷露出穷相。正在为难之际，忽然接了江阴两封信，说是丈母死了，心中越觉闷闷不乐。拿着两封信，躺在烟榻上，发了一会烟迷，朦胧之间，仿佛入梦，说是家中死了人了，及至看那死人时，正是自己老婆，不觉一惊而醒。提起烟枪吸了两口，忽然心中一动，想出一条计策来。”[①]他竟编造老婆死了到处散发讣帖骗钱，差不多收了300吊钱。像这样的故事还有很多，正是通过这些抨击时弊的文学手段，达到了作家改良社会政治、唤醒道德良知的目的。

作为晚清的谴责小说，《宦海》、《轰天雷》、《最近社会龌龊史》分别从不同的角度反思社会，提出种种尖锐的社会问题，引发人们思考。在小说地位不断上升的晚清，谴责小说也承担了救国的部分责任，对于中国小说职能的转变产生了极为重要的影响。而作为谴责小说的广告，却能够摆脱谴责小说本身的严肃性，采取高超的心理攻势来吸引读者的眼球，也是一种时代特色吧。

（狄霞晨）

---

① 吴趼人：《近十年之怪现状》，第102页。

1905 年

2月

《国粹学报》与复古主义思潮

国粹学报发刊词

不自主其国而奴隶于人之国谓之国奴不自主其学而奴隶于人之学谓之学奴奴于外族之专制固奴奴于东西之学说亦何得而非奴也同人痛国之不立而学之日亡于是瞻天与火类族辨物创为国粹学报一编以告海内

（原载1905年2月《国粹学报》创刊号）

近代中国是中、西方文化激烈碰撞的时代。面对汹涌而来的西方文化大潮，有相当多的知识分子醉心欧化，也有一批知识分子转而向传统文化寻找救国存亡的道路。于是，复古主义思潮在20世纪初成为近代中国社会的一个影响非常深远的文化思潮。其中，国粹派堪称近代复古主义思潮中影响最大、成就最高的文化团体。

1905年1月，邓实、黄节等人在上海成立了“国学保存会”。同年2月23日（光绪三十一年正月二十日），创办《国粹学报》，在上海出版，作为国学保存会的会刊。至1911年9月12日（宣统三年七月二十日）出版第82期后停刊为止，《国粹学报》连续刊行七年。国粹派的主要代表人物有章太炎、刘师培、邓实、黄节、陈去病、黄侃、马叙伦等，他们大多是国学根底较深的革命党人，代表了晚清国学学术的最高地位。

1905年3月4日的《时报》刊发了《国粹学报》创刊号的广告，列出了该刊第1期的栏目、目录和价目表等信息。除了在《时报》持续投放外，《国粹学报》在其他媒体也做了不少广告，说明了它对市场营销的重视。而较清楚地说明《国粹学报》创办宗旨、主要特点的，则要数《民报》1906年第5号的广告：

地星之国，固以国民、国土、国权膏液之造，合之而成。然其文犷兴颓，

《国粹学报》

莫不以国粹之论事保存为一大关键。粤自通古斯，入寇以来二百六十年中，国粹泯之殆尽，讵意人心不死。顿放光明者，则《国粹学报》之显于宇内也。且著述诸子以心胸之精博、见识之卓越，于枯窘之中，发挥微义，辉煌陆离，实二十世纪之一怪物也。凡欲保存国粹者，不可不人手一编。

即使不读那篇著名的《国粹学报发刊词》，从这则广告中我们也可以得知《国粹学报》“保种、爱国、存学”的宗旨。“地星之国，固以国民国土国权，膏液之造合之而成，然其文犷兴颓，莫不以国粹之论事保存为一大关键。”这句话在黄节撰写的《国粹学报叙》中有类似的表述：“立乎地圜而名一国，则必有其立国之精神焉，虽震撼搀杂，而不可以灭之也。灭之则必灭其种族而后可，灭其种族，则必灭其国学而后可。”在国粹派看来，“存学”是“保种”的关键，保存国粹，救文化之亡，是救民族之亡的根本。因此创刊号的《国粹学报略例》开门见山表明：“本报以发明国学、保存国粹为宗旨”。

“国粹”一词，显然受到日本国粹主义的启发。国粹派黄节、刘师培、章太炎等干将都曾在日本留学，日本的国粹主义对他们的思想有很大影响。黄节说：“昔者日本维新，归藩覆幕，举国风靡，于时欧化主义浩浩滔天，三宅雄次郎、志贺重昂等，撰杂志，倡国粹保全，而日本主义卒以成立。呜呼，学界之关系于国界也如是哉！”① 日本的国粹主义是在反对“全盘欧化”的声浪中诞生的，其最初目的乃为宣传文化民族主义，以恢复日本人的民族自信。而中国 20 世纪初期西学大潮的涌入，与明治维新时期的日本十分相似。国粹派认为，西方文化（包括明治维新之后的日本文化）的涌入，伴随着列强对中国政治、经济、军事的侵略、殖民而来，在很大程度上是一种帝国主义的文化殖民；而当时中国思想界却对此不作分辨，对西学推崇备至，对民族传统文化妄自菲薄，醉心

①《国粹学报叙》，1905 年 2 月 23 日《国粹学报》创刊号。

欧化，终将使中国文化成为西方文化的附庸。国粹派称之为“学奴”：“吾国固奴隶之国，而学固奴隶之学也。呜呼，不自主其国而奴隶于人之国，谓之国奴；不自主其学而奴隶于人之学，谓之学奴。奴于外族之专制，固奴；奴于东西之学说，亦何得而非奴也？”[①]日本与中国同文同种，日本能够以国粹恢复日本人的民族自信，那么中国自然也能够以国粹恢复中国人的民族自信，于是“瞻天与火，类族辨物，创为《国粹学报》一编”，大力宣传“夷夏之防”、“华戎之变”，国粹是“立国之根本源泉”，鼓吹“古学复举”，反对全盘欧化，希望以此达到“保种、爱国、存学”的目的。[②]

值得注意的是，这则广告刊发于革命团体同盟会的机关报《民报》。同盟会以孙中山提出的“驱除鞑虏，恢复中华，创立民国，平均地权”为政治纲领，因此《民报》自 1905 年 11 月创刊始，就旗帜鲜明地公布了自己“倾覆现今之恶劣政府”、“建立共和政体”的政治主张，不遗余力地鼓吹“排满”、“革命”。《国粹学报》在《民报》刊登广告，不仅在于国粹派的“旗帜”章太炎也是《民报》的主笔，更主要的是，二者具有同样的政治诉求，鼓吹“排满”、“革命”。《国粹学报》的许多编辑、撰稿人与同盟会有千丝万缕的联系。不同的是，国粹派“把国粹主义和民族主义相结合，通过宣传国粹来宣传民族主义”[③]。

在上述广告中，“粤自通古斯入寇以来，二百六十年中国粹泯之殆尽”，即是指满族入主中原而言。国粹派认为，满族人是通古斯族，满族人入主中原后建立的清王朝是外族之专制政府，“吾中国之亡也殆久矣乎？栖栖千年间，五胡之乱，十六州之割，两河三镇之亡。国于吾中国者，外族专制之国，而非吾民族之国也；学于吾中国者，外族专制之学，而非吾民族之学也。而吾之国之学之亡也，殆久矣乎！”[④]站在汉民族的立场上，他们把汉人建立的王朝说得一切皆好，把一切非汉人掌握的朝代说得一无是处，通过学术研究大翻历史旧账，不断刊明朝文臣武将的画像，连篇累牍地发“明遗录”。黄节在《国粹学报》第 2 至第 7 期连载《黄史》，宣扬宋末抗元、明末清初反清人士英烈事迹，激发人们对清政府的仇恨，以“驱除鞑虏”，重建汉族政权。这种“排满”、“革命”的

①《国粹学报叙》，1905 年 2 月 23 日《国粹学报》创刊号。

②《国粹学报发刊词》，1905 年 2 月 23 日《国粹学报》创刊号。

③ 李喜所：《略论辛亥革命时期的国粹主义思潮》，1991 年《理论与现代化》第 1 期。

④ 黄节：《国粹学报叙》，1905 年 2 月 23 日《国粹学报》创刊号。

民族主义主张与同盟会是一致的，虽然有狭隘民族主义、不利于民族团结的一面，但在清末以满族贵族为核心的清朝统治者残酷地推行民族压迫政策，卖国求荣、丧权辱国的历史背景下，这种民族主义无疑具有深厚的群众基础，起到了宣传革命、激发人民救亡热情的作用。

至于所谓“凡欲保存国粹者不可不人手一编”一语纯为当时常用的广告宣传语气。不过，《国粹学报》首先是一份学术研究刊物，它发表了大量宣传国粹的论文，并汇集当时国学权威著作六七百种，章太炎、黄节、刘师培等撰稿人多为学贯中西的鸿学大儒、国学大师，因而刊登的文章具有极高的学术水平。诚如广告中所云：“著述诸子，以心胸之精博，见识之卓越，于枯窘之中，发挥微义，辉煌陆离，实二十世纪之一怪物也。”《国粹学报略例》也特别强调：“本报各门均由邃于国学者分任撰述，每门均有精理特识。”

为了“为学术作交通之邮，为文献作征存之录”，“国学保存会”还大规模从事古籍校勘整理，编辑出版《国粹丛书》、《国粹丛编》、《神州国光集》、《国学教科书》等著作，成就斐然。创刊号的《国粹学报略例》就有征文内容：“海内通儒，如有专家著述，皆可惠寄本馆，代为刊登。”后又曾专门刊登《广征海内名儒著述广告》：“今特通告海内通儒硕学、著作名家，无论旧稿新著、已刊未刊，希邮寄敝社，待敝社录副后，原著即为寄还，或刊入报内，或刊作单行本，即以刊本若干奉酬，或论篇计值，以作寄递纸笔之费。”并特别强调“本报不存门户，不立宗派，一长必录，一艺不遗”，为国学在20世纪初的兴盛贡献良多。①

当然，为了“振起国学，发扬国学”，国粹派在学术上常常采取以西证中、参验会通的办法，认为西方学说往往能在诸子学说之中找到暗合之处，从而证明中学的博大精深。如邓实所言：“西学入华，宿儒瞠目，而考其实际，多与诸子相符。……吾即《荀子》之《非十二子篇》观之，则周末诸子之学，其与希腊诸贤，且若合符节。是故它嚣、魏牟之纵情性、安恣睢，即希腊伊壁鸠鲁之乐生学派也。陈仲、史鳍之忍情性、綦谿利跂，即希腊安得臣之倡什匿克学派也。墨翟、宋钘之上功用、大险约而谩差等，即希腊芝诺之倡斯多噶学派也。惠施、邓析之好治怪说，玩琦辞，即希腊古初之有诡辩学派，其后亚理士多德

①《广征海内名儒著述广告》，1907年《国粹学报》第37期。

以成其名学也。”[1]《国粹学报略例》也说：“本报于泰西学术，其有新理精识，足以证明中学者，皆从阐发。”这种说法未免过于牵强附会，但在20世纪初的学术界却相当有市场。

除学术研究类的文章外，《国粹学报》还设有“文篇”栏目，刊登原创诗文、词曲、文学研究著作，撰稿者既包括柳亚子、陈去病、高旭等南社诸子，马其昶等桐城派古文家，也有王闿运、陈三立、郑孝胥、郑文焯等汉魏六朝诗派、同光体、扬州词派的诗词泰斗。王闿运主张“乐必依声，诗必法古”，陈三立诗师法黄庭坚，郑文焯词胎息白石，三人在当时文坛都是复古派的代表人物，与国粹派可谓复古同调。此外值得一提的是，王国维的名著《人间词话》即于1908年在《国粹学报》第47、49、50期连载。陈三立、王国维都被视为清朝遗老，他们的作品居然发表于革命派杂志，这是颇为耐人寻味的。

（杨剑锋）

① 邓实：《古学复兴论》，1905年11月《国粹学报》第9期。

3月

《孽海花》的产生过程与写作试验

中国近三十年历史小说

孽海花出版

本书以当今唯一名妓赛金花为主纬而以近三十年新旧社会异闻轶事穿插变化之调查真切描写尽情非他书空中楼阁可比实小说界未有之奇作也初编先出以副海内快睹之心定价五角大洋上海棋盘街中市小说林总发行社启

（原载 1905 年 3 月《时报》第 270 号）

作为晚清四大谴责小说之一，《孽海花》是中国文学史上的一部重要作品。鲁迅曾赞其“结构工巧，文采斐然”，说明其在晚清小说普遍文学性稍低的情况下仍属上佳之作。而且，由于谴责小说特殊的批判性较好地贴合了中国近百年的社会追求变革进步的思潮，《孽海花》也成为晚清为数不多的较早受到研究者重视的小说之一。无论谈艺术价值还是研究价值，《孽海花》都是晚清文学无法回避的作品。

虽然现在的《孽海花》通称为曾朴所作，但是其实这是一部合作的文学作品，其诞生过程比较复杂。1903 年金松岑应东京的江苏留日学生办的《江苏》杂志之约，写了《孽海花》前六回，其中第一、第二回刊登于《江苏》第 8 期上，作者署联所，即金松岑的笔名。1904 年 3 月，金氏在《爱自由者撰译书广告》中，将《孽海花》标以“政治小说”，并介绍说：“此书述赛金花一生历史，而内容包含中俄交涉，帕米尔界约事件，俄国虚无党事件，东三省事件，最近上海革命事件，东京义勇队事件，广西事件，日俄交涉事件，以至今俄国复据东三省止，又含无数掌故、学理、轶事、遗闻。精彩焕发，趣味浓深。现已付印，即日出书。”可见此书是以揭露帝俄侵略野心为主题，但仅拟写至

曾朴

1903 年为止。此即《孽海花》最初的计划。实际上金著《孽海花》并未成书出版。1904 年 8 月，曾朴创办小说林书社于上海。金松岑即将所作《孽海花》前六回交给曾朴，二人共同商定了六十回目，曾朴手拟了一份《孽海花》人物名单，计 110 名，分为“旧学时代”、“甲午时代”、“政变时代”、“庚子时代”、“革新时代”、“海外运动”六个阶段，计划全面反映晚清社会。随即曾朴对前六回进行了修改，并续写下去，经过三个月的努力，一气呵成了二十回，分成两编（每编五卷十回），于乙巳年（1905）正月和八月由日本东京翔鸾社印刷，小说林社发行。1907 年《小说林》杂志创刊后，曾朴又续写了五回，连载于该刊第 1 期（21 回、22 回）、第 2 期（23 回、24 回）、第 4 期（25 回），以后中辍。1927 年曾朴由政坛重返文坛，在上海创办了真美善书店和《真美善》杂志，开始了《孽海花》的修改与续写工作。这一年，曾朴对前二十五回进行了修订，特别对其中的一至六回和二十五回作了较大的变动。曾朴修订、续写的二十一回至三十五回，先连载于《真美善》杂志上，由一卷一期至五卷六期，断断续续刊登了三年多（1927 年 11 月—1930 年 4 月）。1935 年 1 月真美善书店将二十一回至三十回作为第三编出版，同时又将一至三编十五卷三十回合为一册印行，这就是通行的三十回本初制本。直到 1959 年中华书局上海编辑所印行了《孽海花》增订本，除《真美善》本三十回外，附录了三十一回至三十五回及《孽海花人物索隐表》，这才有了我们现在所看到的全三十五回的《孽海花》。

由于创作时间过于漫长，《孽海花》的版本也是非常多的。比较著名的有《江苏》本、《小说林》本、《真美善》本等等。由于其影响力很大，在当时有多部续书，比较有名的先后有陆士谔和张鸿的《续孽海花》同名两种。前者完全袭用被曾朴删掉的原六十回回目标题，但涉及诉讼而被毁版；后者则由曾朴委托续书，以赛金花为线写戊戌变法和庚子事变。

《孽海花》全书以晚清近三十年历史为背景，以金雯青和赛金花的纠葛情史为引线，描绘了晚清风俗史、政治史、思想史。在晚清，《孽海花》以和传统历史小说完全不同的面目出现，引起了巨大的反响和好评。因此《孽海花》的广告也相当繁多，1905 年 3 月《时报》上就登载了我们这里摘录的一则广告。

此广告所提及的“初编”，即为曾朴所写前二十回的前编。从广告中可以窥见，该小说其实已经引起了很大重视，其宣传口吻才会如此气粗。而从其后所出的书样也可以看出，《孽海花》确实是大受欢迎的。该广告中所提的《孽海花》版本为《小说林》版，为 32 开本，铅印。此书两册封一均以海水浪花岛屿为背景，中间横书“孽海花”三字。封二中央书“孽海花”三个大字，右上端标以“历史小说”，左下侧书“亚兰女史题”。卷首有赛金花半身照片，题“状元夫人曹梦兰（又名赛金花）像”。每卷卷首均题“爱自由者发起，东亚病夫编述”，每卷卷末均有插图。第一回结尾列有全编六十回的回目。现藏于上海图书馆，可以说是极其华丽和精致的。而这个版本也凸显了曾朴的巨大野心。

金松岑本已创作六回，所围绕的虽然也是历史政治的冲突变化，但大多局限在日、俄、中的范围内，其意图也是试图针砭时政，以拒俄国侵略者之野心。与其说这时的《孽海花》是历史小说，毋宁说其是政治小说。曾朴接着写《孽海花》却做了很大的修改，特别是将原第二回大段的关于时政的议论删掉，较为委婉地通过人物的神情、经历、言语来传达自己的思想。这不仅使得原来的政治小说转化为历史小说，更是在艺术造诣上更上了一层楼。

更进一步而言，作为历史小说，《孽海花》也是有其独到之处的。

首先《孽海花》与中国传统的历史小说、历史演义有很大的不同。传统历史小说多以史事为重而不重人事；晚清以来，林纾等人或译或写的历史小说也都是试图为“信史”，以补正史之缺。而曾朴在这方面则有所突破：他虽然也力图写真实的历史，小说中人物十有八九也都实有其人，但他在具体写作时，却尽量避开对历史大事的正面叙述，更在乎对乱世的描述。吸引他的，是在变化莫测的大厦将倾的晚清，历史的洪流给文人士子带来的冲击和影响；他更关注个人对于这茫茫末世的反应。这就自觉不自觉地将历史小说的重点从宏大的史实拉到了史实中渺小的人的身上，这是法国文学给曾朴带来的影响。

这其实也显示了曾朴历史小说写作的内在矛盾：他既想展现宏大的历史背景，又想关注人的生存和抗争。这也就决定了《孽海花》的写作策略：以赛金花为线，串起了晚清的大小文人中外嫖客，再以这些人物撑起对当时历史的总览和阐释。这种选择是很聪明的，曾朴在《修改后要说的几句话》中自傲地说："譬如穿珠，《儒林外史》等是直穿的，拿着一根线，穿一颗算一颗，一直穿到底，是一根珠练；我是蟠曲回旋着穿的，时收时放，东西交错，不离中心，是一朵珠花。譬如植物学里说的花序，《儒林外史》等是上升花序或下降花序，从头开去，谢了一朵再开一朵，开到末一朵为止。我是伞形花序，从中心干部一层一层的推展出各种形象来，互相连结，开成一朵球一般的大花。"粗略来看，其结构的确如此，但是细查下来仍然有其问题。赛金花就算生平再传奇，其受限于身份、识见，所能带出的人物事件是很有限的。奈何曾朴所顾甚多，纵然有外国历史小说为蓝本，却仍然不得不时常跳出金赛周遭，另言他事，就算仍与金赛有细微联系，终失于散漫，离他所意图的"珠花"结构相差远矣，只能说在晚清的小说中属于结构上的出类拔萃者，所以鲁迅言其"结构工巧"。

《孽海花》在当时也受到过批评，胡适就指责曾朴用前世今生因果报应来写金雯青和赛金花是迷信思想。但是曾朴却指出，西方史诗中也常常有神秘主义的创作。他更明言自己是写小说，而非写历史。这在当时不失为一种清醒的认识。但曾朴在后期续写时，又加进很多赛金花的艳情描写，不能不说是出于市场需求的一种考虑。这一代文人总是在政治、文学与市场之间苦苦挣扎；以后几代的文人又何尝不是如此。

（李默）

5月

《迦茵小传》的两个译本及不同反应

足本迦茵小传

每部两册大洋一元

是书为英国文豪哈葛得所著下卷旧有蟠溪子译本惜阙其上帙致草蛇灰迹羌无所丽阅之掣其果而莫审其因未免闷损闽县林君琴南得是书足本于哈氏丛书中特为遥译以曲折生动之笔达渺绵佳侠之情不愧称旷代奇构且于蟠溪子原译未尝轻犯一字纤悉详尽足补原译之不及能□阅者之意也

（原载1905年5月29日《申报》）

《迦茵小传》的原书*Joan Haste*在英国名不见经传，作者哈葛德是一位写冒险小说的新浪漫主义作家，69岁的生涯里留下了56部小说，10部杂著，产量虽丰，却少为世人所知。

《迦茵小传》在他众多的小说中也算不上特别出色，却与另一部曾在中国社会掀起强烈热潮的《巴黎茶花女遗事》有着异曲同工之处。小说描写了平民女子迦茵与贵族子弟亨利邂逅相遇而一见钟情，迦茵不畏权贵世俗的压力与亨利深深相爱，但在亨利之母晓礼动情的劝说下，迦茵为了成全亨利与爱玛的婚事，毅然以牺牲自己的感情和生命来换取亨利的幸福。

这本书被上海虹口中西书院的学生杨紫麟偶然读到，他把这个故事告诉了包天笑，包深为感动。于是经杨紫麟翻译、包天笑润饰，取名《迦因小传》，署名蟠溪子，送到文明书局，于1901年出版。

这个经过删节的本子引起了林纾的兴趣，认为此书“译笔丽赡，雅有辞况”，可惜没有译全，蟠溪子声称是因为原书仅存下半本。林纾本人是哈葛德小说的爱好者，在翻译《埃司兰情侠传》时，他偶然得赠全套哈葛德小说，*Joan*

Haste 赫然在列。于是 1904 年他与魏易重新翻译，为与前者有所区别，取名《迦茵小传》，1905 年 2 月由商务印书馆出版。

我们这里摘录的《申报》1905 年 5 月 29 日的《迦茵小传》广告，首先讲述的就是这个前后两次翻译的故事。但广告中称作者哈葛德为“英国文豪”，却是一个误会。刚刚开始接触西方文学的晚清文人，津津乐道的大都是当时知名好看的畅销书，宣传时却总要将其作者冠以文学史上有显赫位置的“文豪”美名，这都是为了迎合读者的心理，有意无意发生“误解”，是可以理解的。1913 年《忏情记》书后的广告词，就把哈葛德与林纾的介绍都删去不提，显然彼时以两人的名气，已不需要多此一举加以介绍了。

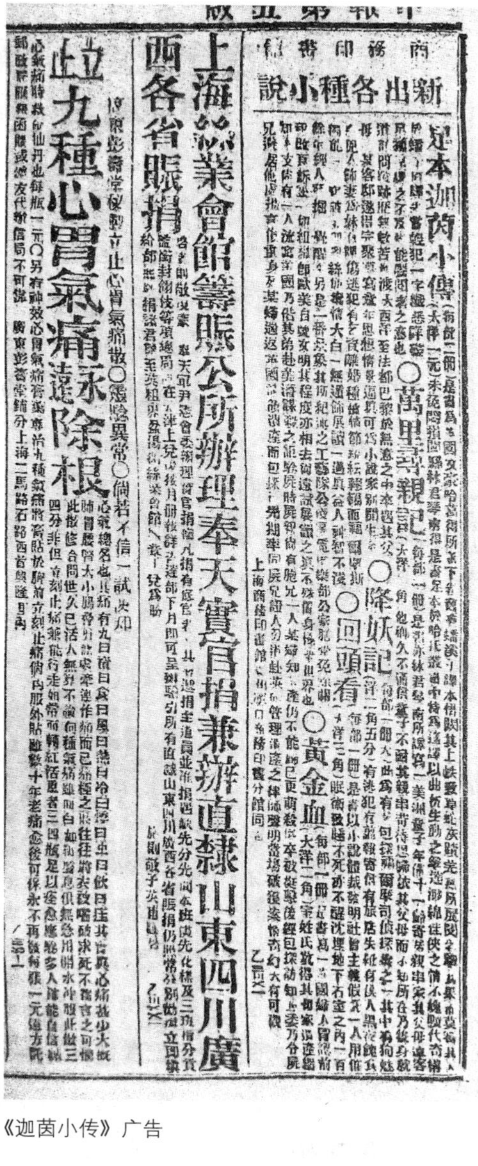
新出各種小說
商務印書館
足本迦茵小傳
上海絲業會館籌賑公所辦理奉天賑捐兼辦直隸山東四川廣西各省賑捐
立止九種心胃氣痛永遠除根

《迦茵小传》广告

林纾译笔下的迦茵，看来更像个长着金发的中国美女。他这样描述迦茵镜中容貌：“瞥见己之双波，如剪秋水；睫毛秀润，适当双蛾之下；樱口微绽，如乳婴浓睡弄笑状；瓠犀微露，灿白如象牙……一堆黄金发，蓬蓬若结云气。”这种用传统诗文中的词汇来改写小说比喻的方式，一方面拉近了中国读者与西方小说的距离，使他们毫无困难地接受，但通篇“国文风度”也使“阅者几忘其为西事”，把一个更真实的西方隔绝在读者想象之外了。

蟠溪子的《迦因小传》在文坛引起一片赞誉，而林译的足本却出人意料地在中国近代文坛上掀起了一场轩然大波。原来，蟠溪子为迎合中国的传统礼教，在译述过程中刻意隐去了迦茵与亨利邂逅相遇登塔取雏的浪漫故事，删削了迦茵与亨利相爱私孕的情节，把亨利为了爱情，不顾父母之命而与迦茵自由恋爱的内容也删而不述。迦茵成为继茶花女后又一哀艳凄美的女性角色，并且更加纯洁，令人神往。而林译的足本则“暴其行而贡其丑”，反遭鄙夷。1907 年《游戏世界》第 11 期刊出署名寅半生的《读〈迦茵小传〉两译本书后》一文，认为蟠溪子译本中的迦因“为人清洁娟好，不染污浊，甘牺牲生命以成人之美，实情界中之天仙”，而林琴南译本中的迦茵“为人淫贱卑鄙，不知廉耻，弃人生义务而自殉所欢，实情界中之蟊贼”。道学家更是厉声质问：“未嫁之女儿遽有私孕，其人为足重乎？不足重乎！”有的评论者则忧虑如果把这类“女子怀春”的故事一并译入，“贞操可以立破矣”，“西人临文不讳，然为中国社会计”，正宜删去为是。在他们的眼里，林琴南无疑是中国礼教的罪人，而蟠溪子“讳其短而显其长”，则是传统道德的功臣。

尽管批判声势浩大，但林译足本还是受到芸芸读者的追捧。1906 年 9 月已发行三版，1913、1914 年几度再版，先后编入“说部丛书”、“林译小说丛书”，成为当时中国一大畅销书。由于重印次数多，《迦茵小传》的广告在《新闻报》、《申报》、《时报》及各种杂志上也频频露脸。

在清末民初文人的来往书信、文集札记中，到处可见迦茵的身影。在卫道士眼里，小说遭到“诲淫”的指责，而在另一些人眼中，则是“自由”、“爱情”、“美”的象征。夏曾佑卧病中读到此书，百感交集，题词曰：“会得言情头已白，捻髭想见独沉吟。”[①]郭沫若在自传中回忆第一次读《迦茵小传》：“那女主人公的迦茵是怎样的引起了我深厚的同情，诱出了我大量的眼泪哟！我很爱怜她，我也很羡慕她的爱人亨利。当我读到亨利上古塔去替她取鸦雏，从古塔的顶上坠下，她引着两手接受着他的时候，就好像我自己是从凌云山上的古塔顶坠下来了的一样。我想假使有这样爱我的美好的迦茵姑娘，我就从凌云山的塔顶坠下，我就为她而死，也很甘心。”[②]郭沫若的作品《叶罗提之墓》、《喀尔美萝姑娘》、《落叶》里，都能找到迦茵的故事当年在他心上留下的影响。

《迦茵小传》的故事模式其实与《巴黎茶花女遗事》有很多相似之处，但

① 夏曾佑：《积雨卧病读琴南〈迦茵小传〉有感》，阿英编《晚清文学丛钞·小说戏曲研究卷》，第 598 页，台北：新文丰出版社 1989 年版。

② 郭沫若：《学生时代》，《郭沫若自传》第 2 卷，北京：人民文学出版社 1979 年版。

《茶花女》采用日记体，自我剖白的方式无形中隐藏了男女主角的私情部分，这些正是使用第三人称叙述的《迦茵小传》中大逆不道或曰引人入胜之处，成为郭沫若这样的不羁浪漫诗人的启蒙之物。

以《巴黎茶花女遗事》和《迦茵小传》为代表的林译言情小说，上承晚清狭邪小说的流风，下启民初鸳鸯蝴蝶派之先河，参与了中国近现代小说的流变，开了辛亥革命后“才子+佳人”小说的滥觞。民国初年上海出版的小说十之八九为言情，尽管沿袭小心地克制自己不僭越家庭伦理道德底线的套路，但也展示出近代中国人追求个性解放、向往爱情自由的趋势，无怪乎陈源在《西滢闲话》中把中国革命的缘由归结在《茶花女》和《迦茵小传》上。

（邹瑞玥）

6月

李叔同的学堂乐歌

李叔同氏之新箸作

国学唱歌集初编

沪学会乐歌研究科教本李叔同编区类为五曰扬葩曰翼骚曰修诗曰摛词曰登昆攄怀旧之蓄念振大汉之天声诚师范学校中学校最善之教本初编已出版价洋二角五分上海新马路昌寿里中新书局国学会启

（原载 1905 年 6 月 7 日《时报》第 356 号）

李叔同（1880—1942），名文涛，字广侯，又字广平，别号漱筒，曾用“惜霜”、“息霜”等笔名。祖籍浙江嘉兴，生于天津的一个富商家庭。在音乐、书法、绘画和戏剧方面，都颇有造诣。他是近代“二十文章惊海内”的才子，更是一位艺术全才，集诗、词、书画、篆刻、音乐、戏剧、文学诸方面的造诣于一身，在多个领域开中国现代文化艺术先河。

李叔同是作词、作曲的大家，创作了大量脍炙人口的歌曲，迄今留存的乐歌作品约七十余首，其编作的乐歌继承了中国古典诗词的传统，大多为借景抒情之作，填配的文辞隽永秀丽，声辙抑扬顿挫有致，意境深远而富于韵味。加上他具有较为全面的中西音乐文化修养，选用的多为欧美各国的通俗名曲，曲调优美动人，清新流畅，词曲的结合贴切顺达，相得益彰，达到了很高的艺术水平。因此，他的乐歌作品广为青年学生和知识分子喜爱，像《送别》、《忆儿时》、《梦》、《西湖》等，《送别》一曲更是流传至今。

1905 年 6 月，李叔同将自己的歌曲结集为《国学唱歌集》（初编）出版，共收入 21 首学堂乐歌，由上海中新书局国学会发行，被当时的一些中小学堂选为教材。集中的歌曲从曲名至歌词多采自经典：《葛藟》、《繁霜》、《黄鸟》、《无衣》四首拟名《诗经》;《离骚》、《山鬼》的歌词则选自《楚辞》;《行路难》、《隋宫》、《扬鞭》、《秋感》分别采用的是李白、李商隐甚至传闻中的石达开的七言律诗;《菩萨蛮》、《蝶恋花》歌词则是辛弃疾和纳兰性德的词句;《喝火令》为李叔同自作;《柳叶儿》和《武陵花》化自昆曲《长生殿》中的《酒楼》、《闻铃》两折。《唱歌集》另有附录“杂歌十章”,计《哀祖国》、《爱》、《化身》、《男儿》、《婚姻祝辞》各一章及《出军歌》五章的6首歌曲。李叔同要借“雅乐”的形式来弘扬国学,振兴日趋衰亡的中国传统文化。从其自作的《国学唱歌集》序言可以看出此书的意旨:

江寬輪船上海五月初五即禮拜三晚往長江初拾晚漢口開回長江江寬帳房啓
紅十字會捐欵
恕告不周
路由列左
李叔同氏之新著作
國學唱歌集初編
恩物圖說
漸盦東游記
紳商公鑒
美國華工禁約記許人翻印

《国学唱歌集》初编广告

《乐经》云亡,诗教式微。道德沦丧,精力爨摧。三稔以还,沈子心工、曾子志忞,绍介西乐于我学界,识者称道毋少衰。顾歌集甄录,佥出近人撰著,古义微言,匪所加意。余心恫焉。商量旧学,缀集兹册,上溯古毛诗,下逮昆山曲,靡不鳃理而会粹之。或谱以新声,或仍其古调,颜曰《国学唱歌集》,区类为五:

毛诗三百,古唱歌集。数典忘祖,可为于邑。《扬葩》第一。
风雅不作,齐竽竞嘈。高矩遗我,厥唯楚骚。《翼骚》第二。
五言七言,滥觞汉魏。瑰伟卓绝,正声罔愧。《修诗》第三。
词托比兴,权舆古诗。楚雨含情,大道在兹。《摛词》第四。
余生也晚,古乐靡闻。夫唯大雅,卓彼西昆。《登昆》第五。

这段话首先提出对传统文化式微的担心,继而指出,当时同为学堂乐歌的创作大家沈心工、曾志忞“绍介西乐于我学界”,以至忽视了“古义微言”,不利于古典文化在当代的继承与发扬，所以他觉得“余心恫焉”，需要编这本《国学唱歌集》，“上溯古毛诗，下逮昆山曲”，从这个意义上讲，李叔同是中国近代音乐史上较早坚持艺术创作应重视继承传统文化的人。

编撰《国学唱歌集》的另一用意，是借古喻今来弘扬爱国主义，其出版时刊于《时报》的广告就说，《唱歌集》要“虑怀旧之蓄念，振大汉之天声”，说明其弘扬“古义微言”的做法也正是与此一脉相通。《爱》的歌词唱道：

> 滔滔圣贤与英雄，天地毁时无终穷。愿我爱国家，愿国家爱我，愿国家爱我，灵魂不死者我。

《出军歌》五章六首，其词采自黄遵宪的《军歌二十四章》，其中如“四千余年古国古，是我完全土。二十世纪谁为主？是我神明胄。君看黄龙万旗舞，鼓鼓鼓！”本已因其民族主义气氛而人口能诵。另一首《男儿》更直接体现了对年轻人的激励态度：

> 男儿自有千古，莫等闲觑。孔、佛、耶、回精谊，道毋陂岐。发大愿作教皇，我当炉冶群贤。功被星球十万，赞无数年。

《唱歌集》的另一些歌曲如《婚姻祝辞》则体现了“男女平等”等民主思想，这与他早年在南洋公学求学时曾翻译过一些法律著作的经历有关，他曾刻有一枚明志之印曰“南海康君是吾师”，表明自己追求新学的志向。

1905 年在沪学会编纂的这本《国学唱歌集》本是“从友人之请”，意味着李叔同在音乐事业上的起步，也是中国近代学堂乐歌创作起点的标志之一，然而这一起步却在不久之后就被他本人彻底否定。一年之后的李叔同留学东京，在其《昨非录》一文中阐明此书为忏悔之作，编《国学唱歌集》是第一疚心事；并致信嘱咐友人，不要再发售或者毁版。尽管如此，《国学唱歌集》仍然于 1906 年 5 月在国内由中华书局再版发行。

1905 年秋，李叔同赴日本留学，在考入东京美术学校之前，他创办了中国最早的音乐杂志——《音乐小杂志》。1906 年正月十五日《音乐小杂志》在东京印刷，二十日运回上海发行。杂志为 32 开本，26 页，据第 1 期目次，计有表纸、图画、插画、社说、乐史、乐曲、乐歌、杂纂、词府等栏目。《音乐小杂志》中的文字大部分出自李叔同之手，内页插图也多由其自作，另有部分由其日本友人创作。《音乐小杂志》有一篇文笔俊秀、思路清晰、寓意深切的小序，云：

> 闲庭春浅，疏梅半开。朝曦上衣，软风入媚。流莺三五，隔树乱啼；乳燕一双，依人学语。上下宛转，有若互答，其音清脆，悦魄荡心。若夫萧辰告悴，百草不芳；寒蛩泣霜，杜鹃啼血；疏砧落叶，夜雨鸣鸡。闻者为之不欢，离人于焉陨涕。又若登高山，临巨流，海鸟长啼，天风振袖，奔涛怒吼，更相逐搏，砰磅訇磕，谷震山鸣。懦夫丧魄而不前，壮士奋袂以兴起。鸣呼！声音之道，感人深矣。惟彼声音，佥出天然；若夫人为，厥有音乐。天人异趣，效用靡殊。

音乐是审美主体对审美对象的一种主观活动，乐从心生，乐从情生。流莺乱啼、乳燕学语可以“悦魄荡心”，而寒蛩泣隅、杜鹃哀谷则能让“闻者为之不欢”。至若登山临渊，风振涛吼，又能使懦夫不前，壮士兴起。继而下文在考察了音乐的发展历史之后总结说：

> 盖琢磨道德，促社会之健全；陶冶性情，感情神之粹美。效用之力，宁有极矣。

这也正是《音乐小杂志》的旨趣所在：音乐应表达一种情感和精神，人们在感受音乐美感的同时，也应得到性情上的陶冶。

这期的《音乐小杂志》刊登了李叔同的三首歌曲，即被列为“教育歌曲”的《我的国》和《春郊赛跑》以及列为“别体唱歌”的《隋堤柳》。相对一年前编选《国学唱歌集》时注意吸收中国传统音乐因素的音乐观而言，《音乐小杂志》则转而注意西洋和日本歌曲的曲调，也开始自己尝试音乐创作。但是并不能认定这一时期的做法是弃中就西，刊载于杂志上的《昨非录》一文，其主旨并不在探讨中西音乐的孰是孰非，也没有大谈“西乐”如何先进、值得提倡，而更多的是站在一种宏观的角度，阐释一种“态度”上的问题：“吾国学琴者，大半皆娱乐思想，无音乐思想，此固无可讳言者也。故每日练习无定时，或偶一为之……吾闻美国人学琴者，每周仅到学校授课一时间，其余皆在家练习，每日至十时间之久。吾国人闻之当有若何之感触。”《我的国》等歌词中也还一仍其旧地沿袭提倡国学的主旨和做法。杂志上有《鸣呼！辞章》一文，认为日本歌词家的风格实际来自中国，而中国不学无术之徒，诋毁故典，废弃雅言。待见到日本唱歌，反而称赞奇妙。不了解中国古诗早已有之，却认为是日本所固有，着实贻笑大方。

《音乐小杂志》在国内发行时亦曾在《时报》上刊登广告，广告画的是从新式装扮的人口中流出一支五线曲谱，事实上，李叔同也是国内第一个用五线谱作曲的人。广告的这一设计与《音乐小杂志》的封面设计有异曲同工之妙：李叔同在浅蓝与淡黄两色相间的封面上使用了两个元素：其一为两行三小节五线乐谱，是法国国歌《马赛曲》的选句；另一则是右下角的两朵带有枝叶的红色罂粟花。《马赛曲》诞生于1792年法国大革命期间马赛的军队向巴黎挺进之时，带有强烈的爱国主义色彩。而罂粟花则往往与罪恶相关联，也会让中国人联想到19世纪以来一直与国运衰沉相关联的“阿芙蓉”。整个封面色彩明快简洁，不着一字，却含蓄地体现了艺术家的爱国主义情操与艺术修养。

值得注意的是，这则广告声称“留学日本东京音乐学校李叔同氏编纂”，实则李叔同所留学的是东京美术学校，且在广告刊登的1906年5月，李叔同尚未应考入学。考虑到李叔同当时尚在日本，这可能是出版方为了提升出版物影响力的一种宣传策略。

像《国学唱歌集》没有“续编”一样，《音乐小杂志》也因作者报考美术学校等事耽搁，只出版了一期。但作为我国近代最早的一种音乐刊物，它已经被载入史册。此后李叔同进入东京美术学校学习西洋画科，组织过春柳社等戏剧团体，回国后在杭州、上海等地有过一些教授音乐的机会，以至出家之后仍然继续其学堂乐歌的创作和其他音乐探索。作为一个中国近现代的艺术先行者，李叔同的诸多成就早已口耳相传了。

（孙捷）

7月

《黑奴吁天录》的小说与话剧

《黑奴吁天录》

林先生曰余与魏君同译是书非巧于叙悲以博阅者无端之眼泪特为奴之事逼及吾种不能不为大众一号近年美洲历禁华工水步设为木栅聚数百远来之华人栅而钥之一礼拜释其一二人或逾越二礼拜仍弗释者此即吾书中所指之奴栅也

（原载 1905 年 7 月《时报》）

美国斯托夫人的名著《汤姆叔叔的小屋》（*Uncle Tom' s Cabin*），在中国又译作《黑奴吁天录》。1862 年美国总统林肯称其为“一部导致一场伟大战争的书”。此书不仅在美国风靡一时，欧洲各国也争相翻译，先后被译成法文、德文、瑞典文、荷兰文、西班牙文与意大利文等 22 种语言；一年之内，仅仅英国就有 18 家出版社发行了 40 种不同的版本；据统计，至 20 世纪 60 年代，此书已译成 27 种文字，印数高达七百万册以上。

光绪二十七年（1901）九月，林纾和魏易合作，花了 66 天时间，流着眼泪完成了全书的译述。他在序文中说：“其中累述黑奴惨状，非巧于叙悲，亦就其原书所著录者，触黄种之将亡，因而愈生其悲怀耳。”[①]

林纾第一次翻译《巴黎茶花女遗事》还只是偶然因素所促成，声名大振后，他开始被严复、梁启超的小说新民论所影响，力图使其译作有所担当。《黑奴吁天录》出版时适逢美国制定法律歧视华工，这给了林纾极大刺激；于是，就有了我们这里摘录的 1905 年 7 月的《时报》上广告所引述的林纾的表白：翻译出版此书，“特为奴之事，逼及吾种，不能不为大众一号，近年美洲历禁华工。水

① 林纾：《黑奴吁天录二题》，阿英编《晚清文学丛钞 · 小说戏曲研究卷》，第 197 页。

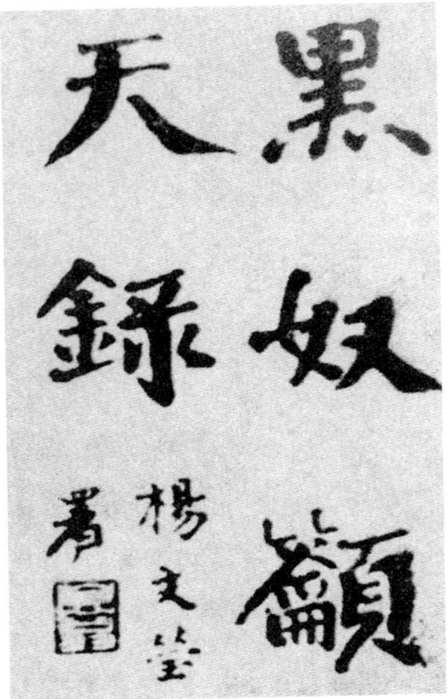

《黑奴吁天录》书影

步设为木栅，聚数百远来之华人，栅而钥之，一礼拜释其一二人，或逾越二礼拜仍弗释者，此即吾书中所指之奴栅也”。这样，《黑奴吁天录》也就成为激励中国人爱国保种的重要文献。从此，希望中国人以黑奴为前车之鉴，振作志气，爱国保种，“摈弃故纸，勤求新学”，就成为林纾翻译的重要动力。在许多译序中，他一再发出警世之语，如在《伊索寓言》译序中说：“不入公法之国，以强国之威凌之，何施不可？此眼前见象也。且以檀香山事观之，华人之冤，黑无天日。美为文明之国，行之不以为忤，列强坐观不以为虐，彼殆以处禽兽者初华人耳。故无国度之邦，虽贤不录，虽富不齿，名曰贱种，践踏凌竞，公道不能稍伸，其哀甚于九幽之狱。吾同胞犹梦梦焉，吾死不瞑目矣！”[①]

《黑奴吁天录》出版后，立即引起强烈反响。在日本留学的鲁迅收到友人寄来的《黑奴吁天录》，一口气读完，在给友人蒋抑卮的信中称：“曼思故国，来日方长，载悲黑奴，前车如是，弥益感喟。”[②]更有署名“灵石”者，在《觉民》1904年第7期上发表长文《读〈黑奴吁天录〉》，慷慨疾呼：“我读‘吁天录’，以哭黑人之泪哭我黄人，以黑人已往之境哭我黄人之现在。我欲黄人，家家置一‘吁天录’。我愿读‘吁天录’者，人人发儿女之悲啼，洒英雄之热泪。我愿书场、茶肆、演小说以谋生者，亦奉此‘吁天录’，竭其平生之长，以摹绘其酸楚之情状，残酷之手段，以唤醒我国民。我欲求海上名画师，将四十二章各绘一图，我愿以粗拙之笔，图系一诗，以与《聊斋志异》争声价，庶妇孺贪观，易投俗好。我愿善男子，善女人，分送善书，劝人为善者，广购此书，以代《果报录》、《太上感应篇》、《敬灶全书》、《科场志异》之用，则度人度己，功德

① 林纾：《伊索寓言二题》，阿英编《晚清文学丛钞·小说戏曲研究卷》，第201页。
② 鲁迅：《鲁迅书信集》，第3页，北京：人民文学出版社1976年版。

无量矣。”

该书反响之大的另一个证明，就是民间书坊盗版大量出现。出版方文明书局在《时报》广告中提到，林纾本人对盗版颇为烦恼，主要是翻印铅字小本“舛误至不可读，实于是书名誉有碍，且背版权定规”。因此文明书局在广告中特别提醒：“买黑奴吁天录者，需看四大本的封面有文明书局出版字样。”并悬赏举报者：“如有人确知翻印之家、能代扣留本书，来本局密告者，本局查确后，当以二百元奉酬。”

《黑奴吁天录》不仅在近代文学史上是浓墨重彩的一笔，在中国话剧史上也有重要地位。

中国近代早期话剧又称新剧、文明戏，是在近代戏剧改良的基础上，在日本新派剧和西方戏剧的影响下产生的新品种，其诞生标志一般认为是春柳社的成立与演出。春柳社是1906年底留日学生在东京组织的一个综合性的文艺团体，全称为“春柳社文艺研究会”，其创始人为李叔同、曾孝谷，主要成员还有欧阳予倩、吴我尊、黄喃喃、马绛士、陆镜若等。春柳社以演艺活动为重点，它融会了日本新派剧和欧美话剧的特点，向成熟的新剧迈出了一大步。其关键性的演出有两次：在日本艺人的指导下，演出小仲马的《茶花女》第三幕，获得成功以后，于1907年上演《黑奴吁天录》，采用的就是林纾的译本，由曾孝谷改编成正规的五幕剧，并在东京大戏院本乡座举行“丁未演艺大会”，正式公演。这是国人自主创作、导演与表演的第一次正规演出，意义非凡，在日本和中国都引起了巨大的反响。受到春柳社影响，王钟声在上海成立了春阳社，也于当年在上海兰心大剧院演出了《黑奴吁天录》，向国人展示了全新的舞台、戏剧观念、表演形式和艺术风格。1907年就此成为中国早期话剧的诞生年，《黑奴吁天录》则当然成为正规话剧的开山之作。

（邹瑞玥、李默）

11月

王国维：现代中国学术传统的奠基人

静庵文集

近岁译籍纷出而国人自著之书寥寥不多觏至关学术上之议论卓然成一家言者则觉未曾有海宁王静庵先生治哲学有年融贯中西得其精奥故持论皆根据充足无一摭拾影响之谈集中如（论性）（释理）（叔本华与尼采）（红楼梦评论）等篇即求之欧美名儒中亦不可多得至文章之雄健雅鬯犹余事也诗集附后精印一厚本定价六角初印无多购者宜速寄售处望平街启文社六马路教育世界社启

（原载 1905 年 11 月《时报》第 516 号）

王国维是我国近代学术史上学贯中西的大学者，是现代中国学术传统的重要奠基人。他的《静庵文集》一卷，最早为商务印书馆排印本，光绪三十一年（1905）九月出版，是王国维青年时期的作品。1904—1905 年间，他先后在《教育世界》发表《论伦理学上之二元论》（后易名为《论性》）、《叔本华之哲学及其教育学说》、《释理》、《红楼梦评论》等十二篇论文学、哲学的论文，汇为一编出版，即为《静庵文集》，并由《教育世界》杂志社代售，即我们这里摘录的《时报》广告的发布者。

广告一开始即称："近岁译籍纷出，而国人自著之书寥寥不多觏。至关学术上之卓然成一家之言者，则觉未曾有。"这是对王国维《静庵文集》一卷出版的时代、学术背景及其价值、意义的一个相当简明而准确的概括。正是在 1904—1905 年间，严复译的西方思想名著，林纾译的欧美小说，在中国知识分子之中引起广泛震动。达尔文的进化论、卢梭的民约论、孟德斯鸠的启蒙主义、亚当·斯密的资本主义自由经济学、克鲁泡特金的无政府主义、斯宾塞的社会学等西方学说，也纷纷通过严复、梁启超等人之手译介给国人。在广泛吸取西方思想、学术的基础上，如何写出"国人自著之书"，即创建中国自己的新思想、新学术，并“卓然成一家之言”，就成为中国思想、文化、学术界的新的历史任务：应该说，王国维的《静庵文集》就是适应这样的时代要求而产生的最初的成果。广告中说他的哲学研究、《红楼梦》研究论文，“即求之欧美儒中，亦不可夺得”，是自有道理的。

《静庵文集》广告

王国维能够担此时代重任并非偶然。诚如广告中所说，他“治哲学有年”，且能够融贯中西，也就是说，他是早有准备的。1904 年前后，王国维治学的兴趣主要在研究哲学和哲学史，特别是对康德、叔本华的哲学用功甚深。在《静安文集·自序》中，他写道：“余之研究哲学，始于辛（丑）、壬（申）（1901—1902 年）之间，癸卯（1903 年）春始读汗德（康德）之纯理批评，苦其全不可解，读几半而辍。嗣读叔本华之书而大好之。自癸卯之夏，以至甲辰（1904 年）之冬，皆与叔本华为伴侣之时代也。其所尤惬心者，则叔本华之知识论，汗德之说得因之以上窥。”[①]《静庵文集》中收录的《论性》、《释理》、《叔本华之哲学及其教育学说》、《叔本华与尼采》、《书叔本华遗传说后》、《论哲学家与美术家之天职》等哲学论文，就作于这一时期。在我国学术界尚未注意德国哲学的时候，王国维的研究有首倡之功，并且显示了非凡的胆识和眼光。广告中提及的《论性》、《论理》二文，就是利用叔本华与康德的哲学思想，对“性”、“理”这两个中国古代哲学中长期争论不休的基本问题，作了批判分析。这显然是一次融会东西方哲学的自觉努力，本身就具有重大意义。

王国维的更大贡献，还在首先引进西方美学理论。他不仅介绍了康德、叔

---

① 王国维：《静庵文集·自序》，《静庵文集》，沈阳：辽宁教育出版社 1997 年版。

本华、尼采的美学理论，同样自觉尝试西方美学和中国传统美学的结合，用来研究中国古典小说、诗词和戏曲，并卓有成就。《红楼梦评论》、《人间词话》、《宋元戏曲考》这三部力作，堪称中国“红学”研究、词学研究和戏曲研究里程碑式的经典。

写于1904年夏的《红楼梦评论》，文章篇幅并不长，却比被视为《红楼梦》研究代表作的蔡元培的《石头记索隐》、胡适的《红楼梦考证》、俞平伯的《红楼梦辨》分别早了13、17、19年。在王国维的时代，对《红楼梦》的研究一般可分为点评派、索隐派、考证派。只有《红楼梦评论》摈弃了传统批评方法，专注于小说的本身。他以西方哲学、美学观为武器，将文学作品与人生联系起来，与美学、伦理学联系起来，其研究的视角是全新的，其观念完全是近代的。在他看来，《红楼梦》的特异之处，就在于与国人的“乐天”精神“大背”，与大团圆的喜剧相反，是“彻头彻尾的悲剧”，“悲剧中之悲剧”，真正揭示了人生痛苦的真相，并授人以解脱之道。因此，他认为贾宝玉才是《红楼梦》的真正主人公，他的“最终解脱”，是“美术的也”，“壮美的也”：这都是言前人所未言的创造性的解说。一般认为胡适是“新红学”的开创者，实际上从学术视野、思想观念、研究方法等方面看，王国维的《红楼梦评论》才是“新红学”的真正开山之作，而且他还是中国古典文学研究迈向现代化道路的第一人。

广告中提到了《静庵文集》收录的古近体诗五十首，即《静庵诗稿》。其实，王国维的诗虽取法魏晋唐宋，但在近代诗坛算不上大家，《静庵诗稿》中的五十首古近体诗也没有多少过人之处。他自己也说“欲为诗人，则又苦感情寡而理性多”（《静安文集续编·自序二》）。其实这句话并不准确，因为他的天赋不在诗而在词。他的《人间词》（又名《苕华词》、《观堂长短句序》）堪称近代词史上的重要收获。《人间词甲稿》、《人间词乙稿》先后刊载于1906年和1907年的《教育世界》。王国维对自己的词作自视甚高，在《静安文集续编·自序二》中曾说：“余之于词，虽所作尚不及百阕，然自南宋以后除一二人外尚未有能及余者，则平日之所自信也。”这句话当然不无夸大，但他的词讲究意境，锤炼字句，艺术上多有借鉴价值，“往复幽咽，动摇人心，快而能沉，直而能曲”、“言近而指远，意决而辞婉”（樊志厚《观堂长短句序》），在近代词史上占有重要地位。只不过他的词学著作《人间词话》光芒太过耀眼，掩盖了他的创作成就罢了。

（杨剑锋）

1906年

2月

梁启超《饮冰室文集》及其“新文体”

分类精校

饮冰室文集

一　本局何君前辑之饮冰室文集用编年体往往有一文而成于两年者前后遥隔阅者每苦不便用是分类汇辑取便检阅

一　每类文字略依性质分别先后并于每题下注明年分俾阅之可知作者思想之进步

一　前编本以壬寅十月为止是编断至乙巳夏季所搜之文至为详备

一　坊间亦有翻印本集者名为饮冰室文集类编惟是只图牟利错误极多是编校勘精审购者请为注意

洋装两厚册　定价四元　上海棋盘街广智书局启

（原载 1906 年 2 月《时报》第 610 号）

光绪二十九年（1903）二月，上海广智书局印行《饮冰室文集》，编辑者何天柱，为梁启超的学生。卷首有何天柱的序，开篇不无景仰地写道：“今国内有井水饮处，殆无不诵我新会先生之文。”他介绍了他对老师近距离的观感：“每当其为文之时，偶侍末席，瞻其颜色，而知其所为之文或为忧、或为愤、或为喜、或为哀，如此者历历不爽，盖其热情磅礴，郁积于中而目卒于面、而盎于背、而乃始奔赴于毫端纸上，故先生之文，忧也，则能使读者忧，愤也，则能使读者愤，喜也，则能使读者喜，哀也，则能使读者哀，此殆普天下凡读先生文者，心中所同有之现象，非柱一人之私言矣。”何天柱见老师的文字散见于各报，便欲承起“裒而集之”之任，遂向梁启超建议出版，而梁启超起初尚以自己的文章因思想变化之快常有前后持见不同的问题，力阻其议，在何的力争下才同意。《饮冰室文集》以编年体的形式收录梁启超自1896年至1902年11月间所公开发表之文字，合十八卷，所收诗文，计约一百余万字，其中即包括《饮冰室诗话》。1905年广智书局又出版了《（分类精校）饮冰室文集》，如其广告中所言："本局何君前辑之《饮冰室文集》用编年体，往往有一文而成于两年者，前后遥隔，阅者每苦不便，用是分类汇辑，取便检阅。"故而重印之时改为依文间性质分类，避免了同类文章遥隔的不便。《饮冰室文集》篇幅甚巨，广告中称"洋装两厚册，定价四元"，对于书籍来说已经算贵的了，但是在两年之内即再版重印，可以想见其在当时是十分畅销的。广告中还透露再版未出之前，坊间已有盗版私刻出现，更是"有井水饮处，殆无不诵我新会先生之文"的一个侧证。

梁启超

"日对天地悲飞沉，倾四海水作潮音。"这是汪国垣《光宣诗坛点将录》中对梁启超下的赞语。这两句诗论本只是针对梁启超的诗歌创作而发，但若借来评价梁启超在中国近代文学乃至文化思想史的地位，也正合适。近现代史上的梁启超，具有政治家、文学家、学者等一系列身份，而几乎在每一个领域，都做出了很大的成就。仅文学领域，他先后发动过"诗界革命"、"文界革命"、"小说界革命"和"戏剧改良"，并写有大量文学理论文章。这些运动极大地推动了中国文学现代化的进程，而他本人的诗文乃至小说的创作，亦构成了中国近代文学的重要组成部分，尤其体现在令他"言满天下，名满天下"的"新文体"中。

广义的"新文体"，可以包括自王韬以来的大批改良派报刊政论家所用的报章文体，因此又称"报章体"或"时务体"。一般提及的"新文体"，则专指梁启超主编《时务报》（1896）至《新民丛报》（1906）时期所写的新体散文，这是其文界革命思想的具体实践。梁氏变革散文的观念，实始于创编《时务报》之时，虽然这一口号要迟至1899年的《夏威夷游记》中才明确提出。钱基博《现代中国文学史》称"新文体"为"新民体"，则是基于《新民丛报》而言的。"新文体"以它"必择众人目光心力所最趋注者"的选题，迅速在读者中引起了强烈的共鸣。梁启超这一时期的文章，“一时风靡海内”，“自通都大邑，下至僻疆穷陬者，无有不知新会梁氏者”，以至每一文章发表，“海内观听为之一耸”、“耳目实为之一新”。

梁启超曾在其《清代学术概论》第二十五节中概括了“新文体”的特征：“启超复专以宣传为业，为《新民丛报》、《新小说》等诸杂志，畅其旨义，国人竞喜读之，清廷虽严禁，不能遏……务为平易畅达，时杂以俚语韵语及外国语法，纵笔所至不检束，学者竞效之，号新文体；老辈则痛恨，诋为野狐，然其文条理清晰，笔锋常带情感，对于读者，别有一种魔力焉。”[①]这里首先强调“专以宣传为业”，以至清廷要进行严禁，说明“新文体”带有为思想启蒙乃至维新变法服务的强烈政治色彩，这也决定了它常常是直抒胸臆的呼唤，如连载于《时务报》的名文《变法通议》，仅看其标题：“论不变法之害”、“论变法不知本原之害”、“论科举”、“论师范”、“论女学”、“论译书”等等，每一篇都不啻于一篇战斗檄文。另外，“新文体”，也几乎是梁启超所有文章的一大特色即“笔锋常带情感”，这是读其文章的人的共同感受，也是其“别有一种魔力”的重要原因。梁启超文章的感情，最突出的是强烈的爱国主义情绪，他的名文《少年中国说》是这一特征的集中表现：“故今日之责任，不在他人，而全在我少年。少年智则国智，少年富则国富，少年强则国强，少年独立则国独立，少年自由则国自由，少年进步则国进步，少年胜于欧洲，则国胜于欧洲，少年雄于地球，则国雄于地球。”通过一系列的排比一层层地把这种情感推向高潮。这种情绪甚至蔓延到他的学术文章之中，这也是使得《清代学术概论》这样的学术著作异于他书的一大特色。这种情感四溢的结果，便是“纵笔所至不检束”。钱基博说：“启超之文，篇幅之巨，亦创前古所未有。古人以‘万言书’为希罕之称，而启超无书不万言，习见不鲜也。”[②]当然，一定的篇幅也正是报刊登载文章所需要的，“新文体”下笔则万言，未必不是出于这样的需要。

值得注意的是，梁启超强调“新文体”“务为平易畅达，时杂以俚语韵语”，这容易引起的一个广泛解释是，“平易畅达”是“新文体”成功的重要原因，而“新文体”作为对桐城古文和科举取士的八股文的反叛，是近代文章通俗化的一

① 梁启超：《清代学术概论》，第 98 页，上海：上海古籍出版社 2000 年版。

② 钱基博：《现代中国文学史》，第 344 页，北京：中国人民大学出版社 2004 年版。

大转捩。然而事实却未必如此，诚如研究者所指出，在“新文体”产生之前，西方传教士及大批改良派所主办的报章中所采用的“报章体”已经相当平易畅达了，报刊以一般市民为对象，要求文章平易畅达，而梁启超的“新文体”能异军突起，并不是因为这简单的平易畅达：“与《申报》馆的论说相比，梁启超的文章也许要更加文言化一些，在他的笔下，‘报章体’倒是比以前‘雅化’了。”[①]书中举了《论报馆有益于国事》及《少年中国说》二文来证明这种“新文体”的雅化，如前者有云：

> 商岸肇辟，踵事滋多；劝百讽一，裨补盖寡；横流益急，晦盲依然；喉舌不通，病及心腹。虽蚊虻之力，无取负山；而精禽之心，未忘填海。上循不非大夫之义，下附庶人市谏之条；私怀救火弗趋之愚，迫为大声疾呼之举；见知见罪，悉凭当途。若听者不亮，目为诽言，摧萌拉蘖，其何有焉？或亦同舟共艰，念厥孤愤，提倡保护，以成区区，则顾亭林所谓“天下兴亡，匹夫之贱，与有责焉”已耳。

这一段文章有骈文化的倾向，也运用了一些典故，字句整齐，音调铿锵，节奏鲜明。《少年中国说》亦有大量的排比铺陈。钱基博曾说：“启超见世之学为新民体者，学其堆砌，学其排比”[②]，即指出了“新民体”的这一特色。“梁启超将骈文的特点改造后融入报章体中，加强了‘报章体’的艺术性，促使‘报章体’气势磅礴、文采飞扬，富于激情、富于感染力。”[③]要之，“新民体”相对于梁启超“夙不喜”的桐城古文以及科举取士的八股文，的确是平易畅达，但是对于当时已经存在并充分发展的报章体，却反而是一种雅化，它既适应了普通市民阶层的阅读口味，为思想启蒙运动提供了新的助推之力，也让那些曾恨之并“诋为野狐”的老辈们偶亦附身卒读，并逐渐地开始接受，以至“迄今六十岁以下四十岁以上之士夫，论政持学，殆无不为之默化潜移”[④]。如对“新文体”并不赞同的严复也说：“任公文笔，原自畅达，其自甲午以后，于报章文字，成绩为多，一纸风行，海内观听为之一耸。”（严复《与熊纯如书》）梁启超的学生吴

---

① 袁进：《中国文学的近代变革》，第 104 页。

② 钱基博：《现代中国文学史》，第 344 页。

③ 袁进：《中国文学的近代变革》，第 106 页。

④ 钱基博：《现代中国文学史》，第 344 页。

其昌曾赞美其师之文章，饱含情感、流利畅达、雅俗共赏，具有强烈的感染力。

“新文体”是梁启超文界革命的个人实践，而与此几乎同时而稍前，梁启超在诗歌界和夏曾佑、谭嗣同一起打出了“诗界革命”的旗号。梁启超觉得中国古典诗歌“虽有佳章句，一读之，似在某集中曾相见者，是最可恨也”。而当前作诗，“第一要新意境，第二要新语句，而又须以古人之风格入之，然后成其为诗”。与这种理论相颉颃的，是间断性连载于《新民丛报》约两百多条的《饮冰室诗话》。《饮冰室诗话》论诗，首重“新意境”，厌恶“中国结习，薄今爱古”，推崇黄遵宪“意境无一袭前贤”，“独辟境界，卓然自立于二十世纪诗界中”，采摘黄遵宪许多名篇名句。这种以黄遵宪诗歌为代表的“新意境”，有两个主要特点。其一是以新事物为其“诗料”。《诗话》公开表明：“吾尝推公度、穗卿、观云为近世诗家三杰，此言其理想之深邃闳远也。”[①]在《夏威夷游记》中，梁启超称赞黄遵宪《今别离》等诗“皆纯以欧洲意境行之”，说诗歌的新世界“不可不求之于欧洲。欧洲之意境语句，甚繁富而玮异，得之可以凌轹千古，涵盖一切……吾虽不能诗，惟将竭力输入欧洲之精神思想，以供来者之诗料”[②]。高度评价此诗中歌咏轮船、火车、电报、照相和东西半球之昼夜相反等新意象。其二是标榜爱国主义，这也是梁启超文学乃至人格思想中一以贯之的精神。对于黄遵宪未收入《人境庐诗草》的组诗《出军歌》、《军中歌》、《旋军歌》，梁启超“读之狂喜，大有‘含笑看吴钩’之乐”，不但“录全文”，而且还说：“其精神之雄壮活泼沉浑深远不必论，即文藻亦二千年所未有也。”“读此诗而不起舞者必非男子。”“诗界革命之能事至斯而极矣。”《饮冰室诗话》中提倡的这些新意境，尤其是提倡新名词入诗，实际上为以后的白话诗兴起作了铺垫。

梁启超是一位杰出的诗评家，然而却并不能算是出色的诗人。《光宣诗坛点将录》拟其为“地辅星轰天雷凌振”，为“专造一应大小炮号一员”之属，则有标示其为诗论棋手的意思，排名也相当靠后。汪国垣评道：“新会向不能诗，惟尝与谭浏阳、黄公度鼓吹诗界革命，著为论说，颇足易一时观听。”[③]所谓“向不能诗”，据《饮冰室诗话》自言：“余向不能为诗，自戊戌徂东以来，始强学耳。然作之艰辛……吾之为此，本以陶写吾心，若强而苦之，则又何取？故不为也。”

---

① 梁启超：《饮冰室诗话》，北京：人民文学出版社 1959 年版。

② 梁启超：《夏威夷游记》，《饮冰室合集》（第 7 册），北京：中华书局 1989 年版。

③ 汪辟疆撰，王培军笺证：《光宣诗坛点将录笺证》，第 730 页，北京：中华书局 2008 年版。

梁启超可以说是真正把写诗当成了“余事”，学者解释说：“从内心深处，梁启超是以拯世济民为己任，而以诗文为雕虫小技的，因而对程颐的视文学创作为‘玩物丧志’的训诫时时谨记。”[①]这种解释基本是以梁启超自己的言论为依据的，但我们并不能排除这是梁启超的一种借以释怀的自我辩护。陈子展在《中国近代文学之变迁》一书中即不无惋惜地直接批评：“陈三立一派人还是作他们那一派的诗，梁启超则于诗上不肯努力。梁之不努力，是黄遵宪这一派诗的大损失。”[②]

（孙捷）

① 夏晓虹：《觉世与传世——梁启超的文学道路》，第 76 页。

② 陈子展：《中国近代文学之变迁・最近三十年中国文学史》，第 20 页，上海：上海古籍出版社 2000 年版。

3月

《海上繁华梦》的评价

海上繁华梦后集出版并复印初二集广告

出版是书从初二集直接而下机神一片节目愈新凡已阅初二集者不可不阅全书未阅者急宜购阅庶知沪上风土人情及种种妓女惑客蜜骗诱人局赌弊害拆梢讹诈一切诚说部中有功世道之书定价后集大板八本卖洋一元二角初二集仍每集一元趸批从廉外埠函购原班回件总发行处迎春坊口笑林报馆分售处新闻报馆繁华报馆及沪北各大书坊

（原载1906年3月1日《申报》）

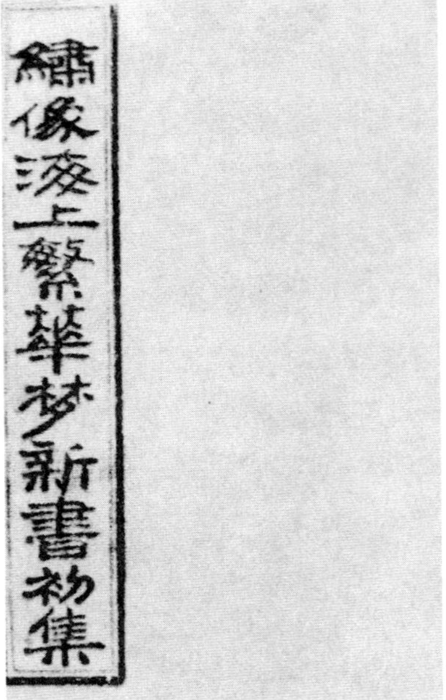

《海上繁华梦》第1版书影

如果说晚清有畅销书的话，报人孙玉声（字家振）创作的《海上繁华梦》就是一本不折不扣的畅销小说。从它诞生的那一天起，便受到新闻媒体的关注，广告也不断见诸各大报刊。早在1903年5月15日《新闻报》就登出了《绣像海上繁华梦新书初集出版》的广告；1906年5月24日，《笑林报》也登出《海上繁华梦后集出版并复印初二集出书广告》；直到1915年5月22日，《申报》还登出《海上警梦痴仙著续海上繁华梦初集出版了》广告："警梦痴仙所撰《海上繁华梦》风行海内，销数达十余万部之多，价值之高，不言可喻。惟前书所叙，皆海上十余年前之影事，揆诸今日，风尚不同，情形大异，欲观察繁华景象者自当另换一副眼光。十余年来世界花花又不知演出几许离奇之故实，痴仙冷眼旁观如燃犀而烛鬼魅，故又编海上续繁华梦三集。其起首紧接前书体例，一如旧作，推陈出新，绝无重复之处。”这些广告透露了一个重要消息：《海上繁华梦》一续再续，从1891年动笔至1915年三集出版，一部小说整整写了二十五年，这在晚清小说史上实属奇迹。同为畅销的狭邪小说，张春帆也曾为《九尾龟》写续集，然而时过境迁，续集未能与原作融为一体，后人编选《九尾龟》也不会将续集编入。而《海上繁华梦》则“与时俱进”，将上海十几年来的青楼生态用一部小说贯穿始终，并未有明显的断层感，三集形成了一个整体。

在《海上繁华梦》之前，《品花宝鉴》、《风月梦》、《花月痕》、《青楼梦》等狭邪小说创作主要侧重于表现作家个人的情感世界，艺术风格上仍未摆脱《红楼梦》与才子佳人小说的影响，其总的风格是写实的，同时也充斥着感伤幽怨的情调以及柔丽委婉的浪漫情怀，因此并不能算严格意义上的近代狭邪小说。直到《海上花列传》出现，近代狭邪小说才真正迈入成熟阶段。

孙玉声的《海上繁华梦》与韩邦庆的《海上花列传》创作于同一时期，都以上海妓女为题材。孙玉声曾与韩邦庆交换阅读小说，并互提意见，孙曾在《退醒庐笔记》下卷“海上花列传”一条中记载了这件事：“场后南旋，同乘招商局海定轮船，长途无俚，出其著而未竣之小说稿相示，颜曰《花国春秋》，回目已得二十有四，书则仅成一半。时余正撰《海上繁华梦》初集，已成二十一回；舟中乃易稿互读，喜此二书异途同归，相顾欣赏不置。惟韩谓《花国春秋》之名不甚惬意，拟改为《海上花》。”[①]从这则记录来看，当时两人对彼此的小说都非常欣赏，并没有高下之分。

两部小说有几处明显的不同。韩著篇幅较短，于1892年起开始连载，1894年出书，书中对妓女有褒有贬，书中人物全操吴语，因而销量有限；孙著篇幅较长，1891年动笔，1898年开始连载，1903年出书，以揭露、谴责妓女为主，使用白话写作，出版后每年再版，风行一时。然而，两者在后世的文学地位大不相同。《海上花列传》得到鲁迅、胡适、张爱玲的好评和推崇，公认这部小说是狭邪小说的集大成者，近年来更有学者提出当以《海上花列传》为现代文学的起点。而以《海上繁华梦》为代表的其他狭邪小说则被认为是“嫖界指南”、

① 胡适：《胡适全集》第3卷，第505—506页，合肥：安徽教育出版社，2003年版。

“嫖学教科书”，被斥为晚清小说之末流。胡适在《海上花列传》序中说：“《海上繁华梦》与《九尾龟》之所以能风行一时，正因为他们都只刚刚够得上‘嫖界指南’的资格，而都没有文学的价值，都没有深沉的见解与深刻的描写。这些书都只是提供一般读者消遣的书，读时无所用心，读过毫无余味。”[①]胡适的观点影响深远，直至今日，《海上繁华梦》仍未摆脱缺乏文学价值的标签。《海上繁华梦》与《海上花列传》在文学史上地位的浮沉，是一种有趣的文学现象。

《海上繁华梦》当然不仅是“嫖界指南”。作者用写实手法，将晚清上海的城市风貌与新鲜事物、奇风异俗一应写出，蕴涵着对现代性的思考。他描写的城市景观细致精彩，画面感十足，因而《图画日报》专门为《海上繁华梦》绘制“连环画”，成为罕见的图画小说。小说的人物刻画也是细致入微，将妓女颜如玉和巫楚云的狡猾和无奈描绘得淋漓尽致。虽然小说以贬损妓女为主，但也流露着些许的同情。这些妓女往往有思想、有手段，她们想嫁人就嫁人，想做生意还能复出做生意，能在有限的自由中追求自己向往的爱情，又将经济损失降到最小。孙玉声成功地描绘了一批精明独立的妓女形象，其艺术效果并不像胡适所认为的那么差。小说中还描写了一个初次来上海的苏州老夫子钱守愚，因不懂租界规则在墙根小便被巡警带走；他好色却又不懂妓院规则，因而白白花了许多银子，读来又好气又好笑。钱守愚就像第一次来到大观园的刘姥姥，用“乡下人”的视角来看光怪陆离的现代都市。这类人物逐渐成为现代小说中常见的类型。《海上繁华梦》在描写都市生活、儿女情长的过程中，也将现代的消费观念带入文中。从吃大菜、看唱戏到看跑马、逛张园，表现出对金钱的崇拜，对奢侈生活的向往，将资本主义的娱乐、消费观念视为时尚，都不同程度地反映了商业社会与消费时代的某些特征。

《海上繁华梦》作为近代第一部溢恶型狭邪小说代表作，也有其独特的价值。鲁迅在《中国小说史略》中提出“狭邪小说”的概念，并将其分为“溢美、近真、溢恶”三类。《海上花列传》属近真类，而《海上繁华梦》则属溢恶类。的确，《海上繁华梦》写沪上青楼生态，以揭露妓女的可恶为主。孙家振在《海上繁华梦·序》中这样陈述上海妓院的种种毒害：“况乎烟花之地，是非百出，诈伪丛生，则又梦之扰者也，醋海风酸，爱河波苦，则又梦之恶者也；千

① 胡适：《胡适全集》第3卷，第527页。

金易尽，欲壑难填，则又梦之恨者也；果结杨梅，祸贻妻子，则又梦之毒者也；既甘暴弃，渐入下流，则又梦之险而可畏者也。"[①]《海上繁华梦》出版后，接连出现了许多揭露妓女罪恶的小说如《海天鸿雪记》、《九尾龟》、《嫖赌现形记》、《最近女界现形记》、《女界烂污记》、《海上风流现形记》、《女子骗术奇谈》等，蔚为风气。这大致有以下几个原因：一是妓业的繁荣和社会上的狎妓风尚；二是失意文人寄托情感的需要；三是文学传统的继承。[②]这些小说揭示了妓界的丑恶，继承了谴责小说的笔法；同时也多少展现了一个现代都市发展历程中真实的丑恶的一面。

（狄霞晨）

① 孙家振：《海上繁华梦》，第 4 页，上海：上海古籍出版社 1991 年版。

② 耿艳艳：《论狭邪小说的兴起和流变》，第 2 页，青岛大学硕士论文，2007 年。

4月

《二十年目睹之怪现状》：商业化运作与平民化视角

二十年目睹之怪现状

甲卷出版　大洋四角

此社会小说也描写种种情状千奇百怪如大禹铸鼎使读之者忽然惊忽然怒忽然惧忽然悲悼然于人心之险世路之艰觉天地虽宽竟无为人容足之地笔之神妙叹观止矣此书前登于新小说今其贩上海棋盘街广智书局启

（原载 1906 年 4 月《时报》第 651 号）

在晚清小说潮中，《二十年目睹之怪现状》与《官场现形记》、《老残游记》和《孽海花》并列为"四大谴责小说"。关于清末谴责小说风行的时代背景和文学评价，鲁迅在《中国小说史略》一书中写道：

> 光绪庚子（1900）后，谴责小说之出特盛。盖嘉庆以来，虽屡平内乱（白莲教、太平天国、捻、回），亦屡挫于外敌（英、法、日本），细民暗昧，尚啜茶听平逆武功，有识者则已翻然思改革，凭敌忾之心，呼维新与爱国，而于"富强"尤致意焉。戊戌变政既不成，越二年即庚子岁而有义和团之变，群乃知政府不足与图治，顿有掊击之意矣。其在小说，则揭发伏藏，显其弊恶，而于时政，严加纠弹，或更扩充，并及风俗。虽命意在于匡世，似与讽刺小说同伦，而词气浮露，笔无藏锋，甚且过甚其辞，以合时人嗜好，则其度量技术之相去亦远矣，故别谓之谴责小说。其作者，则南亭亭长与我佛山人名最著。[①]

"我佛山人"即吴沃尧，字趼人，广东佛山人，故自号我佛山人，一生著作甚

① 鲁迅：《中国小说史略》，第 218 页。

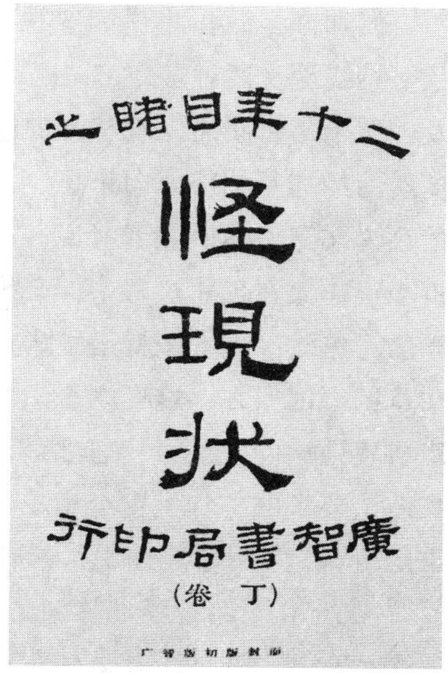

广智版《二十年目睹之怪现状》丁卷书影

丰，编著小说门类多变，如《二十年目睹之怪现状》是谴责小说，《电术奇谈》、《恨海》系写情小说，《中国侦探案》近于侦探小说，而《上海三十年艳迹》（又名《胡宝玉》）则介于社会小说和狭邪小说之间。而最为时人所称道者，莫过于《二十年目睹之怪现状》。该书本于《新小说》上连载，后因《新小说》停刊而暂辍；光绪三十二年（1906）乃出单行本四卷，宣统元年（1909）续出四卷后整书完结。该书面市之初，一时为人所重，销路甚广。1906 年 4 月小说单行本的发行单位广智书局于《时报》上刊登了我们这里选录的单行本甲卷首发广告。

广告中对该书的推销，主要集中于其“描写种种情状，千奇百怪，如大禹铸鼎，使读之者忽然惊，忽然怒，忽然惧，忽然悲。悼然于人心之险，世路之艰，觉天地虽宽，竟无为人容足之地”的特色。这固然是为了迎合民众对于社会小说的阅读兴味，但也说出了《二十年目睹之怪现状》的特点，并多少说明了其受读者欢迎的原因。

《二十年目睹之怪现状》一书，“一向被视为由梁启超倡导的‘小说界革命’的代表作”[①]。吴趼人曾多次为梁启超的《新小说》撰稿，先后在其上发表了《痛史》、《二十年目睹之怪现状》和《电术奇谈》，被学者称为“《新小说》的第一写作主力”[②]。故吴趼人著《二十年目睹之怪现状》，其本意在于讽世、规世、新世，以体现“新小说”的要求，而非托“奇文妙词”以传世娱人。有研究者指出，如吴趼人这样的既创作谴责小说又创作写情小说的作家，在《二十年目睹之怪现状》和《恨海》中使用的完全是不同的笔法，后者细腻委婉，文学性远高于前者，这正证明了吴趼人并不是无力写作具有文学性的小说作品，而是“无心”，因为他创作谴责小说时，有着在他看来远比文学性更为重要的追求。[③]

① 夏晓虹：《吴趼人与梁启超关系钩沉》，2002 年 6 月《安徽师范大学学报》。

② 同上。

③ 参见袁进：《中国文学的近代变革》，第 309 页。

但和许多政治小说因忽视艺术表现而失去读者不同，《二十年目睹之怪现状》始终深受读者喜爱，一度成为“畅销书”。这其中的原因颇值得讨论。这涉及《二十年目睹之怪现状》的内在矛盾：作者虽然抱有以小说救世的期许，但他所写的却是一部面向市场、在写作过程和行销方式上都具有商品性的近代通俗小说作品。如研究者所说，正是“传播的市场化和作家的职业化”，“促使谴责小说作家在创作过程中，必须考虑到传播受众的需要，以市场的需求进行文学的写作”。[①]这大概就是吴趼人写《二十年目睹之怪现状》，在“怪”字上大做文章的原因所在：这样既可以满足自己“谴责”现实的主观追求，又可以达到广告里强调的使读者“忽然惊，忽然怒，忽然惧，忽然悲”的效果：这显然是在政治要求的“觉世”与市场化要求的对读者的“迎合”之间取得了平衡。这也是《二十年目睹之怪现状》成功之处。

《二十年目睹之怪现状》之所以在“千奇百怪”上做足文章，还和它在报纸上连续刊载形成的“连载体”结构特点有关：要使读者的阅读兴趣持续维持下去，就必须让逐日发表的每一段文字都有看点，都有出人意料的新奇之处，全文“所记‘怪现状’约有189件故事”，原因就在于此。[②]《二十年目睹之怪现状》的这种结构方式，一向被认为是延续了《儒林外史》的传统。[③]其实二者的区别还是明显的。《二十年目睹之怪现状》始终有贯穿全文的几个主要人物，通过其眼、其耳、其目将一个个相对独立的故事连接成完整的长篇小说，并在此过程中鲜明地展现出主人公“九死一生”和吴继之的个性。如果说《儒林外史》的结构更类似于传统的“笔记体”，那么《二十年目睹之怪现状》无疑更接近于现代的长篇小说。

市场化要求对《二十年目睹之怪现状》的另一深刻影响是它所采用的“平民化视角”。有研究者在比较政治小说与谴责小说时指出：以梁启超为代表的政治小说在视角和口吻上采用的都是相对于民众“自上而下”的启蒙方式，而谴责小说则更注重“普通民众切实的生存感受和体验”，尤其是《二十年目睹之怪现状》，采取主人公和普通民众平行的视角，“在一次次的事件描述中，种种贪婪腐败不合法理的行为被赤裸裸地揭示在广大民众面前，政治权威的合法性受

---

① 蔡之国、华南：《近代大众传媒与晚清谴责小说》，2009年9月《社会科学家》。

② 同上。

③ 袁进：《中国文学的近代变革》，第305页。

到严重挑战和质疑，主人公也从中获得了关于社会政治的全新理解，完成了自身的思想启蒙”[①]。作为主人公之一的“九死一生”在开篇时完全是一个不谙世事的少年，以至于父亲留下的家产被伯父和父执欺骗殆尽；吴继之等人向他讲述世事、传授官场诀窍的过程，便是他和读者一同成长的过程，他所发出的疑问往往是读者也会有的疑问，而他对世态的灰心感慨也每使读者感同身受。直至终篇，他的身份定位依然没有超出“平民”这一范畴之外，既非政治精英，亦非文化精英。今天我们在讨论《二十年目睹之怪现状》的价值时，这种平民化的自我认知所代表的可贵启蒙精神是不可忽视的。

由于作者所采取的平民化视角，小说中塑造的最为鲜活生动的也往往是普通的小商小吏、没落旗人、风尘妓女。阿英认为《二十年目睹之怪现状》的人物大多不如《官场现形记》和《文明小史》鲜活，然而其中较为特出的两类是旗人和“洋场才子”。[②]作者写破落旗人撑场面的一段，早已成为此书中最为著名的部分：

> 后来又看见他在腰里掏出两个京钱来，买了一个烧饼，在那里撕着吃，细细咀嚼，像很有味的光景。吃了一个多时辰，方才吃完。忽然又伸出一个指头儿，蘸些唾沫，在桌上写字，蘸一口，写一笔。高升很以为奇，暗想这个人何以用功到如此，在茶馆里还背临古帖呢。细细留心去看他写甚么字。原来他哪里是写字，只因他吃烧饼时，虽然吃的十分小心，那饼上的芝麻，总不免有些掉在桌上；他要拿舌头舐了，拿手扫来吃了，恐怕叫人家看见不好看，失了架子，所以在那里假装写字蘸来吃。看他写了半天字，桌子上的芝麻一颗也没有了。他又忽然在那里出身，象想什么似的；想了一会，忽然又象醒悟过来似的，把桌子狠狠地一拍，又蘸了唾沫去写字。你道为什么呢？原来他吃烧饼的时候，两颗芝麻掉在桌子缝里，任凭他怎样蘸唾沫写字，总写它不到嘴里，所以他故意做成忘记的样子，又故意做成忽然醒悟的样子，把桌子拍一拍，那芝麻自然震了出来，他再做成写字的样子，自然就到了嘴了。[③]

① 谢兆树：《论晚清政治小说和启蒙小说的差异》，2009 年 4 月《辽宁师范大学学报》。

② 阿英：《晚清小说史》，第 22—23 页，北京：东方出版社 1996 年版。

③ 吴趼人：《二十年目睹之怪现状》，第 50 页。

这一段正如研究者所言，“直接认同于说书人传统”[①]，带有旧式话本的风趣幽默色彩，描绘得可谓穷形尽相、讽刺入骨。然而作者笔下的人物一旦脱离这一范畴，如封疆大吏、朝廷命官，虽然据说其身世逸闻确有所本、“不难按图而索”[②]，却往往过于夸张，难免“连篇话柄”之讥。从作者的其他几部小说中我们也可以看出，他所塑造的最生动鲜活的人物，往往是具有平民意识的人。然而，他所秉持的“文学救世”的观念，却促使他去夸张地描写那些他并不熟悉的官场丑闻、黑暗世态，以试图激起读者的反感。这二者之间的裂隙构成了《二十年目睹之怪现状》的缺憾，这也正可以代表晚清谴责小说在文学上的普遍局限。

（刘云）

① 陈平原、夏晓虹编：《二十世纪中国小说史（第一卷）》，第 203 页。

② 阿英：《晚清小说史》，第 23 页。

5月

吴梅《风洞山传奇》的“真、趣、美”

风洞山传奇

叙明季轶事言皆有本无一语杜撰者按谱填曲引商刻羽悉本九宫谱无一字赘牙者似近代不谱音律妄如凑集者不仅上下床之别焉〇定价四角

（原载 1906 年 5 月 15 日《时报》第 691 号）

《风洞山传奇》的作者吴梅（1884—1939），字瞿安，号霜崖，自署癯庵、呆道人等，江苏苏州人，是近代一位曲学大师。浦江清《悼吴瞿安先生》一文中认为：“近世对于戏曲一门学问，最有研究者推王静安先生与吴先生两人。静安先生在历史考证方面，开戏曲史研究之先路。但在戏曲本身之研究，还当推瞿安先生独步。”①他在戏曲理论方面，写有《奢摩他室曲话》、《顾曲麈谈》、《中国戏曲概论》、《元典通论》、《曲学通论》、《霜崖曲跋》等著作，还自己动手编写戏曲作品，有十种之多，《风洞山传奇》即其代表作。

1904 年，《风洞山传奇》初稿在《中国白话报》第 4 期和第 6 期上刊出《先导》及第一出《忧国》，后经作者作较大的修改，1906 年由小说林出版社出版全本，此即《时报》广告所指的版本。

广告一开始即点出：本剧“叙明季轶事，言皆有本，无一语杜撰者”。这是确实的：《风洞山传奇》的剧本取材于清人瞿锡元《庚寅始安事略》，借南明瞿式耜抗清殉国的故事铺叙而成。吴梅在《例言》里特意指出所本之《庚寅始安事略》作者瞿锡元“为式耜后人，所言当有可信”。如此强调剧本题材的真实性，是自有深意的。

① 浦江清著，张鸣选编：《浦江清文选》，第 241 页，北京：北京大学出版社 2010 年版。

《风洞山传奇》广告

吴梅在谈及《风洞山传奇》的创作缘起时，曾说到清代戏曲家无人以抗清将领瞿式耜的事迹作为创作题材，“此亦词场一恨事。岂当时有所忌讳，故不敢出之欤？”①其实，发掘历史题材，特别是重演明末历史，颂扬晚明义士抗清扶明、视死如归的牺牲精神，这在当时具有反清意识的作家中，已经形成了一个创作潮流。吴梅选择瞿式耜的真实事迹作为题材，正是他的民族主义的立场所致，如论者对此的分析：“作者‘痛哭南朝，插写北兵残暴’，要借这段历史，通过怀念明朝灭亡的残局，影射清朝面临的亡国灭种的民族危机”，“吴梅的民族主义，既包括反对帝国主义侵略，也包括了革命党人反抗满清统治的愿望”。②

但为了吸引读者，剧本在描写瞿式耜坚守桂林，最终壮烈殉国的故事，作为情节发展的主线的同时，还安排了一条爱情故事作为副线，国难家恨纠缠，最后或香销玉殒或剃发为僧，终成悲剧。这样的精心设置固然增添了观众看戏的兴味，但由于两条线索之间并无多少交汇，反而成为戏剧结构上的缺憾。

《时报》广告还提及：“按谱填曲，引商刻羽，悉本九宫谱，无一字赘牙者，似近代不谱音律妄如凑集者，不仅上下床之别焉！”这可以看作是对吴梅剧作和研究的一个概括。对于当时剧坛部分作品侧重政治宣传，而忽视了戏曲艺术本身的做法，吴梅不以为然，曾批评浴血生的《革命军传奇》(刊《江苏》杂

---

① 吴梅：《吴梅全集·霜崖戏曲集》，第214页，石家庄：河北教育出版社2002年版。

② 袁进：《中国文学的近代变革》，第228页。

志）："邹慰丹上台至下场，坐也不坐，动也不动，耍也不耍。张着口，一口气唱到下场，仅叹了数口气完结了。排场之不讲究，如此其极。"[①]吴梅在追求剧作的现实意义的同时，也非常重视其艺术价值。他曾提出戏曲之妙有三：真、趣、美，又以"美"为最高宗旨；强调剧作应当重视宾白；还非常讲究作品的辞章之美。吴梅最突出的贡献是对戏剧曲律的研究，他在研究基础上提出"文律曲律，两擅其美"的要求，自己的作品也是以曲律工严而著称。他为了写出曲律工整的唱词，曾经"穷一日之力，仅得二三牌，而至艰难之处，往往一字一音，至午夜未能妥者"（《风洞山传奇·例言》）。他还曾这样自夸："吾词不敢较玉茗，而差胜之者有故也。玉茗不能度曲，余薄能之。"（《落茵记·序》）[②]他是有理由这样说的。

（孙捷）

① 吴梅：《复金一书》，1904 年《二十世纪大舞台》第 2 期。

② 吴梅：《吴梅全集·霜崖戏曲集》，第 272 页。

7月

民族主义思潮下的郑所南《心史》及《明末四百家遗民诗》

宋遗民郑所南先生铁函心史

一　是为明末汉义士朱舜水先生携来日本者与他版不同
一　是本抬写处率遵原本可想先生精神所在
一　读是书可知大汉民族之心理
一　读是书可养成高尚优美之人格
发卖处　东京各大书坊

（原载 1906 年 7 月《民报》第 9 号）

甲午战争失败、八国联军攻入北京，《马关条约》、《辛丑条约》两个丧权辱国的不平等条约的签订，使近代中国亡国灭种的危机达到顶点。戊戌变法的失败，标志着清政府失去了拯救自身合法性的最后机会，加上满族统治加之于其他民族的种族不平等，在当时许多知识分子看来，清王朝已经无法成为近代民族国家的代表。于是，“群与群争”、“种与种争”的民族自觉开始产生，“排满”、“革命”取代“维新”、“改良”成为许多汉族知识分子的第一选择，建立在现代民族国家意识上的爱国主义，就表现为驱除满人、建立汉民族政权的民族主义思潮。章太炎宣称“满洲弗逐，欲士之爱国，民之敌忾，不可得也，侵微侵削，亦终为欧、美之陪隶也”[①]。鲁迅也说：“戊戌变政既不成，越二年即庚子岁而有义和团之变，群乃知政府不足与图治，顿有掊击之意矣。”[②]

1902 年，章太炎等人在日本横滨举行“支那亡国二百四十二年纪念会”，把

① 章炳麟：《訄书》，第 7 页，沈阳：辽宁人民出版社 1994 年版。
② 鲁迅：《鲁迅全集》第 9 卷，第 291 页，北京：人民文学出版社 2005 年版。

明、清的改朝换代说成是“亡国”。1904年2月，由黄兴领导的反清革命组织华兴会在湖南成立；11月，以“光复汉族，还我河山，以身许国，功成身退”为宗旨的光复会在上海成立。此后，全国各地革命团相继出现。1905年8月20日，华兴会、兴中会等在日本东京联合成立同盟会，其政治纲领是孙中山提出的“驱除鞑虏，恢复中华，创立民国，平均地权”，并出版《民报》作为机关报，成为宣传革命思想的重要阵地。

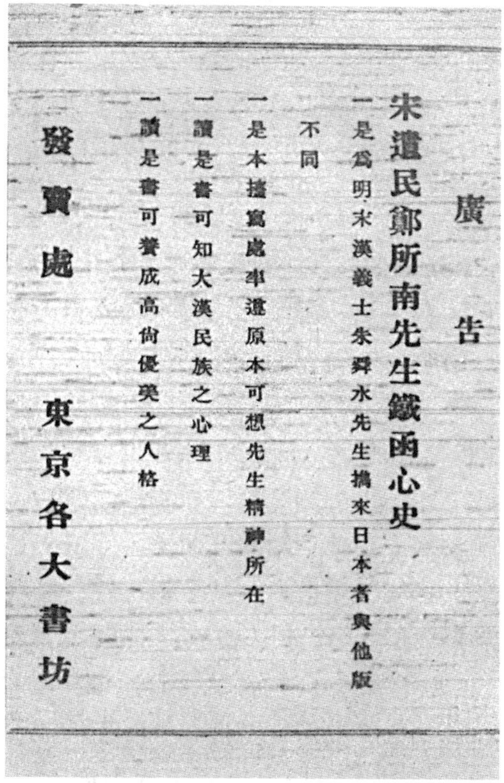
廣告

宋遺民鄭所南先生鐵函心史

一是爲明末漢義士朱舜水先生攜來日本者與他版不同

一是本據寫處率遵原本可想先生精神所在

一讀是書可知大漢民族之心理

一讀是書可養成高尚優美之人格

發賣處 東京各大書坊

《心史》广告

为激发人民的革命热情，宣传革命思想，推翻清朝政府，革命派充分利用舆论阵地，进行文艺宣传。在日本东京，“有一部分人，则专意搜集明末遗民的著作，满人残暴的记录，钻在东京或其他的图书馆里，抄写出来，印了，输入中国，希望使忘却的旧恨复活，助革命成功。于是《扬州十日记》，《嘉定屠城记略》，《朱舜水集》，《张苍水集》都翻印了，还有《黄肖养回头》及其它单篇的汇集”[①]。对这些著作，《民报》、《国粹学报》等革命派报刊不遗余力大做广告。

就是在这样的民族主义思想背景下，《民报》第9号刊登了宋遗民郑思肖的《心史》广告。第10号又接连刊登此书的广告：

> 问世书中所载小序是也舜水原本，为留学生某君所有。中舜水眉评甚夥。曾向某君借阅一过，犹记中有批所南先生某诗云：今胡虏饮马江南，宫阙为茂草，眷怀民族，义形于辞，而所南先生诗中抬写处与此本不差毫黍，尤可想见先生恩祖国本忠本旅性情之诚毅恳挚，为汉民族人人所当起

① 鲁迅：《鲁迅全集》第1卷，第234页。

敬效法。此本书特色，为广智本书无者。世之顶礼所南先生，欲效其为人，读其书者，不可不快睹此本。庶一启卷间，精神照见颜色，民族祖国大义炳若日星。先生不死，中国再造，此本实与有功焉。本书自客历出版后，大受海内外欢迎。存者无多，乞速快读。

郑思肖（1241—1318，一说1239—1316），字忆翁，号所南，福建连江透堡（今福州市）人。南宋末年，蒙古铁骑南侵，郑思肖上书朝廷，力陈救国之策，但未被采纳。宋亡后，誓不降元，隐居苏州一座寺庙中，特将其室名取为“本穴世界”，意即将“本”字中的“十”置于“穴”中，隐“大宋”。而“思肖”二字也有深意，寓“怀赵”之意，因赵宋之赵（趙）“从走从肖”。郑思肖擅工画，尤长墨兰，他的一些画也寓意爱国情感，如画兰不画土、根，以寓国土沦亡之意。他的诗文集《心史》（又称《大宋铁函经》）装在一个铁盒里，盖上用桐油灰泥封住，埋在苏州承天寺的一口枯井里，直到三百多年后的明崇祯十一年（1638）才重见天日。明亡后，清政府为统治需要，斥之为“伪书”[①]，下令禁毁，但此书已传入日本。因此20世纪初，这部奇书在中国反而失传。

上述两则广告都认为日本版《心史》是明亡后由朱舜水携来日本，不确。按陈福康《井中奇书考》云，朱氏流亡日本后，有名野节者，以此书赠之。朱谦之整理《朱舜水集》卷八书简五有《答野节书二十八首》，其中第七首有“《遗闻》、《心史》、道服均领到”之语。日本文久三年（1863），日本学者保冈孚（1803—1868）以日本隆武元（1645）刊本为底本，为《心史》作序并排印出版。1904年，清国留学生会馆亦曾印行《心史》，其底本是一个叫汉南（广告中“留学生某君”即指此人）的留学生在日本旧书店买来的1863年保冈氏排印本。《民报》第9号、第10号所刊广告，当指此本。第10号另一则《心史》广告也说明是“文久年保冈孚刊版”。由于清国留学生会馆的《心史》印数本就不多，广告刊发之时已距出版两年之久，“存者无多，乞速快读”当是实情，倒不是广告者的刻意营销手段。

此外，《民报》第9号广告声称自己所售之书“与他版不同”，第10号广告也说“此本书特色，为广智本书无者”，所指都是光绪三十一年（1905）上海

---

①《四库全书总目提要》卷一七四：“此必明末好异之徒，作此以欺世，而故为眩乱其词者。徐乾学《通鉴后编考异》以为海盐姚士粦所伪托，其言必有所据也。”今人陈福康著有《井中奇书考》，对此考订甚详。

广智书局铅印本，五卷。这一版本是梁启超在日本作序、刊刻的，但错字甚多，故翌年又订正出版。《国风报》第一年第13期刊登广智书局出版书籍广告，其中就有此书，但无广告词。

至于“先生不死，中国再造，此本实与有功焉”虽未免有些夸大其词，但《心史》传回祖国，在知识分子当中引起巨大反响却是实情。梁启超在《序》中这样写道：“呜呼，启超读古人诗文辞多矣，未尝有振荡余心若此书之甚者！……启超读之，则如见先生披垢腻衣，手八尺藤杖，凛凛然临于吾前，滔滔然若悬河，以诏我以所谓‘一是’之大义者。呜呼，此书一日在天壤，则先生之精神与中永无尽也！”[①]当然，《心史》在近代史上的影响，更多的是文化上的，甚至成为民族心灵历史的象征。曾任《东方杂志》主编的史学家孟森以“心史”二字为号，将关于明清易代之际的考论、随笔结集出版，冠之以《心史丛刊》之名；陈寅恪晚年痛感文化变迁和“独立之精神，自由之思想”之不存，呕心沥血著《论〈再生缘〉》、《柳如是别传》二书，也自比郑所南《心史》：“所南心史，固非吴井之藏。孙盛孙秋，同是辽东之本。”[②]

值得一提的是，《民报》第10号的《心史》广告，虽文字有不通之处，但有叙事，有抒情，有议论，且以“我”的口吻写出，有很强的个人色彩，更像一则小品文。无独有偶，《妇女时报》1911年5月17日的《明末四百家遗民诗》广告直接用第一人称，本身就有一定的文学色彩：

> 有二臣传行于世，不可无遗民诗行于世也。四百家者近人所知者不及十之三四，然则非赖此书则亦淹没久矣。呜呼，我黄帝之子孙仅此四百家也。吾知凡有血气者必欲一读此诗，以考证当日情状及种种佚闻，又必欲知此四百人之姓氏，聆其言论焉。照原版精印八厚册，定价二元。

广告中的《明末四百家遗民诗》指的是清人卓尔堪所编《遗民诗》。其书共16卷，共收作者五百多人，录诗近三千首。卓氏此书保存当时许多明代遗民逸士历经丧乱、追怀故国的吟咏，重在表彰其反抗清朝统治的忠烈精神，正如“凡例”所云：“人与诗并重，然人更重于诗，其有以人传诗者，诗不过数首，虽有微瑕，亦所必录。”此书初刻于康熙年间，乾隆年间曾两度被列入禁毁书目之

---

① 梁启超：《重印郑所南〈心史〉序》，上海：广智书局1905年版。

② 陈寅恪：《寒柳堂集》，第107页，北京：三联书店2003年版。

中，故而流传很少。但在辛亥革命前夕，却与当时排满的民族主义情绪相适应。1910年，上海有正书局据原刻本影印，改题为《明末四百家遗民诗》（1960年中华书局上海编辑所据有正本断句铅排，改题为《明遗民诗》）。

作为同盟会的机关报，《民报》无疑是这场民族主义思潮最有力的鼓吹者。该报每一期最后都附有《本社简章》，劈头第一句话就是"本杂志之主义如下：颠覆现今之恶劣政府"。为建立汉民族认同，表彰汉民族精神，《民报》、《国粹学报》等革命派报刊还向民间广泛搜求明末佚事和遗民著作。《民报》第19号《本社特别广告》中说："本社自二十期起，改定篇次，专以历史事实为根据，以发挥民族主义，期于激动感情，不入空漠。海内外志士如有谙于明末佚事及清代掌故者，务祈据实直陈，发为篇章，寄交本社。又，宋季、明季杂史遗集，下及诗歌、小说之属，亦望惠借原书，或将原书钞录，寄交本社，以资采辑，汉族幸甚。"

在革命派的鼓吹、努力下，王秀楚的《扬州十日记》、朱子素的《嘉定屠城记》、文天祥的《指南录》、恨海的《亡国惨记》、陈去病的《明遗民录》、陈春生的《满清二百年来失地记》、黄节的《黄史列传》、刘师培的《中国排外大英雄郑成功传》等著作，也如雨后春笋般纷纷刊印、出版。这些著作或揭露清朝统治者的残酷统治，或表彰宋明遗民的民族大义，或记录民族英雄的忠烈事迹。而如《民报》、《国粹学报》、《妇女时报》、《国风报》等报刊媒体也不惜版面，为这些著作进行广告宣传，适应了民族革命和爱国主义宣传工作的需要，无疑起到了"唤起国魂"、"振兴民族"的作用。

以今天的观念看，20世纪之初的这股民族主义思潮自由有狭隘民族主义和大汉族主义的致命缺陷，但孙中山、章太炎等人鼓吹排满、光复，虽云复仇，并无屠杀满人之意。他们主张先推倒满洲人所建立的政权，由汉人建立政权（梁启超称为"小民族主义"），然后再联合国内各民族共同对抗帝国主义（梁启超称为"大民族主义"），从而实现真正的民族独立，其思想内核实是救亡、爱国。如果说现代民族是一种"想象的共同体"的话，那么诚如本尼迪克特·安德森所说，小说（当然不仅仅是小说）与报纸"这两种形式为'重现'民族这种想象共同体，提供了技术上的手段"[1]。

（杨剑锋）

①〔美〕本尼迪克特·安德森：《想象的共同体》，第26页，上海：上海人民出版社2003年版。

《天方夜谭》奚若译本

天方夜谭

是书一名一千一夜为阿剌伯著名最古之说部惜拟者姓名不传所故事虽多俶诡奇幻近于搜神述异然天方教徒之法制教俗多足以资考证其余或穷状世态或微文刺讥若星柏达之七次航海探险舍利之日夜求报卒能恢复故国缝人谓葛棱达专谈虚理不求实学易一饼且不可得皆是针砭肤学激刺庸懦风行欧洲翻译殆遍吾国亦有重译之本惟系零篇断简不能窥见全豹阅者多以为憾本馆觅得冷氏英文译本重译既竟复讨论润色期于无溢无漏以餍观者之望洋装四大册定价大洋一元五角

（原载 1906 年 7 月 27 日《申报》）

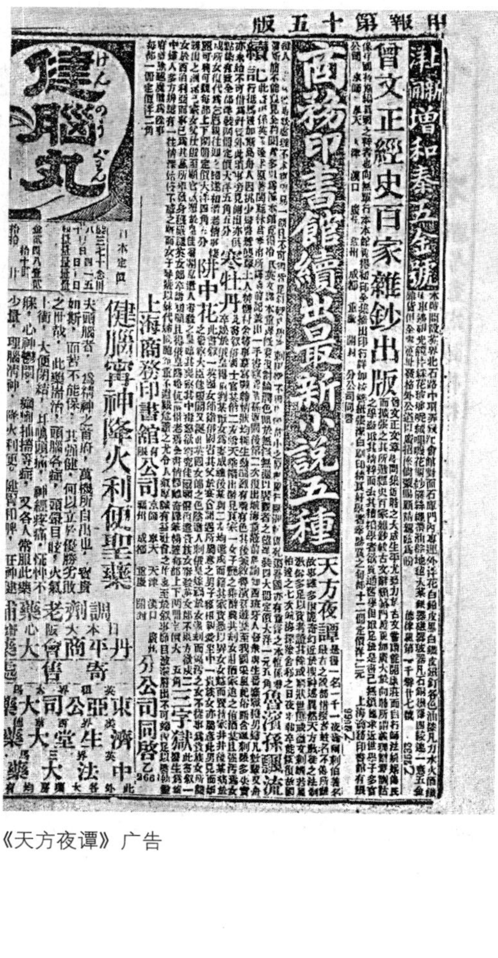

《天方夜谭》广告

《天方夜谭》，从 1903 年 10 月 20 日《绣像小说》第 11 期开始连载，至第 55 期连载完毕，连载时未标译者名。1906 年商务印书馆出版，洋装四册，译者署名奚若。1930 年这个出版二十多年的文言译本被收入商务印书馆的万有文库，成为《一千零一夜》发行较大、影响较广的一个译本。

是书 1906 年初版卷首冠有长篇序言，刊登在 1906 年 7 月 27 日《申报》上的广告篇幅较序言小很多，而大量使用了序言的原文。广告开宗明义，说明原著名为“一千一夜”，“天方夜谭”是译者奚若所起，显然受到其所根据的英译本书名 *Arabian Nights*（直译为“阿拉伯夜晚”）的影响，而我国古代典籍把中东地区称为“天方”，于是这个阿拉伯古典故事集就有了雅致浑成的中文译名。这个译名不仅长期作为《一千零一夜》的标准中译名，还凝固为现代汉语中的成语，凡有荒诞不经、难以令人置信之事，皆可以“天方夜谭”称之。

广告只简单说此书为“阿剌伯著名故事”，其实《一千零一夜》的来源很复杂，其中大部分故事源于印度，最初可能是梵文，后译成波斯文，再译成阿拉伯文，在南亚、西亚各民族间几百年辗转翻译、流传的过程中又加进一些波斯、阿拉伯故事和民俗元素。这个译本的长篇序言就用了很大篇幅描述了德国赫摩氏、法人狄赛雪以及这个译本所根据的英译本译者冷氏等多名欧洲翻译家、研究者对于《一千零一夜》故事源流的研究概况。奚若译本不是《一千零一夜》译为汉语的第一个文本，早在1900年，周桂笙在《新庵谐译》卷一中初次译介了《一千零一夜》，由故事的“缘起”直至《渔翁的故事》。1904年，周作人以“萍云女士”的笔名翻译了《阿里巴巴与四十大盗的故事》，取名《侠女奴》在《女子世界》上发表，后来还出了单行本。后出的奚若译本不仅篇幅远远超过周桂笙和周作人译本，而且在《序言》里如此严谨地介绍原著源流和相关背景资料，这在20世纪初充斥着错译、漏译、删改、增译等严重违背翻译规范现象的中国译坛，是难能可贵的。

广告对于《一千零一夜》故事的评价平实客观，既指出其“俶诡奇幻，近于搜神述异”，即想象力旺盛而神话题材较多的总体艺术特征，“穷状世态”和“微文刺讥”的艺术特色，又能看到这些故事包涵丰富的中东历史文化信息，“天方教徒之法制、教俗，多足以资考证”，以及“针砭肤学，激刺庸儒”的教育作用，同时突出了其文学审美价值、学术研究价值和教育价值，这都抓住了要点。

奚若译的四卷本《天方夜谭》，内收50个故事，虽然仍然不是《一千零一夜》全译本，却已是当时相对最完整、篇幅最大的中文译本。广告抓住这一特点，指出其他译本都是不成系统的“零篇断简”，读者大多不能“窥见全豹”，而这个译本不但收集故事较多较全，其所根据的英国翻译家冷氏的译本，序言介绍是据阿拉伯原文翻译并带有译者的注释，是当时众多西方语言译本中最权威的版本。广告更力赞译者严谨的态度：“重译既竟，复讨论润色”，这就保证了译本的“无溢无漏”，既不添加原著所没有的内容，也不损失原著所有的信息。

广告没有提及，却不可忽视的，还有奚若本的语言：虽采用文言，但因受到西文原著影响而有新变。1930 年奚若本《天方夜谭》作为最好的译本收入商务印书馆的“万有文库”，新文学著名作家叶圣陶在序言里对译本的语言给予了很高评价：“运用古文，非常纯熟而不流入迂腐；气运渊雅，造句时有新铸而不觉生硬，只见爽利；我们认为一种很好的翻译小说。”[①]

（周羽）

① 奚若译，叶绍钧注：《天方夜谭》序，“万有文库”第 1 集第 889 种，上海：商务印书馆 1930 年版。

8月

革命禁书《孙逸仙》

荡虏丛书出版广告

第一种

孙逸仙

章太炎先生序　孙逸仙先生自序　黄中黄著　定价三角

目录　●第一章　孙逸仙之略历及其革命谈判　●第二章　孙党与康党　●第三章　南洋之风云与吾党之组织　●第四章　南征之变动及惠州事件

（原载1906年8月《民报》第10号）

在清末宣传民主思想、鼓吹民族革命的著述风潮中，章士钊编译的《孙逸仙》一书别具一格。《孙逸仙》实际是一部孙中山早期革命斗争史，在1903年出版后即风行一时，几乎与邹容的《革命军》齐名。

《孙逸仙》的成书也得之于邹容的激励。1903年4月，拒俄运动风潮初起，时在南京陆军师范学堂读书的章士钊与同学三十余人即赶赴上海，加入蔡元培等组织的中国教育会，不久又被聘为上海《苏报》的主笔，因此结识章太炎、张继、邹容等人。他们意气相投，结拜为异姓兄弟。钱基博《近百年湖南学风》中记载了章士钊与邹容的一个故事："容十九岁，年最幼，而气凌厉出士钊上，卒然问曰：'大哥为《驳康有为书》，我为《革命军》，溥泉为无政府主义，而子何有？'士钊则笑谢之而已。"[①]据说章士钊为了弥补自己无书的遗憾，就将日本人宫崎寅藏所作《三十三年之梦》编译成《孙逸仙》一书，用"黄中黄"的笔名，于1903年9月作为"荡虏丛书"的第一种刊行出版。

《三十三年之梦》原作者宫崎滔天（1871—1922），名寅藏，别号白浪庵滔天，出身于一个破落的武士家庭。1897年，他在横滨初次遇见孙中山，深为孙中山"深

---

① 钱基博：《近百年湖南学风》，第100页，北京：中国人民大学出版社2004年版。

山虎啸的气概”所吸引，以后就追随孙中山从事中国的革命事业。《三十三年之梦》是他在参加中国惠州起义失败后所写的自己前半生的回忆录，其中对孙中山早年革命活动的记载，保留的大量康有为作为保皇派与革命派交涉的资料，都有较高的史料价值。

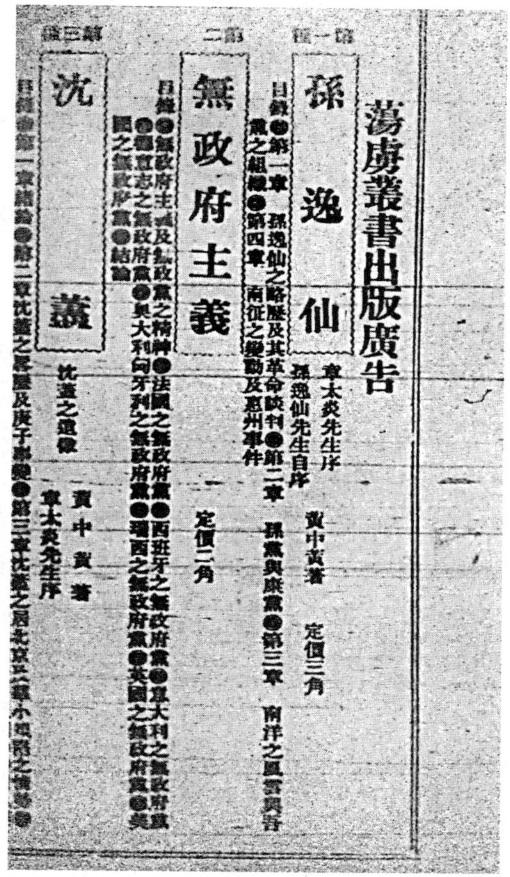

《孙逸仙》广告

《孙逸仙》名为译作，但实际上却近于改写。它是一个节译本，只选译了原作的后半部中与孙中山革命活动有关的内容，并将原书第一人称的叙事角度改为第三人称的全知模式。

《孙逸仙》一书作为国内第一本系统介绍孙中山革命事迹的书，对塑造孙中山的形象起了很大作用。清朝政府曾竭力把孙中山说成是“流寇”、“匪党”，在这样的恶意宣传影响下，不用说不少国民对孙中山多有误解，连一部分革命者对孙中山也认识不足。很多革命者都通过此书认识了孙中山，认同孙中山是中国最早发动民族民主革命的“异乎寻常之士”。据吉野作造《宫崎滔天著〈三十三年之梦〉解说》（陈鹏仁译），黄兴在1904年与马福益谋举义于湖南之事失败之后，亡命日本，当时他还是个普通的革命青年，在东京迫于衣食之事，此时黄兴想起章士钊改译的宫崎滔天的书，便自告奋勇地去寻求宫崎的帮助，可见此书当时流传之广。后来清朝政府将其列为禁书，就一点也不奇怪了。

章士钊《孙逸仙》面世后约半年（1904年4、5月间），苏州金天翮（署名金一）出版了宫崎原作的另一个译本，取名《三十三年落花梦》，虽然号称是全译，但其实只是相对全面的择译。现在较为流行的译本，是香港林启彦新译的《三十三年之梦》，由花城出版社、三联书店香港分店1981年联合出版。

（孙捷）

9月

南方小说重镇《中外小说林》

粤东小说林

小说一道离奇变幻体用兼赅最宜于今日社会泰东西各国至奉为教育专科其价值可见近世纪中国人士沐染新风稍知小说之益故东京上海亦有说部丛书等问世惟吾粤阙如同人等深以为憾爰组织此社特聘出色小说家多人分门担任或著述近事或翻译精本如冒险如侦探如艳情错综杂出或章回或短篇或传奇务臻美善附以外书谐文白话讴歌杂俎噱谈等等按期排刊成帙言曰粤东小说林

（原载1906年9月24日《少年报》）

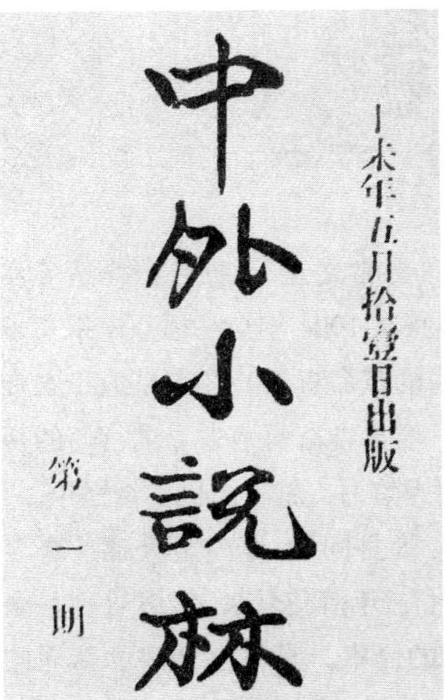

《中外小说林》第1期封面

小说期刊群起是1900年代中国文学的重要现象。在近代报刊业的中心上海，自1902年起便陆续出现了《新小说》、《绣像小说》、《月月小说》和《小说林》四种影响较大的小说期刊，在其推动下，迅速形成了小说翻译和创作的高潮，上海藉以成为小说发展的中心。在同时期的中国南方的广州，也出现了一个重要的小说期刊:《中外小说林》。

《中外小说林》初名《粤东小说林》，1906年8月29日由近代著名小说家黄世仲和其兄黄伯耀合作创刊于广州；1907年5月11日迁移至香港，更名为《中外小说林》，于当期刊登广告文章《〈(中外)小说林〉之趣旨》:“处二十世纪时代，文野过渡，其足以唤醒国魂，开通民智，诚莫小说若。本社同志，深知其理，爰拟各展所长，分门担任，组织此《小说林》，冀得登报界之舞台，稍尽启迪国民之义务。词旨以觉迷自任，谐论讽时，务令普通社会，均能领略欢迎，为文明之先导。此《小说林》开宗明义之趣旨也。有志之士，盍手一编。”1908 年元月由香港公理堂接办，更名为《绘图中外小说林》。虽三易其名，其编务工作一直由黄氏兄弟共同主持。《中外小说林》的出版周期为旬刊，这与晚清很多小说刊物不同，《少年报》（1906 年 9 月 24 日）曾刊登《粤东小说林》的出版广告，说它“月出三册，每册约四十，都三万余言，字画玲珑，装潢精美，取携最便，可传永久”。

遗憾的是，广告中鼓吹“可传永久”的《中外小说林》，现在的研究者们已经难以窥其全豹了，至今尚未找到一套完整的《中外小说林》的传世版本，现在比较全的资料是由香港夏菲尔国际出版有限公司出版发行的《中外小说林》，汇集了 1906 年在广州发行的《粤东小说林》第 3、7、8 期，1907 年香港发行的《中外小说林》第 5、6、9、11、12、15、17、18 期以及 1908 年香港发行的《绘图中外小说林》第 1—8、11 期，共 20 期。从现存的残本可以看到，三个时期的《中外小说林》，其版面格局基本恒定，分为三个部分：

一、“外书”。其实就是阐释小说理论的专文，评论与小说有关的各类问题，主要由黄伯耀、黄世仲兄弟撰写。或强调小说在社会变革中的功用（《学堂宜推广以小说为教书》、《小说之功用比报纸之影响更为普及》等），或大谈小说的创作艺术（《论小说文字何为佳品何为劣品的比较》等），或论述翻译小说与创作小说的关系（《小说风尚之进步以翻译说部为风气之先》等），或专论某一类型小说的价值（如《探险小说最足为中国社会增进勇敢之慧力》等）。最引人注目的，是对中国古典小说遗产的理性分析：“吾国小说，至明元而大行，至清初而愈盛。昔之《齐谐志》、《山海经》，奇闻夥矣；《东周》、《三国》、东、西《汉》、《晋》、《隋唐》、《宋》诸演义，历史备矣。后之《水浒传》、《西厢记》、《红楼梦》、《金瓶梅》、《阅微草堂》、《聊斋志异》，五光十色，美不胜收。”（《小说风尚之进步以翻译说部为风气之先》）更有对《水浒传》刻画人物成就的高度评价：“试将全七十余卷中，掩卷而问，吾知言如何、事如何者，必知为李逵；又言如何、事如何者，必知为宋江、吴用；且言如何、事如何者，又必知为武松、李逵、鲁达、石秀。此自有小说以来，未有之能事也。”（《著〈水浒传〉之施耐庵与施耐庵著之〈水浒传〉》）这样的“外书”每期刊物均发一篇，字数在二三千字之间。

二、小说翻译和创作，这是《中外小说林》的重心，也最能显现其创刊原旨。发表的创作，多为社会小说（黄世仲《黄粱梦》、《宦海潮》），艳情小说（黄伯耀《双美缘》、《侠女奇勇》），冒险小说（黄伯耀《片帆影》），讽世小说（黄伯耀《猛回头》），近事小说（黄伯耀《恶因果》、《宦海恶涛》），社会小说（黄伯耀《烟海回澜》），家庭教育小说（荔浣新《妇孺钟》），义侠小说（警庵《恩仇报》、钜鹿六郎《冰炭缘》、放光著《回生术》等）。《中外小说林》每期几乎有一半篇幅刊载翻译小说。出于市场销售的考虑，刊载较多的是侦探小说，如英国雅纪祈连的《梨花影》、楷褒扶备的《难中缘》、裴加士雄的《毒刀案》，美国连著贻的《狡女谋》等。

三、粤方言俗文学。这是《中外小说林》区别于其他刊物的一大特色。《少年报》的广告中说，"东京上海亦有说部丛书等问世，惟吾粤阙如。同人等深以为憾"，黄氏兄弟因此有意突出《中外小说林》的地方特色，专载民间盛行的白话、木鱼（摸鱼、木鱼歌）、龙舟歌、南音、粤讴、谈网、班本、谐文、谐谈等文章，在民间文学形式中，注入新的时代内容，以扩大读者面，在更大的范围内启迪民众。如所刊登的宣传戒烟的班本《烟精归天》、谐文《烟界嫖界两大魔鬼与人群之关系》，抨击时弊，文风尖锐泼辣，都受到当地读者的欢迎。

与上海相比，广东地区的文学氛围相对较弱，《中外小说林》不得不在宣传刊物上下工夫。早期的《中外小说林》封面仅标示中文刊名、出版日期和发行期数，装帧朴素，至戊申年（1908）正月的《绘图中外小说林》，封面上就加印风景名胜照片，使刊物面目得以一新，在刊物中还偶有绘图或照片的插图，以吸引读者。黄氏兄弟还利用自己的社会资源，在《少年报》等报刊上为《中外小说林》做广告。

《中外小说林》创办于晚清变革之际，处在小说界革命之后、辛亥革命的前夕，兼有晚清小说期刊功利性、文学性和娱乐性的特征，是晚清小说潮流的重要组成部分，特别是在岭南地区产生了很大的影响。

（孙捷）

10月

《月月小说》的营销策略

《月月小说》

缘起　本社主人以小说为开通风气改良社会为最有效果而西人皆视小说于心灵上有莫大之势力吾国完全之小说殊不易见故特为出巨资组织此册以享我国民宗旨以辅助教育改良社会为宗旨虽小说家言而务趋于正一切芜秽之说均屏而不录故虽深闺秀女学界商界均可人手一编既得活泼性灵之益绝无诲盗诲淫之弊

编译及选编　本社除延聘通人自行撰译外复广搜海内外名人著作分门别类按期付刊即有征求之稿均属完全已经入送绝无间断

内容　本报各门材料丰富趣味浓厚读之能使精神助长智慧

插画　本报每期必插入中西名胜或名人图画五六页以资观览

出版　月出一册印刷精良按期出版内容较首期犹有趣味

预定　凡预定全年者附送临时增刊一厚册不取分文定半年者不送阅者注意本报初办各处多半没有代派处各外埠诸君能预订者请致乐群书局直接为妥定至十份以上者九折三十份以上者八折

招登广告　本报前后编特设广告一门凡有关于商业者登此广告极有利益

再　近来各处所出小说每不能应期出版甚有开办至三四年出版犹不及一二年之数者此盖非办刊者之疲玩实编撰者译者未尽脱稿即以付印而操笔者中间有事中止致令阅者兴味索然本社深悉此弊所选各稿均系已经杀青者又能按月蝉联绝无间断之弊阅者鉴之

（原载 1906 年 10 月 30 日《时报》第 850 号）

《月月小说》为月刊，光绪三十二年（1906）九月于上海创刊，由群乐书局发行，从第 9 号起改为群学社图书发行所发行。第 1—4 号编辑兼发行人为庆祺，第 5 号起编辑者为吴趼人，第 8 号后停刊四个月，第 9 号起编辑者为许伏民，至光绪三十四年（1908）十二月停刊，共出 24 期。吴趼人任总撰述，周桂

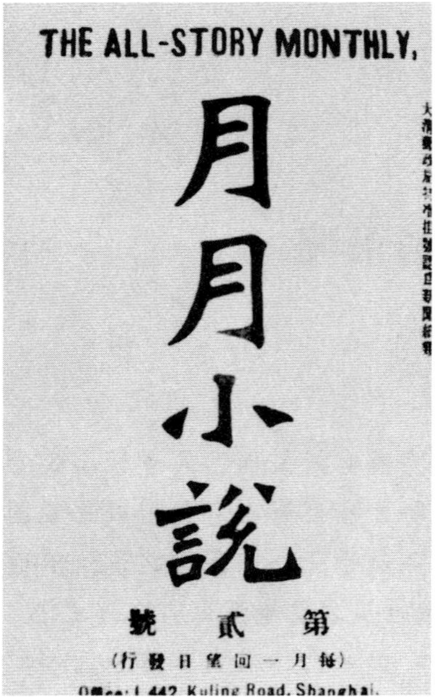

《月月小说》第 2 号

笔任总译述。该刊为晚清四大小说杂志之一，在近代小说史上影响颇大。

1906 年 10 月，《月月小说》第 1 期已出版，第 2 期即将推出之际，为推广发行在《时报》上做了通栏广告。此篇广告不惜篇幅，全文刊登了该刊创刊号的全部目录。剩下的篇幅详细介绍了该刊的缘起、宗旨、编辑模式、内容、插画、出版、预定和召登广告等事宜。这就给我们考察《月月小说》提供了很好的视角。

从广告自叙的办刊缘起和宗旨看，《月月小说》延续了《新小说》所倡导的小说界革命理论，宣称杂志以“辅助教育、改良社会”为宗旨，提倡可以“开通风气、改良社会”的新小说。《月月小说》的总撰述吴趼人原是梁启超主编的《新小说》的重要作者之一，他在办刊总方针上于《新小说》精神有所继承是自然的；但吴趼人毕竟不同于以晚清重要政治家为第一身份的梁启超，他是一个具有启蒙思想的作家，而且是这个时代最出色的小说家之一，同时还是一个颇有广告意识和现代商业观念的报刊编辑家和出版家，这样的作家、出版家的身份意识，就使《月月小说》独具特色，具有获得成功的新的因素。

其一，《月月小说》一开始就预设了自己的读者群体。广告里明确写道，《月月小说》不仅“学界”中人可读，“商界”中人也可读，即如最纯洁的“深闺秀女”也可读。这就越过《新小说》所设定的士人阶层读者，延伸至文化水平较低、政治觉悟不高但同样需要文学娱乐的商人阶层和闺秀、识字妇女阶层。但同时又郑重宣告刊物对于“一切芜秽之说均屏而不录”，“虽小说家言而务趋于正”，这又和传统的具有诲淫诲盗成分的通俗小说区别开来。这样的“务趋于正”的，又以市民阶层为对象的定位，就决定了《月月小说》必须采取追求“严正趣味”的编辑方针，这就是广告里所说的“本报各门，材料丰富，趣味浓厚，读之能使精神助长智慧”。在“插画”部分又强调“本报每期必插入中西名胜或名人图画五六页以资观览”，也显然着眼于提高读者的欣赏趣味。

其二，另一个被自觉意识到的《月月小说》的核心竞争力是杂志社小说稿源充足，小说连载不会中断。在广告的“编译及选编”部分，已经说“即有征求之稿，均属完全已经入送，绝无间断”。在广告的最后再次重申这一优势：当时很多小说杂志连载长篇小说常常不能按期连载，原因是作者、译者没有完成全文前就在杂志上连载，一旦有他事牵扯，就会延误交稿。广告不无自得地宣称《月月小说》所连载的小说全是全稿已经杀青的，就能保证“按月蝉联，绝无间断之弊”。最后特地加上“阅者鉴之”四字，以期醒目。

其三，吴趼人不是古板文人，他的团队也颇懂生意经，深知《月月小说》这样的大型文学期刊，不能仅仅依靠各期零售，主要读者群体必须是长年订户，以最有效地保证杂志的自负盈亏和长期生存。明乎此，广告对于全年订户推出了诱人的条件：预定全年杂志的订户将免费获赠“临时增刊一厚册”，还颇显吝啬地补充道：“定半年者不送”，这种语气颇类似于油盐铺掌柜的口气，精打细算，全没有谈诗论文的士人的风雅气度。在《时报》上登此通栏广告，花费必然不少，为了迅速打开市场，吴趼人在所不惜。同时又登出“招登广告”：“本报前后编特设广告一门，凡有关于商业者登此广告极有利益。”显然是要借刊登商业广告以谋利。这也就开了一个先例：以后的文学刊物大都以刊登商业广告为主要经济收入。

以更为深远的文学史的眼光考察，《月月小说》继《新小说》、《绣像小说》而起，作为当时文坛举足轻重的小说期刊，从其创刊时的大型广告，已经分明显露晚清小说界革命由政治启蒙、改造社会的责任意识向追求趣味、迎合读者的商业路线转折的端倪。但是，在运行过程中，《月月小说》由于复杂的内外原因，并没有坚守追求“严正趣味”的方针，而是越来越热衷于猎奇、揭丑、窥私等不甚高雅的趣味，虽然还没有达到一味迁就小市民的恶趣的地步，但其所刊载的创作、翻译类文学作品，绝大多数都是文学价值不高的侦探小说，其次是适应当时政治气候、读者口味的虚无党小说，两年中所发表的小说中真正足以传世、可在文学史上留下一笔的重要作品，只有吴趼人亲自创作的《恨海》这一篇作品而已。这样的成绩单，对于1906—1908年间执中国小说界牛耳的大型小说期刊来说，不能不使人遗憾。

（周羽）

黄小配《洪秀全演义》的翻案立场

《洪秀全演义》序

演义之萌芽盖远起于战国今观晚周诸子说上世故事多根本经典而以己意饰增或言或事率多数倍若六韬之出于太公则演其事者也若素问之托于岐伯则演其言者也演言者宋明诸儒因之为大学衍义演事者则小说家之能事根据旧史观其会通察其情伪推己意以明古人之用心而附之以街谈巷议亦使田家妇子知有秦汉至今帝王师相之业不然则中夏齐民之不知故国将与印度同列然则演事者虽多稗传而存古之功亦大矣

禺山世次郎作洪秀全演义盖比物斯志者也余维满洲入踞中国全土且三百年自郑氏亡而伪业定其间非无故家遗民推刃致果然不能声罪以彰讨伐虏未大创旋踵即仆微洪王则三才毁而九法斁洪王起于三七之际建旗金田入定南都握图籍十二年旗旄所至执讯获丑十有六省功虽不就亦雁行于明祖其时朝政虽粗略未具而人物方略多可观者若石达开林启荣李秀成之徒方之徐达常遇春当有过之虏廷官书虽载既非翔实盗憎主人又时以恶言相诋近时始有搜集故事为太平天国战史者文辞骏骤庶足以发潜德之幽光然非里巷细人所识夫国家种族之事闻者愈多则兴起者愈广诸葛武侯岳鄂王事牧猪奴皆知之正赖演义为之宣昭

今闻次郎为此其遗事既得之故老文亦适俗自兹以往余知尊念洪王者当与尊念岳葛二公相等昔人有言舜何人也予何人也洪王朽矣亦思复有洪王作也

丙午九月章炳麟序

（原载 1906 年香港日报社出版《洪秀全演义》卷首）

黄世仲（1872—1912），字小配，号棣荪，别署禺山世次郎、棣、老棣、黄帝嫡裔等，广东番禺人，近代民族革命宣传家和文学家。1905 年加入同盟会，参加过大量的革命实际工作。他又是著名的报人，曾在《天南新报》、《中国日报》、《世界公益报》、《香港少年报》等十多种革命报刊担任主编或参加编辑工作。辛亥革命后，黄世仲被推举为广东民团局长，后因与都督陈炯明不和，被其以“侵吞军饷”之罪名杀害。以其一生观之，黄世仲算得上是传奇式的人物。《洪秀全演义》则是这位传奇人物所写的第一部小说，也是他的代表作。

《洪秀全演义》全书五十四回，坊间曾流传一百七十四回的所谓足本，但阿英在《黄小配的小说》一文中指出“实则后一二〇回皆他人续书，非小配作”[①]。《洪秀全演义》先刊在光绪三十二年正月出版的《有所谓报》上，刊至第二十九回，后自1906年7月26日始，在香港《少年报》附张上从第三十回开始继续连载。后石印成册，最早可见本为“清光绪三十四年戊申石印”本，标注为“民族小说”，并由章太炎作序。章太炎序言里最引人注目之处，在于强调“演义”这样的小说形式，在民间传播民族思想、塑造民族英雄的特殊作用：“国家种族之事，闻者愈多，则兴起者愈广。诸葛武侯，岳鄂王事，牧猪奴皆知之，正赖演义为之宣昭。”他也是从这一角度，对王小配的《洪秀全演义》寄予厚望。在他看来，这部“演义”，“遗事既得之故老，文亦适俗”，必能使自己和读者“知尊念洪王者当与尊念岳、葛二公相等”。

《洪秀全演义》书影

这是点破了《洪秀全演义》的写作旨意和价值的：小说从道光后期朝政腐败，钱江、冯云山、洪秀全串联酝酿革命开始写起，迄于咸丰末年李昭寿叛变以滁州献胜保为止。末尾曾交代“以后还有忠英两王，孤忠苦战，誓死支撑的许多事情，都留待续集再说”，但续集一直未见。就可见的五十四回而言，《洪秀全演义》确实是既为太平天国运动记史立传，又为其翻案。在《洪秀全演义》问世以前，涉及太平天国运动的历史小说主要有：遭劫余生的《扫荡粤逆演义》（又名《湘军平逆传》），冯文鲁的《曾公平逆记》，严庭樾的《国期中兴记》。[②]从书名即可看出无一不是站在清王朝一方，是和章太炎序中所说的“官书”相配合的，“既非翔实”，“又时以恶言相诋”。黄小配的《洪秀全演义》则是完全站在相反的立场上，试图摆脱成王败寇的历史观，重新诠释太平天国运动，实际是要借历史的叙述来表达和传播自身的民族革命、民主革命思想。

① 阿英：《阿英全集》第6卷，第685页，合肥：安徽教育出版社2006年版。
② 范伯群主编：《中国近现代通俗文学史（下）》，第118页，南京：江苏教育出版社2000年版。

在黄小配的笔下，太平军中诸多将领的形象都被描述得生动饱满，以林凤翔为最；而作为敌对方的清军人物也没有平面化，颇有层次感和立体感，比如曾国藩。整部小说的人物塑造、结构和情节布置上都有模仿和学习《三国演义》、《水浒传》的痕迹，但人们更为关注的是，这样明确的“翻案”立场，可能会带来一系列的矛盾与问题。

首先，章太炎在序言里，即给洪秀全作了明确定位和评价：尊洪秀全为“洪王”，称其“功虽不就，亦雁行于明祖”；并赞扬说：“其时朝政虽粗略未具，而人物方略多可观者，若石达开、林启荣、李秀成之徒，方之徐达、常遇春，当有过之。”这其实也正是黄小配急于表达的，或者说，他写《洪秀全演义》的任务，就是将这样的定位与评价具体化、形象化。在这方面，他也确实获得了部分的成功：在他的笔下，洪秀全和他的将领的形象都是相当高大的。但他也必须以对历史上确实存在的东王逼宫、北王屠城等事件或遮掩或歪曲作为代价。而且这样的以主观评价筛选历史事实的写法，也必然丧失许多其实大有可挖的情节和人物的心理，而且导致笔法在为历史翻案和小说创作间摇摆不定，显得有些尴尬。

其次，即使在小说的理念上，《洪秀全演义》也难以摆脱种族革命思想与民主革命思想之间的矛盾。洪秀全定都南京后，太平天国日趋腐败，他自身更是和封建皇帝没有什么两样，这些都是违背黄小配的民主追求的，但他却不愿意正视这一点，最后只能突显“排满”的主题，并走到大汉族主义的极端，这就大大影响了全书的思想含量。

再次，人们注意到，作为小说中太平军内部唯一的主要反派人物，东王杨秀清原本是烧炭工人，但却被处理成“广有家财”、“专好人谀颂于他”的土豪劣绅。而另一位因屠杀两万人而使太平天国元气大伤的韦昌辉，却因为出身成分好，就巧为解脱，说只杀了杨秀清一家50人，还不是他下令的，最后他在洪秀全面前自刎洗罪。这样的注重人物出身的写法，或非有意为之，但其所反映的观念和思维方式却影响深远，很有意味。

（李默）

1907 年

2月

《小说林》的矛盾

募集小说

本社募集各种著译家庭社会教育科学理想侦探军事小说篇幅不论长短词句不论文言白话格式不论章回笔记传奇不当选者可原本寄还入选者分别等差润笔从丰致送甲等每千字五元乙等每千字三元丙等每千字二元

（原载 1907 年 2 月《小说林》第 1 期）

《小说林》杂志，黄人主编。1907 年 2 月创刊于上海，次年停刊，共出 12 期。在晚清四大小说杂志中《小说林》创办最晚，出版杂志期数也最少。但如果从曾朴于 1904 年创办小说林社算起，小说林群体反而是活动时间最长的。小说林社曾大量出版翻译小说，很快成为当时非常重要的文学出版机构。1907 年初小说林宏文馆有限合资会社成立，随后《小说林》杂志正式问世。一年之后，小说林社因为经营问题而被转让，《小说林》杂志也随之停办。

《小说林》第 2 期

在《小说林》创刊号上，该刊主编黄人和骨干成员徐念慈分别发表长文，纵论关于小说乃至文学的见解，黄人的《小说林发刊辞》指出“小说者，文学之倾于美的方面之一种也”，并称“文学之有高格可循者，一属于审美之情操，尚不暇求实际而择法语也”。笔名东海觉我的徐念慈撰写的《小说林缘起》，则引德国大哲学家黑格尔的美学理论以证明小说"殆合理想美学、感情美学而居其最上乘者"。如此鲜明地从美学角度观照小说文体，这在晚清是第一次，无疑是小说观念上的重要发展。但从《小说林》发表的创作小说或译作实际来看，除了东亚病夫（曾朴）的《孽海花》外，几乎没有真正有分量的、具有较高审美价值的作品，这样的文学实践远远落后于文学理论的现象，在晚清民初是有一定代表性的。因此，《小说林》的小说理念尽管明显高出当时文坛的普遍水准，但其创作实践和编辑实践所体现的文学趣味却与一般文学期刊大致相同，这都是颇堪玩味的。

《小说林》的另一个特点是对广告的重视，在扉页、封底等处常常留出篇幅专登广告，主要有征稿广告、招登广告和普通商业广告等几种类型。小说林社通过《小说林》广泛征集"家庭、社会、教育、科学、理想、侦探、军事"等多种类型的小说，"篇幅不论长短，词句不论文言白话，格式不论章回、笔记、传奇"，并且许诺稿件如不录用即将原稿退还，稿费则根据作者的声望和稿件的质量有所等差。征集原作不拘一格，对待作者（译者）的态度又较诚恳热情，小说林社出版量直追商务印书馆，不是没有原因的。

这和《小说林》的营销策略也有关系：它对自己的包装，可谓不遗余力。如第 9 期的广告："本社发行《小说林》月报，每月销数已达二千余份之多，第九期发行定于明年正月，内附大增刊，全册共二百八十页，内容既愈益丰富，销行必愈益飞跃，即为各宝号刊登广告之绝好机会。兹仅收回纸张排印费洋装一页一元，洋装半页五角，仅得定价五分之一，告白于正月初十截至（如加花样或刻木或常年登载，皆须另议），欲登请移玉趾，发行所接洽可也。"在第 9 期还有这样的"特别广告"："本社所有小说，无论长篇短篇皆购有版权，早经存案，不许翻印、转载，乃有报馆将本社所出《小说林》月报第二期《地方自治》短篇改名《二十文》更换排登。近又见报馆将第一期《暖香阁传奇》直钞登载，于本社版权大有妨碍。除由本社派人直接交涉外，如有不顾体面再行转载者，定行送官，照章罚办，毋得自取其辱，特此广告。"这样明确的版权意识和法律意识，也是很突出的。

（周羽）

包天笑“征稿启事”的意义

天笑启事

鄙人近欲调查近三年来遗闻轶事为碧血幕之材料海内外同志如能贶我异闻者当以该书单行本及鄙人撰译各种小说相赠开列条件如下一关于政治外交界者一关于商学实业界者一关于各种党派者一关于优伶妓女者一关于侦探家及剧盗巨奸者其他凡近来有名人物之历史及各地风俗等等巨细无遗精粗并蓄倘蒙赐书请寄上棋盘街小说林转交可也

（原载 1907 年 2 月《小说林》第 7 期）

著名作家在报纸上刊登广告，公开征集“遗文佚事”，以作创作材料，这在后人是很难想象的，但其背后，却隐含着文学活动中作家、文本、语言、传播方式、读者、与现实的关系等诸种要素在近代所发生的变革。[①]我们也正可以从“天笑启事”入手，探析这一“文学的时代变革”的外在特征和内在根源。

包天笑是为自己拟撰写的小说《碧血幕》发布征集启事的。《碧血幕》连载于 1907 年的《小说林》上，共四回，以鉴湖女侠秋瑾故事为蓝本，后因杂志停刊而辍笔。[②]按包天笑的自述，这部小说本试图承续曾朴《孽海花》的笔法，以秋瑾的革命经历为主线，“贯穿以各处革命的事迹”、“包罗许多史实”。[③]看来作者当有一宏大的写作计划，应是以革命为经，以种种时事杂闻为纬，描绘现实生活风俗，其目的在讽喻时弊、振奋人心。因此，鲁迅在《中国小说史略》一书中，径将《碧血幕》一书与《续孽海花》并列，标为“《孽海花》续书”二种。[④]从已写出部分来看，该作较当时一般“社会小说”描写细致生动得多，结构也较为工巧。

由于《碧血幕》只开了个头便中止，并未展开，我们尚无法知道包天笑是否征集到了足够的“奇闻轶事”，又是否计划将其中的一部分收纳到自己的小说

① 袁进：《中国文学的近代变革》，第 2 页。

② 参见包天笑：《钏影楼回忆录》，第 326 页。

③ 同上书，第 326—327 页。

④ 鲁迅：《中国小说史略》，第 214 页。

之中去。然而，这样一种着意收集杂闻，以之为社会小说素材，甚至原封不动地搬入自己的小说之中的做法，在当时并非包天笑所独有。据包天笑回忆：“我在月月小说社，认识了吴沃尧，他写《二十年目睹之怪现状》，我曾请教过他。（他给我看一本簿子，其中贴满了报纸上所载的新闻故事，也有笔录友朋所说的，他说这都是材料，把它贯串起来就成了。）”[①]研究者也指出，当时大多数社会小说都“是每天在报纸上连载的，往往是其他各版的新闻报道早已排印，作家们还在苦思冥想小说的内容，而手民们早已在等米下锅（这一情形在《人间地狱》中有生动的描写）。要之，由于其小说创作大多属于业余性质，他们在客观上不可能主观上也不打算潜心创作，做不到细细地进行艺术上的打磨和加工，于是在手民们等稿发排时他们常常信手从新闻或杂闻中拉来一段，移花接木改头换面便算做小说，既省时又省力复省心，因此这一做法也就成为其惯用手段”[②]。包天笑本人也在《钏影楼回忆录》中承认，他写小说的态度往往失于粗率，“我是写了下来，不加修饰，并且不起第二回稿”，“直到如今，有好多小说，我已记不起它的内容，并且记不起它的题旨与书名了”。[③]

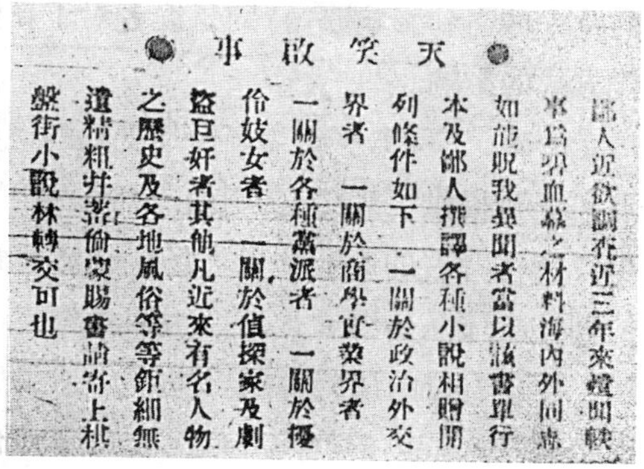
天笑啟事

鄙人近欲調查近三年來軼聞軼事爲撰[illegible]之材料海內外同志如能飫我見聞者當以該書單行本及鄙人撰譯各種小說相贈開列條件如下　一關於政治外交界者　一關於商學實業界者　一關於各種黨派者　一關於優伶妓女者　一關於偵探家及劇盜巨奸者其他凡近來有名人物之歷史及各地風俗等等鉅細無遺精粗並蓄倘蒙賜書請寄上棋盤街小說林轉交可也

天笑启示

问题是为何在近代，这样一种粗制滥造的社会小说竟会蔚然成风呢？论者认为：社会小说的这种“直录实事逸闻”的写作方式在作家中被广泛接受，是由于近代“写实主义”刚传入中国时被简单地等同于“事本实有，不藉虚构，笔之于书，以传其真，或略加以润饰考订，遂成绝妙之小说者也……较之意造之小说，实更为可贵”，因而上承“笔记”、“稗史”的传统，形成了独特的“实录小说”。[④]也有研究者指出，除此之外，一个更为重要的因素当属“新闻事业

① 包天笑：《钏影楼回忆录》，第 358 页。

② 李国平：《新闻性：现代社会小说的重要特征——兼及大众传媒对其影响》，2009 年 1 月《殷都学刊》。

③ 包天笑：《钏影楼回忆录》，第 326 页。

④ 陈平原：《二十世纪中国小说史（第一卷）》，第 248—249 页，北京：北京大学出版社 1989 年版。

的重大冲击和影响”，特别是读者对于新闻故事的喜爱和作家报人身份对小说创作方式的影响。[①]

的确，“写实主义”在近代受到的误解，为社会小说作家们理直气壮地“直录实事”提供了理论合法性；而这一新的创作方式的变化所呈现出的近代通俗小说创作背后的商业化、市场化趋势也是不可忽略的。有学者曾经指出，小说的创作主体从传统文人转变为职业作家的过程，对小说的生产方式和价值取向产生了全方位的深刻影响。[②]从包天笑的自述中我们可以看出，尽管他还存在着以小说新人醒世的抱负，但小说创作对他来说更多的是一种借此为稻粱谋的职业：包天笑是以笔头快而著称的，除《小说林》外，每月在《小说时报》、《新新小说》、《月月小说》等多家小说杂志上都发有小说稿；而当时上海的稿费制度已经较为完备，对于不同名声地位的作家和不同质量的小说稿件，分成相应的等级计酬，如林琴南每千字可得五元，包天笑接受特殊约稿（如专门为商务印书馆的教育杂志所创作、编译的“教育小说”）稿费为千字三元，普通稿酬为千字二元，而某些名望不著的作家或质量较差、需要润色的小说稿酬仅为千字五角。[③]考虑到当时的生活程度，可见像包天笑这样著译甚丰、稿子又受欢迎的作家，即使单靠稿费生活大约也不成问题，无怪包天笑言道：“从此以后，我便提起了译小说的兴趣来，而且这是自由而不受束缚的工作，我于是把考书院博取膏火的观念，改为投稿译书的观念了。”[④]著译小说可以成为作家用以养家糊口的一份“工作”，这在近代职业作家群体的产生过程中无疑是至为重要的一个前提条件。

作家群体的职业化自然会对小说的创作方式产生重要影响，通俗小说逐渐成为一种可以在市场上流转的“商品”，读者的价值取向，不但会决定小说的销量，从而成为判断小说是否成功的重要标准之一，而且作家也必须根据小说发行的不同载体来调整自己相应的创作方式。包天笑尽管十分佩服曾朴《孽海花》的文学价值，但他也委婉地指出，曾朴这样“字斟句酌”的创作方式是无法适

---

① 李国平：《新闻性：现代社会小说的重要特征——兼及大众传媒对其影响》，2009 年 1 月《殷都学刊》。

② 袁进：《中国文学的近代变革》，第 22—23、41—43 页。

③ 包天笑：《钏影楼回忆录》，第 325 页。

④ 同上书，第 174 页。

应连载小说的发行要求的："他的《孽海花》实在写得太慢了。在《小说林》杂志上预告，每期可以登一回（《小说林》是月刊），但他还是常常脱期，即使不脱期的话，每期登一回，试以全书八十回而言，也须六年又八个月，可谓'长线放远鹞'了。"[①]以市场化的眼光来看，常常脱期和连载时间拖得过长必然会降低读者的阅读兴趣，进而影响到小说的销量。包天笑本人也未必没有意识到自己相对之下较为粗疏的创作方式对小说质量必然会产生的不利影响，但这却是能够保证小说创作速度的几乎唯一的方法；在这里，小说的文学质量成为较创作速度较为次要的、相比之下可以被牺牲的部分，而进行这一价值判断的标准除了作家希望谋取更多利润之外，便是读者的阅读要求和心理期许：由于近代读者在阅读通俗社会小说时更注重的是奇巧的故事情节和吸引人的奇闻轶事，希望从中获得猎奇的心理快感，而相对忽略作品的文学价值，故而作家也自然地选择了创作成本最低、利润最高的创作方式。尽管通过这一程式创作出的作品可能会被纯文学作家讥为"粗制滥造"、"通篇话柄"之作，但我们不可因此而过分低估其意义，或忽略这一现象的背后所潜藏的通俗文学市场化机制的成型过程，而这正是文学的现代化进程中不可缺少的关键环节之一。

（刘云）

① 包天笑：《钏影楼回忆录》，第326页。

3月

翻译家吴梼的职业精神

商务书馆新出小说

卖国奴（白话） 洋四角
车中毒针（白话） 洋二角五分
寒桃记（白话）二册　洋七角
寒牡丹（白话）二册　洋四角五分
侠黑奴（白话） 洋一角

（原载 1907 年 3 月 2 日《时报》第 966 号）

在名家辈出的晚清小说翻译家中，“钱塘吴梼”的名头虽不是特别地响亮，但是从文学眼光和翻译水平来看，吴梼却堪称是第一流的。商务印书馆在《时报》上刊载的新出小说广告，主打品牌是林译小说，放在占据小半页的广告框的正中，林译小说广告的下面罗列其他作品，不标译者，其中有相当一部分就是吴梼所译。这正好反映了吴梼在当时译界不温不火的地位，如果把林琴南比作一枝独大，吴梼至少是紧随其后的一路诸侯。

吴梼，字丹初，号亶中，浙江钱塘（今杭州）人。与很多晚清翻译家兼事作品创作不同，吴梼只译不作，陈平原在《二十世纪小说史》一卷里称他遵守翻译“语法”，也就是说与同时期的译家相比，吴梼比较有翻译精神，每部译作都明确标明原作者及其国籍、转译者及其国籍，而那时候的不少名翻译家还习惯于撇开原作译述呢，而且他基本上是直译，很少删节，可见其对域外小说的尊崇。吴梼的职业精神还体现在他的语言水准上，阿英《晚清小说史》中便称赞吴梼在文学方面修养相当高。他是一位用白话译小说的翻译家，这在《时报》的这则广告中也可以看出，所有吴梼的作品后都用括号标明“白话”。吴梼的白话非常纯熟，译文简洁明快，朴素而不失风趣，比如他所译的俄国作家莱蒙托

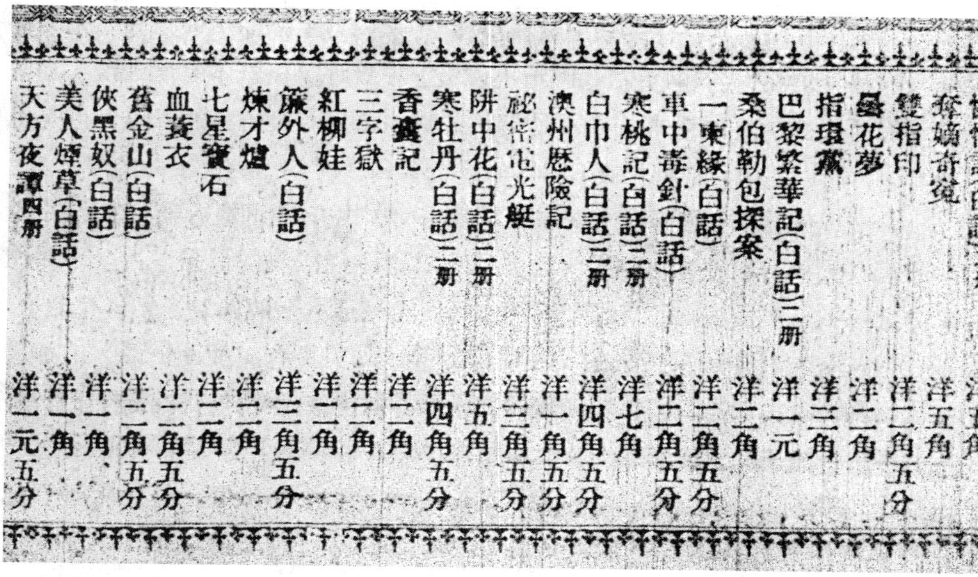

商务印书馆新出小说广告

夫《银钮碑》中的一段对堡寨风光的描写，便颇能见出其文字功力：

> 可知俺们堡寨，建在地势很高之处，从那土堤上望见的景色真是十分有趣。一面是广阔无垠的旷野，中间远近有几个壕沟，野尽头有树林丛，一望无边，直接连到山麓之上。山上有大大小小的村落。近旁村落之处有无数牛羊家畜来往居游。有一面有条小小河流，从河岸渐渐高起，堆成一座高冈。上面灌木类的树林繁殖蒙茂，几乎把全冈遮住。原来这座山冈向着高加索大山走去，合成一条线脉。

这里的白话已不是中国古代长篇白话章回小说中的，而是呈现出欧化倾向的白话。评论家甚至认为，这段明白晓畅的文字即使拿到五四时期的翻译文学中也并不逊色。

吴梼的翻译职业精神的另一表现是他的文学眼光，许多域外名家名作是通过他的译笔第一次被介绍到中国来的，如1906年译的波兰作家显克微支的《灯台卒》、美国马克·吐温的《山家奇遇》、日本尾崎红叶的《寒牡丹》、德国苏德尔曼的《卖国奴》，1907年译的俄罗斯高尔基的《忧患余生》以及上文提到的莱蒙托夫的《银钮碑》。其中《忧患余生》发表在《东方杂志》第四卷1—4期，题作“种族小说：忧患余生，原名‘犹太人之浮生’”，旁注“俄国戈厉机著"、"日本长谷川二叶亭译，钱唐吴梼重译"，从内容上推断，即为高尔基的小说《该隐和阿尔乔姆》。阿英在《晚清小说史》中批评吴梼选本有所失误，当是指其译源所据多为日语译本，而不是指其题材的选择。吴梼精通日语，但是也只通日语，所以他的译作都是据日译本转译的，许多时候不免有很大的限制。

吴梼在近代翻译文学事业上的主要贡献是向国内介绍俄国文学。《晚清小说史》设有"吴梼与俄罗斯名著"一节，指出林译小说以英国最多，占全部译作之二分之一；其次是法国、美国和俄国作品。这一选材上的偏颇，吴梼补足了。比如，他从日文转译莱蒙托夫的《银钮碑》等。阿英更在《翻译史话》中称吴梼在当时翻译家中，是真正能了解俄国文学的。除上文提到的几部俄国著作外，吴梼翻译的俄国作品尚有契诃夫（溪崖霍夫）的《黑衣教士》，译于1907年。

吴梼既精通日语，其翻译作品中日本文学自然并不在少，只是相对于他对俄罗斯文学翻译的填白，翻译日本文学并不显得引人注目。在日本文学方面，他译有尾崎红叶的《寒牡丹》、《侠黑奴》（1906），柳川春叶的《薄命花》（1907），大泽天仙的《新魔术》（1907），押川春浪的《大复仇》、《拊髀记》、《侠女郎》（1913）等。但是相对于他翻译欧美名家的小说来，他在日本文学的选题上有时候却显得并不那么有眼光。以尾崎红叶为例，吴梼选译的几本小说并非他的代表作，其影响最大、最受欢迎的代表作《金色夜叉》并没有被翻译。这固然可能由于偶然的机遇，但也并非没有定因。一方面是晚清小说界追求小说功利的表现，倾向于选择有社会功用的小说来作为译源，以符合社会改革的主流大势；另一方面则出于当时知识分子对日本文化的固有成见，认为日本文化、文学始终亚于欧美，因而只把日本文化当作通向欧美的桥梁媒介，而并不认真对待其本身，故而对日本文学、文化缺乏全面的了解，在选择翻译的译源时往往从非文学的因素出发。

吴梼的翻译也有明显的不足之处。如他在翻译长篇小说时，喜欢采用中国古代章回小说的部分格式，每章之后另加上"欲知后事如何，且听下回分解"的字样，造成了对原著的不忠实，在欧美文学作品的文字背景下会显得尤其突兀。译文中偶尔亦见把"法国梧桐"译作"经霜红叶枫林"，把情人抛弃译作"成了秋扇之捐"这样的小疵。

（孙捷）

《恨海》：写情小说的崛起

恨海　报癖

情者地球中一不可思议之原质也人非木石畴能出其势力之圈仆亦多情曾编恨史今读趼公恨海益有感焉

吾读恨海觉其缠绵悱恻咄咄逼人而万种之感情爰荟萃一时轱辘五内始而目炯炯注继而心怦怦动终而泪潸潸堕时而废书长叹时而拍案狂呼瞬息变迁有不期然而然者

吾读恨海不觉绞脑回肠……不觉怒发冲冠骂娟娟之无耻

吾读恨海益信夫戟地矛天殊多缺憾……至是始克见其真相也

嗟嗟才子佳人率难偿愿默默天公不怜金粉吾读而思吾思而梦吾何梦梦恨海银潮汪洋澎湃时作呜咽之声举脂黛钗钿尽卷入其活泼之漩涡里

（原载 1907 年 3 月《月月小说》第 6 号）

吴趼人的《二十年目睹之怪现状》轰动一时，影响深远，被列入中国四大谴责小说之一。他的另一部中篇作品《恨海》，亦曾被列入中国小说四大杰作。

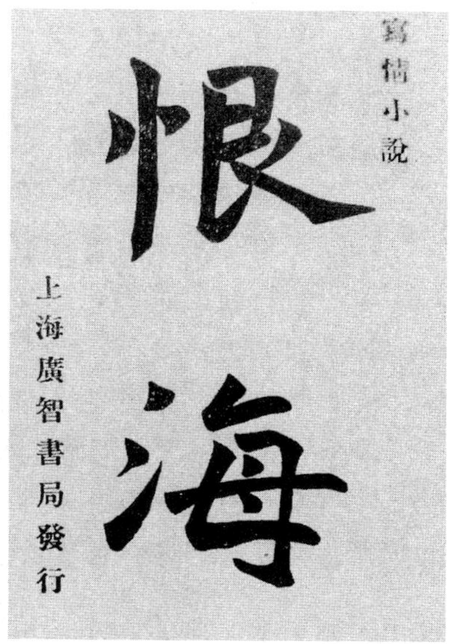

《恨海》初版书影

《恨海》问世时，所分类别为“写情小说”，与当时另一部类似的“哀情小说”《禽海石》成一时双璧，皆为开先河之作，掀起了写情小说的一个热潮。《恨海》主要讲了两对订婚的男女在庚子事变中的遭遇，最后因世事变化不得再续姻缘的故事。由这一点看来，《恨海》确实应该算作爱情小说一类，但不论是批评家还是作者似乎都并不重视小说中的爱情成分。

阿英的《晚清小说史》将《恨海》视为庚子事变记史的一种补遗，说此书除背景外，实无可取之处。他把《恨海》放到《晚清小说史》第四章“庚子事变的反映”中讨论，也就顺理成章，但认为《恨海》还不够直面社会事件，始终有所隔膜：阿英所重视的唯有《恨海》的“社会性”，因此对《恨海》的爱情描写评价不高，将其归入晚清小说末流之列，只是因其艺术性而高出《禽海石》一筹。

今人范伯群的《中国通俗小说史》看到了《恨海》中确以“儿女私情”为主，又指出这种叙事和作者吴趼人想要写的内容、表达的主题都有偏差，但仍肯定小说的故事表达了爱情被礼教束缚和牺牲的残酷，是对封建礼教的反抗；同时没有忘记《恨海》对义和团这一历史事件的关注，认为《恨海》在一定程度上形成了对这种革命运动的反思和审视。

而吴趼人自己呢？他并不认为自己“写情小说”的“情”是男女私情，他在小说第一回就提出：

> 我提起笔来，要叙一段故事。未下笔之先，先把这件事从头至尾想了一遍。这段故事，叙将出来，可以叫得做写情小说。我素常立过一个议论，说人之有情，系与生俱生，未解人事以前便有了情。大抵婴儿一啼一笑都是情，并不是那俗人说的“情窦初开”那个“情”字。要知俗人说的情，单知道儿女私情是情；我说那与生俱来的情，是说先天种在心里，将来长大，没有一处用不着这个“情”字，但看他如何施展罢了。对于君国施展起来便是忠，对于父母施展起来便是孝，对于子女施展起来便是慈，对于朋友施展起来便是义。
>
> 可见忠孝大节，无不是从情字生出来的。至于那儿女之情，只可叫做痴。更有那不必用情，不应用情，他却滥用其情的，那个只可叫做魔。还有一说，前人说的那守节之妇，心如槁木死灰，如枯井之无澜，绝不动情的了。我说并不然。他那绝不动情之处，正是第一情长之处。俗人但知儿女之情是情，未免把这个情字看的太轻了。并且有许多写情小说，竟然不是写情，是在那里写魔，写了魔还要说是写情，真是笔端罪过。
>
> 我今叙这一段故事，虽未便先叙明是那一种情，却是断不犯这写魔的罪过。要知端详，且观正传。

这里吴趼人极大地扩大了“情”的范围，情变成了人情，即人际关系中善的符合社会道德的一面，如父母之孝、亲子之慈、朋友之义；这还不够，吴趼人更是将爱情这一情中的主要因素排除在外，认为爱情是痴而不是情。这种对爱情的看法其实还带有传统的所谓情关、情障的因素，吴趼人再三声明自己的《恨海》是绝不写痴魔的儿女之情的。

那么披着男女之情故事外衣的《恨海》究竟写了什么呢？《恨海》以庚子事变为背景，开端叙述陈家兄弟二人，经父母做主，哥哥伯和与同院姑娘张棣华订婚，弟弟仲蔼与同院表妹王娟娟订婚之事。后来由于战事迫在眉睫，几家人风流云散。娟娟随父母先回苏州原籍；伯和与棣华母女逃难，途中失散；仲蔼随父母留京，不幸父母被乱军杀死，他只身一人流落西北。八国联军攻陷津、京，伯和匿居天津竟得意外横财，到上海花天酒地；棣华母死他乡，伯和伶仃流落，幸被父亲接回上海，但伯和已堕落得不可救药，经棣华百般感化无效，终于病入膏肓一命呜呼，棣华含恨削发为尼。仲蔼南来寻娟娟完婚，不幸杳如黄鹤，突于妓馆中见娟娟已沦落为妓。仲蔼回广东安葬亲人后，至深山不知所终。

不难看出，《恨海》的内涵其实相当复杂，如阿英所说，有对历史事件的反映；也如范伯群所说，在小说中确有以情反抗礼教的意图（吴趼人自己在小说中也再三控诉孟子），并且有对历史事件的审视和反思，但是还远不止这些。

首先《恨海》描述了在巨大的突发的历史事件造成的伤害下，个人命运的渺小。对庚子事变的回应，在《恨海》之前还有短篇小说《唐生》（1903 第 7 期《新小说》）和《禽海石》。但是这两篇小说都隔了一层，前者的主人公都在美国，所受到的影响仅限于爱国主义的激荡，男女主人公生死离别于一种抽象的民族自尊——男主人公认为身为美国人的女主人公“齐大非偶”；后者由于是第一人称叙事，而男主角基本没有直面庚子事变，他所受到的伤害只是来源于在事变中受难的未婚妻。而《恨海》不同，其中四个青年都在庚子事变中直接遭遇逃难的群众、冲突的枪战、各种匪夷所思的战争奇谈以及切身的精神和生理的伤害。而这些伤害最终改变了人物的命运，如女配角王娟娟便沦为妓女，而她的未婚夫则隐入深山。不过在理解这些人的命运变化方面，当时的人们却没有这么深的认识。比如前引《月月小说》第 6 号中“说小说”一栏专门推出评《恨海》的文章中，可以看到“报癖”仍然站在十分传统的角度在理解《恨海》，比如他批评堕入烟花的娟娟为“无耻”，将娟娟见到仲蔼时的惆怅和温柔说成是“献媚”，并且将《恨海》的悲剧仅仅理解为“才子佳人率难偿愿”，这不仅说明时人不仅没有完全了解《恨海》的内涵，连吴趼人自身的写作意图都没有理解。

而另一方面，小说又涉及对现代都市的恶质文化的疑惑。小说的男主角在逃难中，虽然艰难却发了横财，但是到上海之后却花天酒地，堕落无法自拔。这种主题已经在19世纪末20世纪初的狭邪小说中屡见不鲜了。由男主角的堕落又衬出刚到上海的女主角身上带有的传统道德的高尚。张棣华不仅不嫌弃病入膏肓的未婚夫，反而亲身照顾而不顾未嫁之身的名节，看似突破了旧道德的障碍，而实际上是对旧道德更高明和委婉的维护。

最后，吴趼人还试图描绘一种和谐和崇高的社会人际关系，以及他理想的健康文明的国民类型。小说中女主角懂情又止于礼，她照顾男主角并不为了彼此的婚姻身份，而是男主角确实让她动心动情；男主角在堕落之前也是知情懂礼，知道体贴未婚妻的；女主角的父亲让女主角继续照顾男主角，但又并非出于传统的从一而终的观念，而是出于对女儿的慈爱之情。小说中的人物行事无不恪守礼教，符合了当时仍然保守的社会道德观念和价值观念。吴趼人的"情"就像一个擦边球，一面公开宣言反抗传统道德，实际行为却又形成对传统道德的守护。似乎吴趼人所批判的"孟夫子"的旧道德只要内化为人物自觉的性情的力量，而不是外在刻板的约束，就会变成新的人性化的道德。就像吴趼人自己所说："前人说的那守节之妇，心如槁木死灰，如枯井之无澜，绝不动情的了。我说并不然。他那绝不动情之处，正是第一情长之处。"[①]仿佛只要守节出于自愿，是对亡夫的夫妻之情的追念，不合人性的礼制就转化为人性化的情的形式。美国学者韩南认为《恨海》的直接创作动机是为了抵消当时两部流行小说的不良影响，即《迦茵小传》和《茶花女》。这两部小说都将女性与欲望直接关联，突破了当时中国文学能接受的底线，而《恨海》则提出了"情"的概念，以和"欲"对立，吴趼人所要强调的其实是"止乎礼"，他却用了一个"发乎情"的外衣。但他确实张起了"情"的大旗，在《恨海》之后才会出现写和尚恋爱的苏曼殊和写寡妇恋爱的徐枕亚。

（李默）

① 吴趼人：《恨海》，《中国近代小说大系》，第5页，南昌：江西人民出版社1988年版。

5月

《新茶花》：仿作的效应

新茶花

此书以上海唯一之名妓茶花第二武林林为主而以近十年来社会之状穿插之为新小说中第一奇作按武林林于庚辛壬癸间张艳帜于春申浦上风流月韵光艳照人喜簪茶花而又爱阅冷红生所译巴黎茶花女遗事故人戏以茶花第二目之适有东方亚猛其人游学归来留心声色遂定情交其一段艳冶历史真不数马克格尼尔姑娘也著者钟君心青

（原载1907年5月17日《上海》）

林纾和王寿昌合译的《巴黎茶花女遗事》出版于1899年，虽然离小仲马的原著初版已有半个世纪之久，在当时的中国还是引起了很大的反响。茶花女不仅让华夏荡子断肠，还让沪上妓女断肠。《新茶花》中的女主角武林林便为《巴黎茶花女遗事》所倾倒，极爱茶花，自称“茶花第二楼”，自命为玛格丽特，因此演义出了中国式的当代茶花女的故事，故谓之“新茶花”。

《新茶花》出版于1907年，初版第一年即在《上海》上登广告，位置醒目，持续时间长。从这里摘录的广告内容看，一开头即将女主人公武林林封为“上海唯一之名妓”，将《新茶花》封为“新小说中第一奇作”，极尽广告夸大之能事。接着竭力渲染女主角“喜簪茶花而又爱阅冷红生所译《巴黎茶花女遗事》”，显然要借林译的影响来推销自己，这也是仿作的特点，都属于商业的炒作。不过广告也透露了《新茶花》的内在矛盾：既要标榜属于“新小说”范畴，又要以“一段艳冶历史”吸引读者，两者间的张力尽显。既然是“新小说”，按照梁启超的意见，就不能写才子佳人；《新茶花》不仅写才子佳人，还要写青楼风月，似与“新小说”宗旨有所背离。但认真考究起来，《新茶花》的实际内容并

《新茶花》广告

不是以“艳”取胜，男女主人公的爱情故事在整部小说中所占的分量并不大，对妓院的描述用笔也不重，作者真正用心的，是广告里也提到的“这十年来社会之状”，其间的新党活动、社会黑暗、党羽纷争、新旧对立等等，从这一角度看，广告反而是挂羊头卖狗肉的不实之词了。

值得关注的是，刊登广告的《上海》，1907年5月12日创刊，是上海第一份地方报纸，由上海城厢内外总工程局总办，无论是内容还是广告都偏重商务。《新茶花》的广告因此与众多印刷公司、电灯公司、缝衣机器、彩票等广告在一起，显得极为醒目。《上海》的读者群并不是新派的文人士大夫，也不是文艺爱好者，而是一些商人和实业家。即使他们有读小说的需求，恐怕也不会有多少人对新小说感兴趣，倒是艳情小说和狭邪小说对他们来说更有吸引力。《新茶花》采取这样的宣传方式，恐怕也是形势所迫。第二年，《新茶花》又在更为著名的《时报》上登广告，不再自称“新小说中第一奇作”，却自觉定位为“艳情小说”，更大肆宣扬“艳冶历史”，“以倩丽之笔写之读之，令人魂也消”。①这显然是对商业化市场需求和市民读者趣味的一种迎合。

《新茶花》还在书页前面自打广告：“拍手！拍手！拍手！欢迎！欢迎！欢迎！艳情小说《新茶花》出现。茶花一簇，咳唾九天。美人之泪，千年万年。案蠹燃焰，兔龠衔石。笔花灿烂，如泪如血。”这样自吹自擂的新小说，在当时还是很少见的。而作者钟心青也一举成名，可惜后来并未有更多佳作出现，但他却因这一本《新茶花》而留名，这大概也是奉行“一本书主义”吧。时隔百年，作者钟心青的生平已经很难考证，“钟心青”是否作者真名也无人知晓。从

① 见1908年4月6日《时报》。

这部《新茶花》及广告大概可以推断，这是一位“洋场才子”，或许还有报馆文人的身份。

《新茶花》并不是《巴黎茶花女遗事》的唯一仿作，何诹的《碎琴楼》、林纾的《柳亭亭》、苏曼殊的《碎簪记》和徐枕亚的《玉梨魂》等都可以看出《巴黎茶花女遗事》的影响。在钟心青小说《新茶花》之后，又出现了时装戏、新戏、电影《新茶花》。严天铎所编时装戏《新茶花》，1918 年起在福州连演两年，造成轰动。梅兰芳也演过新剧《新茶花》，胡蝶则主演了电影《新茶花》。其中新戏《新茶花》也曾登报做广告：“《新茶花》一剧为上海环球学生会编述，久已脍炙人口，风行远迩，其寓意为摹日俄战争时营日妓代夫作侦探，不惜牺牲一身深入敌某，窃地图归献本国统帅，卒获胜利。非沪上书肆中所售之新艳情武林茶花也，请新舞台名伶小连生等会演，剧分三十八节。描摹入神，形容尽致，忽喜忽怒忽悲忽乐，意旨新颖。”[①]此《新茶花》非钟心青《新茶花》也。

《新茶花》虽然在影响力上不及林译《巴黎茶花女遗事》，但是就仿作而言，它已经达到了许多原创小说都不能达到的高度。时隔百年，《新茶花》在今天依然有影响力，1996 年南昌百花洲文艺出版社就再版了这部风靡一时的作品，《中国近代小说大系》也收录了这部小说。

（狄霞晨）

---

① 见 1909 年 12 月 10 日《劝业会报》。

6月

“新戏”的产生

春柳社公演《黑奴吁天录》演出说明书

演艺之事关系文明至巨故本社创办伊始特设专部研究新旧戏曲冀为吾国艺界改良之先导春间虽于青年会扮演助善颇辱同人喝彩嗣复承海内外士夫交相赞助本社值此事机不该放弃兹定于六月初一初二借本乡座举行丁未演艺大会准于每日午后一时开演黑奴吁天录五幕所有内容之概论及各幕扮装人名特列左方大雅君子幸存教焉

（日本早稻田大学戏剧博物馆藏）

新戏是指清末民初在西方戏剧的影响下产生于现代意义上的话剧前的一个过渡时期的话剧形态。如果从春柳社的成立算起，到第一个现代意义上的话剧社“民众话剧社”的建立为止，那么新剧或者是文明新戏的生命大概就是1906年冬到1921年。但这只是理论上的时间，戏剧改革在1907年前已经在中国萌芽，而1921年以后新剧也并没有绝迹，只能说没有之前的繁荣景象了。

新剧的产生是有其具体背景的。

中国人最早接触西方戏剧的，是一些出使西洋的外交官以及后来的留学生。他们或由于外交礼仪，或出于好奇，观看了西方戏剧的演出。新奇之外，最令他们感兴趣的，一是西洋剧院建筑之华美，其规模壮阔逾于王宫；二是西方艺人地位之高贵，所谓英俗演剧者为艺士，非如中国优伶之贱，优伶声价之重，直与王公争衡；三是西方戏剧布景之逼真，令观者仿佛身临其境；四是西方戏剧之社会功能。据说法德战争后，法败，遂集巨款建戏馆，以鼓励国人奋勇报仇之志。

稍后，随着中国沿海口岸的对外开放，一些西方传教士和外国侨民涌入

春柳剧场演出广告

中国，上海成为他们主要的聚集地，就演出一些西方戏剧以自娱。1866年，侨民在上海建立了第一座西式剧院——兰心大剧院，它由外国人经营，定期演出业余剧团 ADC 编演的戏剧。ADC 剧团的演出吸引了很多中国人，一些曾留学国外，或对西方戏剧感兴趣的中国人，时常出入于兰心大剧院，他们有幸在中国本土观看西洋戏剧，逐渐对这种新鲜的艺术样式有了更具体的认识。

在对西方戏剧关注的同时，国人也开始关注本土戏剧的变革。1904年，陈独秀以“三爱”的笔名写了《论戏曲》一文，认为“戏曲者，普天下人类所最乐睹、最乐闻者也，易入人之脑蒂，易触人之感情：故不入戏园则已耳，苟其入之，则人之思想权则未有不握于演曲者之手矣”[①]。并进一步提出：“戏园者，实普天下之大学堂也；优伶者，实普天下之大教师也。”王钟麟也认为：“今日欲救吾国，当以输入国家思想为第一义；欲输入国家思想，当以广兴教育为第一义；然教育兴矣，其效力之所及者，仅在于中上社会，而下等社会无闻焉。欲无老无幼，无上无下，人人能有国家思想，而受其感化者，舍戏剧末出。盖戏剧者，学校之补助品也。”[②]在这样的认识和当时社会全面的改革风潮下，旧戏曲的改革势在必行。京剧等戏曲都陆续有一些新的戏码上演，还有时装戏。在这样的基础上，才陆续有了开明演剧社、春柳社等等新剧社。

而春柳社的影响之大，以及它诞生之地为日本，也是新剧社研究必须重视的一个背景。1906 年冬，春柳社在东京成立。开始只设演艺部，由李叔同主持。主要成员还有欧阳予倩、吴我尊、马降士、曾孝谷等。春柳诸人，多为戏剧爱

① 三爱（陈独秀）：《论戏曲》，《新小说》第 2 卷第 2 期。

② 天僇生（王钟麟）：《剧场之教育》，阿英编《晚清文学丛钞·小说戏曲研究卷》，第 5 页。

好者，他们推崇日本新派剧。日本新派剧是在日本传统的歌舞伎形式中，加入宣传性的演讲，形成由角藤定宪倡导的“壮士芝居”（即壮士剧）和川上音二郎发起的“书生芝居”（书生剧）。这两种形式采用大量演说，性质近于政治宣传和鼓动，离话剧比较远。真正的话剧即日本新剧运动其实兴起于1909年。春柳社受到的其实是新派剧的影响，而非现代话剧的影响，所以在之后很长一段时间的中国文明新戏中，演说、宣传等等因素都是大量存在的，甚至到辛亥革命前后，在舞台上还有一类专门角色叫“言论派正生”，这是现代话剧没有的，这种表现形式其实也不能完全算到戏剧中来，但是影响确是很大的。

有学者概括当时的新剧社：从“社团演剧风格来看，春柳社、新剧同志会、春柳剧场基本上走的是为艺术而演剧的道路，但他们也编演过《家庭恩怨记》、《不如归》、《爱欲海》等较有影响的通俗家庭剧。春阳社和进化团基本上走的是为革命而演剧的道路，他们虽以演《黄金赤血》、《共和万岁》等鼓动革命的剧作为擅长，但也演过《恨梅》、《血泪碑》等通俗剧。南开新剧团把为教育而演剧视为自己的使命，但在他们的舞台上，同样也以通俗易懂、妇孺皆知的方式搬演过《一元钱》、《一念差》等揭示人伦、道德方面缺陷的通俗戏剧作品。到甲寅前后，新民社、民鸣社等社团更是把通俗戏剧作为自己的创作方向。他们演出的《空谷兰》、《梅花落》、《西太后》等作品，深受当时观众的欢迎”[①]。

这里我们截取的是载于《申报》1914年到1915年的部分新剧社的演出广告。此时还未出现新剧后来的剧本荒，仍然处在“甲寅中兴”的时期。从这些广告中，我们也可以了解当时新剧的一些情况。

如春柳剧场的广告：

英大马路东口三号谋得利原址
春柳剧场
夜戏特别八角头等六角二等四角日戏减半〇减价券一律通用

新剧同志会全体一齐登台

求安、斐然、蔓芝、忍广、苏新、天涯、忏红、马二先生、惠仁、镜若、小髭、我尊、抗白、予倩、绛士、镜澄、镜明、苍梅、映霞、恨生、

① 陈龙：《近代通俗话剧及其历史价值》，中国现代文学研究丛刊杂志编辑部编《中国现代文学研究丛刊》1996年第2期，第136页。

伯神、石声、天玉、天民、机子、不平。

四月十四日夜准演　全本　花姊妹

是剧为爱情新剧中之最高尚者。前次排演因情节离奇幕数过多，不得已分两夜连演，一时大受识者欢迎，同人欣幸之至。兹特精益求精，删繁就简，准定一夜演全以答惠顾诸君之盛意。座位无多，幸早临焉。

四月十五日夜准演　王熙凤大闹宁国府

本剧场两演鸳鸯剑，颇为沪上人士所欢迎。兹由马君绛士编成王熙凤大闹宁国府六幕用续鸳鸯剑，为尤二姐之结局。剧本完善盛水不漏，剧中人物皆一时名选，洵为海上不可多得之杰作。①

春柳剧场由新剧同志会登台演出，剧目为《姊妹花》和《王熙凤大闹宁国府》。前者为爱情剧，广告中特别指出该剧“情节离奇、幕数过多”。而后者由欧阳予倩改编，他还曾改编过《红楼梦》中的其他篇章，比如《夏金桂自焚记》、《刘姥姥进大观园》、《鸳鸯剑》等，而这则正是由于《鸳鸯剑》反响很好，于是续写出来交代尤二姐的结局之用。这些篇章都很有戏剧张力，情节或诙谐或紧张，说明到了“甲寅中兴”之时，当时的剧作家已经逐步了解到话剧中所讲究的戏剧性，并在这方面有选择题材的独到的眼光。但是他们的改编处理并不都很成功，就像广告中所说，《姊妹花》因为幕数过多，再演时不得不“精益求精，删繁就简”。由于时间、市场等很多原因，新剧尽量控制在五幕左右，这也是在最初春柳社排演《黑奴吁天录》的时候就基本定型的新剧的基调。

又如新民社的广告中所宣传的四部剧：

石路上天仙茶园旧址电话二八四八

新民新剧社

悬座楼座皆七角椅位三角普通二角礼拜六及礼拜均有日戏价分四角二角一角

特请著名著名新戏大家

凌怜影　汪优游　王无恐　李悲□

客串徐半梅卓呆

① 1914年4月14日《申报》。

……

四月二十三日戏

趣剧　谁先死

正剧　儿女英雄

夜戏

趣剧　广告结婚

正剧　日本原名云之响　译本改名社会钟　钟声[1]

一部《儿女英雄》，一部《钟声》，最后是《广告结婚》和《谁先死》。《钟声》由《社会钟》改编而来，是具有社会批判力量的严肃剧，可见新民社也并不是一味追求通俗。他们会在这些剧的抬头打上“正剧”二字，有别于《广告结婚》和《谁先死》的“趣剧”。在演员表中，有徐卓呆的客串，在别的广告中也时常看到类似的客串广告。徐卓呆所代表的一类报刊文人，和当时新剧表演家剧作家一样，表面上都是迎合了通俗的市井趣味，走的是滑稽小说和通俗戏剧的模式，但是在这些充满笑声的艺术中还是有批判性的，而且他们也始终没有忘记新剧和小说本身的社会责任。这也是春柳社一开始向新派剧学习的原因，完全是出于改良社会和改良政治的目的。他们所看重的正好是新派剧中不那么符合戏剧标准的演讲宣传的部分。这样的部分虽然极大地张扬了新戏的宣传功用，但也限制了其艺术表现力，使这些剧社有些“曲高和寡”；而更加通俗平易近人的新民社等剧社似乎慢慢知道怎么更好地表达新戏的主旨，使艺术和宣传有了较为合适的组合。在几则广告的对比中我们也可以看到一些有意思的现象，如春柳社的《黑奴吁天录》，三大剧社为教育筹款而演出的改良目的很强的、急需观众响应的剧目，基本都安排在日戏的范围，一般午时开戏；而《王熙凤大闹宁国府》之类娱乐休闲戏，都安排在晚间演出：功用不同的新戏占据着不同的时段。

虽然春柳社、南开新剧社等较为严肃的剧社在创作、演出等等层面做出了很多的探索和贡献，影响也大，但在1914—1915年间做广告最多的是新民社，其次是开明社和民鸣社。时人将这三个剧社合称为“三大剧社”，可见其地位之高，这是他们的演出更贴近市民的结果：既在《三娘教子》等剧目里宣扬“孝

① 1914年4月22日《申报》。

义廉节”等传统道德观，又在为平民小学筹款义演里选择《禽海石》这样传统且有突破的剧目，大概也在追求社会效应与商业效应的“双赢”吧。

值得注意的，当时已经有了女子新剧社，例如“振坤女子新剧社”和“爱华女子新剧社”，她们所演的剧目也是《侠女奴》、《家庭恩怨记》、《死里姻缘》这些倾向于女性地位、婚姻和家庭伦理的剧目，其追求女性解放的立场也是鲜明的。

（李默）

9月

《老残游记》的艺术成就

新小说老残游记

是书借老残遨游以叙官吏酷虐之现状笔墨透彻最是动人前数回曾载本馆刊行之绣像小说读者皆以未窥全豹为憾今已全稿刊行仍将版权归本馆彩绘封面精印洋装二册定价大洋五角上海商务印书馆启

（原载1907年9月6日《时报》第1153号）

《老残游记》的作者刘鹗是官宦之后，洋务运动中得力的能员。他并非职业小说家，写作小说只是他政治、经济事业之外的余兴。

正是这部几乎属于玩票性质的《老残游记》，奠定了刘鹗晚清最重要小说家的文学地位。《老残游记》始载于1903年9月21日《绣像小说》第9期，至当年旧历十二月第18期毕，载一至九回，署“洪都百炼生”。后重刊于《天津日日新闻》，并续至二十回。1907年该报又发表二集九回。1906年初集单行本由上海商务印书馆出版发行。次年9月，商务印书馆在《时报》1153号上刊登广告宣传此书，全文如前。

刘鹗

广告字数不多，主要突出了此书三大卖点。一说此书能够“叙官吏酷虐之现状”，是关于小说内容、认识意义等方面的宣传；二是赞美此书“笔墨透彻，最是动人”的艺术造诣，是着眼于小说描写、叙事、议论等艺术层面的宣传；三是强调此书为小说首次完整结集出版，提供给那些自从 1903 年以来通过《绣像小说》分期连载阅读的忠实读者一个一览全豹的机会。《老残游记》屡次再版，销路甚好，但这则广告本身在出版社销售运作中到底起到多大的作用，如今已经很难查考了。值得注意的是，广告中所突出的小说的卖点，应该比较忠实地反映了出版者商务印书馆编辑人员对这部小说优秀之处的基本认识，还可能曲折地反映了当时小说读者对这部小说的基本评价，或者至少反映了出版者主观估计的读者评价。

广告强调小说能够“叙官吏酷虐之现状”，是比较接近小说真实情况的描述。小说以游方郎中老残第一人称视角，耳闻目睹了玉贤、刚弼这两个 19 世纪 90 年代山东省府县级官员的暴戾酷虐，并借助山东巡抚张（庄）宫保的信任，亲身干预了刚弼草菅人命的司法审理过程，最终不仅以东方福尔摩斯的手段一举平反昭雪了冤假错案，还以奇药反魂香救活了 13 名已被确认死亡的受害人。小说塑造的玉贤、刚弼这两个清廉而酷虐的酷吏形象，给读者留下了深刻印象。玉贤是以“才能功绩卓著”而补曹州知府的。在署理曹州府不到一年的时间内，衙门前 12 个站笼便站死了 2000 多人，其中九分半是良民。刚弼是“清廉得格登登”的清官，他力拒巨额贿赂，却一味臆测断案，审讯贾家 13 条人命的巨案，仅凭主观臆断，定魏氏父女是凶手，严刑逼供，屈打成招，险些酿成骇人听闻的冤狱。

而广告中所谓“笔墨透彻”的提法，是比较模棱、含糊的，既可以解释为小说的语言能够穷形极相，细致入微地传达作者的思想；也不妨理解成小说思想深刻，能言人所未言，足发读者深省。而无论作何种解读，小说都可谓当之无愧。《老残游记》并没有仅仅停留在一般的谴责小说暴露时政黑暗的层次，就“叙官吏酷虐之现状”而言，至少有三个方面显示了作者高于当时其他小说家一筹的见地和才华。首先，小说也许是说部中最先明确抨击施政苛酷以博清誉的官员，并且毫无含糊地指出，这样的清官对国家所造成的危害和带给人民的苦难，比一般昏庸无能、无所作为的庸官、贪官更为厉害。其次，小说没有停留在揭发酷吏滥用司法权力大造冤假错案的表面，而是进一步发掘了酷吏之所以如此肆意妄为、草菅人命的内在心理动机。主人公老残在曹州客店中题诗：“冤埋城阙暗，血染顶珠红。”一针见血地揭露这些所谓的清官尽管两袖清风、从不受贿，但决非全无私心。他们无非是借助恐怖高压统治换得地方上表面的平静，以取得上级的青睐，最终为自己仕途升迁服务。小说对玉贤、刚弼两个酷吏的施虐心理和性格特点的描写刻画，还能做到同中有异。刚弼正如他的名字谐音所暗示的，是典型的刚愎自用的性格。他坚信嫌疑人既然肯出钱行贿上下打点，就必是真凶无疑，而丝毫不考虑老实本分的嫌疑人也有可能即使无罪也会愿意出钱消灾免祸，直到案件最后被派来复查的白太尊一举推翻，他还非常不解地问道：既然嫌疑人无罪，为何要行贿？可见，刚弼是一个丝毫不通人情世故、性格偏执到愚蠢的官员。而相形之下，玉贤要比刚弼人情练达得多，在明知已经被他送入站笼的罪犯可能有冤情的时候，他冷笑着说："这人无论冤枉不冤枉，若放下他，一定不能甘心，将来连我前程都保不住。俗语说的好，'斩草要除根'。"为了免得犯人将来万一翻案后追究他误判的责任，影响他的仕途前程，即使明知错判、误判，也要坚持到底，置人于死地而后快。他把个人仕途荣辱远远置于法律和公正之上，表面不受贿的清官其实骨子里私心重到可怕和残忍的程度。再次，小说笔墨更为"透彻"、高明的地方还在于非但揭露了两个府县级酷吏，还把讽刺的矛头指向了他们的上级——貌似礼贤下士、勤政爱民的一省行政长官张（庄）宫保。这位巡抚其实昏聩无能，采用史钧甫的治河建议，废济阳以下民埝，退守大堤，还不事先警告居民进行疏散，致使两岸十几万生灵惨遭涂炭。刚弼是他赏识的官吏，玉贤当上知府更由于他的保举。他没有知错改过的道德勇气，得悉玉贤的所作所为，为不使自己显得举荐不当，不敢将其撤回省里，而只是说将来不再予以保荐。小说叙事更为吊诡的是，就是这样一个昏庸的巡抚大人，成为主人公老残这个无职无权而又满怀道德义愤、渴望干预现实政治的游方郎中的政治靠山，相对清醒、正直的主人公只有仰仗这个昏庸的大官的信任和保护，才能部分实现其抱负和主张，而终于落得治标而不能治本，劳心费力而收效甚微的下场。这正是小说反讽技巧的高明之处。

刘鹗文采出众，《老残游记》的"笔墨透彻"之处不仅局限于成功刻画酷吏庸官之一端。鲁迅称它叙景状物，时有可观，确为的评。大明湖、千佛山、桃花山月夜、黄河流冰等写景段落都可摘出作为写景散文独立欣赏；作者的音乐修养尤其了得，而且非常善于调动比喻、通感等多种修辞手段淋漓尽致地描画原本很难用语言加以形容的抽象的音乐艺术，明湖居听书一段语言艺术精美绝伦，因而被收入语文教材而家喻户晓；申子平在桃花山中夜听黄龙子、玙姑、扈姑等合奏《胡马嘶风曲》一段文字，也达到很高的语言成就。

广告宣称小说"最是动人"也非虚誉。小说对酷吏令人发指的暴行和暴虐偏执心理的写实暴露，足以令读者义愤填膺、拍案而起，可称"动人"；小说中如画的写景文字、绝妙的音乐描写，足以令读者赏心悦目、感发志意，也可称“动人”。但真正使整部小说动人心弦、感人至深的，却是通篇洋溢着的“棋局已残，吾人将老”、有心救世而无力回天的沉郁、激越的感情。作者在小说自序中宣扬了“哭泣哲学”，将哭泣区分为有力类之哭泣与无力类之哭泣，自称“吾人生今之时，有身世之感情，有家国之感情，有社会之感情，有宗教之感情。其感情愈深者，其哭泣愈痛；此洪都百炼生所以有《老残游记》之作也”。整部小说便是作者自思岁月蹉跎、功业未成，念我同胞，大难未已而发的穷途之哭。小说叙老残在冬日的月夜独立黄河岸边，面对苍茫壮阔的流冰图景，触景伤怀，不觉流下泪来，等到发现时已经冻结成两条冰凌，不禁笑了出来。因为作者/主人公老残的感情是真实的，此段涕泪交零的描写并不显得矫揉造作或刻意煽情。正是由于内在情感的真实和叙述分寸的恰当把握，使它成功地避免了当时众多谴责小说“辞气浮露、笔无藏锋”、情感夸张、毫无节制的弊病，从而达到了“动人”的阅读效果。

广告是出版商用以招徕读者的宣传，自然不大会摘出书籍的瑕疵。商务印书馆为《老残游记》所作的广告词，言简意赅，赏鉴小说的优点显得颇得要领，却并不能视作对小说的全面评价。《老残游记》因为大胆揭发酷吏劣迹，被鲁迅归入谴责小说，其实，此书以老残游历山东的主观视角结构全书，因此可归入游记小说；申子平桃花山之游一段，通过人物对话直接表达作者的政治理想，可以作为政治小说阅读；小说末尾数回，老残受命智破奇案，又使小说可归入公案/侦探小说；而主人公主观激情充溢全篇的叙事，则开了五四时代浪漫主义小说的先河。因此在小说类型方面，《老残游记》是典型的杂拌，尤其是最后的探案、奇药救人等情节设置明显脱离现实，与全书的游记结构也显得不够协调。广告刊出的1907年上距庚子年义和团运动不过数年之久，而南方革命党人在各地的零星起事正方兴未艾。小说中对于义和团农民运动和革命党颠覆清政权的革命运动的指摘和诋毁，在当时无疑投合了一大批思想、经历与作者刘鹗相似的读者的见解，而对于政治上持与之相反意见的读者也足以引起热烈的争论，这两个方面都可以被炒作成为图书的卖点。广告对于《老残游记》借黄龙子之口以神秘主义的预言方式所发的“北拳南革”的政治评论，未作一字评论，则反映了出版商为避免过多卷入政治性争论所做的精明的图书宣传策略。

（周羽）

《九尾龟》的浮沉

再版九尾龟初二三四五集出版广告

是书以绮丽之情怀达炎凉之世态其描写青楼口吻惟妙惟肖令闻者解颐见者动魄然而盟山誓海终属虚醉水月镜花多归幻境彼沉酣于纸醉金迷之地者阅此可为当头之棒喝洵醒世小说中上乘禅也原书出版大为海内所欢迎印行之本早行告罄兹重付手民以副阅者之望原书五册每册大洋四角发行所棋盘街点石斋开明书店及各大书局

（原载 1907 年 9 月 22 日《时报》第 1169 号）

《九尾龟》初版扉页

《九尾龟》是轰动一时的名作，它卷帙浩繁、故事繁多，主要取材于 19 世纪后三十年京、津、苏、沪青楼妓院之事，兼写社会情状。小说男主角章秋谷是一个风月场上的老手，遍访沪上名花却能明哲保身，是典型的才子和流氓。作者是清末毗陵人（今常州）张炎，字春帆，别署漱六山房。他“常出入于烟花之中，寻欢作乐，闻见甚多，于是酒杯块垒、绮梦莺花，写成《九尾龟》”[①]。小说共十二集，1906 年点石斋刊第一、二集；1907 年刊第三至五集；1908 年刊第六集；1909 年刊第七、八集；1910 年刊第九至十二集。每集 16 回，共 192 回。1925 年又续出十二集，共二十四集。

《九尾龟》在晚清市民社会中广为流传，而后人对它的评价却不高。鲁迅说它是“溢恶”的狭邪小说，可以做嫖学教科书去读，胡适说它只够得上嫖界指南的资格，《九尾龟》从此臭名昭著。它一度与《青楼梦》、《品花宝鉴》一起被列入中国十大

① 郑方泽：《中国近代文学史事编年》，第 256 页，长春：吉林人民出版社 1983 年版。

禁毁小说，为这部小说添加了不少神秘的色彩。当然也有人为《九尾龟》说好话，鸳鸯蝴蝶派作家袁寒云、何海鸣等是很推崇《九尾龟》的，以为《九尾龟》主旨在于谲谏。袁寒云为《九尾龟》作序时说："人争为小说，日进丛繁，而巨作之中能无枝无蔓者鲜矣。前以李伯元、吴趼人称野史之雄，后则李涵秋、张春帆负谲谏之望。"何海鸣从内容到形式对《九尾龟》做了全面的肯定，并对张春帆推崇备至："描摹海上花事之小说，以《九尾龟》为最上乘，盖《九尾龟》之作者，有胸襟，有感慨，有本事，兼有文才也。予爱慷慨淋漓之小说，予尤乐闻溜亮宛转之苏白，《九尾龟》兼而有之，使人意也消矣。"[①]秦瘦鸥道："这部小说情节很热闹，人物也多，故易于抓住读者。"[②]

《九尾龟》的发行量和知名度也与其恶名极不相符：1922年11月14日，北京高等师范举行了"民意测验"，其中"你最喜欢读的中国旧小说是哪一本"一题的投票结果，有数票写的是《九尾龟》。[③]秦瘦鸥说："我清楚地记得，抗战前不久，走进上海那些大学或中学的宿舍，还可以在不少同学的枕边发现这部'巨著'。其影响之深且远可以见矣！"[④]一部写于1906年的狭邪小说，可以闯南走北，吸引一代又一代的知识青年，几十年来长盛不衰，这恐怕是"溢恶"和"嫖界指南"所难以解释的。

我们更为关注的，是《九尾龟》的文学史地位是如何被塑造出来的？这要追溯到最早的书评——《九尾龟》的广告。我们这里摘录的《时报》1907年9月的广告，主要突出了三点。其一，强调《九尾龟》系"醒世小说"，所写"水月镜花，多归幻境"，"沉酣于纸醉金迷之地者，阅此可为当头之棒喝"。其主旨是劝诫，而非诱导，视为"嫖界教科书"其实是一种误读。其二，《九尾龟》"以绮丽之情怀，达炎凉之世态。其描写青楼口吻惟妙惟肖，令闻者解颐，见者动魄"，自有艺术上的严肃追求，并非水平低下之作，其实在当时鱼目混珠的小说中尚属"中上"之作。其三，《九尾龟》"大为海内所欢迎"，初版于1906年发行，"早行告罄"，1907年再版再登广告，且售价不菲，当时一般的小说每册

① 何海鸣：《九尾龟·序》，转引自范伯群《插图本中国现代通俗文学史》，第34页，北京：北京大学出版社2007年版。

② 秦瘦鸥：《闲话"狭邪小说"》，《小说纵横谈》，第76页，广州：花城出版社1986年版。

③ 范伯群：《插图本中国现代通俗文学史》，第33页。

④ 秦瘦鸥：《闲话"狭邪小说"》，《小说纵横谈》，第75页。

售价在两角左右，《九尾龟》一共五册，每册售价四角。在点石斋、开明书店等各大书局都有代售，其销售力度和需求量也非同一般。以上所说，均有自我辩护之意，也是一种自我形象的塑造，但并不离谱。

《九尾龟》面世之后，一时洛阳纸贵，仿作不断。《九尾鳖》、《九尾狐》、《十尾龟》等仿作不绝如缕，也纷纷登出广告，抢占读者市场。如 1909 年 12 月 10 日《劝业会报》刊有《醒世小说九尾鳖二三编》的广告："乃上海女优界中一极著名之怪丑历史也，初编出版早已售罄，盖以嬉笑怒骂之文字写龌龊狎亵之状态，描摹逼真，情节声帏，有声有色，可鄙可嗤，走马王孙，射鸡年少，读之未尝不可作醒此世良图，警惕殷鉴焉夫。"这就有过度炒作之嫌了。仿作虽多，但良莠不齐，大多都在时间的洪流中淘汰了，留下来的也远远比不上《九尾龟》。

《九尾龟》并没有见好就收。1925 年张春帆又再续《九尾龟》，《上海画报》还请了十二位当时知名的通俗作家为《九尾龟》题写名字，王钝根、陈蝶仙、严独鹤、周瘦鹃等纷纷献上墨宝。广告宣称"漱六山房所著《九尾龟》，销行百万，惜只至十二册，未将全书杀青。兹特续撰十二册，自十三集至二十四集，首尾完具，洋洋大观，事实新奇，较前尤见精警。定价每部七元二角，特价一千部，每部只收三元，售完即依定价"。事隔二十年，《九尾龟》竟然再续，书价也是水涨船高，一路飙升，似乎是一个奇迹。但此时它已风光不再，当年出版之初在《申报》、《时报》等大报刊登广告，而此时（1925 年）就只能在鸳鸯蝴蝶派阵营内的《上海画报》、《晶报》等小报上做宣传，广告词也不再强调其主旨和艺术水平，只拿销量来做文章了。尽管请来十二位通俗作家题写书名，但影响已不能与当年相比。在 1920 年代的中国文坛，狭邪小说已经处于边缘位置，为许多新式人物所不齿，这是一个不争的事实。

《九尾龟》的写作经历了漫长的二十年，也是中国文学史上新旧交替的关键二十年。《九尾龟》的地位与影响向来众说纷纭，出现了褒与贬的两个极端。《九尾龟》的浮沉不仅代表了狭邪小说的浮沉，也在一定程度上代表了通俗小说的浮沉。

（狄霞晨）

《黄绣球》与女权主义思潮

黄绣球

此社会小说也黄绣球即书中主人翁以一乡僻妇人力任社会改良事业历无限艰难困苦始底于成其勇气耐心及辩才手段均可为当世志士之法他如劣绅之阻挠衙役之贪恶牢狱之黑暗政治之腐败乡民之愚蠢均能曲为描摹活现纸上令人一读一击节著者为吴中名士颐琐君文笔华瞻布局命意尤为不凡洵推近日小说界中名作也每部二册大洋五角发行所上海棋盘街广智书局

（原载 1907 年 9 月 29 日《时报》第 1176 号）

在晚清社会思想史上，女权主义思潮是浓墨重彩的一笔。而相关的反映妇女问题的文学作品也层出不穷，一时蔚为大观。颐琐所著的《黄绣球》一书是其中最著名的代表作之一。《黄绣球》最初连载于 1905 年 4 月至 11 月《新小说》的第 15—24 号，1907 年新小说社始印行足本，分为两卷。目前所见最早的广告宣传，就是这里摘录的 1907 年 9 月 29 日的《时报》广告。

小说《黄绣球》假托自由村，描述了黄通理的妻子黄秀秋因为接触到妇女解放思想，又在梦中得到法国罗兰夫人亲授，立志放足办学，改名“绣球”，誓要把村子“绣得如锦绣一般，叫那光彩激射出去，照到地球上，晓得我这村子，虽然是万万分的一分子，非同小可。日后地球上各处的地方，都要来学我的锦绣花样”①。短短数年之内，她便使自由村的面貌为之一新，并惠及邻乡，最终实现了维新自强的愿望。这部小说人物性格鲜明，语言生动，一时间流传甚广，被阿英评价为“当时妇女问题小说最好的作品”②。

《黄绣球》的作者颐琐系笔名，目前有研究者认为，颐琐即为著名维新人士汤宝荣。汤宝荣，苏州人，任商务印书馆总记室，颐琐是其书斋名。在他为好友徐珂所作的《徐仲可天苏阁〈娱晚图〉序》一文中，记载有他的妻子史瀞偕接受美国医生夫人的劝告，在上海反缠足运动蔚然成风之时，“回思柏夫人手

---

① 颐琐：《黄绣球》，曹玉点校，第 15 页，郑州：中州古籍出版社 1987 年版。

② 阿英：《晚清小说史》，第 121 页。

《黄绣球》广告

足便利之言，昔以为然者，至是始有味乎其所以然”，以五十余岁的年龄，“毅然解其锢蔽而舒其趾焉”的一段往事。[1]黄绣球在接受妇女解放思想后毅然放足的决定，似乎正以汤夫人史瀞偕的经历为蓝本。

在《黄绣球》一书中，作者经常借黄绣球之口，陈述他对妇女解放问题的意见。最为典型的如下面一节：

自古说天尊地卑，把男女分配了天地，近来讲天文的，都晓得天是个鸡蛋式，不是什么圆的；地就包在天当中，算是蛋黄，不是另外一块方的。这就天地一气，没有个高卑分得出来。但蛋必先有了黄，然后有白，有衣，才又有壳。那小鸡都从蛋黄里哺出，若是蛋黄坏了，哺不成功。照这样说，要把男女分配天地，女人就好比蛋黄，虽是在里面，被蛋白蛋壳包住，却没有黄，就不会有白有壳。那白呀壳呀，都靠着黄，才相生而至，犹如天没有了，地那五星日月、江海山川、上下纵横，都形形色色没有了依傍。大约天是空气鼓铸，全靠是地来载着。地上的山，是气化蕴积，地上的水，也是气化灌输。可见天虽比地来得高，地是比天还容得大。女人既比了地，就是一样的。俗语所说：“没有女人，怎么生出男人？”男人当中的英雄豪杰，任他是做皇帝，也是女人生下来的。所以女人应该比男人格外看重，怎反受男人的压制？如今讲男女平权平等的话，其中虽也要有些斟酌，不能偏信，却古来已说二气氤氲，那氤氲是个团结的意思。既然团结在一起，就没有什么轻重厚薄、高低大小、贵贱好坏的话，其中就有个平权平等的道理。不过要尽其道，合着理，才算是平。譬如男人可读书，女人也可读书，男人读了书，可以有用处，女人读了书，也可以想出用处来。只就算同男人有一样的权，为之平权，既然平权，自然就同他平等。

① 高彦颐著，苗延威译：《缠足》，第 22 页，南京：江苏人民出版社 2009 年版。

> 若是自己不曾立了这个权，就女人还不能同女人平等，何况男人？男人若是不立他的权，也就比不上女人，女人还不屑同他平等呢。[①]

这一段之所以在晚清文学作品诸多关于妇女问题的论述中尤为出名，不仅由于它鲜明地提出了“男女平权”的口号，更由于它以一种崭新的视角审视两性关系，并巧妙地处理了女性的自然性别与社会性别之间的张力。黄绣球关于“蛋白和蛋黄”的新奇譬喻，实际上是试图为男女两性寻求一种“差异但平等”的性别关系。[②]女性的自然性别——生产和哺育在此依然被强调，作为她“应该比男人格外看重”的依据；但“立女权”和男女平权的前提已经从女性要担负“国民之母”的自然职责悄悄转换为“读书尽用”的社会义务。正因为女子可以，也应该负起同男子一样的社会责任，所以“天赋人权”的表述被转化为权利与义务相对等的形态，成为“平等”的前提。

《黄绣球》中关于“男女平权”的表述，实际是在“国民之母”与“女国民”这两种当时最为风行的女权理论之间寻找一个微妙的平衡点。[③]早在戊戌变法时期，身为男性精英的维新思想家们便在民族国家勃兴自强的背景下，提出女性作为“国民之母”在这一进程中应具有重要的作用。传统女性由缠足导致的身体羸弱被视为人种衰弱的根本原因，而她们因缺乏教育所造成的愚昧无知更成了“民智不开”的罪魁祸首。康有为高呼：“欧美之人，体直气壮，为其母不裹足，传种易强也；回观我国之民，歼灭尫弱纤偻，为其母裹足，故传种易弱也。”[④]女性通常被视为极度私密的身体第一次进入了社会公共语境中，并在忧心忡忡的“今当举国征兵之世，与万国竞，而留此弱种，尤可忧危矣”[⑤]的感叹和焦虑下，被赋予了关乎国族兴旺的神话意蕴。而梁启超提倡女子教育，显然也是出自于同样的考量。在他看来，“治天下之大本二，曰正人心，广人才。而二者之本，必自蒙养始；蒙养之本，必自母教始；母教之本，必自妇学始。故

---

① 颐琐：《黄绣球》，曹玉点校，第190页。

② 参见高彦颐著，苗延威译：《缠足》，第26页。

③ 参见胡缨著，彭姗姗译：《翻译的传说——中国新女性的形成》，第181—188页，南京：江苏人民出版社2005年版。

④ 康有为：《请禁妇女裹足折》，张玉法、李又宁编《近代中国女权运动史料》，第509页，台北：台北传记文学出版社1975年版。

⑤ 同上。

妇学实天下存亡强弱之大原也"[①]。女学之所以有"天下存亡强弱之大原"的重要价值，在于它是"母教"的源头，可以为国家带来人才的储备，而女性本身作为人的天赋权利在此并未被纳入考量范围之中。

这样一种由男性书写的建立在"国民之母"基础上的"女性解放"话语，在它蔚然成风之后必然会受到来自于女性的修正。对其进行挑战的最著名的人物是秋瑾。在《敬告中国二万万女同胞》中，秋瑾明确提出，作为国民，女性当享有同男子一样的天赋权利，同时也应"尽与男子一样的任务"[②]。1904年，秋瑾开始写作弹词《精卫石》，在其中她疾呼道："余也谱以弹词，写以俗语，欲使人人能解，由黑暗而文明；逐层演出，并尽写女子社会之恶习及痛苦耻辱，欲使读者触目惊心，爽然自失，奋然自振，以为我女界之普放光明也。今日顶香拜祝女子脱奴隶之范围，作自由舞台之女杰……祈余二万万女同胞无负此国民责任也。"[③]尽管"国民之母"和"女国民"对女性的要求都是"脱奴隶之范畴"，但前者着重于女子"第二性"的性别身份并将其固化为作为"母"与"妻"的义务，这与旧式的"相夫教子"理想本质上并无不同；而后者则要求女性负起同男子一样的"国民责任"，做"自由舞台之女杰"，崇高的期许背后所隐藏的则是对女性自然性别身份的抹杀，是"以男性角色为理想"的女权概念。[④]

或许黄绣球的导师罗兰夫人本身便是这一矛盾的张力象征。"仍然令现代女性主义者苦恼的是，罗兰夫人的行为——她充分参与了政治行动并且对历史产生了很大影响——与她抹煞自我，更简单地说是非女性主义的言辞之间无法调和的矛盾。"[⑤]在这一点上，《黄绣球》超越了罗兰夫人的模式，试图在两者之间寻找一条更为隐蔽的道路，并最终通过实用主义的启蒙观成功实现了二者的沟通。一方面，作者重视女性作为妻母的家庭角色，但并不以这一角色为女性价值的最终依托。黄绣球所雄心勃勃的"读书办学"，所传授的并非实用性的技术学问或新式的"妇学母教"，而是"注意在伦理宪法上使人人知公德，不以嚣张

---

① 梁启超：《论女学》，1897年5月2日《时务报》。

② 秋瑾：《敬告中国二万万女同胞》，1904年10月《白话》第2期。

③ 秋瑾：《精卫石》，《秋瑾集》，第119页，上海：上海古籍出版社1991年版。

④ 参见须藤瑞代：《近代中国的女权概念》，2005年《山西师大学报（哲学社会科学版）》第1期。

⑤ 胡缨：《翻译的传说——中国新女性的形成》，第209页。

为自由”的公民基础教育。[①]而罗兰夫人所送给黄绣球的书，所讲授的也是作为政治基础教材的《英雄传》和以“教育上讲求地理的教授法子”为范例的“格物致知”的基本方法。[②]无疑，这里所强调的是女性具有和男性一样的才能，可以读书致用，对国家“尽与男子一样的任务”并享有同样的公民权。

另一方面，作者却又借毕太太之口，讥讽“新女性”的爱着男装、风流放荡：“说来可笑，她们那种装，只像个浪荡公子、浮薄少年，上海的俗话叫做‘滑头’。”[③]这里所讥讽的当是由秋瑾等人所带动的男装风潮，同时也显示了作者在文化上的保守立场。尽管女子在公共领域中被认同是可以发挥同男性一样的能力的，但是对她们在私德上的要求依旧远比男子严苛，毕太太对黄绣球的劝勉便说明了这一点。而对于公共领域内的男女平等，作者亦多有保留，认为只有可以读书立权的女子，才能享有同男人的“平权”，进而达到“平等”；而“女国民”与“愚妇”之间自然不能谈到“平权平等”，就如“平权”不可被认作是“下流社会的人也可同上流社会的人同受利益”[④]一样。在这里，同梁启超等人的理论类似，在作者心中，“男女平权”的理论基础并非出于天赋人权，而是出于实用主义的考量。“国民之母”与“女国民”这两种彼此冲突的性别身份定位最终在实现国家的最大利益基础上统一在国家主义的旗帜下，这也正体现出近代启蒙观的最大特点。

然而，尽管有文化上的犹豫和保守，作者对于“新女性”的理解依旧闪耀出鲜明的积极意义。理想的“新女性”形象在小说的最后部分达到了最高点。在自由村最终争取地方独立的运动中，黄绣球表现得英勇激进，而作为她最初导师的黄通理却显得犹豫不决，反而需要她引用“泰西历史”中的“政体双立”进行激励；即使在此后，黄通理的表现也只是“到此身不由主，只得听着众人”[⑤]。这一段可以与全书开头处黄绣球要求学习地理知识被黄通理拒绝的情节进行对读，原先的“导师”变成了学生，而学生变成了老师。如果说开始黄通理可以傲视黄绣球的在于他关于西方的学识，那么黄绣球最后同样是因为自己

---

① 颐琐：《黄绣球》，第 61 页。
② 同上书，第 21 页。
③ 同上书，第 81 页。
④ 同上书，第 86 页。
⑤ 同上书，第 268 页。

关于泰西的知识超过了他，才成为运动的真正主导者。因此，黄通理在最后的登台演说中才会一再强调："我前头只把自由村比作破房子，好容易房子拆得崭崭新鲜，绣球她又开了个织造局，果真把各式事情从学堂上一点点的织出花头，绣得光光致致，居然从自由村，绣到施有功那边地方，要应着他的话，绣出全地球来……如今我们做了那美国创立新世界政体的一百零一人，想要成个独立主义，自必有几年辛苦，将来这一百零一人的首领，自然要推我绣球。我黄通理原不能数到一百个人的里头去呢。"[①]在这里，女性超越了传统"巾帼英雄"的范畴，被赋予了真正改造世界的义务。这也使黄绣球超越了她的另一位导师罗兰夫人，成为20世纪的女豪杰。而妇女问题小说《黄绣球》，也由此成为近代女权主义思潮文学中最为超群的一部。

（刘云）

《新石头记》、《九命奇冤》的新内容、新形式

九命奇冤

此书为南海吴趼人先生撰盖记粤中二百年前一冤案者以惊心动魄之笔写魑魅罔两之形如禹鼎铸奸如温犀照渚其写家庭之琐屑则如读红楼梦写社会之卑污则如读儒林外史写盗贼之强梁则如读水浒传写富儿之骄恣则如读金瓶梅写官吏之私访差役之捕人则又如读泰西之侦探小说真奇作也每部三册大洋七角五分
发行所上海棋盘街广智书局

（原载1907年9月30日《申报》）

吴趼人是晚清小说界最多产的作家之一，他一生创作了17部中长篇小说、12部短篇小说、5种文言笔记小说等，《九命奇冤》和《新石头记》都是吴趼人重要的长篇小说。《新石头记》的名气虽然不小，但广告却不多见，虽然在《时

① 颐琐：《黄绣球》，第271页。

报》和《妇女时报》分别登过广告，然而都没有广告词，我们从中能够了解的信息只有：《新石头记》八册，一元五角。

《新石头记》1905年在《南方报》上连载至第十一回，其后因报馆倒闭而不再连载。1908年由上海改良小说社出版四十回单行本。1907年，报癖在《月月小说》第6期发表了对《新石头记》的评论。据研究者考证，1907年3月之前，《新石头记》只有11章，而报癖的这篇文章是吴趼人为其续写和发表后二十九回《新石头记》造势的文章[1]，因而可以视为一篇广告。全文如下：

吴趼人

> 南海吴趼人先生，近世小说界之泰斗也，灵心独具，异想天开，撰成《新石头记》，刊诸沪上《南方报》。其目的之正大，文笔之离奇，眼光之深宏，理想之高尚，殆绝无而仅有。……试取曹本以比较之，而是作自占优胜之位置。盖旧《石头》艳丽，新《石头》庄严；旧《石头》安逸，新《石头》动劳；旧《石头》点染私情，新《石头》昌明公理；旧《石头》写腐败之现象，新《石头》扬文明之暗潮；旧《石头》为言情小说，亦家庭小说，新《石头》系科学小说，亦教育小说；旧《石头》儿女情长，新《石头》英雄任重；旧《石头》消磨志气，新《石头》鼓舞精神；旧《石头》令阅者痴，新《石头》令阅者智；旧《石头》令阅者入梦魔，新《石头》令阅者饶希望；旧《石头》令阅者泪承睫，新《石头》令阅者喜上眉；旧《石头》浪子欢迎，新《石头》国民崇拜；旧《石头》如昙花也，故富贵繁华一现即杳，新《石头》如泰岳也，故经营作用恒古长存。就种种比例以观，而二者之性质、之体裁、之损益既已划若鸿沟，大相径庭，具见趼公之煞费苦思，大张炬眼，个中真趣，阅者其亦能领悟否乎？

① 参见张强：《吴趼人“文明专制”思想探微》，1996年《郑州大学学报》第4期。

这则广告有两大看点。首先，从现代广告的角度来看，这是一篇典型的软文。软文是相对于硬性广告而言的，是由企业的市场策划人员或广告公司的文案人员来负责撰写的“文字广告”。与硬广告相比，软文精妙之处就在于一个“软”字，好似绵里藏针，收而不露，克敌于无形，等到读者发现这是一篇软文的时候，已经冷不丁地掉入了被精心设计过的“软文广告”陷阱里。这则广告并未以“告白”的身份出现，而是在《新石头记》单行本未出之前，对于这本即将出版的作品进行了毫无吝啬的赞美，而且并未署上真名。《月月小说》是吴趼人创办的，让人不得不疑心这位报癖就是吴趼人的“托儿”。而现代软文是从20世纪90年代盛行起来的，这则软文广告则在20世纪初就见诸报端了，可谓是现代软文的先驱了。其次，这则广告将《新石头记》与《红楼梦》原作对比，竟然敢说《新石头记》更胜一筹，正是这种不知天高地厚的狂放激起了读者阅读《新石头记》的兴趣。其实报癖何尝不知道当时只有11回的《新石头记》与80回的《红楼梦》孰优孰劣，本来就不是一个档次上的作品。但是为了做广告，就不惜为这部还未续写的作品极尽吹捧之能事。

虽然报癖的言论太夸张，吴趼人的《新石头记》还是有许多可圈可点之处。这部小说前半部描绘了1901年以后的中国社会，讲述贾宝玉来到1901年的上海，见识了报纸、西历纪年法、火柴、钟表、轮船、自来水、火车、留声机，也见识了上海作为不夜城的繁华和义和团的迷信偏执；后半部虚构了几十年后的未来世界。贾宝玉到了以“文明专制”立国的“文明境界”之后，如同到了一个自由民主平等富饶的东方乌托邦，充满了科幻色彩和探险意识。吴趼人对未来世界展开了大胆的想象，“文明境界”中有一种“测验性质镜”，能验出一个人的性质文明与否。此外，车都在天上飞，地底下跑着不用铁轨的“隧车”，军事上有能打无限远的“电炮”……《新石头记》讨论的是爱国爱种、保全国粹的问题，并非言情之书。内容涉及洋货、教案、义和团、中俄条约、维新等众多晚清大事，也提出了以仁政为主旨的“文明专制”思想。这一思想直接源于梁启超的尊重民权、主张君主立宪的“开明专制”论，也体现了维新派知识分子所推崇的大同思想。吴趼人将《新石头记》归为兼理想、科学、社会、政治的小说，也开创了一种复合式的文体。

《新石头记》也有一些神秘的描写与想象。例如宝玉、薛蟠和茗烟如何死而复生，穿越时间，茗烟甚至在第二十一回突然变成了一个面目剥落不堪的木塑仙童偶像。《新石头记》的原文刻在文明境界的石头上，只有“热心血诚、爱国爱种之君子，萃精会神、保全国粹之丈夫”才能读到，而媚外的小人只能看到几行具有讽刺意味的英文。作为《红楼梦》的续书，一定的神秘主义是必要的，然而作为一部新小说，这种神秘主义则容易为人诟病。

广告很美好，现实却很残酷。《新石头记》遭到过许多批评，阿英就对其使用《红楼梦》的旧书名、旧人物十分不满。的确，文中虽有贾宝玉、茗烟、薛蟠等人，时代却已是20世纪初，与《红楼梦》并无太大关系。《新石头记》中的贾宝玉关心国家兴亡、国计民生、生意之经、发明之道，热爱读书，学习洋文，不亲近女子，俨然成为维新派人士。文中第八回写宝玉与薛蟠谈论兴办女学之事，“薛蟠蓦地里拍手大笑道：‘从前人家多读两句书，你就说人家禄蠹。你此刻居然谈起这些经济来，是禄什么呢？还是什么蠹呢？’宝玉道：‘彼一时，此一时也。’伯惠道：‘这才是士三日不见，当刮目相待呢！’”[①]这个贾宝玉与曹雪芹笔下的贾宝玉只有三分相似，倒有七分不同。阿英的评价一定程度上使得《新石头记》在半个多世纪的时间里石沉大海，无人问津。

吴趼人并非不知道续书的难做，他在开头就说：“大凡一个人，无论创事业，撰文章，那出色当行的，必能独树一帜”，“何苦狗尾续貂，贻人笑话呢！”“自曹雪芹先生撰的《红楼梦》出版以来，后人又撰了多少《续红楼梦》、《红接后梦》、《红楼补梦》、《绮楼重梦》，种种荒诞不经之言，不胜枚举，看的人没有一个说好的。我这《新石头记》，岂不又犯了这个毛病吗？然而，据我想来，一个人提笔作文，总先有了一番意思，下笔的时候，他本来不是一定要人家赞美的，不过自己随意所如，写写自家的怀抱罢了。”[②]《新石头记》的价值，不能因为阿英的批判就完全否定。《新石头记》不同于清末多如牛毛的《红楼梦》续书。陆士谔也写过《新石头记》，但因其大团圆结局落入俗套，因而未能得到时人认同，也未能流传下来。相比之下，吴趼人的《新石头记》不但流传下来，近十年来得到越来越多的重视，在于它自身的生命力。

《新石头记》不仅内容新，形式也新。小说借用了传教士小说《百年一觉》的结构，前半部讲述贾宝玉来到晚清的野蛮世界，揭示了晚清社会的落后和黑

① 吴趼人：《新石头记》，第196页，南昌：百花洲文艺出版社1988年版。
② 同上书，第1页。

暗，后半部讲述贾宝玉在文明境界中的所见所闻，则预示着未来社会的进步和合理。《百年一觉》的结构，也是以百年前后进行对比，批评美国社会的落后丑恶，颂扬未来的先进美善。小说的叙述也突破了传统中国小说的全知叙事，使用了客观限制叙事。

《九命奇冤》的叙事技巧更为高超，比《新石头记》有过之而无不及。《九命奇冤》1904 年 12 月 1 日至 1906 年 1 月连载于《新小说》，其创作时间与《新石头记》有重叠，也都是对原作的改编。《九命奇冤》写的是清朝雍正年间发生在广东的一起大案。故事讲述了广东巨富凌贵兴因买梁天来家的石屋不成结仇，凌害死了梁家七个女人（其中一名孕妇）八条人命，凌贵兴的妹妹和妻子也因劝凌不成而自杀身亡。梁天来层层上告，但在广东所有衙门里都没有告倒凌贵兴。梁天来进京告了御状，最后凌贵兴被凌迟处死，一班地痞无赖共 28 人均被判刑，曾经受贿的大小官员一律受到惩处，梁家九命奇冤得以昭雪。乾隆和嘉庆年间都有人写过此案，如《梁天来警富新书》、《云开雪恨》等，但都很粗糙。

《时报》1907 年 9 月 30 日刊登了我们这里摘录的《九命奇冤》的广告。广告说，读《九命奇冤》“如读泰西侦探小说”，这是提醒读者注意《九命奇观》对西方侦探小说写法的借鉴，在这方面，吴趼人大概是相当自觉的：小说不但加强了人物的内心描写，也多处使用倒叙和插叙的手法，在当时都是新鲜的尝试。

至于说读《九命奇冤》“如读《水浒传》”以至《红楼梦》、《金瓶梅》、《儒林外史》，意即将这些中国经典小说的优点集于一身，就有些言过其辞了。但《九命奇冤》也自有价值，如对官场的抨击、对正义的弘扬和叙事技巧的试验等等。《九命奇冤》和《新石头记》之后，吴趼人又有《立宪万岁》、《平步青云》、《人镜学社鬼哭传》等重要短篇及《近十年之怪现状》、《情变》等重要中篇行世。这些作品在内容、形式、艺术技巧等方面都呈现出新的特色。而《九命奇冤》和《新石头记》正是吴趼人文学创作生涯中具有转折意义的两部力作。

（狄霞晨）

曾国藩：《十八家诗钞》

十八家诗钞

曾文正是钞空前之诗选也向来选家于古人诗但取其脍炙人口者而古人之精神面目俱不全焉如沈归愚诸选固卑卑不足道即王渔洋刘才甫所选亦不免此病唯是钞则每体专以一二人为主而参以别派皆从原集录出汰其伪而存其真真可谓极诗界之大观矣桐城吴先生有言文正此书足与姚惜抱古文辞类纂并垂不朽诚知言哉窃谓此书固专门研究之资然初学欲知门径亦不可不流览独惜坊本漫漶难读纸劣字粗且有脱页错简者兹特用铅版刊印悉心校雠圈点皆依初本较之坊刻何啻霄壤研究诗学者皆宜家置一编也每部十册定价大洋三元

寄售处上海广智书局及各大书坊

（原载 1907 年 9 月《时报》）

承包漢口裝設自來水管工程各家鑒

招商局新銘快輪准於初一晚開往天津 本輪賬房關灼棠謹啓

東方雜誌丁未第十期出版

上海商務印書館啟

常州府團路股會廣告

十八家詩鈔

寄售處上海廣智書局及各大書坊

桐城吳先生

奉賢縣文堂學招生廣告 本校簡章

旅居各省各埠寧波同人公鑒

北洋新編最新最精 約章成案滙覽

《十八家诗钞》广告

晚清名臣能诗者，前有曾国藩，后有张之洞，这是钱基博在《现代中国文学史》的评价。《时报》的这则广告中所推介的《十八家诗钞》，便是“能诗”名臣曾国藩所辑选的古代诗歌选本。据曾国藩日记，同治六年（1867）十二月二十九日，“余在京抄成十八家诗”一语，可知这本书当编成于其中岁游宦京城的时期，在咸丰二年（1852）之前。曾国藩在仕途上平步青云，24 岁中举，28 岁考中进士，随即进入翰林院，30 岁授翰林院检讨，秩从七品，开始他一生的为官生活。这段时期的曾国藩，还没有启动后来的赫赫军功大业，过着“随班朝贺”的京官生活，可以说是一个纯粹的文人，他“致力程朱之学，同时蒙古倭仁公、六安吴公廷栋、昆明何公桂珍、窦公垿、仁和邵公懿及陈公源兖等，往复讨论，以实学相砥砺”[①]，“在京中颇著清望”[②]，所以在闲暇之余，编选这样一部诗选无疑是很合适的。

《十八家诗钞》二十八卷，共选古、近体诗6599首，有少量的评点和校注。所选的十八家依次为魏晋南北朝的曹植、阮籍、陶渊明、谢灵运、鲍照、谢朓六家，唐代的王维、孟浩然、李白、杜甫、韩愈、白居易、李商隐、杜牧八家，宋代的苏轼、黄庭坚、陆游三家，金代元好问一家。这十八家都是曾国藩自己很喜欢的诗人，他曾在家书中写道：“尔欲读古诗，汉魏六朝，取余所选曹、阮、陶、谢、鲍、谢六家，专心读之，必与尔性质相近。至于开拓心胸，扩充气魄，穷极变态，则非唐之李、杜、韩、白，宋金之苏、黄、陆、元八家，不足以尽天下古今奇观。”[③]这是直接评价《十八家诗钞》的话，可以看出曾国藩对于这些诗人高度的推重与喜爱。

《十八家诗钞》以诗体顺序来排列，《时报》的广告称它“每体专以一二人为主，而参以别派”。这种编纂角度便利于读者的研习，实际上也是曾国藩本人的学诗门径，他曾经说过：“于五七古学杜、韩，五七律学杜。此二家无一字不细看。外此则古诗学苏、黄，律诗学义山。此三家亦无一字不看。”[④]其日记中也谈道：“五古拟专读陶潜、谢朓两家，七古拟专读韩愈、苏轼两家，五律专读杜甫，七律专读黄庭坚，七绝专读陆游。”（《日记》同治元年三月）

《十八家诗钞》的选诗标准也有自己的特色，不同于当时流行的一般选本。《时报》的广告开首就说：“曾文正是钞，空前之诗选也。向来选家于古人诗，但取其脍炙人口者，而古人之精神面目俱不全焉。如沈归愚诸选，固卑卑不足道；王渔洋、刘才甫所选，亦不免此病。”广告之辞固然有夸张之处，却也指出了《十八家诗钞》不是人云亦云地“取其脍炙人口者”，而要“汰其伪而存其真”，追求突出重点、不一味求全的选诗风格。它在每一时期内选取其代表人物，以突出诗歌的时代风貌；而对于具体的诗人，也不求众体兼备，只取其代表的一种或数种诗体，如李白不取其七律，宋代苏、黄、陆三家不取五古，而

① 黎庶昌：《曾国藩年谱》，第7页，长沙：岳麓书社1986年版。
② 曾国藩：《曾国藩家书》，第2册，第137页，上海：启智书局1935年版。
③ 曾国藩著，钟叔河选编：《曾国藩教子书》，第62页，长沙：岳麓书社1986年版。
④ 曾国藩：《曾国藩家书》，第1册，第99页。

唐王、孟仅取其五律，金元好问仅取其七律。

此外，《十八家诗钞》也很好体现了曾国藩的诗学理念和审美趋向。作为桐城派散文的继承人，曾国藩的文学理论思想最初是受姚鼐的启发。姚鼐提出文章有“阳刚”和“阴柔”之分，曾国藩在这个基础上，将“阳刚”分为“太阳”、“少阳”，“阴柔”分为“太阴”、“少阴”。“太阳”代表“气势”，“少阳”代表“趣味”，“太阴”代表“识度”，“少阴”代表“情韵”。《十八家诗钞》中有少量的评点和校注，在这些评点中，曾国藩便应用了这种划分，例如李白、韩愈的诗列入“气势”类，苏轼的诗列入“趣味”类，陶潜的诗列入“识度”类，杜甫、李商隐的诗列入“情韵”类。

曾国藩在文坛的影响与他在政界的飞黄腾达相呼应，他的周围曾聚集过一大批文人，其中包括日后成为“曾门四弟子”的张裕钊、吴汝纶、黎庶昌和薛福成，他们使桐城派衰而复振，被时人誉为“桐城中兴”。《时报》广告中所言的“桐城吴先生”便是指四弟子中最著名的吴汝纶，吴汝纶称赞“文正此书足与姚惜抱《古文辞类纂》并垂不朽”，虽然有学生恭维老师的嫌疑，但也指出了曾国藩的诗学源自桐城，又做到了有所突破。

《十八家诗钞》收在清光绪二年（1876）传忠书局刊印的《曾文正公全集》中，在清末民初曾经产生了很大的影响，几乎是当时公认最好的古诗文读本。广告中说“独惜坊本漫漶难读，纸劣字粗，且有脱页错简者”，正反映了它的流行之广，而“研究诗学者宜家置一编也”，显然也并非是溢美之词。

（孙捷）

11月

《竞立社小说月报》的“立言”、“立人”宗旨

竞立社第一期小说月报目次并价目表广告

图画●宋徽宗皇帝御笔画鹰●凭吊崖山者题跋●社说●竞立社刊行月报宗旨说●蠡管丛谈　破佛著●时评●小说八种●历史小说空桐国史搜求大荒图写百兽义沿南董香撷马斑破佛著●尚武小说歼鲸记尚武精神政治思想现身奇女唤起国魂破佛著●社会小说过渡时代巨浪处破彼岸难登指导迷津收功宝筏铁汉著●裁判小说博浪椎黑夜颠越红闺诧惊鞠谳离奇词锋廉峭天涯芳草译●侦探小说窃图案币重言甘仓卒践约峰回路转惝恍遘灾大妙译●奇情小说满丽女郎伉俪司心资财敝徙述情变幻摛藻缤纷朱陶　陈无我仝译●最旧传记小说竹泉生异文传古茂沈雄麟传马史陆离光怪牛鬼蛇神破佛著●最新滑稽小说绍兴酒铸民贼鼎写女豪真语借诙谐音宣沉痛山阴醉客著●介绍新著●彭氏保国粹书人道纲目尊述圣经阐著公理融洽新旧照耀中西彭俞述著●艺文●竹泉亭文集●勤补斋诗话●杂志●实业论要●本社彰善录目录止此●准念捌日发行四马路老巡捕房东首惠福里一弄　本社启

报资及邮费价目表	全年十二册	半年六册	三月三册	零售一册
报资	四元五角	二元四角	一元二角半	四角五分
邮费	六角	三角	一角半	五分
外洋各国邮费	一元二角	六角	三角	一角

定阅本报报费邮税务先惠到函购本报信力自给原班回件

广告价目表　洋装一页　六元　洋装半页　三元

论前加倍

惠登广告半页起马于发行十日前交下刊资惠长年半年者另议○如系售卖损害社会之物或涉毁誉攻讦恕不代登　特布

（原载1907年11月2日《新闻报》）

这则广告以该杂志第1期目录为主要内容，是文学类报刊典型的广告方式。

而选择在晚清三大报之一的《新闻报》上刊登预告性广告，则表明了主编彭俞的办刊决心。从这一期的广告目录来看，《竞立社小说月报》几乎是彭俞一个人的创作天地，破佛、彭俞、竹泉生等名字反复出现，他自己的作品则出现7次之多。晚清的上海小说杂志十分兴盛，《竞立社小说月报》问世之前，已经出现了《新小说》、《绣像小说》、《新新小说》、《新世界小说社报》、《小说林》、《小说七日报》、《十日小说》等著名的小说杂志，《竞立社小说月报》参照这些成功的杂志，初创时内容、样式已经相当丰富。除了作者稍嫌单一之外，该杂志拥有画图、社说、时评、介绍新著、文艺、杂志等栏目，其中以小说为主，小说创作与翻译并重。小说的种类也相当丰富，拥有历史小说、社会小说、侦探小说、奇情小说、传记小说、滑稽小说、尚武小说、裁判小说等多种门类。其中尚武小说和裁判小说并不常见，可能是该报独创的。晚清的小说市场虽然广大，可要在短期内开拓出新的市场，或者从已经成熟的小说杂志体系中分一杯羹，并非易事。这也是“竞立社”中“竞立”二字的由来，主编彭俞希望能够在竞争中立足，因此在广告宣传、内容编排和思想立意上都煞费苦心。

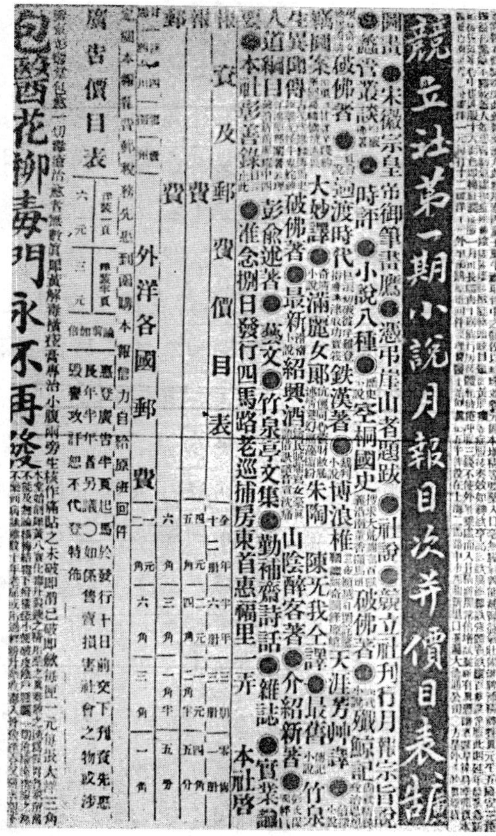

《竞立社小说月报》广告

《竞立社小说月报》创刊于1907年11月3日，比商务印书馆的《小说月报》还要早三年。《竞立社小说月报》提出以“保存国粹”、“革除陋习”、“扩张民权”为宗旨，对清廷抨击尖锐，社说与时评多涉及政治。第一期登出全年十二册报资四元五角，半年六册二元四角，广告洋装全页六元，半页三元。第一期目录后刊登一则启事曰：“本社第二期报拟于十月廿四日发行，小说增广，益求精进，特此先启出版再布。”该期又登“本报各处代派处”，其中包括东京富山房、北京龙文阁、长沙集益书局、成都广学会等34个代派处，可见《竞立社小说月报》发行之初还是颇有大展宏图之意的。小说的编译、发行、印刷都是在位于上海四马路东首惠福里的竞立社小说月报社完成的。第二期预告第三期将于十一月二十四日（农历）出版。然而，上海图书馆现存的《竞立社小说月报》只有两期，据江苏省社科院编《中国通俗小说总目提要》著录，《竞立社小说月报》仅出两期。《竞立社小说月报》办了几期已经很难考证，但是从以上材料来看，彭俞当时是很有决心要将这份小说杂志办好的，这从第1期的《竞立社小说月报宗旨》中也能看出。

在《竞立社小说月报宗旨说》中，竹泉生（即彭俞）写道：“竞立社伺以名，名以志也。小而立身，大而立国，卑而立言，高而立德，是则本社之求为自立而立人者也，而所以竞立之道则有三”：一为“保存国粹”，二是“革除陋习”，三为以报章“立言”。这正是创办《竞立社小说月报》的意图与意义所在：“以竞于立言者，又贵出言有则而可以为法，言之有文而可以行远。”[①]这“立人”、“立言”思想的提出，本身就有极大意义。

《竞立社小说月报》正是在“立言”以“立人”的思想基础上，明确提出了小说的政治作用，办小说杂志的根本目的是为了救国。这既是直接呼应梁启超“欲新政治、必新小说”的“新小说”观，同时又以自己的“立言”、“立人”思想丰富与发展了其内涵，这就在晚清的“文学救国论”思潮中显示了自己的特色。

在文学史上，彭俞和他的文学成就并未得到重视。彭俞（1876—1946），溧阳人，笔名亚东破佛，又名彭泰，字逊之，号守愚，同盟会会员。1906年春，到上海从事文学活动，1907年创办《竞立社小说月报》，后出家为僧。彭俞著作颇丰，著有小说《东滚新侠义》、《泡影录》、《三家村》、《闺中剑》、《歼鲸记》、《空桐国史》、《双灵魂》、《天上大审判》、《竹泉生异闻传》，评注有谢亭亭长之《尚父商战记》、我佛山人之《剖心记》等。通过《竞立社小说月报》，我们对彭俞的了解却丰满了许多：这是一位极有抱负的爱国作家，不仅会写小说，而且还深谙广告之功效，他的小说生命与《竞立社小说月报》同步，许多小说都是

① 竹泉生：《竞立社小说月报宗旨说》，1907年11月《竞立社小说月报》第1期。

为了这份杂志而写，随着杂志的停刊，他的写作生命也随之夭折：现存四回的小说《歼鲸记》竟未完稿。

（狄霞晨）

12 月

周作人《红星佚史》、《匈奴奇士录》：翻译史上的独特意义

红星佚史

是书为英国罗达哈葛得安度兰俱二名家所著中叙阿迭休斯遇神女黄金海伦卒厄美理曼破誓遇凶事奉幽闷荒怪读之欲生异感译者复以奇古□笔出之诚为说部中石破天惊不可无一不可有二之作洋装一厚册定价每册大洋五角

（原载 1907 年 12 月 8 日《时报》第 1246 号）

《红星佚史》译自 1890 年出版的小说 *The World's Desire*，原著者是英国赫赫有名的希腊神话学家安德鲁·兰与新浪漫主义作家哈葛德。小说本自荷马史诗《奥德赛》，叙述在《奥德赛》之后奥德修斯的经历。

1906 年，周作人开始翻译此书。其中的诗歌由他口译，鲁迅笔译，共计 16 首。署英国罗达哈葛德、安度兰著，会稽周逴译。1907 年 11 月在上海商务印书馆出版，收录于“说部丛书”第八集八编。

《时报》1907 年 12 月第 1246 号上刊出了《红星佚史》的广告，作为“上海商务印书馆续出最新小说七种”之一，《红星佚史》与《航海少年》、《盗窟奇冤》、《指中秘录》、《冢中人》、《狡狯童子》、《三疑案》等六种翻译小说并列在一起。标题无“秘”、无“疑”，也无“奇”，一眼看去，《红星佚史》似乎缺少一把抓住读者眼球的效果。周作人仅用小说中的一个意象“红星”作为标题。周作人自释“因主人公海伦佩有滴血的星石，所以易名为《红星佚史》”。

但就市场推广而言，这个题目让小说看起来似乎不大“有料”。《时报》的这份广告或许有意要弥补这一点，不惜用“石破天惊”、“不可无一、不可有二”这样的惊人之语，足以显示出版方对这本书的期待。经过这样的包装，小

说拥有了一切夺人眼球的元素：名家所著，曲折跌宕的冒险经历，三角恋爱故事，奇古雅驯的译笔。然而这样一部空前绝后的小说，与周作人最初翻译该书的初衷，却是相距十万八千里了。

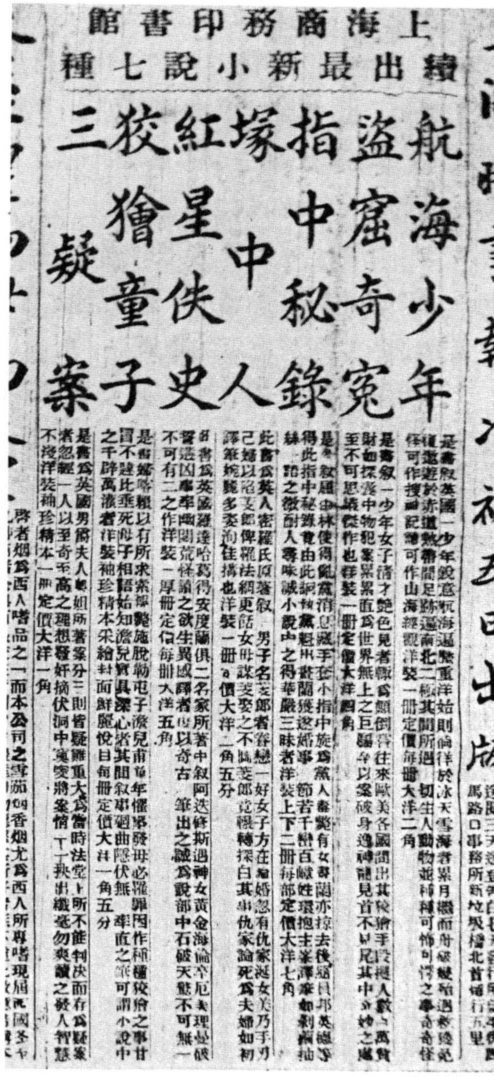

《红星佚史》广告

在《红星佚史》的序言中周作人说道：“中国近方以说部教道德为桀，举世靡然，斯书之翻，似无益于今日之群道。顾说部曼衍自诗，泰西诗多私制，主美，故能出自繇之意，舒其文心。而中国则以典章视诗，演至说部，亦立劝惩为皋极，文章与教训，漫无畛畦。……学以益智，文以移情；能移人情，文责以尽，他有所益，客而已。而说部者，文之属也。”（新星出版社 2006 年 1 月版）这种强调文学独立价值的观点，在当时颇为独特。即使是鲁迅早期翻译的作品《斯巴达之魂》、《哀尘》和《月界旅行》里，渗透的也是流行的“文学救国说”。正是这种尊重文学本身价值的态度，让周作人采用了严肃的直译手法。编次、布局、章节小标题全部按照原文，没有删改字句，只在某些地方按照中国人的习惯稍作改动，如直接引语前添加“某曰”；将比较长的从句断开，使之符合文言的节奏等。周译本还精确地翻译出了神祇的姓名，包括耶和华、雅什妮（雅典娜）、亚孚罗大谛（阿佛洛狄特）等。据周作人所说，他还为小说制作了一份附录，详细介绍了希腊神话中的神祇，但在出版时未被编辑采用。

从周氏的翻译宗旨来看，这样的直译，确实达到了“读泰西之书，当并函泰西之意”的目的。但一个1907年的读者，如果不是对希腊文化有相当程度的了解，“摩忒尔”、“阿利”只会让他们摸不着头脑。时人对“直译”的批评——率尔操觚、诘曲聱牙、味同嚼蜡、无从索解，“如释家经咒”，“读者几莫名其妙”，这本书里几乎一个不落全部沾边了，这种一板一眼的忠诚态度，反倒让人生出“迂腐”的感叹。

广告中用“奇古”来形容周氏的译笔，一语道出了《红星佚史》的语言特色。一个译本，在翻译细节的处理上更加西化，却选用了更为艰深古奥的文言，这实在是一个很有意思的现象。

从小说原著来看，它实质上是一本通俗小说。尽管有著名神话学理论家安德鲁·兰的加盟，他以人类学解释神话中的怪诞因素，成为现代民俗学的理论基础之一，也是早期中国神话学译介和奠基时期影响最大的人物。另一作者哈葛德是当时鼎鼎有名的畅销小说作家，他的新浪漫主义作品在19世纪末的欧洲风靡一时，连林纾都为之倾倒，他与人合译最多的就是此人的作品。

周作人后来在《翻译小说（上）》中写道：译《红星佚史》，“因为一个著者是哈葛德，而其它一个又是安特路朗的缘故。当时看小说的影响……更佩服林琴南的古文所翻译的作品，其中也是优劣不一，可是如司各得的《劫后英雄略》和哈葛德的《鬼山狼侠传》，却是很有趣味，直到后来也没有忘记。安特路朗本非小说家，乃是一个多才的散文作家，特别以他的神话学说和希腊文学著述著名，我便取他的这一点，因为《红星佚史》里所讲的正是古希腊的故事”[①]。因为哈葛德的其他小说里没有这样大量的诗歌，周作人便认定《红星佚史》里的诗跟安特路朗关系更密切，所以“在翻译的时候很花了力气”，由古文功底更好的鲁迅用楚辞的句法译出。

但是，并没有多少读者能理解这本“奇古”小说中的苦心。作为一部哈葛德小说译本，《红星佚史》的销量非常不理想。该书在1907年11月初版后，直到1914年4月才再版，其中相隔了六年半；相比之下，林纾根据同一本小说翻译的《金梭神女再生缘》1920年3月商务印书馆发行，1921年9月3版，其后还收录于“林译小说丛书”。不能不说，《红星佚史》是一部比较失败的畅销小说。不论是对于原著还是对于读者，译者的期望值都过高了。

① 止庵：《周作人传》，第29页，济南：山东画报出版社2009年版。

但这本书在翻译史上仍有独到的意义。对原本的选择尽管受到流行趣味的影响，但它并不是取悦市场之作。不同于新小说派“看见什么译什么”、“什么好看译什么”，周作人对原本的解读、翻译细节的处理、直译的宗旨以及朴讷的语言，都让《红星佚史》具有“严肃小说”的特质。将一部通俗小说进行高雅化的处理，体现了把文学从雅俗杂糅的混沌状态中解救出来的努力，和一次媾和民众理解能力和文学本身价值的尝试。

事实上，正是《红星佚史》的失败促使周氏调整了翻译策略。以输入“异域文术新宗”为目的，就不能俯就大众的接受力，这直接促成了《域外小说集》的转向。尽管这种追求文学形式独立的艺术价值的观念，和以文学为工具的救国及消闲的思想都形成尖锐的对立，在整个清末民初都只能作为一股潜流；但五四新文学兴起之时，它真正成为小说界的主潮，最终和由新小说演变而成的以章回体小说形式（夹入不少西洋小说表现手法）为主的通俗小说潮流形成雅俗并存的局面。

《匈奴奇士录》和《红星佚史》的翻译时间都在1906年。在这期间周作人还完成了《劲草》的翻译，该书是俄国作家阿列克赛·康斯坦丁诺维奇·托尔斯泰1862年所著的长篇小说。周作人据英译本转译，鲁迅为他修改誊正，署名会稽周逴。和《红星佚史》一样，两本书是周氏兄弟翻译合作的开始。

但因《劲草》已别有译本，未获出版，周作人只好另觅素材。于是，有着“匈牙利的司各得”之称的作家育珂摩耳进入了他的视野。《匈奴奇士录》即育珂摩耳1877年所著的长篇小说《神是一个》，英译者为倍因（Robert Nisbet Bain）。

据周作人回忆，此书原本很长，但英译者有所删节，“我们翻译急于求成，所以这是颇为相宜的”，“里面穿插恋爱政治，写得很是有趣”。[①]小说很多部分与《撒克逊劫后英雄略》很相像，可以看出，选译《匈奴奇士录》和翻译《红星佚史》一样，仍然有周氏受林纾影响的痕迹。

《匈奴奇士录》1908年由商务印书馆出版。周作人选的这两部小说都比较合大众口味，所以能够“卖钱”。不过，因为小说使用古奥文言以及大量直译硬译的专有名词，因此销量平平。

---

① 周作人：《翻译小说》（下），《知堂回想录》，第247页，石家庄：河北教育出版社2002年版。

在《〈红星佚史〉序》中，周作人认为“能移人情，文责以尽”，认可小说自身的艺术价值。在《〈匈奴奇士录〉序》中，周氏也借匈牙利文学史家理特耳之口，对他的创作颇多溢美之词：“氏为小说，长于创造，益以意象挺拔，作之藻彩，故每成一书，情态万变，且秾丽富美，妙夺人意，自《天方夜谭》以来鲜雠对也。”

相比《红星佚史》，育珂摩耳是一位更生僻的作者——匈牙利属于“弱小民族文学”的国度，他本身是一位革命家，《匈奴奇士录》是弘扬匈牙利民族精神之作。译序中，周氏也着重强调“匈加利故黄人”，而且“先姓后名，正同中国，故译亦仍之”。后来周氏自嘲地回忆说：“当时我们承认匈加利人是黄种……他们的名字与欧人不同，写起来都是先姓后名，如英译称摩理斯育珂，而其自署则必曰育珂摩耳，这一节似乎比印度人还要更是东方的，在三十年前讲民族主义的时代怎能不感到兴趣。”

但对于周作人来说，这些作品的文艺风情更有吸引力。1928 年，他在《读〈黄蔷薇〉》一文中回忆《匈奴奇士录》英译者倍因时说：“他教我爱好弱小民族的不见经传的作品，使我在文艺里找出一点滋味来，得到一块安息的地方——倘若不如此，此刻我或者是在什么地方做军法官之流也说不定罢？”①

强调“文移人情”、采取直译手法、翻译弱小民族文学，至此，周氏基本形成了异于林纾一代翻译家的翻译动机、翻译策略和原本选择方式，形成偏离了主流的政治叙述和翻译规范；一年后鲁迅、周作人又出版了《域外小说集》，它的失败，更加促进了周氏兄弟以及译界同仁在新文学运动中探索和参与新兴翻译规范的构建。

（邹瑞玥）

---

① 周作人：《夜读抄》，第 4 页，石家庄：河北教育出版社 2002 年版。

1908 年

2月

伍光建《侠隐记》、《续侠隐记》白话译文的价值

上海商务印书馆新出各种小说

欧美名家小说

侠隐记　四册　一元五角

续侠隐记　四册　二元

（原载 1908 年 2 月 14 日《时报》）

《侠隐记》、《续侠隐记》两书由上海商务印书馆作为“欧美名家小说”分别初版于 1907 年的 7 月和 11 月。以后多次再版，1915 年 10 月出第三版，并与“林译小说”一起被编入商务印书馆的“说部丛书”第二集。原著者是

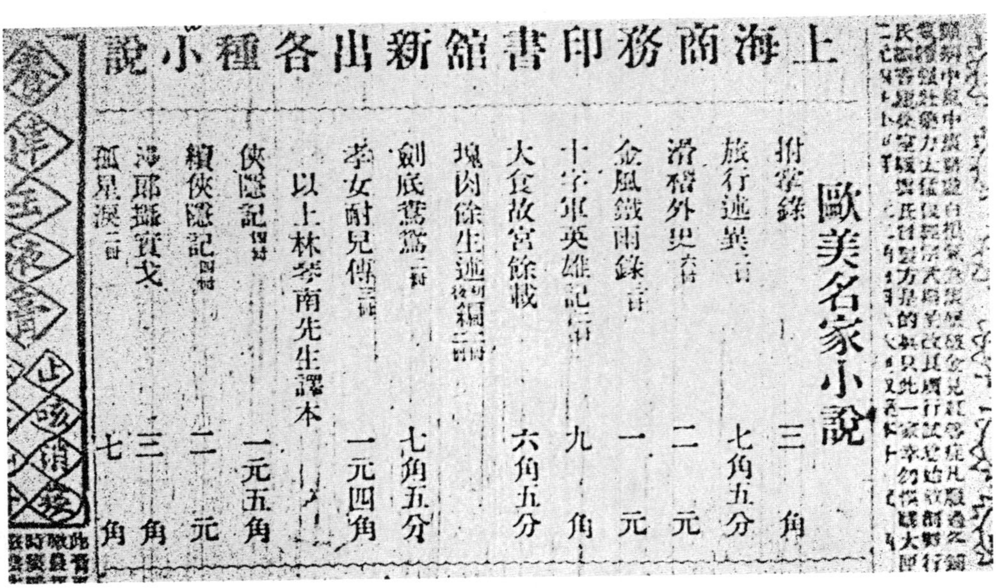
上海商務印書館新出各種小說
歐美名家小說
旅行述異　七角五分
滑稽外史　二元
金風鐵雨錄　一元
十字軍英雄記　九角
大食故宮餘載　六角五分
塊肉餘生述前後編
劍底鴛鴦　七角五分
孝女耐兒傳　一元四角
以上林琴南先生譯本
俠隱記　一元五角
續俠隱記　二元
孤星淚　七角

“欧美名家小说”广告

著有法国历史三部曲《三个火枪手》、《二十年后》、《布拉日隆子爵》的法国19世纪著名历史小说家大仲马。《侠隐记》即《三个火枪手》,《续侠隐记》即《二十年后》，当时署名的译者君朔即伍光建。三部曲的最后一部《布拉日隆子爵》，后来也由伍氏以《法宫秘史》为译名译出。

伍光建（1867—1943）是清末民初坚持用白话翻译西方小说的最成功的翻译家。他在19世纪80年代就读于天津北洋水师学堂，其英文老师正是充任学堂总教习的大翻译家严复，毕业后被派赴英国格林威治皇家海军学院深造。就读期间积累的良好的中英文修养，为他后来的翻译事业打下了稳固的基础。当时林纾以文言翻译西方文学的翻译浪潮，取得了轰动效应，一时仿效者甚众，而他的老师严复翻译西方政治、法律、逻辑学名著也运用了古奥雅训的文言语体，伍光建却在走上翻译道路之初，就坚持用极为纯正的白话作为翻译语体。

大仲马的长篇历史小说以情节曲折生动、人物富有传奇色彩而驰名世界，而伍光建译本对原作进行了选择性极强的节译，删去了主干情节以外的枝蔓情节，对西洋小说中极常见却并不符合当时中国读者阅读期待的景物描写、人物心理描写做了大量删节。这样的节译本当然在丰富性和完整性上相对于后起的中文全译本有所不如，但是，伍光建译本经过有选择的删节后凸显了翻译者的主体意识，他所呈现给当时中国读者的是较之原作情节更集中、叙述更简练的汉译本，因而深受当时读者喜爱。但是使他得到新文学学者首肯和喜爱的主要因素，还是他所使用的流利轻快的白话译笔。茅盾到1930年代依然称赞他的译文说："不是我们喜欢做《新青年》的应声虫，这《侠隐记》的译文实在有它的特色。用《侠隐记》常见的一个词头儿——实在迷人。我们二三十岁大的孩子看了这译本固然着迷，十二三岁的小孩子看了也着迷，自然因为这书原是武侠故事，但译文的漂亮也是个很大的原因。"①胡适的夸赞更是不吝美词，在谈到伍光建翻译的《侠隐记》时，他说："我以为近年译西洋小说当以君朔所译诸书为第一。君朔所用白话，全非抄袭旧小说的白话，乃是一种特创的白话，最能传达原书的神气，其价值高出林纾百倍。可惜世人不会赏识。"②

胡适说伍光建译文所使用的白话的价值高出林纾的文言译文百倍，显然带

① 茅盾：《伍译的〈侠隐记〉和〈浮华世界〉》，1934年3月1日《文学》第2卷第3期。
② 胡适：《论短篇小说》，1918年《新青年》第4卷第5号。

有鼓吹白话文、反对文言文的过于夸张的修辞策略，值得注意的是他说伍光建的白话最能传达原作的语气，是一种特创的白话，也就是说，这种白话带有伍氏的鲜明特色，而且能够得心应手地为传达原作的神韵服务。这是对伍光建译文非常高的评价了。

《侠隐记》、《续侠隐记》在1907年初次出版后，于1908年2月在《时报》上与商务印书馆同时推出的众多小说一起刊登广告，这些小说都在“欧美名家小说”名义下，刊出书目名称、册数和售价，连作者（译者）的姓名都未登。当时的伍光建初出茅庐，没有什么名气，精明的商务印书馆以如此低的广告规格对待这两册翻译小说，显然低估了两部翻译小说后来受欢迎的程度和可能给出版社带来的可观的经济效益。两书后来的经历，大大超出了当时负责此篇低成本广告的商务印书馆编辑的预期。

1924年前后，茅盾在商务印书馆编译所校注了两书，并撰成《大仲马评传》附于书后。两书校注本，分别初版于1924年4月和1926年1月，以后多次再版，至1932年11月先后印有五次，并收入“万有文库”。由于两书的巨大影响，受到语文教育界的重视，曾被列为教育部新学制中学国语文科的补充读本。上世纪80年代，距译本翻译七十余年后，《侠隐记》、《续侠隐记》由湖南人民出版社再次重印，前者印数高达328301册，后者印数高达341300册。这证明，伍译《侠隐记》与《续侠隐记》不仅以独特的艺术魅力征服了五四一代的学者和读者，亦受到新一代中国读者的喜爱。

（周羽）

8月

侦探小说《福尔摩斯探案》：科学理性与法制观念

欧美名家小说

林译　歇洛克奇案开场　一册三角五分
林译　块肉余生述 前后编　二册一元　二册一元二角
林译　玉楼花劫　二册六角五分
俄皇义文四世专制史　不测之威　二册八角
法官秘史　前后编　二册一元二角　二册一元二角

（原载1908年8月3日《申报》）

侦探小说作为一种文学样式，全然是翻译的产物；尽管从唐宋直至明清，“公案小说”亦风行一时，但它最多只能算作是侦探小说的雏形，与真正的现代侦探小说有着本质差别。[①]研究者认为，侦探小说是资本主义社会发展到一定阶段的产物，而在现代性的语境中所产生的“私有财产高度集中并受到威胁”的忧虑和社会对科学方法的服膺与兴趣是其得以诞生并得到飞速发展的先决条件。[②]只有在近代翻译的侦探小说进入中国并广受读者欢迎之后，才有小说家起了创作以中国本土为背景的现代侦探小说的念头。

近代最早的翻译侦探小说，是1896年由《时务报》所登载的由张坤德翻译的柯南道尔的四篇侦探故事：《英包探勘盗密约案》、《记伛者复仇事》、《继父诳女破案》、《呵尔唔斯缉案被戕》，集为《歇洛克呵尔唔斯笔记》。[③]到20世纪初期，侦探小说的翻译更呈繁盛之势。林纾曾经将柯南道尔所著的福尔摩斯

① 参见郭延礼：《自西徂东：先哲的文化之旅》，第114页，长沙：湖南人民出版社2001年版。
② 同上。
③ 同上。

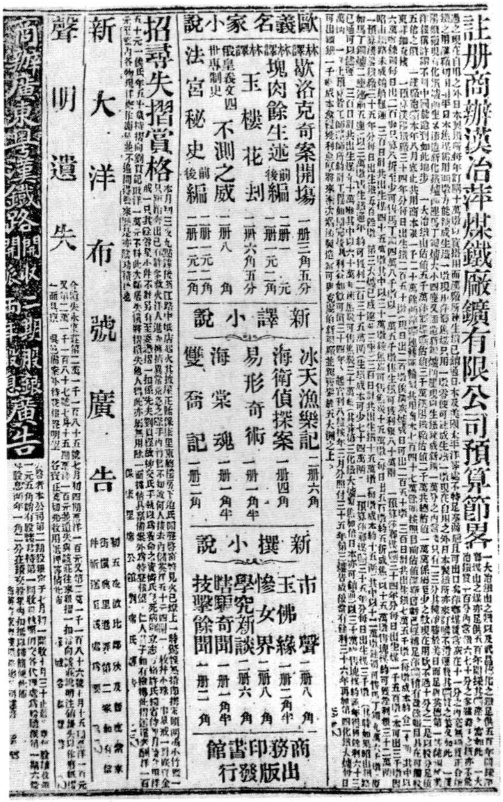
註册商辦漢冶萍煤鐵廠鑛有限公司預算節畧

歐美名家小說

林譯 歇洛克奇案開場 一册三角五分
林譯 塊肉餘生述 前編 後編 一册一元 一册一元二角
林譯 玉樓花刦 二册六角五分
假皇義文四世專制史 不測之威 一册八角
法宮秘史 前編 後編 一册一元二角 一册一元二角

新譯小說

冰天漁樂記 二册六角
海衛偵探案 一册四角
易形奇術 一册一角半
海棠魂 一册一角半
雙喬記 一册二角

新撰小說

市聲 一册八角
玉佛緣 一册二角半
慘女界 一册八角
學究新談 一册六角
瞎騙奇聞 一册一角半
技擊餘聞 一册二角

商務印書館出版發行

招尋失摺賞格

新大洋布號廣告

聲明遺失

商辦廣東粵漢鐵路開收二期股銀廣告

“欧美名家小说”广告

系列中的《血字的研究》翻译为《歇洛克奇案开场》，又翻译了马克丹诺保德庆的《贝克侦探谈》初编、续编。“五四前中国究竟翻译了多少部侦探小说，至今没有完全的统计，保守的估计也当在400部（篇）以上。除单篇作品外，还形成了翻译侦探小说系列，如英国狄克多那文（Dick Donovan）的《多那文包探案》系列、白髭拜（Guy Newell Boothby）的《巴黎五大奇案》系列、法国纪善的《高龙侦探案》系列”[①]，如此等等，不一而足。除了福尔摩斯系列之外，柯南道尔所著的其他小说也被陆续翻译成中文，如《失落的世界》被译为《洪荒鸟兽记》，广告中介绍此书道：“书言南美腹地，人迹不到处，有灵境，上古生物久绝迹于人世者，咸窟宅其中。更有两种蛮人，聚族而居。入其中者，为英国探险远征队。计四人，皆博学，取所见飞虫动植一一讨论，其说理之明了，引证之赡博，可以益人神智。全书八万字而纬以爱情，点染生动，可令读者百回不厌。译笔亦雅训畅达，洵为情文并茂之作。”实际上，这部作品是结合了侦探小说、科幻小说和探险小说色彩的复合类型作品，原书中并无爱情描写，仅以奇特的设想、细致入微的描写和广博的科学知识取胜，与广告宣传中的作品形象有较大差距。

侦探小说在当时的影响力是很大的。晚清时期，“在通俗小说所有门类中，侦探小说的数量最多。当时有人统计，在小说销数中，‘记侦探者最佳，约十之七八；记艳情者次之，约十之五六；记社会态度、记滑稽事实者又次之，约十

① 郭延礼：《自西徂东：先哲的文化之旅》，第115页。

之三四；而专写军事、冒险、科学、立志之书为最下，十仅得一二矣’”[①]。侦探小说竟然能压倒在晚清风行一时的言情小说和社会小说，独占鳌头，真是令人惊异的现象。而在诸多侦探小说中，社会影响最大的当数柯南道尔的《福尔摩斯探案系列》。《老残游记》一书中，白太尊欲请老残协助破案，脱口而出道："未死的应该救，已死的不应该昭雪吗？你想，这种奇案岂是寻常差人能办的事？不得已才请教你这个福尔摩斯呢！"[②]而著名近代侦探小说家程小青也是在翻译了《福尔摩斯探案》后，才仿照其创作出自己的代表作《霍桑探案》的。[③]直至今日，"福尔摩斯"一词已经成为"神探"的代名词，无论是否看过侦探小说的人，对其所表示的寓意都不会陌生。

福尔摩斯系列侦探小说为何可以在近现代大获认同，以至于成为一种独特的文化现象呢？我们不妨对比一下当时两部著名的侦探小说——《福尔摩斯探案系列》与勒莫朗的《侠盗亚森罗平》。勒莫朗塑造了一个能文能武、风流倜傥的"侠盗"罗平，他劫富济贫、行侠仗义、勇敢机智、古道热肠，富于浪漫主义色彩。而福尔摩斯则以罗平的"对手"出现，配合警察局要将罗平捉归法办，但总是失败。罗平的形象，既具有现代"侦探"的色彩，又与中国传统武侠小说中的"义侠"形象有相合之处，按常理推想，正如在京剧舞台上窦尔敦一直比黄天霸受到一般观众的欢迎一样，罗平也应当比福尔摩斯这个"冷漠的侦探"更适合近代读者的审美趣味。然而，罗平系列尽管经周瘦鹃推荐，又由孙了红翻译为中文，但其社会影响力却远逊于福尔摩斯探案。这是为什么？要解答这一问题，只能从近代侦探小说的繁盛原因中去寻找答案。

对于近代的中国读者来讲，侦探小说代表的是一种全新的思维模式，也就是西方启蒙思想以来注重理性和科学的思维方式。"侦探作为一种现代社会的破案英雄，他们注重实地调查，强调细致观察，应用物理化学等科学知识来研究案情，寻找证据，运用心理学和归纳、分析、推理的逻辑学来判断事实，这种崇尚智慧，重视证据的态度，实事求是的取证手段，严密周全的逻辑推理，都体现了一种现代科学精神，这种现代科学精神正是当时中国所缺乏的。"[④]侦探小

---

① 袁进：《中国文学的近代变革》，第 324 页。

② 刘鹗：《老残游记》，第 125 页，贵阳：贵州人民出版社 1994 年版。

③ 袁进：《中国文学的近代变革》，第 324 页。

④ 同上书，第 329 页。

说的逻辑结构之严密，即使在现代西方小说各种门类之中，也是首屈一指的。

现代侦探小说正是从这种对科学理性的“必然性”与“全能”的相信之中产生的。每一部侦探小说实际上都隐含着一个潜命题，即人通过理性的逻辑推理，可以“还原”已经过去的事实真相，并对一切现象进行解释；而只有通过科学手段的帮助，才能达成认识的深化，为逻辑推理形成坚实的基础。这一点，恰恰是柯南道尔《福尔摩斯探案系列》的最大特点。在《血字的研究》一书中，福尔摩斯的形象被塑造成一个“科学化近乎冷血”的侦探，沉迷于精密的实验之中，同时，关于现代文学、哲学和政治方面，他几乎一无所知。他的理论是：

> 一个逻辑学家不需亲眼见到或者听说过大西洋或尼加拉契布，他能从一滴水上推测出它有可能存在，所以整个生活就是一条巨大的链条，只要见到其中的一环，整个链条的情况就可推想出来了。推断和分析的科学也象其他技艺一样，只有经过长期和耐心的钻研才能掌握；人们虽然尽其毕生精力，也未必能够达到登峰造极的地步。初学的人，在着手研究极其困难的有关事物的精神和心理方面的问题以前，不妨先从掌握较浅显的问题入手。比如遇到了一个人，一起之间就要辨识出这人的历史和职业。这样的锻炼，看起来好象幼稚无聊，但是，它却能够使一个人的观察能力变得敏锐起来，并且教导人们：应该从哪里观察，应该观察些什么。一个人的手指甲、衣袖、靴子和裤子的膝盖部分，大拇指与食指之间的茧子、表情、衬衣袖口等等，不论从以上所说的哪一点，都能明白地显露出他的职业来。如果把这些情形联系起来，还不能使案件的调查人恍然领悟，那几乎是难以想象的事了。①

这几乎可以看作是对上文所述及的“对科学理性的乐观态度”的一种阐释，即人是如何通过对零碎材料的收集、把握、分析，而构成能够全面准确地描摹世界的思维体系的一部分。在近代，令中国读者对侦探小说着迷的重要因素之一，也正是其中所反映的现代化的科学态度和理性的思维方式，构成了一种与传统完全不同的认识世界的态度和对种种现象的阐释体系。

侦探小说背后的另一个重要支柱是现代化的法律观念，尤其是以人权为核

① 柯南道尔：《血字的研究》，第 17 页，北京：群众出版社 1978 年版。

心的法律思想。著名侦探小说翻译家周桂笙曾经指出："盖吾国刑律讼狱，大异泰西各国，侦探之说，实未尝梦见。亘市以来，外人伸张治外法权于租界，设立警察，亦有报探名目，然学无专门，徒为狐鼠城社。会审之案，又复瞻徇顾忌。加以时间有限，研究无心，至于内地谳案，动以刑求，暗无天日者，更不必论。如是，复安用侦探之劳其心血哉！至若泰西各国，最尊人权，涉讼者例得请人为之辩护，故苟非证据确凿，不能妄入人罪。此侦探学制作用所由广也。"[①]周桂笙在这里意在指出，侦探小说的发展是与现代法制观念的发展分不开的。因为现代法律制度的核心是人权意识，为了尽可能地对每个独立个体的公民权益进行保护，同时对国家机器进行有效的限制，因而采取的是无罪推定原理，这就对证据提出了高要求。现代证据法学对证据的要求是"证据必须对案件中的实质性争议问题具有证明性而且依据证据规则在其他方面具有法律效力"[②]。侦探小说无疑正是基于这一认识而产生的。在小说中，侦探所面临的最大难题是：一方面如何通过有效的逻辑推理，将所有的线索碎片连缀起来形成对案件"真相"的推测；另一方面则是如何通过足够的证据来证明自己的这一推测。若是没有足够的证据，无论他的推测再完美、再天衣无缝，也不能使犯罪分子得到应有的惩罚。在这一意义上，近代侦探小说的独特功绩之一，无疑是传播了现代证据法概念，使"维护人权"的法律思想深入人心。而中国作家所独立写作的侦探小说，也只有在"民国建立，中国自己的意识形态观念的改变和法制建设的健全"[③]的背景下才能出现并得到发展。

（刘云）

---

① 周桂笙：《歇洛克复生侦探案弁言》，1904 年《新民丛报》第 3 年第 7 号。

② 华尔兹著，何家弘译：《论相关性》，《证据法论文选萃》，第 15 页，北京：中国法制出版社 2005 年版。

③ 袁进：《中国文学的近代变革》，第 330 页。

《市声》与都市商业

新撰小说

市声　二册　八角
玉佛缘　一册　二角半
惨女界　二册　八角
学究新谈　二册　六角
瞎骗奇谈　一册　一角半
技击余闻　一册　二角
商务印书馆出版发行

（原载 1908 年 8 月 3 日《申报》）

阿英在《晚清小说史》中说："历来写商人的小说是很少见的。在晚清，只有姬文这一部《市声》。"[①]

其实写商人的小说中国历来就有。北宋时的《太平广记》就已经有写商人形象的篇目；《金瓶梅》更是将目光对准商人的家庭生活；"三言"、"二拍"以及《聊斋志异》中也有涉及商人生活、趣味和价值取向的篇目出现。就在与《市声》同期的晚清，也有以商人为主角的小说，如《胡雪岩外传》、《商界鬼蜮记》、《商界现形记》、《发财秘诀》等等。但正如阿英所说，《胡雪岩外传》"只是私生活的记录"，"其他如《商界现形记》一类著作，实际上是无足称的。至于那些名为写商人，实际上只是写妓院生活的，就更没有把它们作为写商人小说看的可能了"。[②]从这个观点出发，阿英所说的商人小说，其实并不只是单纯以商人为主角或者是记录商人的生活就可以了，阿英对商人小说的期望实际上是商战小说。

然而以阿英的这个标准，就连这唯一的《市声》也只是勉强合格罢了。《市声》的作者姬文，生平不详。《市声》1905 年 2 月出现在《绣像小说》上，连

① 阿英：《阿英全集》第 8 卷，第 70 页。
② 同上。

载期数为第43期到第47期，再从第55期到第72期，分别连载了5回和20回。1908年出单行本时，又扩充至36回。其中前5回和后面的章节联系稀薄，人物也有断裂。在《申报》1908年8月3日商务印书馆新书的广告中，《市声》和《玉佛缘》、《惨女界》、《瞎骗奇谈》这些小说罗列在一起，都算在谴责小说的类别里。而《市声》也的确没有把小说的重点放在商战上，其重点仍然是对社会现状的谴责，只是谴责的对象主要是商人，谴责的内容也涉及商业道德层面。但这种偏移使得阿英很不满，他认为《市声》"作者的目的，实际上，不过是想暴露当时的一班商人，在'振兴工商业'美名下，做了些怎样欺骗的事，是自己暴发起来，而又失败下去"，"连工商战的一点面影都看不到，总不能说不是一件遗憾"。①

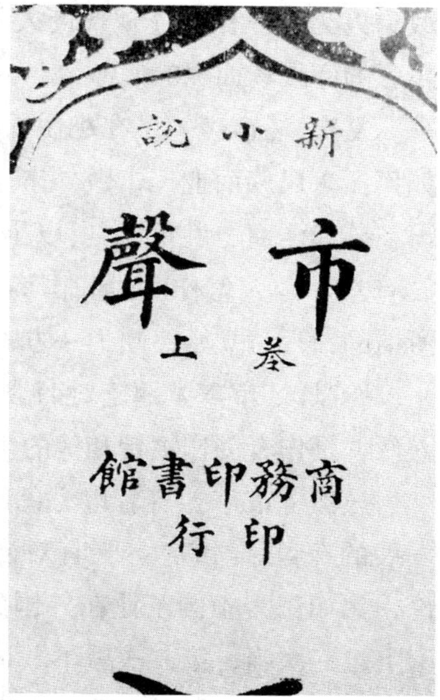

《市声》书影

虽然《市声》没有写到商战，但它的的确确写到了民族企业家如何一步步发展自己的企业，对这些企业的成功和失败也都尝试给出自己的理解和建议。这些理解和建议本身是否合理暂且不论，《市声》在其谴责的主旨下还在一定程度上表现了商人的经济活动。那么为什么没有商战的场面呢？

首先，阿英提到了《市声》所抱的谴责的主旨的确是主要原因。这种暴露商界丑恶面的态度使得作者更多关注中饱私囊的小人、哄抬物价的掮客以及各式各样的投机商人，不能客观而全面地看待整个商业运作和商业竞争。

其次，作者本身的生活经验限制了他的写作。就范伯群所言，《市声》并非外界投稿，那么姬文有可能是杂志的内部人员。作为一个报刊文人，他所能了解的商战和商人生活都是有限的。例如在写范慕蠡这个人物的时候，写他作为纨绔子弟时还算拿手，可是写到成了实业家的范慕蠡时却显得力不从心。又比如作者写屎老爷的捐官、屎太太的请客、香老爷家宴会，简直是夸张到使人不

① 阿英：《阿英全集》第8卷，第71—73页。

敢信以为真。作者连现代商人的基本生活和面目都无法准确把握，又怎能写出精彩的商战场面呢？

复次，《市声》是在小说界革命的浪潮中诞生的，其创作的目的很明确，即如何振兴民族商业，击败外来企业，从而强国强种。《市声》在第一回就明确提出“要和洋商争胜负”，所以小说一开头就树立了华洋的二元对立，但是他始终没有写外国人怎样对付我国商民，外国人怎样给要自立的中国商民施加压力，所谓的二元对立始终缺失一方，商战的描写又怎么能够建立起来呢？

所以，《市声》缺乏对商战的正面描写，与其说是一种遗憾，不如说是一种必然，是作者创作主旨和他的生活经验共同决定的必然。

虽然《市声》有着以上的问题，但是这部小说还是做了一些关于民族企业发展的探讨。《市声》既有对当时的民族茶业、布业等等存在的现有问题的讨论，比如认为中国茶业在外国失败的原因是“我们的茶户专门作假……难怪人家上过一次当，第二次就不敢请教了”；又在这些问题的基础上提出了一些解决之道，比如如何杜绝作假、如何培养好的技术工人、如何促进销售等等。虽然这些策略是散乱的，也不那么准确地针砭时弊，但是这代表了当时的报刊文人对商业改革和振兴民族商业的一种关注和期望。

对于《市声》这种晚清商业小说所代表的思想倾向和期望，我们需要关注以下几点：

第一，以《市声》为代表的小说对商业或者商人阶级的重视并不是孤立的、突然的。1901 年清政府成立督办政务处，逐步推出各项“新政”。在发展近代工商业方面，也陆续制定并颁发了一系列激励发展资本主义经济的法规。两年后，商部在北京正式成立，作为管辖全国工商实业的最高机构，其主要职责是“悉心要论”“如何提倡工艺，鼓舞商情一切事宜”。因此，它一开始就成为汇总工商改革建议和措施的中心，在组织上为现代工商业的发展提供了保证，促进了当时的民族企业的发展。这些改革极大地鼓舞了晚清小说作家，刺激了晚清商业小说的兴起，作品也极力反映晚清资本主义工商业的发展和社会经济转型。同时，当时的文人也已经意识到外国的侵略不仅是军事上、政治上的，也是经济上的，而反抗外国侵略者的运动不仅应在政治、军事上有所动作，也应贯彻到商业活动上。基于这种商业观念的转变和家国忧虑，晚清文坛才会诞生像《市声》这种在商业层面上的谴责小说，将矛头对准民族企业和华商的种种弊病进行揭露和批评，也才会在小说中试图树立健康积极的华商形象，与外国商人一争高下。

第二，正是以上《市声》思想诞生的特殊背景，造成了《市声》所表现的重商思想背后隐藏的弱点。《市声》重商思想的一大基础便是爱国，《市声》中民族资本家李伯正明言："我所以开茧行，是为了替中国小商家吐气。"他为商不是出于商人趋利的本性，而是为了让本国人不被外国人压榨。作者将中国商业崛起的希望完全寄托在民族商人的爱国心之上，显然过于理想化和浪漫化。相比之下，那些反面人物唯利是图的态度反而更加真实可信。

这样的叙述背后，隐含的是一个晚清所盛行的"家国"理念与诉求。实际上，《市声》所提倡的重商主义和晚清的女性解放、崇尚科学等等思想一样面临同一个问题，那便是它们始终是在家国诉求下曲折地生长，它们的出发点是强国强种，落脚点也是强国强种，无法跳出这种局限去思索其本身所代表的精神内涵和指向，因而显得肤浅和薄弱。尽管如此，它毕竟是一个开端。

（李默）

破除迷信小说：《扫迷帚》与《玉佛缘》

新撰小说

市声　二册　八角
玉佛缘　一册　二角半
惨女界　二册　八角
学究新谈　二册　六角
瞎骗奇谈　一册　一角半
技击余闻　一册　二角
商务印书馆出版发行

（原载1908年8月3日《申报》）

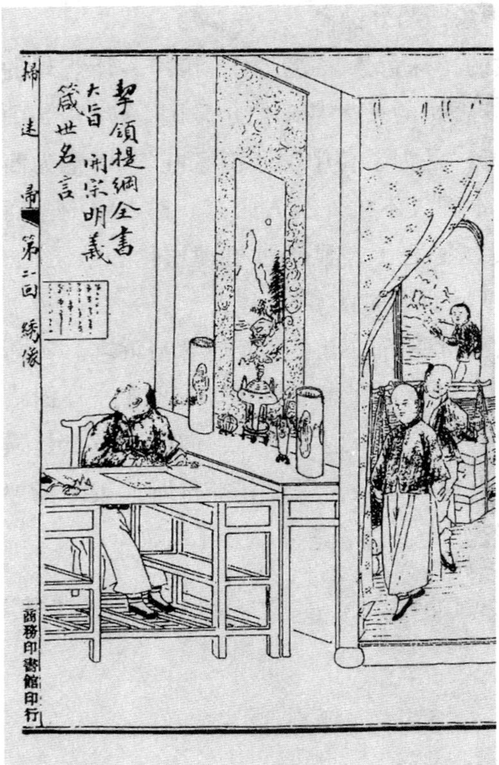

《扫迷帚》绣像插画

破除迷信小说是晚清小说的一个重要类型，也是晚清维新运动主要潮流之一——反迷信运动的产物。阿英在《晚清小说史》中认为反迷信运动的发展是科学输入的结果，同时，由于迷信不打破，宿命论的思想不会从中国人的头脑中清除。在这场运动的文学领域中的重要作家，阿英首推李伯元；而相应的文学作品，阿英则列举了李伯元的《醒世缘弹词》、吴趼人的《瞎骗奇谈》、遁庐的《当头棒》、嘿生的《玉佛缘》以及壮者的《扫迷帚》。在以上反迷信小说中，阿英认为《扫迷帚》尤其优秀，可以作为当时反迷信小说的代表作。

"壮者"所著《扫迷帚》全篇二十四回，初刊于《绣像小说》43 至 52 期（1905 年），光绪十三年（1907）始由商务印书馆印成单行本发行。小说论析了中国迷信风俗的源流危害，并详细叙述了江南一带迷信风俗的诸种表现，可谓洋洋大观。卷首开宗明义，指出迷信是阻碍中国进化的大害。小说主人公卞资生，江苏吴江布衣，生平专讲实践，最恨鬼神仙怪、星相卜筮诸说。前三回专叙资生与表弟杨心斋围绕鬼神之说的论辩，第四回后叙资生心斋诸人漫游苏州、杭州、吴江、镇江等地的见闻，亦以破除迷信为中心展开情节。

"嘿生"所著《玉佛缘》全书八回，刊载于《绣像小说》第 53 至 58 期。文章所针对的迷信现象与《扫迷帚》相似，亦是看相算命风水之流，所揭露的坑蒙拐骗的人群以僧尼为主。故事主要叙述了一个官员被僧人欺骗钱财，家财官誉毁于迷信，后悔莫及乃至成病，竟被家人请来祈福的和尚活活气死的故事。

《扫迷帚》等反迷信小说是晚清报刊文人们为反迷信运动所作出的一项努力，皆有推崇科学反对神怪异说的主旨。反迷信的主题其实中国古已有之，东汉王充的《论衡》便已经开始采用层层递进的逻辑推理来击破妖妄无据的迷信的尝试。晚清反迷信小说在继承这种中国传统理性精神的同时，又有其时代性和特殊性。

首先，与《论衡》相似，《扫迷帚》等小说反迷信的手段或理论根据主要有两种：其一，站在原始儒学的古文经学立场上，以圣贤之言反迷信。《扫迷帚》第一回《挈领提纲全书大旨　开宗明义箴世名言》中提到主角资生有一格言：

> 多读有用书，少作无益事。救人莫如医，惑世莫如巫。南人信鬼，则两者连称，其实巫医哪得并论？做人当从阳面做起，勿从阴面做起。光明世界，但有实象，断无虚境。世果有神仙，则秦皇、汉武可以不死。未能事人，焉能事鬼？未知生，焉知死？鬼与死为圣人所不言，圣人不言，而我人必昌言，是谓背圣。尽人事为真君子，诿天命必非丈夫。赛会迎神，悬灯演剧，人视为热闹道场，我视为昏暗世界。开山筑路，而曰碍风水，则外国铁轨如织，矿产纷开，何以国势勃兴？岂风水行于中而不行于西？人藏其心，不可测度，相自相，心自心，相由心生，真术士欺人之语。

格言中既以儒家原典《论语》为反迷信的理论武器，认为妄言妄信鬼神，是违背圣人教诲的；又吸取了明末的知行合一的思想，崇尚实用性的知识。其二，利用日常逻辑推演，比如格言中以秦皇汉武之生有涯证世无神仙，又以西方强大的实例证风水说之虚妄。这两种手段分别承担了反迷信思潮的价值导向和方法论，都是对中国传统理性精神的一种继承。

其次，与《论衡》不同，晚清反迷信小说诞生于民族危急存亡之秋，有着迫切的政治需要。反迷信小说之所以如此激烈地反对迷信，主要是因为小说家们认为迷信阻碍中国进化。在经历了几次对外战争失败后，晚清文人已经深深陷入对西方的恐惧中。他们亟须寻找到中国落后于西方的原因，认为西人脚踏实地，凭实验不凭虚境；可测天、航海、凿山、疏河、通道，万物可格，百事可为，因此，提倡强种保国者，须学习西方。这已经近似于西方的启蒙思想，是在科学精神的基础上对人的能力的高度自信。但是他们却把最终落脚点仍然放在强国保种这一目标上，对科学精神的吸收仍然只是工具意义上的利用。这是急功近利的改革思潮的通病，也是反迷信小说思想上的弱点。

值得一提的是，虽然《扫迷帚》在前面提到的格言中对涉及鬼神的民俗活动不屑一顾，但是小说本身对民俗活动的描写却正是全书最吸引人之处。阿英在评价《扫迷帚》时就高度评价其对“盂兰会”、“社戏”和“赛会”的描写，对其文笔“朴实清丽”大加赞扬。小说末尾还特意写到要重修县志，改变以往重官事轻民俗的记史方式。

阿英曾对《扫迷帚》进行评价，他一方面不满意其完全没有小说的结构、情节散乱，另一方面又欣赏其对迷信现象揭露的深和全、理论的缜密，因而认为《扫迷帚》是晚清的一部最优秀最有影响的启蒙运动的书，但不能说是一部优秀的小说。这样看似矛盾的评价，其实说出了晚清反迷信小说的双重性：既是启蒙读物，又是文学作品。《扫迷帚》偏于前者，就变成通俗演讲；《玉佛缘》要照顾文学性，就偏于讲故事：兼具议论文体的严密推理和文学形象性、趣味性以及新闻文体的煽动性，是很难的。

（李默）

1909 年

4月

周氏兄弟《域外小说集》的寂寞

域外小说集第一册

是集所录率皆近世名家短篇结构積密情思幽渺各国竞先选译斐然为文学之新宗我国独缺如焉因慎为译述抽意以为信绎辞求其达先成第一册凡波兰一篇英一篇俄五篇新纪文潮灌注十夏此其滥觞矣至若装订新异纸张精致亦近日小说所未睹也每册小银元三角现银批售及十册者九折五十册者八折总寄售处上海英租界后马路乾记弄广昌隆绸庄会稽周树人白

（原载1909年4月19日《时报》）

《域外小说集》第一册1909年3月在日本东京出版，收小说7篇；第二册于同年7月出版，收小说9篇，署会稽周氏兄弟纂译，周树人发行，上海广昌隆稠庄寄售。这两册书销售业绩异常惨淡，据十一年后鲁迅回忆，当时书托上海、东京两处寄售，半年后在东京寄售处结账，第一册卖了21本，第二册卖了20本。至于上海的销售情况，虽不详知，但大致和东京相仿。周氏兄弟原先有很宏伟的规划，预备等第一第二册卖回本钱，再续印第三第四册，以至于X册。可是由于销售惨败，这个计划当然无从继续实施了。

周氏兄弟在第一册出版后即在当时销量颇大的《时报》上登广告宣传，广告还根据册数的差别给出了批发价格，可见初次涉足出版领域的周氏兄弟并不缺乏商业头脑和广告意识。广告署“会稽周树人白”，出自鲁迅手笔。鲁迅在广告中重点向理想中的读者推荐了此书的几大好处：一、此书选目具有知名度（“近世名家”）、新颖性、权威性（“文学之新宗”）和稀缺性（“我国独缺如焉”）。二、此书的翻译忠实于原著（“抽意以为信”）且译文表达流畅（“绎辞求其达”）。三、书籍物质形态如纸张、装帧考究（“装订新异，纸张精致”）。

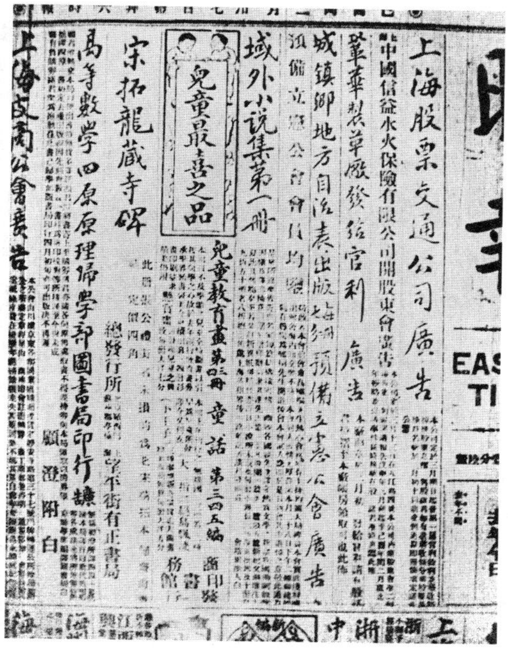

《域外小说集》广告

那么究竟是什么原因导致《域外小说集》在销售业绩上遭遇如此重大的挫折呢？今天看来，原因主要在于周氏兄弟在文学翻译中的追求与当时一般读者之所乐见存在太大的落差。

从《域外小说集》的选目来看，第一、第二册共收小说 16 篇，其中，英国 1 篇（淮尔特《安乐王子》）、美国 1 篇（亚伦·坡《默》）、法国 1 篇（摩波商《月夜》）、俄国 7 篇（斯谛普虐克《一文钱》、迦尔洵《邂逅》和《四日》、契诃夫《戚施》和《塞外》、安特来夫《谩》和《默》）、波兰 3 篇（显克微支《乐人扬珂》、《天使》和《灯台守》）、波斯尼业 2 篇（穆拉淑微支《不辰》和《莫诃末翁》）、芬兰 1 篇（哀禾《先驱》）。这 16 篇译文中，安特来夫《谩》和《默》以及迦尔洵《四日》是鲁迅据德文译本转译的，其余 13 篇均为周作人根据英译本翻译。广告说所选都是“近世名家短篇”，“斐然为文学之新宗”，这里所说的“新宗”不仅是说这些作家作品作为一种文学思潮正在当时国际文坛上流行，而且也是我国文坛（通过翻译）所稀缺的——“我国独缺如焉”。鲁迅在原版序言中亦表达了对此“文术新宗”的自负。鲁迅的自负有其道理，根据陈平原的统计，中国 1896—1916 年出版的翻译小说中，数量第一的是柯南道尔，32 种；第二是哈葛德，25 种；并列第三的是凡尔纳和大仲马，各 17 种；第五是押川春浪，10 种。清末民初译本数量高居前五名的作家已经勾画出这一特殊历史时期汉译文学的轮廓：翻译小说中最初是政治小说一马当先，之后不久政治小说中最大的分支虚无党小说占据了重要位置，而从晚清最后几年开始，侦探小说在翻译文学界占有绝对优势，科学（科幻）小说、历史小说、言情小说、虚无党小说（民国建立后虚无党小说迅速退出历史舞台）几乎瓜分了小说译本市场的其余份额。而对于能够进入西方文学史的名家名作的汉译，在清末民初的小说汉译中仅占一个相对很小的比例，就是这个相对很小比例的名著翻译小说中，还是大仲马、司哥特、狄更斯等长篇小说家的长篇小说译本居多，短篇名作翻译得极少。《域外小说集》出版前，我国只出版过林纾翻译美国著名作家欧文的短篇小说集《拊掌录》（译本出版于1907年，今译《见闻杂记》），和德国牧师叶道胜汉译、中国人麦梅生润色合作出版的从德文转译的俄国大作家列夫·托尔斯泰的12篇短篇小说集《托氏宗教小说》（出版于1907年）。通过一部翻译小说集，一次性介绍如此众多的世界著名小说家的高质量的小说名作，在中国近代文学翻译史上实为前无古人的创举。

更为重要的是，正如鲁迅在序言中所自诩，《域外小说集》所翻译的16个短篇作品，包含了19世纪末20世纪初欧洲文学最具先锋性的文本，16篇译文在以摘取生活片断的"横截面"结构代替首尾俱足的完整情节叙述、以诗化抒情为中心取代以情节曲折跌宕为中心、以内在心理活动为叙述中心取代以外在身体动作为叙述中心三个路径上突破了中国传统短篇小说固有的以情节为中心、叙述首尾连贯的完整故事、以情节为主要结构支撑的结构模式，取得了中国小说现代转型的初步成果。如此集中地翻译带有文学革命意义的异域小说，将之导入我国文学系统，如能吸引同志、形成风潮，一扫当时国内小说译坛充斥二三流娱乐性小说垄断的局面，对于建构中国自己的现代文学将发挥非常重大的历史作用。

可惜的是，个别先觉者的努力并不能影响整个时代文学思潮主流和文坛走势。《域外小说集》收录的波兰大小说家显克微支的短篇名作《乐人扬珂》，讲述乡村穷人家的孩子扬珂，身体羸弱，先天弱智，却对音乐有特别的天才与爱好。他渴望拥有一把小提琴，而这是他的家庭所不可能负担得起的。他冒险进入财主老爷家挂着小提琴的房间，忍不住诱惑把琴取下来抚摸，被人发现并当作小偷毒打一顿，默默而死。显克微支冷静描写可悲可惨事件的笔触十分出色，周氏兄弟的译文虽然古奥，却相当忠实地传达了原作者对弱小者不幸遭遇的深切同情，对残忍冷酷对待社会弱势群体的社会阶级的严正谴责。可这篇译文后来被某家小说杂志公然剽窃，和原译仅差几个字，却注明为滑稽小说，这件事使多年后的鲁迅依然感到一种空虚的苦痛。立意非常明朗的人道主义小说竟被解读成聊供解颐的滑稽小说，那么其他用意更为深幽的著作自然不会被了解和赏识了。《域外小说集》所持的文学观念过于超前，它处身当时的中国文坛显得那么鹤立鸡群，同时，也显得格格不入。

《域外小说集》销售失败固然由于译本原著选目的文学先锋性超越了当时绝大多数普通小说读者的审美预期，这个译文集所使用的异常古奥的语言，也是其遭到市场冷遇的重要原因。相对于当时国内文学翻译界漏译、错译、改译甚至改编等等严重践踏基本翻译规范的总体翻译状况，《域外小说集》的翻译出奇地严谨忠实，广告所说的“慎为译述”，绝非谬赞。有趣的是，当时的周氏兄弟正跟随古文经学大师章太炎学习《说文解字》，受章氏影响“古”了起来，采用了比林纾翻译语言远为古奥艰深的翻译语体。因此，对于一般读者而言，译文恐怕显得晦涩难读些。

其实，《域外小说集》于此还存在两个悖论。一、译者极富先锋性的文学观念与极端复古的语言观之间的矛盾：一方面在译介最新潮的世界文学进入古老的中国文学系统，一方面又迷恋早已退出一般书面写作的古奥语言，试图以复古的语言建构最新潮的文学文本。二、译者对于翻译忠实性的自觉追求与使用古奥语言对于忠实性无可避免的损害之间的矛盾：译者力求忠实原著，但原著是使用该国 19 世纪末 20 世纪初的现代语言所写，译本摒弃中国同时期日常使用的语言不用，而采用 1500 年前的古人书面语（这样古奥的书面语即使在晚清士人笔下也已经很少使用），则无论译者主观如何努力，都无法真正做到适应当时读者的需要。

《域外小说集》在原作选目的先锋性和译笔语体的复古性两方面都超出了一般读者接受的底线。加之，相对于紧凑简洁的短篇小说，当时读者更偏爱情节绵延的长篇小说，且周氏兄弟时在文坛尚属默默无闻之辈，此书知音难求，遭受冷遇，就不令人感到奇怪了。鲁迅序言中期待卓特之士不为常俗所囿云云，显然对于此书不会像林译小说那样大卖特卖、洛阳纸贵有所预感，只是不足百数的销量还是令周氏兄弟始料不及罢了。

1909 年《域外小说集》翻译出版，是鲁迅、周作人两兄弟合作翻译之始，这个开头很不顺利，但两人的合作翻译事业远没有就此结束。1959 年，冯至用他诗人的语言评论《域外小说集》道：“但我们不能不认为它是采取进步而严肃的态度介绍欧洲文学最早的第一燕。只可惜这只燕子来的时候太早了，那时的中国还是冰封雪冻的冬天。”[①]这只承载着中国小说现代转型重任的“第一燕”其

① 冯至、陈祚敏、罗业森：《五四时期俄罗斯文学和其他欧洲国家文学的翻译和介绍》，罗新璋编《翻译论集》，第 474 页，北京：商务印书馆 2009 年版。

实并没有等到1950年代才被新文学研究者重新记起，周氏兄弟一旦在新文化运动中崭露头角，掌握了文学话语权，不仅立刻在1921年上海群益出版社推出增收了以同样古奥的文言翻译的21篇译文的《域外小说集》增订本，1922年又在上海商务印书馆出版了鲁迅、周作人、周建人三兄弟合作的短篇小说译文集《现代小说译丛第一集》，内收1920—1921年间以白话语体汉译的短篇小说译文30篇，其中周作人译文18篇，鲁迅译文9篇，周建人译文3篇。从选目看，《现代小说译丛第一集》完全可以看作《域外小说集》使用白话语体的续集，所以不能把1909年《域外小说集》第一、第二册出版即告失败作为一个孤立的文学事件。由于1909年的出版失败，《域外小说集》没有得以在当时继续出版连翻译篇目都已经在前两集部分广告过的第三第四册，但是周作人于1910—1917年仍在翻译与第一第二册同样语体风格的译文，1920—1921年间翻译仅仅更换了语体形式而以同样的对小说原作的选择策略和同样的直译策略的《现代小说译丛第一集》，从中仍能看到他一以贯之的努力。在译文集的名字上标明“第一集”，亦明确暗示周氏兄弟又有了继续翻译外国短篇小说结集出版的长远计划。但这个计划又一次意外流产了，这次的原因不是因为译本没有读者，而是发生于1923年的兄弟失和。自此以后，周氏兄弟二人仍各自继续着翻译外国文学的事业，而且两人的翻译事业皆至死方休，只是再也没有了合作翻译的机缘。

（周羽）

8月

商务印书馆“在商言商”的底蕴

唯一无二之消夏品

夏日如年清闲无事求所以怡悦性情增长闻见莫如小说本馆年来新出小说最夥皆情事离奇趣味浓郁大足驱遣睡魔消磨炎暑兹特大减价为诸君消夏之助列目如下

（一）侦探小说二十种码洋六元三角实洋三元五角

案中案　黄金血　降妖记……香囊记　帘外人

（二）言情小说二十六种码洋十一元实洋六元

漫郎摄实戈　剑底鸳鸯……匈奴骑士录　青衣记

（三）社会小说十二种码洋七元六角实洋四元

巴黎繁华记……彗星夺壻录

（四）神怪小说十种码洋六元六角实洋三元五角

英国诗人吟边燕语……英孝子火山报仇录

（五）冒险小说十种码洋四元零五分实洋二元四角

小仙源　金银岛……冰天渔乐记

（六）历史小说十五种码洋十三元六角半实洋七元

卖国奴　侠隐记……劫后英雄略

（七）绣像小说七十二册码洋七元二角实洋四元

注意

一每类均须全售概不零拆

一购者均须现款概不记帐

一减价自五月十五日始至七月底止过期仍照定价发售

一每种中如有先已购阅不欲复购者可就单内定价相同之书调掉

上海商务印书馆各分馆同启

（原载1909年8月10日《教育杂志》第7期）

商务印书馆小说广告

商务印书馆于1897年2月11日创立于上海，创办人为夏瑞芳、鲍咸恩、鲍咸昌、高凤池等。初为合伙经营的小型印刷工厂，1901年才改为现代意义上的股份有限公司，资本增至五万元，张元济入股，并主持编译工作。1902年，商务印书馆才真正开始出版书籍，而那之前主要承担印刷业务，带有传统的作坊意味。在股份制建立以后，商务印书馆进入了一个快速发展的时期。1903年商务印书馆建立印刷所、编译所和发行所，改为中日合办，资本各十万元，引进日本先进印刷技术。翌年编印《最新国文教科书》，数月间风行全国。此后，陆续编印修身、算术、史地、英语等教科书，兴办师范讲习班、附属小学、养正幼稚园及函授学校，还出版各种中外文工具书、刊物和学术著作。1907年在上海闸北宝山路建成印刷总厂和编译所新址。1909年将编译所收藏古籍善本和参考书籍的图书馆定名为涵芬楼，后改名为东方图书馆，对外开放。也就是在1909年前后，商务印书馆开始涉足新小说的出版。从我们这里摘录的1909年8月10日《教育杂志》刊登的广告可以看出，商务出版的新小说多为侦探小说、言情小说、社会小说、神怪小说、冒险小说，和其他出版社并无多少区别。特别有意思的是，商务将这些小说定位为“唯一无二之消费品”，宣传卖点也是“皆情事离奇，趣味浓郁，大足驱遣睡魔，消磨炎暑”。这样的选题与营销策略，都显示了商务印书馆的稳健作风：它初涉新小说的出版，必得“随俗”，不求新奇。强调小说的消闲性，也是着眼于市场、读者的需求，这显示了商务印书馆“在商言商”的基本立场。

但商务印书馆的“在商言商”是自有底蕴的。这首先表现在它尽管在具体操作上步步为营，稳扎稳打，但背后却有一个长远的发展眼光。它1903年设立编译所，先是抓住教科书出版这一关键环节，大做文章；同时又策划“说部丛书”，大规模、有计划地翻译西方文学、学术著作。现在又谋划出版创作小说，同时整理古籍，这就为自身的大发展奠定了坚实、深厚的基础，并成为清末民初时期上海一处极其耀眼的文化标志。

人们还发现，虽然商务印书馆在处理出版事务时采取了一种貌似没有信仰、全然由利益驱动的态度，但其实是自有坚持的。

首先，商务印书馆的草创人员就不是一般的商人或者报刊文人。商务的决策者中，张元济是个代表，他是敏于事、力于行的企业强者。这位中国近代化的早期实践者是在变法失败南回后在上海加入商务的，他做过京官，和李鸿章、盛宣怀等上层有一定的联系，作为有立宪保皇思想的人，南来之后也曾一度和政治联系较为紧密。在清政府推行“新政”时张元济曾从商务入京短期为官，这位曾经为官亦曾为学的人又和相当一些亦官亦学的儒官甚至纯粹官员保持很好的私交，如“党国元老”蔡元培、教育总长傅增湘、财政总长梁启超、北京政府工商总长张謇以及邮传部尚书岑春煊、浙江军政府都督汤寿潜等。他在私人信札中并不隐瞒对各个政府的不满，他对于政府的基本态度是吾辈决不欲与之争政权，亦不欲推翻其天下，但不能不责其必须改过。1896年，在《时务报》筹办过程中，他致书汪康年指出办报意在唤醒尚未觉悟的广大人民群众。有这样的坚持，我们很难想象，当他作为商务编译所第一任所长时会真的“在商言商”；或许“在商言商”只是让商务印书馆在那样的时期更好地成为国民启蒙的一件外衣、一种手段。这和《新闻报》是不一样的。

其次，商务印书馆定位为以教科书为出版编辑的一大主体，既是经济上盈利的好选择，又是商务人作为知识分子的一种责任的象征。正是有这种责任，他们在出版中一直有着自己的判断。在晚清，当国民们需要看到外面的世界时，商务印书馆大量编译外国小说，引入外国科学普及读物，并按照西方教育理念编辑新型的教科书。而当历史发展到辛亥革命时，商务人逐渐怀疑传统文化是否被抛弃得过于彻底了？涵芬楼无疑像是传统文化的一座堡垒一般，耸立在20世纪初上海这个现代化的都市里。也许正是涵芬楼和商务印书馆在民族文化上的判断和影响，使得日本侵略者不得不毁掉它们。而商务印书馆快速恢复自身生产力的努力，和对“国难”的呼号无疑是另一种对侵略的抗议，因为商务印书馆本身的存在已经是对日军意图消灭中华文化的一种反抗，而这无疑和《新闻报》更是截然不同。

我们很难说商务印书馆到底是更商业还是更理想主义，但似乎它在政治参与和商业生存中找到了一条比较恰当的路。

（李默）

第一份图画类日报

图画日报定期出版

泰东四各国莫不重报章其□画上下社会之欢迎者尤以图画报为最良以日报旬报月报只能载记事实而不能曲绘□□故人心之感动□不免有广狭深浅之分也近来中国各报已增插画一门及逐日附送单张画报特以限于篇幅不能□宇内之形形色色……增长国民智识开通民社风气为己任料合同志数十人分任编辑调查摄影绘画诸事期组织一文明有益之事业以贡献于社会现□……内容如下（一大陆之景物）中外各□名山大川著名古迹著名建筑均□焉（二上海之建筑）上海区域内新旧建筑及各式风景靡不详叙（三中国名人小影）官绅□□百界名人均摹取官影并译□□□□□及各项政绩事实（四中外新列女传）广采近代名媛事迹藉资女杰之观感（五世界新剧）戏剧最能感动人心兹取有益社会之新剧逐节分绘并撰说以明之（六警世小说）……（七侦探小说）罗斯福小说系记苏州近事逐段分绘成图（八上海之商场）沪上有名店铺甚多他处人至沪每以不能详知为憾兹用照相法……（九营业写真）旧时太平欢乐图遗漏甚多兹就现时各业逐一写真并撰歌谣颇有寓意（十新智识之杂货店）滑稽讽刺以及新发明之事业或短篇小说等凡足济人智慧者悉隶人焉（十一各埠新闻）采取极精并加按语（十二本埠新闻）事速而详本日新闻翌日即行见报以上十二则逐日印行汇订一册每册暂取铜元三枚外埠连邮资取大洋三分□□发行□在上海四马路中和里对门七月初一出版发行在即定购勿迟海内诸君尚祈注意本埠向送报人预定外埠由代派上海各处尽显如愿揽本报代派者速函告定报例全年十一元定全年者附赠洋装海上

繁华梦初二三集一部半年五元五角附赠最新小说二种一季洋二元八角一月洋一元东四洋南洋群岛加倍邮资不加邮票作九五扣算上海四马路中和里对门环球社图画日报馆启

（原载1909年8月13日《新闻报》）

《图画日报》于1909年8月16日创刊，共出版404期，于1910年8月停刊。这里摘录的《新闻报》广告发表于《图画日报》发行的前3天，部分字迹已经模糊不清，然而还是可以看到其大致内容，是可以视为发刊宣言的。首先，明确地提出了办刊目的是"增长国民智识，开通民社风气"，这就和同时期众多的以娱乐为目的的画报区别开来。关于报纸的定位，广告有一个很有意思的分析：一般的"日报、旬报、月报，只能载记事实而不能曲绘"，"故人心之感动□不免有广狭深浅之分也"。据说"近来中国各报，已增插画一门及逐日附送单张画报。特以限于篇幅，不能□宇内之形形色色"。《图画日报》正是基于这样的市场需求分析，找到了自己的办报特色，即以图画的形式来办日报，将"画报"与"日报"的优势集于一身，既做到"本日新闻，翌日即行见报"，又配以大量新闻图片，既"记事"又"曲绘"。这确实是一个很有商业眼光和创意的设想，因此很快就集合了"同志数十人，分任编辑调查摄影绘画诸事"，主要画师有孙兰荪、张树培、刘纯、泳霓、朱承魁、童爱楼、伯良、秉锋、韫方女史等，主要撰稿人有李涵秋、李伯元、孙玉声等。无论画师还是撰稿人，都是当时沪上赫赫有名的大家，请这些名家来执笔，《图画日报》的

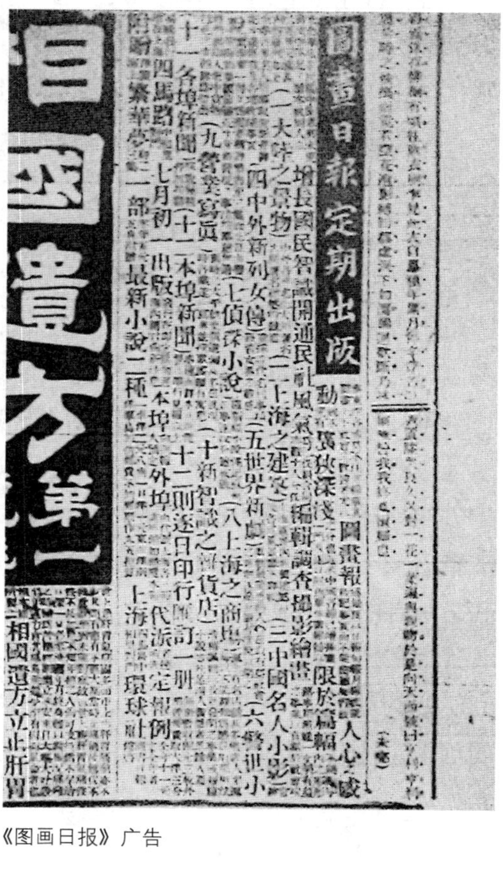

《图画日报》广告

档次自然很高。

从广告中可以看出，编辑者有更大的观照视野，从多方面来满足读者的好奇心。除新闻图片外，还精心挑选“名川大山”、“著名古迹，著名建筑”的图片，并注意到沪上有名店铺甚多，他处至沪者每以不能详知为憾，因此将现有“各业逐一写真，并撰歌谣，颇有寓意”，可谓独具慧眼。翻开《图画日报》，读者仿佛进入了晚清的时光隧道，从上海滩上的建筑群像到街头巷尾的小摊小贩，从社会名流的最新动态到世界各地的奇风异俗，均在这些精美的图画中一览无余。《图画日报》的画法，不仅视角独特，画工精致，而且还借鉴了西方素描的技巧，将人物描摹得栩栩如生。画上空白处还附有手写的文字解说，与图画融为一体。

《图画日报》虽然只是一份画报，可是在第 1 期的第 2 页上就俨然登出了《本馆征求小说》的广告：“本馆之设，为开通社会风气，增长国民智识，并无贸利之心。惟小说一门，最易发人警醒，动人观感，故本报逐日图绘社会小说《续繁华梦》。”[①]《图画日报》将《续海上繁华梦》、《中国侦探罗师福》、《现世纪之活剧亡国泪》、《秭归声》、《新茶花》等绘成图画，随文刊登，是最早的连环画之一。左图右文，图画文字各占一半空间，有的时候图画的篇幅甚至要远远超过文字。读者读报时往往先赏图，再读小说内容。可以说，画师直接参与了小说的创作，影响了读者的阅读趣味和审美想象，开创了一种新的小说阅读方式。

《图画日报》还开辟了一些别出心裁的栏目。比如“新智识之杂货店”，其实是用寓意画来抒写作者对社会人生的“杂感”。第 1 期第 9 页就有一幅“环球图画”，上面画着巨大的亚洲和非洲地图，两洲紧紧相连，欧洲则是很小的一块，不仔细看都很难发现。地球的上方有一个光芒四射的太阳。太阳底下有许多人，既有拖着长辫子的中国人，又有戴着草帽的西洋妇人，都抬头仰望着左上方的地球，议论纷纷。这是一幅典型的寓意画：弱小的亚洲和非洲紧紧相连，寓指希望受压迫的民族联手强大自己，欧洲的世界影响日益缩小，表达了作者和出版者的世界想象和期待。

为实现“增长国民智识，开通民社风气”的办刊方针，《图画日报》特别用心于社会新闻，关注社会民生，揭露社会阴暗面。为了让更多人意识到鸦片烟的危害，《图画日报》专开“鸦片烟毒之现象”一栏，登出了“发瘾之苦”、“夏

---

① 见 1909 年 8 月《图画日报》第 1 期。

日剥肤”、“胖子变瘦子”、“气死爷娘”等图画，对上瘾者是一种警醒，对未吸者是一种警戒。

社会新闻的一个重要方面，是对上海滩上的新鲜事以及种种奇闻逸事及时进行报道，如“报馆记者之夜来忙”、“冒充女学生之荒诞”、“野鸡妓女拉客之极形”、“包车出风头”、“电车往来之快捷”、“文明结婚之简便”……这些图画看似取乐读者，其实是对现代都市社会的形形色色的一个记录。《图画日报》的时事新闻，如79幅“庚子国耻纪念画”，将“大沽炮台失守”、“驻京德公使被害”、“灯市口焚烧教民之惨剧”、“团匪围攻各国使馆”、“联军入都”等重要历史事件一一用图画呈现，都是有史料价值的。

作为中国第一份图画类日报，《图画日报》在文学与图画的结合上作了有益探索。它记录时事、针砭时弊，介绍新奇事物、批评陈规陋习，几乎涉及社会生活的各个方面，用逼真的画面描绘出一个新旧交替、中西杂糅、传统与现代并存的晚清社会图景。

（狄霞晨）

9月

《新西游记》的拟旧翻新

滑稽小说新西游记出版

此书为时报馆主笔血冷君手笔诽谐可喜且有寓意存焉可为近世之隐史定价大洋三角

（原载 1909 年 9 月 26 日《时报》）

招工廣告
慎泰洋廣貨號招盤 所存錢衣各貨即日起減價售現 鋪在老巡捕房對門
業煤油者鑒
肇華廠華品特色
滑稽小說新西遊記出版
此書爲時報館主筆血冷君手筆詼諧可喜且有寓意存焉可爲近世之隱史 定價大洋三角 總發行所 有正書局
曾文正公書札
中國圖書公司
電政局招商承辦木桿廣告

《新西游记》广告

神通广大的齐天大圣孙悟空为考察新教，奉如来佛之命，下界来到近代繁华的大上海，结果惊奇地发现自己处处受制，一身神通无处施展。唐僧没有被妖怪困住，却被困在租界的妓院里，向来善于降妖除魔的孙悟空对此束手无策，身穿西装的猪八戒却如鱼得水。唐僧、猪八戒经不住诱惑，抽上鸦片，结果中了毒瘾，又付不出吸鸦片的钱，被捉进巡捕房。孙悟空多次变化，也救不出师傅，还是猪八戒穿西装，把唐僧保了出来：这不是明代吴承恩的《西游记》，而是近代人冷血（陈景韩）撰写的拟旧小说《新西游记》。

陈景韩（1878—1965），又名陈冷，笔名冷、冷血、不冷、华生、无名、新中国之废物等，松江县人。早年留学日本，曾任上海《大陆报》记者，后《时报》在上海创刊，受聘为该报主笔，开辟“时评”专栏，令人耳目一新，各报纷纷效仿。其后又受聘任《申报》总主笔，与谢无量通力合作，使《申报》发展成为极具影响力的全国著名大报。袁世凯称帝时，他在《申报》连续发表时评，反对帝制，拥护民主共和。陈景韩不仅是一位出色的报人，还善写小说，曾和包天笑合编《小说时报》(月刊)。除《新西游记》外，还著有小说《新中国之豪杰》、《商界鬼蜮记》、《凄风苦雨录》、《白云塔》(一名《新红楼》)等。

冷血的《新西游记》1906年由有正书局出版。全书共5回，未最终完成。小说的《弁言》写道：“《新西游记》借《西游记》中人名、事物以反演之，故曰《新西游记》。《新西游记》虽借《西游记》中人名、事物以反演，然《西游记》皆虚构，而《新西游记》皆实事。以实事解释虚构，作者实略寓祛人迷信之意。《西游记》皆唐以前事物，而《新西游记》皆现在事物。以现在事物，假唐时人思想推测之，可见世界变迁之理。”大概由于销量不佳，1909年9月《时报》为出版已三年的《新西游记》刊登了前引广告，此时的陈景韩仍为《时报》主笔，而《时报》与有正书局的后台老板都是著名报人狄葆贤，因此《时报》刊登《新西游记》图书广告就不足为奇了。广告将《新西游记》定位为“滑稽小说”，称它“诽谐可喜”。无独有偶，宣统元年(1909)改良小说社出版的煮梦(李小白)所著的同名拟旧小说《新西游记》，同样被贯以“滑稽小说”之名，这大概与《西游记》原著的调侃风格有关。事实上，大部分拟旧小说的主要风格(包括语言风格)都与被拟原著大体一致，这是拟旧小说的一大特点。但小说风格与原著的一致，并不表明拟旧小说与原著在故事内容方面的延续性。恰恰相反，除使用原著小说中的人物姓名外，拟旧小说故事内容与原著基本上没有多少相关性。《新西游记》与取经无关，《新石头记》不写宝、黛爱情，《新水浒传》也不写梁山好汉的英雄事迹。因此，与古典小说“续书”最大的不同在于，这类小说中的角色，虽然还是原著中的人物，但所写的故事，却多是作者所处的20世纪初叶的现实。于是，孙悟空与贾宝玉不约而同来到20世纪初的大上海，陆士谔笔下的《新水浒传》中的梁山好汉与《新三国》中的魏、蜀、吴三国君臣虽然在空间上没有被置换到大上海，但时间背景却变成了维新变革时代的新世界。这也是拟旧小说最重要的特点。

“拟旧小说”是阿英在《晚清小说史》中的用语，大都是采用旧的书名与人物名而写新的事。也有人称之为“翻新小说”：晚清时期还涌现了一批新鲜别致的小说，它们大都袭用古典名著的书名，而冠以一个“新”字。这类小说有吴趼人的《新石头记》，陆士谔、珠溪渔隐的《新三国》，西冷冬青、陆士谔的《新水浒》，冷血、煮梦的《新西游记》，大陆的《新封神传》，慧珠女士的《新金瓶梅》，陆士谔的《新野叟曝言》，萧然郁生的《新镜花缘》，治逸的《新七侠五义》等。

不过，阿英对拟旧小说的评价很低。在《晚清小说史》一书中，他将拟旧小说列为“晚清小说之末流”，以为“窥其内容，实无一足观者”，甚至说拟旧小说都是和嫖界小说、写情小说一样，是当时新小说的一种反动，也是晚清谴责小说的没落。[①]这批评未免过于严苛，基本全盘抹杀了拟旧小说的存在价值。其实，吴趼人、陆士谔、陈景韩等小说家创作拟旧小说，并非一时的游戏之作，而是有着强烈的现实关怀和忧患意识。吴趼人的《新石头记》既提倡向西方学习，又主张民族自尊；陆士谔的《新三国》提倡科学与教育，颇多关于办学校、练新军、筑铁路、种桑养蚕等等具体方法的介绍，而他的《新水浒》则对经济改革可能造成的贫富分化等社会问题作了相当深刻的预见和分析。即以冷血的《新西游记》而言，它用诙谐滑稽笔法写严肃的社会问题，也值得一读。小说通过唐僧师徒在上海这一陌生的“新”世界所感受到的强烈反差，讽刺了借口“权利”而大吸鸦片、借口“新法”而大打麻将的“新派人物”，展现了半封建、半殖民地的世相百态和风俗。广告中说《新西游记》“有寓意存焉，可为近世之隐史”，并非虚言。翻新小说（拟旧小说）的确有其贡献，它借用古代名著的躯壳，又从中反演出新的意境，堪称晚清小说家在特定的历史条件下，最适于表达自己情志的新创的艺术样式，有着迥异于传统小说的艺术品味。

对于拟旧小说的思想内容，阿英在《晚清小说史》中承认小说家“通过衍旧续新的文学创作来表达自己的思考和愿望”，但对其袭用古典小说的书名和人物却感到不解：（吴趼人）“利用此书的写作，以发表其政治思想，解释人生问题，介绍各种知识，都不是坏事。但问题在于要传达这一切，又何必定要利用旧书名、旧人物呢？”[②]其实这正是拟旧小说的艺术特色。首先，拟旧小说借用

① 阿英：《晚清小说史》，第 176—177 页，北京：作家出版社 1958 年版。

② 同上书，第 177 页。

古典小说之壳，采用“蹈空”的虚构手法，让古典小说中的人物来到20世纪初的大都市，或将原著的历史背景作了“进化”的处理，这种“旧瓶装新酒”的方法，利用时空的错位来制造强烈的艺术感染力，读者能够从中得到新奇的艺术体验。如《新石头记》中贾宝玉、《新西游记》中孙悟空在报馆看到印刷机器的尴尬与惊奇，其实正是近代西方新事物不断涌进给中国民众造成的强烈心理刺激和现代性体验的艺术化反映。其次，让古典小说中的人物来到现代西学汹涌而入的新社会，便于表现中国传统农业文明与现代西方工业文明的冲突，从而对传统文化与现代文明的关系进行深入的思考。如孙悟空把自行车看成“风火轮”，把抽鸦片的烟枪说成“哭丧棒”，把鸦片鬼当成妖怪。再次，借用《西游记》、《红楼梦》等家喻户晓的古典名著和孙悟空、贾宝玉等艺术形象，不仅使作家能够更好地抒写“自家的怀抱”，而且合理地利用了读者的惯性阅读心理，便于作品的传播和读者的接受。

当然，就写作水平和艺术价值而言，拟旧小说是无法与原著相比的，但在具体的人物塑造、语言运用、写景抒情等方面，仍不乏可圈可点之处。小说中处处可见的调侃与讽刺，既继承了《西游记》原著的特色，也有着晚清谴责小说的影响。如孙悟空说自己：“老孙以前虽是一毛不拔，现在却也慷慨了。”官府派来侦探看到头大的人，说不是好人：“我听说头大的人必然聪明。现在种种的事，都是那聪明人闹出来的。所以我说他不是好人。”不仅头大的不是好人，长腿的人到处运动开会，嘴阔的人到处演讲，有钱人认股，穷人拒款，因此统统不是好人。这些讽刺的文字，并非一味调侃搞笑，而是意味深长的。

（杨剑锋）

10月

南社的小说

南社启（摘录）

国魂乎盍归来乎抑竞与唐虞姬姒之版图以长逝听其一往不返乎恶是何言是何言国有魂则国存国无魂则国将从此亡矣夫人莫哀于亡国若一任国魂之飘荡失所奚其可哉然则国魂果何所寄曰寄于国学欲存国魂必自存国学始而中国国学之尤为可贵者端推文学盖中国文学为世界各国冠泰西远不逮也而今之醉心欧风者乃奴此而主彼何哉余观古人之灭人国者未有不先灭其言语文字者也嗟夫痛哉伊吕倭音迷漫大陆蟹形文字横扫神州此果黄民之福乎人心世道之忧正不知伊于胡底矣

（原载 1909 年 10 月 17 日《民吁日报》）

南社，1909 年 11 月在苏州成立，是中国近代民族民主革命中产生的文学团体，它的集结、发展与壮大乃至解体，皆以文学为因缘契机。高旭起草的《南社启》一开始即作了有力的论证："国有魂，则国存"——国魂"寄于国学"——"中国国学之尤可贵者，端推文学"。这样，"文学"就被置于"国魂——国学"的核心地位。这背后是一种面对西方文化侵略危机而日益加剧的历史焦虑感，即所谓"余观古人之灭人国者，未有不先灭其言语文字者也"。

我们或许正应该从这样的角度看南社的文学活动，其所倡导的是一种救亡图存、振兴国魂的文学。

后人讨论南社的文学，往往集中于其诗歌创作，这自然是有道理的。但是，由于南社囊括了当时文坛大部分著名人物，它在近现代小说创作的潮流中也并不居下风。实际上，南社在清末民初之际的小说界几乎占有"半壁江山"：1917 年 4 月，文明书局出版《南社小说集》，收有周瘦鹃的《自由》、成舍我的《黑医生》、程善之的《儿时》、叶小凤的《贼之小说家》、王钝根的《予之鬼友》、

南社第一次雅集合影

赵苕狂的《奇症》、胡寄尘的《黄金》、闻野鹤的《媒毒》、姜杏痴的《蛇齿》、叶中泠的《云》、王大觉的《红爪郎》、孙阿英的《伤心人语》、贡少芹的《哀川民》。《南社小说集》就是南社小说作家阵容的一次展示。在这份名单之外，尚可以数出如陈蝶仙、包天笑、苏曼殊、徐枕亚、刘铁冷、王蕴章、姚鹓雏、许指严、姚民哀、戚饭牛、郑逸梅等等当时第一流的小说名家。

南社的小说理论主张和梁启超的"新小说"理论是一脉相承的。叶楚伧（小凤）有《小说杂论》一文，他说："小说势力，与教育有骖勒之功。而陇亩耕织之流，置身不及于庠序，时论不与乎坛坫、瓜棚豆架，皆教忠教孝之言；酒后茶余，系世道人心之运。故普遍之力为教育所弗及。"所看重的正是小说的教育功能和社会价值。徐枕亚在《答友书论小说之益》中反驳把小说一律视为"淫词邪说，伤风败俗"，认为自欧风东渐以来，小说"取才之纯正，可以兴，可以讽，非特不为世道人心之害，且足以改良社会之一助焉"。《南社小说集》的跋语则宣称："往岁同人协议，佥谓：'棣通风气，棒喝社会，文字之最有力者，莫如稗官家言。'"[①]可以看出，南社小说家们是有意识地继承了晚清小说界

① 南社社员：《南社小说集》，第1页，上海：上海文明书局1917年版。

革命以来的思想成果的。

当时上海的各种报刊很多由南社社友主持笔政，各种杂志也大都是南社社友的地盘，柳亚子曾这样评说南社在民国初年的盛况："当时在上海，若不是南社的成员，不大能够进报馆当编辑。"大量优秀的小说作品最初就是在南社人自己编辑的报刊上刊载，成为民国初年小说的重要组成部分。现代著名出版家张静庐在1938年曾评价道："我敢说文明书局先后出版的姚鹓雏的《春声》和包天笑的《小说大观》，确是这时代的'鸡群之鹤'。"包天笑本人即是南社旗下的著名小说家。南社小说家们创作的小说不乏畅销的记录。例如刘铁冷等人办的《小说丛报》，第一期一月后即重印，第二期销数更增，出至第四第五期，书刚装订送发行所，即被哄抢而光。《太平洋报》上则连载了姚鹓雏的《鸿雪印》以及苏曼殊的《断鸿零雁记》。再如徐枕亚的著名畅销小说《玉梨魂》，先在《民权报》副刊上连载，出版单行本后，再版数十次，销量更是到达数十万册。

南社小说最引人注目的，自然是其强烈的民族意识，这不仅是他们进行小说创作的重要原动力，而且也决定着南社小说的一些重要特征。在南社作家中，"亡国奴"的题材曾经一度流行。如周瘦鹃的小说《亡国奴之日记》，此书的封面上即赫然印着"毋忘5月9日"的字样。周瘦鹃"设身为亡国之奴，草兹亡国奴之日记。吾岂好为不祥之言哉，将以警告醉生梦死之国人，力自振作"。在《小说新报》第7年第5期上，贡少芹发表短篇小说《亡国奴自豪语》，写一对青年误入租界而遭到印度巡捕的恶打，青年骂印度巡捕为亡国奴，引发出印度巡捕回应："我是亡国奴，诚然不错，你的国未亡，我也知道，但就目前而论，我这亡国的人，还能够管束你这未亡国的人，你这未亡国的人竟没有权力奈何我亡国的人，怎么样？即此一端，我和你比较也足以自豪的了。还有一层，我做外人的奴隶，并不曾做你国里的奴隶，你休得小觑我。国亡之后还有做奴隶的资格，你们到那亡国时，便是想做奴隶，我只想你们这般瘦怯怯的身躯、文绉绉的模样，未必当外国人的选。我是实授的亡国奴，你们是候补的亡国奴，论阶级你离我差得远呢！"这真是说到了中国人的痛处了。贡少芹在篇末作小记说，他写这篇小说时"一副急泪辄涔涔下"，"实欲使我国人闻此事有所觉悟耳！"

南社推崇浪漫主义文风，他们赞颂新学思潮，鼓吹民主革命，在艺术上则追求磅礴雄浑的气势。如柳亚子即十分推崇嘉道间诗人龚自珍，称他"三百年来第一流，飞仙剑客古无俦”（《论诗三截句》）。反映在小说创作上，出现了一批描述济世救国的侠客形象的作品。早在1903年，苏曼殊曾翻译兼创作出政治小说《惨世界》，男德是着墨最多的主人公，一位既有古道热肠，又饱受西洋文明熏陶的侠客式革命者，为民请命、除暴安良的会党式英雄。他痛斥清朝皇帝是“抢夺了别人国家的独夫民贼”，视儒学为“狗屁”的“奴隶教训”，以救民于水火、救国于灾难为己任，劫狱杀吏，联络会党，寄希望于“大起义兵”，用“狠辣手段”推翻暴政。显然，男德是热衷于鼓吹起义的激进革命党人的写照。再如包天笑的《碧血幕》，更是直接描写女侠秋瑾的革命事迹。

苏曼殊、叶楚伧等人另有一种自述传体的小说。苏曼殊的《断鸿零雁记》以第一人称写成。有人评论说：“大师撰此稿时，不过自述其历史，自悲其身世耳。乃全编结构27章，以出世佛子，叙人世情关，能于悲欢离合之中，极尽波谲云诡之致，而处处实写，字字凄恻、但觉泪痕满纸，令人读之怆然。”[①]叶楚伧的《古戍寒笳记》亦有这一特色，吴绮缘为该书作序，称所记“皆有所本，兼可补史乘所阙疑，殊非一般空中楼阁所可或比”。姚鹓雏的《江左十年目睹记》中人物众多，以假名影射，地名有时也故意错乱，但经考证，十之八九以真人实地为据。上文提到的徐枕亚的《玉梨魂》，其故事情节直接来源于徐枕亚在无锡执教时的亲身经历。

南社的作家在小说题材的开拓上作了许多有益的试验，代表了当时的小说创作水平，为五四新文学的问世作了准备。正如《南社小说集》的跋语所说：“社中颇多工于此道者，商于社长，通函征集，不数月裒然成帙，庄谐参半，撰译相兼，众腋之集，成千金之裘；一脔之尝，胜五鼎之味。”[②]

（孙捷）

① 魏秉恩：《〈断鸿零雁记〉序》，苏曼殊著，柳亚子编订《苏曼殊全集》，第263页，哈尔滨：哈尔滨出版社2011年版。

② 南社社员：《南社小说集》，第1页。

11 月

《时报》系刊物《小说时报》

《小说时报》减价原因

本报自出版以来未及一月已销行至二千余份销数既多本社成本亦较合算故特格外廉价自十月初三起一律每册售大洋六角全年十册售大洋五元五角已定全年者照价加册数算可也再第二期不日出版特此预告

（原载 1909 年 11 月 16 日《时报》）

《小说时报》创刊于 1909 年 10 月 14 日，1917 年 11 月停刊，共出 33 期。名为“时报”，其实是一本期刊，虽然自命为月刊，但经常延期出版以至于两三月才出一期。《小说时报》由有正书局老板狄楚青所创，陈景韩、包天笑为其主笔，后来毕倚虹也加入了主笔的队伍。刊物创办之初，晚清四大小说杂志俱已停刊，而《小说时报》可谓天时地利人和，在小说界独领风骚。该刊的栏目主要有短篇、长篇、新剧、笔记、词林，翻译与创作并举。

《小说时报》是《时报》系的刊物，它的命运也与《时报》息息相关。《时报》创办于 1904 年 6 月 12 日，一度与《申报》、《新闻报》并称上海三大报，影响力极大。《时报》的英文名为“Eastern Times”（直译为“东方泰晤士报”），可见其大老板狄楚青的宏伟意图。接着，他又在 1909 年创办了《小说时报》、1911 年创办了《妇女时报》和《滑稽时报》(《滑稽时报》随《时报》附赠），此外，他还创办了有正书局和民影照相馆，前者为《时报》系报刊提供印刷、发行等方面的便利，后者则为它们提供了许多精美的优伶妓女相片，开一时之风气。

为了推广《小说时报》，狄楚青在《时报》和《妇女时报》上为其大作宣传，不仅在创刊、满月时广而告之，《小说时报》每一期的目录几乎都会出现在这两份报刊上。1909 年 11 月 16 日，《时报》上登出《〈小说时报〉减价原因》广告，其实是一种推广杂志的促销手段。同样，《小说时报》上的广告也以《时报》、

《妇女时报》、有正书局、民影照相馆等为主。《小说时报》比起同时期其他的文学杂志来，具有起点高、资本厚等优势，也形成了一定的商业品牌效应。

《小说时报》第 4 号封面

《小说时报》首先以制作精良、图文并茂为一大招牌。这是因为有以印制碑帖书画闻名、印刷技术十分先进的有正书局为后盾，在制作版式上拥有得天独厚的优势。正如广告中所说：“本报不特于小说界上占一重要之位置，亦为美术界上有数之美品。”戏优名伶、名流妓女的照片用铜版、珂罗版纸印刷成册，自然迎合了市民文化的消费心理。

《小说时报》的一大贡献在于文学翻译，据研究者统计，《小说时报》刊登的 49 部长篇小说、剧本中有 45 部为翻译作品，151 部短篇小说中 90% 以上都是翻译小说。[①]可见翻译作品在《小说时报》中的分量。它为中国读者译介了雨果、契诃夫、大仲马等人的作品，并大量刊登科学小说、侦探小说等新题材的小说，顺应了时人思变求新的心理。《女虚无党》、《虚无党之女》、《俄国之侦探术》和《虚无党飞艇》等重要虚无党小说都在《小说时报》上刊登，也在无形中成为宣扬无政府主义思潮的重要阵地。

1916 年，《小说时报》在《妇女时报》第 18 期封底前发表了整版广告《〈小说时报〉大刷新布告》：“本杂志自经营以来图画之精美，小说之新奇，笔记之雅洁，久为社会所欣赏，故每期销数恒达七八千册，当本报发轫之始，中国虽间有小说杂志，而封面之美丽，图画之精彩，皆未之前有是。本报堪为中国新小说杂志之一大革新家。”自称“新小说杂志之一大革新家”，或有夸大之处，但其在形式的创新、思想的追求上都达到了相当的水平，却是事实。[②]其每期销量恒定在七八千册，且持续时间长达八年，也足见其影响。

（狄霞晨）

① 王国伟：《〈小说时报〉中的短篇翻译小说》，2001 年 1 月《泰安师专学报》。
② 鲁卫鹏：《〈小说时报〉研究》，第 59 页，华东师范大学博士论文，2008 年。

1910 年

3月

翻译家周桂笙的贡献

群学社发行书目

教育小说	含冤花	二角
奇情小说	左右敌	五角
虚无党	八宝匣	二角
航海小说	失舟得舟	一角
侦探小说	海底沉珠	三角

（原载1910年3月1日《时报》）

周桂笙，名树奎，字云子。上海中法学堂肄业，通英法两种外语。1900年开始在《采风报》（吴趼人主编）上译载《一千零一夜》（节译），进入译坛。1906年，汪庆祺创办《月月小说》，聘吴趼人任撰述编辑，周桂笙任翻译编辑。周桂笙译有《毒蛇圈》、《八宝匣》、《失舟得舟》、《左右敌》、《飞访木星》、《海底沉珠》、《红痣案》、《含冤花》等多部小说。他的译文使用浅近文言和白话，颇受当时读者青睐。他所翻译的小说限于侦探题材和科幻题材，由于原著的文学艺术价值不高，尽管他的译本迎合了当时广大读者的趣味，却没能留下多少经典的翻译文本。

周桂笙在翻译时喜欢随时加以评点，他从所翻译的一部普通的法国侦探小说《毒蛇圈》里读出了中国传统说部所没有的新意。他评论道："其起笔处即就父女问答之辞，凭空落墨，恍如奇峰突兀，从天外飞来，又如燃放花炮，火星乱起。然细察之，皆有条理，自非能手，不敢出此。"这种凭空落墨的写法，对于"起笔多平铺，结笔多圆满"的中国传统小说是非常新奇的，尽管周桂笙也知道这种写作技法并非原著者鲍福的独创，只是"欧西小说家之常态"而已。

群学社发行书目广告

就在周桂笙做这番评点之后数月，吴趼人的新著《九命奇冤》用“凭空落墨”的对话开头，明显有模仿《毒蛇圈》的痕迹。周桂笙通过文学翻译和评点，有意识地引进了西方近代小说的叙事技法，对于中国小说叙事模式的转变具有一定的历史贡献。

周桂笙另一个贡献是发起成立译书交通公会。他于1906年发表在《月月小说》第1号上的《译书交通公会试办简章》可视作一篇具有文学史和翻译史价值的重要广告文献。周桂笙首先热情肯定了翻译事业的重要意义：“开化虽早，闭塞已久”的中国，必须大力向外国学习，“而环球诸国，文字不同，语言互异，欲利用其长，非广译其书不为功”。但在周桂笙看来，晚清的文学翻译界很不规范，翻译者大抵“率而操觚，惯事直译”，或者“抄袭剽窃，敷衍满纸”，从日文翻译的，“惟新名词是尚”，译自西方语言的，则“佶曲聱牙”，总之译文语言常生硬粗糙，“令人难解”。但是这些翻译质量的问题并不是译书交通公会所要解决的急务，此会的宗旨是解决“坊间所售之书，异名而同物”，即一本原著同时拥有好几个不同译名的译本的问题。周桂笙认为一部原著多次重复翻译严重浪费资源，对于译者、读者和书商都没有好处，而究其原因则在于“译书家声气不通，不相为谋”，互相之间缺乏必要的信息沟通的渠道。译书交通公会就是要起到在翻译家之间广通声气，避免翻译者互相撞车，节省翻译资源的作用。在简章的细则中周氏明确了具体操作办法：“凡各处会友开译一书，无论正书、小说及无论何国文字均须先将原书书名、译定书名以及著书人之姓名用中西文详细开列寄交本会，书记注册，按月列表刊单分送各会友，俾在会之人详悉某人现译某书以除重复同译之弊。”可见，周桂笙所要创立的译书交通公会是一个类似于手工业者行会性质的翻译家自发组成的民间组织。这个协会纯系自发自愿原则，不具有强制执行的管理权力，它只是通过提供信息，广通声气，以避免会员之间非出于自愿的同时开译同一原著的情况发生。这个译书交通公会在《月月小说》上陆续登载《译书交通公会报告》，报告某地某会员正准备开译何人何书，此书版权已归某某出版社，较好地贯彻了《简章》的宗旨。译书交通公会走出了中国翻译家民间自发联络的第一步，在翻译规范很不健全的晚清，这是具有开创意义的历史性的一步。

（周羽）

4月

《天演论》：误读、改造与操纵——严复的翻译策略

严又陵先生译著各书

英文汉诂　一元二角
群己权界论　八角
社会通诠　一元
订正群学肆言　一角五分
天演论　一元
孟德斯鸠法意　前三册　共一元六角
　　　　　　　第四册　五角
　　　　　　　五六册　各六角
政治讲义　三角五分
耶方斯名学浅说　六角

（原载1910年4月10日《国风》）

如果要举出一部对清末民初中国知识分子精神心理影响最大的书，则必属严复《天演论》无疑。1897年，严复首译赫胥黎《进化论与伦理学》，将“物竞天择，适者生存”的进化论思想与“强国保种”的社会诉求结合起来，命名为《天演论》。书中所传播之思想，对当时于西学只重其技的知识分子来说，实有振聋发聩之功效。胡适自言其名字中的“适”字，便来自于“适者生存”一语，并在《四十自述》一文中回忆道：“《天演论》出版以后，不上几年，就风行到全国，竟做了中学生的读物了”，“在中国累次战败之后，在庚子辛丑大耻辱之后，这个‘优胜劣败，适者生存’的公式确是一种当头棒喝”。[①]其影响力于此

① 胡适：《四十自述》，第52页，深圳：海天出版社1992年版。

可见一斑。

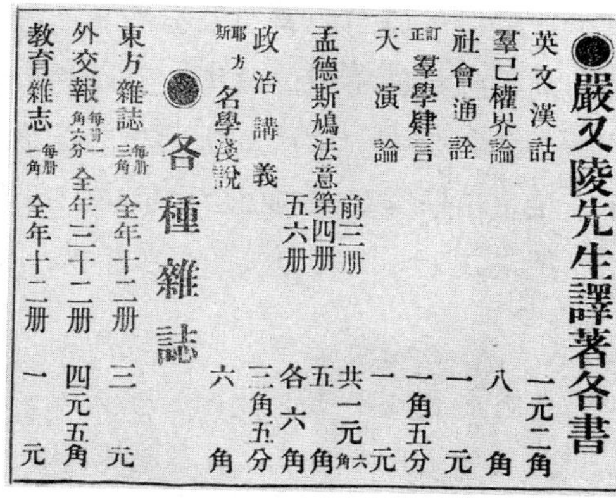

严复译书广告

《天演论》一书实际上是对赫胥黎原书的节译。严复为何在宣传达尔文主义的诸多名作之中选择了这本书，一直是诸多论者感兴趣的问题。史华兹认为，尽管西方思想中“最革命”的部分当属达尔文的进化论思想，但严复对达尔文阐述生物学理论的著作如《物种起源》并无真正的兴趣，他所关心的更多的是“将达尔文原理运用于人类行动领域的那些内容”，而严复所最崇拜的大师斯宾塞的文字，则过于“繁衍奥博，不可卒译”，这在他 1897 年为《国闻报》节译斯宾塞的《社会学研究》时已经有了明确的感受。[①]因此，赫胥黎这本语言相对通俗的罗马尼斯演讲稿，便成为严复译介进化论思想的首选。

然而，严复却遇到了一个更大的问题，即赫胥黎《进化论与伦理学》一书与他所试图阐述的“社会达尔文主义”思想之间存在着不可调和的矛盾：“赫胥黎的演讲事实上绝非在讲解社会达尔文主义，而是在抨击社会达尔文主义。对他的演讲必须依据 19 世纪末开始于英美两国的普遍反对斯宾塞的正统观念来理解。虽然赫胥黎为自己赢得了达尔文主义的不屈不挠的捍卫者和阐述者的声誉，但他那时绝无把这些演讲作为达尔文原理的又一种概述的意思。相反，赫胥黎的急务是维护人类的伦理观念，反对竭力创立一种‘进化论论理’。”“赫胥黎在整本书中明确地直接地反对斯宾塞和‘进化伦理’的其他鼓吹者”，“他不能忍受斯宾塞的极其残忍的‘宇宙乐观主义’”。[②]当时，中国的政治局势正处在危机重重的紧要关头，严复本人除了是一位翻译家之外，更重要的是一位维新政治家。他希望借翻译此书，通过“物竞天择，适者生存”的理念，宣传“强国保种”的意识，唤起国人的危机感；借社会进化论的思想，为变法维新思想寻找其理论合法性。因此，严复的翻译，始终是在强烈的政治意图操控下的翻译。[③]

---

① 史华兹：《寻求富强：严复与西方》，叶凤美译，第 88 页，南京：江苏人民出版社 1996 年版。

② 同上书，第 90—91 页。

③ 参见王宏志：《重释“信、达、雅”——二十世纪中国翻译研究》，第 90—91 页，上海：东方出版中心 1999 年版。

严复对于原书的意图未尝不知，为了调和他所试图宣传的思想和原文之间的矛盾，他不得不通过改译、节译和按语等方式，对赫胥黎的原文进行了诸多改造。尤其是书中由严复所撰写的按语，约占到全书的五分之二篇幅，其中大多直接宣传斯宾塞式的社会达尔文主义思想，使之成为全书的主旨。[①]

严复在翻译中对原文的有意操纵，可以通过以下例证得以说明：

> 凡兹运行之理，乃化机所以不息之精，苟能静观，随在可查：小之极于跂行倒生，大之放乎日星天地；隐之则神思智识之所以圣狂，显之则政俗文章之所以沿革。言其要道，皆可一言蔽之，曰：天演是已。[②]

研究者通过这一段文字与原文的对照分析指出：在赫胥黎的原文中，对达尔文进化理论的阐释范围仅限于自然界，并无严复译文中所述及的“神思智识”、“政俗文章”之意。[③]在这里，严复实际上是在赫胥黎的文字中加入斯宾塞的理论，将进化论的范围从“自然界”扩展到人类社会，将人类意识（神思智识）、社会文化（政俗文章）也纳入进化之范畴，视作“发展进步”链条上上下相扣的一环。

而另一个更为明显的例子发生在原文的《导言》第六节到第八节之中（严译《天演论》第八节至第十节）。在这几节中，赫胥黎讨论了一个符合社会达尔文主义者设想的乌托邦，即由一位具有超越性智能的人类代替自然的职务，对人民实行“按需分配”、“各尽所能”，在人种繁殖上则推行优生优育，对智力、身体有问题的残障人士限制其繁衍后代的社会制度。赫胥黎对这种完全“科学化”的社会制度和伦理思想嘲讽道：

> 一个无论是个人的或是集体的专制政府，应具有超自然的智力，还得具有用选择来实现社会改进原则这样一个目的所需要的、恐怕许多人会认为是超自然的残忍性，这种选择还得有使这种方法赖以获得成功的相当严密的彻底性。经验的确没有给我们提供可以限制住个别“社会救世主们”的残忍性的根据；而且，根据人所熟知的否认团体具有身体和心灵的格言，看来，集体专制——一伙通过煽惑人心的传道师的煽惑而得以相信自己具

---

① 林基成：《天演 = 演化 = 进步？——重读〈天演论〉》，1991 年 12 月《读书》。

② 严复：《严复集》第 5 卷，王栻编，第 1326 页，北京：中华书局 1986 年版。

③ 韩江洪：《严复话语系统与中国近代文化转型》，第 153 页，上海：上海译文出版社 2006 年版。

> 有神权的暴徒——在这方面很可能做得比任何一个被同样妄想冲昏头脑的暴君所能做到的，更要彻底（这在历史上确实并非没有先例）。但智力却是另一回事。事实是“社会救世主”们爱好这种做法，适足以证明他们并没有多少智力。①

在这里，赫胥黎不仅是对“社会救世主”们是否可以拥有这种“超自然的智力”提出了质疑和嘲讽，更为重要的则是体现出作者对这一做法“超自然的残忍性”的不认同，故而引出下文对社会达尔文主义适用于伦理学的质疑和对维护人类基本道德、划分“人权”与“超越性的权力”界限的呼吁。20世纪人类社会的发展史，已经证明了赫胥黎这一“先见”的正确性：当人僭越了“神权”之后，一种其最终目的在于“社会进步”的伦理学可以被建立，“劣种”的“牺牲”将被视为是为促进社会进步而必须付出的代价，这种反人道的“道德”以及其所造成的人的沦陷的后果将是前所未有的可怖。而严复的看法在这里则与作者发生了抵触。在《乌托邦》一节的“按语”中，他盛赞赫胥黎用带有嘲讽笔调叙述的“乌托邦”中之“明主”，并联系历史，认为这位“社会救世主”所推行的为了社会能向预定的目标发展进步这一功利目的而有意识地“引导民智”、进行思想教化的措施乃是“存国强种”之根本。在他笔下，上述引文则被翻译成为：

> 天演家用择种留良之术于树艺牧畜间，而繁硕茁壮之效，若庚在契致也。于是以谓人者生物之一宗，虽灵蠢攸殊，而血气之躯，传衍种类，所谓生肖其先，代趋微异者，与动植诸品无或殊焉。今吾术既用之草木禽兽而大验矣，行之人类，何不可以有功乎？此其说虽若骇人，然执其事而责其效，则确然有必然者。顾惟是此择与留之事，将谁任乎？前于垦荒立国，始设为主治之一人，所以云其前识独知，必出人人，犹人人之出牛羊犬马者，盖必如是而后乃可独行而独断也。果能如是，则无论如亚洲诸国，但聪明作元后，天下无敢越志之至尊；或如欧洲，天听民听，天视民视，公举公治之议院，为独为聚，圣智同优，夫而后托之主治也可，托之择种留良也亦可。而不幸横览此三洲六十余国之间，为上下其六千余年之纪载，此独知前识，迈类逾种如前比者，尚断断乎未尝有人也……且欲由此术，是操选政者，不特其前识如神明，抑必极刚戾忍决之姿而后可。夫刚戾忍决诚无难，雄主酷吏

① 赫胥黎：《进化论与伦理学》，第15页，北京：科学出版社1971年版。

皆优为之。独是先觉之事，则分限于天，必不可以人力勉也。且此才不仅求之一人之为难，即合一群之心思才力为之，亦将不可得。①

在这一段中，"选政者"的"刚戾忍决"并不作为一种道德上的严厉谴责而出现，严复的译文更多地强调的是这种"社会选择"从道理上推想必然"行之有效"，只是因为"前识如神明"之人难得，而在实际中难以推行。因而在这一篇的最后，严复的评述是："来者不可知，若今日之能事，尚未足以企此也。"②赫胥黎所注重的伦理学上的人道主义呼吁从这一段中是难以看出端倪的。正如史华兹所评述的："严复自己的先入之见在他的译著中到处显现"，"凡是他的先入之见没有闯入的部分，原文的一般意思则能基本上被无损地翻译成中文"。③

由于严复对原文所进行的有意误读和频繁操纵，在中国近代史上，《天演论》的翻译形成了一个奇特的文化现象：一本原意是反对社会达尔文主义、反对将进化论推行至伦理学范畴的书，却成了宣传社会达尔文主义的经典之作，影响了几代中国知识分子的思想，隐隐然甚至决定了知识分子的历史选择。近代史上的煌煌巨匠们，如陈独秀、鲁迅、胡适等人均深受其影响，新文化运动的蓬勃发展，甚至后来马克思主义在中国的传播，其理论基础都和社会达尔文主义有着分不开的关系。然而，社会达尔文主义在中国现代社会思想中占据统治地位这一事实却是对其倡导的始作俑者严复所意想不到的后果：在这一思潮的影响下，中国传统文化被视作落后腐朽的因素，只会对社会进化造成阻碍，因而必须被彻底推翻重塑；现代以来中国社会的进程正如《天演论》中所描述的一样，严格遵循着进化伦理的指导，为了达成其终极目的，而在使何种文化存留、何种文化被根除方面进行了精心的选择，正如孟德尔为了培育出想要的豌豆品种而进行的遗传学试验一般。严复翻译《天演论》时所存有的另一个目的——试图为中国传统文化和现代西方文化寻找可以融合、过渡的接榫点，却在此后数十年的历史中被忘却了。

在翻译史上，严复这本《天演论》更具有开拓性的意义：一方面，严复在该书的翻译例言中所提出的"信、达、雅"的翻译理论成为"影响中国翻译界

① 严复：《严复集》第5卷，第1342页。

② 同上书，第1343页。

③ 史华兹：《寻求富强：严复与西方》，第88页。

长达数百年之久的翻译原则和标准”[1]；另一方面，严复出于文化背景、时代精神和要求与政治上的强烈诉求，对翻译文本进行了大量的操纵，使之成为符合译者目的、符合时代局势与要求的可供特定阐释的文本，“由此可见，严复所关注的并不是翻译本身，也不是原著，而是经由翻译输入的思想可以怎样对中国读者产生作用”[2]。这一由“有意误读”和“着意操纵”结合而成的翻译策略在中国近代翻译史上极具代表性，几乎可以说所有的近代翻译著作都或多或少受到该策略的影响。今天，我们在研究中国近代翻译史时，不可不对这一翻译策略给予特殊的注意。

（刘云）

① 韩江洪：《严复话语系统与中国近代文化转型》，第 8 页。

② 王宏志：《重释“信、达、雅”——二十世纪中国翻译研究》，第 93 页。

8月

《小说月报》（前11卷）："君子型"的文学期刊

编辑大意

本馆旧有绣像小说之刊欢迎一时嗣响遽寂用广前例辑成是刊匪曰丹稗黄流滥觞虞初庶几撮壤涓流贡诸社会……本报各种小说敦请名人分门担任材料丰富趣味浓深其体裁则长篇短篇文言白话著作翻译无美不搜其内容则侦探言情政治历史科学社会各种皆备未更附以译丛杂纂笔记文苑新知识传奇改良新戏诸门类广说部之范围助报余之采撷每期限于篇幅虽不能一一登载至少必在八种以上……

（原载1910年8月29日《小说月报》第1卷第1期）

《小说月报》书影

《小说月报》创刊于1910年8月29日，月刊，商务印书馆发行，至1931年12月停刊，共22卷。从创刊号到第3卷4期，由王蕴章主编。王蕴章去南洋后，由恽铁樵接编至9卷1期，后仍由回来的王蕴章接编，至12卷1期起，改由沈雁冰接编，成为"文学研究会"的刊物。

从前面所引的《编辑大意》就可以看出，1910年创刊的《小说月报》显然是为了承继1906年因李伯元去世而停刊的《绣像小说》，同时也想成为一份"无美不搜"、"各种皆备"的综合性文学杂志。从《小说月报》前3卷的编排和风格上看，与《绣像小说》基本一致，确实是"用广前例，辑成是刊"。到了第3卷第4期恽铁樵接编《小说月报》，刊物的风格发生了极大的改变。在第3卷第4期上恽铁樵专门发表了《本社特别广告》，说：

> 本报自本期起，封面插图用美人、名士、风景、古迹诸摄影，或东、西男女文豪小影。其妓女照片虽美不录。内容侧重文学，诗词古文，诸体咸备。长、短篇小说及传奇新剧诸栏，皆精心撰选，务使清新隽永，不落恒蹊。间有未安，皆从割爱。故能雅驯而不艰深，浅显而不俚俗，可供公暇遣兴之需，亦资课余补助之用。

杂志的封面和插图虽不能完全代表期刊的风格，却是刊物的一张“脸”。《小说月报》封面和插图不用滑稽的水彩画，而是用水墨画或者照片，显示端庄。可是在前3期还有一些妓女照片，什么“北京妓女谢卿卿”、“上海名妓花元春”等。在恽铁樵手上，“妓女照片虽美不用”，就不仅是端庄，而且是端正。《小说月报》发刊了“中国第一女侠秋瑾”、“法国革命记功碑”、“法国大小说家嚣俄”、“十九世纪小说大家司各脱”等封面照。恽铁樵显然并不将文学仅仅看作是“遣兴之需”，还要有“课余补助之用”。

所谓“清新隽永，不落恒蹊”是意有所指，批评的就是当时市面上广为流传的言情小说。他对言情小说的态度在这篇《本社特别广告》中说得还比较含糊。在1913年《小说月报》第4卷第12期上恽铁樵专门写了《特别广告本社函件丛录》一文，论述他对言情小说的看法。恽铁樵认为中国当下的言情小说没有什么社会意义，是“山重水复”的重复和“流于淫荡”的无聊，他明确地说：“敝报中几乎摒弃不用。”在《小说月报》第7卷第3期的《答某君书》中评论《红楼梦》、《儒林外史》、《西厢记》三部作品，认为《红楼梦》、《儒林外史》是上品，因为“《红楼梦》写情俗于表面，写兴衰兴亡于里面；《儒林外史》侧重社会”，而《西厢记》就不能算是上品，因为“《西厢记》仅言男女而无归束以后的事，此可谓有宾而无主”。由此可见，恽铁樵强调的是文学的教化功能，至于男女之事，只是文学的附属而已。

从文学的教化功能出发，恽铁樵编辑的《小说月报》摒弃言情，注重写实；极少炫才，注重教化。在他刊发的作品中有这样几篇作品很有代表性。其一是他自己写的《工人小史》。小说写“上海南市某厂”工人韩蘖人一天的生活。作者试图告诉读者中国工人生活水平和社会地位均极为低下。这部小说大概是中国最早写产业工人生活的作品。在 1913 年 4 月《小说月报》第 4 卷第 1 期上，鲁迅以“周逴”笔名发表文言小说《怀旧》，写乡村的教育情况。恽铁樵对这篇小说大加赞赏，写了“转弯处俱见笔力”、“写的活现，真绘声绘影”、“状物入细”等批语。程瞻庐是恽铁樵培养的作家。恽铁樵之所以那么看中程瞻庐，就因为程瞻庐的作品特别注重教化。当时刚涉入文坛的程瞻庐给《小说月报》投了一篇弹词《孝女蔡蕙弹词》，写孝道之贵。恽铁樵看后很是高兴，写信给予程瞻庐高度评价，说：“选材道学而不腐，修同明爽而深隐……佩服佩服。”稿子还未刊用就预付稿费 40 元。后来稿子刊用了出来，觉得实在好，又追加了稿费 14 元。

端正朴素的装帧和注重教化的作品内容，与《礼拜六》的才子气息相比，《小说月报》处处透露出的是君子风。

《小说月报》这样的办刊风格使得该刊后来转型为强调文学为人生的文学研究会的会刊，很是自然。前后《小说月报》都强调文学的教化功能，只不过教化的内容和价值观有所差别而已。

《小说月报》由商务印书馆主办，实力雄厚，影响较大，特别是恽铁樵严肃、认真的办刊方针，使得《小说月报》表现出一种期刊大家的风范，在当时众多的文学期刊中处于领军的地位。众多作者以能够在《小说月报》上发表作品感到荣耀，而主编恽铁樵又特别善于扶持嘉勉后进，对于文学青年的稿件，他几乎看稿必回信。张恨水有这样的回忆：“稿子寄出去了，我也只是寄出去而已，并没有任何被选的幻想”，“四五天后，一封来自商务印书馆的信，放在我寝室的桌上。我料着是退稿，悄悄的将它打开。奇怪，里面没有稿件，是编者恽铁樵的回信。信上说，稿子很好，意思尤可钦嘉，容缓选载。我这一喜，几乎发了狂”。[①]张恨水当时 18 岁，正在苏州蒙藏垦殖学堂念书，恽铁樵的这封短短的回信无疑对他以后走上文学之路起了决定性作用。不只是张恨水，程小青、程瞻庐等人在谈到自己文学起步时，都很感恩于恽铁樵的提携。

写现实生活，反映社会问题是五四新文学的特色。从发展上说，它的起步也就在此时的《小说月报》。长期以来，史论家们一直将《小说月报》第 12 卷第 1 期沈雁冰接编之后看作新旧文学的分水岭，这种截然武断的划分不符合实

① 张恨水：《我的创作和生活》，魏绍昌编《鸳鸯蝴蝶派研究资料》（上），第 242 页，上海：上海文艺出版社 1984 年版。

际。《小说月报》自11卷第1期开始出现了变化。在第11卷第1期上有《小说月报征文广告》，明确要求“改良体制”，开设“小说新潮栏”，并征求“新体诗歌和剧本”，而且提出“惟以短篇为限，长篇不收”。到了第11卷第10期，《小说月报》又发表了一个《本社启事》：

> 本报自本号起，将“说丛”一栏删除，一律采用“小说新潮栏”之最新译著小说，以应文学之潮流，谋说部之改进。以后每号添列“社说”一栏，略如前数号“编辑余谈”之材料，凡有以（一）研究小说之作法；（二）欧美小说界之近闻；（三）关于小说讨论等稿见惠者，毋任欢迎。

看得出来，此时的《小说月报》主持者们很想让期刊“以应文学之潮流”。在《小说月报》的第11卷上最引人注目的重头作品就是周瘦鹃连载其上的译作——易卜生的《社会柱石》。

《小说月报》依托于商务印书馆的编译所，刊物的“译丛”成为比较出色的一个栏目。“译丛”内容丰富，而且知识新颖，每篇文章并不长，读之的确使人大开眼界，更使得《小说月报》始终散发着新的气息，这是当时其他杂志所不能比拟的。

（汤哲声）

9月

陈三立《散原精舍诗》的历史地位

散原精舍诗

是编为义宁陈伯严先生著专学宋人镕铸万有气象雄浑意境沉着有黄河奔流千里一曲之概诚今时诗中之大家也

广智书局寄售

（原载1910年9月《国风》）

陈三立

说起清末民初的中国诗坛，人们经常谈及的，是以黄遵宪、丘逢甲、梁启超为代表的诗界革命派，和以柳亚子、陈去病、高旭等南社诗人为主的革命诗派，却忽略了以陈三立、沈曾植、郑孝胥为代表的"同光体"诗歌。其实，他们至少是三足鼎立的；也有学者认为，"同光体"诗派的影响更大，成就也更高，陈三立是清末民初"第一诗人"。

"同光"指清代"同治"、"光绪"两个年号。"同光体"之称源出于陈衍，他在《石遗室诗话》中说："同光体者，余与苏堪戏目同光以来诗人不专宗盛唐者也。"[①]其实，"同光体"之称并不准确，因为其代表人物陈三立、沈曾植、郑孝胥的诗歌活动主要是在光绪、宣

① 陈衍：《石遗室诗话》卷一，第1页，沈阳：辽宁教育出版社1998年版。

统年间。同光体又分为三派：赣派，以陈三立为代表；闽派，以郑孝胥、陈衍为代表；浙派，以沈曾植为代表。其中，陈三立、沈曾植、郑孝胥被称为同光体的“三魁杰”。三人之中，又以陈三立影响最大、成就最高。

陈三立（1853—1937），字伯严，号散原，江西义宁州（今修水县）人。他的父亲陈宝箴是清末著名改革家，其子陈寅恪为著名历史学家。陈三立早年襄助其父在湖南巡抚任上推行维新变法，效法日本明治维新，办时务学堂、武备学堂、算学馆、《湘报》、南学会等，罗致了包括谭嗣同、梁启超、黄遵宪在内的维新志士，一时湖南风气为之一变，成为全国维新运动的中心之一。有人把这时的湖南比作日本幕府时期的萨摩和长门。这其中，陈三立起到重要作用，与谭嗣同、丁惠康、吴保初并称“维新四公子”，名动一时。变法失败后，父子二人同被革职，永不叙用，陈三立退居南昌、南京，以诗歌自娱。辛亥革命后被视为遗老，1937年日寇占领北平，居住在北平的陈三立终日忧愤，病重拒不服药而死。著有《散原精舍诗》、《散原精舍文集》。

《散原精舍诗》初版于宣统元年（1909），由商务印书馆石印出版，两册，收录1901—1908年诗作769首。民国十一年（1922），《散原精舍诗续集》由商务印书馆出版，收录1909—1921年诗作共1035首。1910年9月1日的《时报》刊登了有正书局代售的《散原精舍诗》广告：“是编为义宁陈伯严先生著。专学宋人，镕铸万有，气象雄浑，意境沉着，有黄河奔流千里一曲之概。”几乎同时，梁启超主持的《国风报》也刊登了广智书局的《散原精舍诗》广告，广告词与有正书局相同，但比有正书局多出“诚今时诗中之大家也”一句。这句话并非虚言，因为陈三立在清末民初诗坛上享有盛誉，梁启超、陈衍等人都对他推崇备至，甚至有人认为陈三立是中国诗坛近五百年来之第一人，可见陈三立在近代诗坛的地位。据郑逸梅《艺林散记》记载，1936年，英国伦敦举行国际笔会，邀请中国代表参加。当时派了两位代表：一是胡适之，代表新文学，一是陈三立，代表旧文学。但当时陈三立已经84岁高龄，最终没有成行。

一般认为，同光体诗歌实际是清代“宋诗派”的余绪，所以前引广告中有“专学宋人”之语。他们作诗师法以黄庭坚为代表的宋诗，喜用僻典冷字、险韵拗句，风格枯涩瘦硬。在同光体三魁杰之中，郑孝胥诗较为平易，而沈曾植诗常常杂以佛藏道笈。相比而言，陈三立的诗，初学韩愈，后师黄庭坚，避俗熟，力求生涩，好用僻字拗句，自成“生涩奥衍”一派。宋代诗人黄庭坚是陈三立同乡，陈三立对他非常推崇，不仅复刻日本发现的宋版《山谷集》行世，而且师法黄庭坚。他曾说："吾生恨晚生千岁，不与苏黄数子游。"（《肯堂为我录其甲午客天津中秋玩月之作诵之叹绝苏黄而下无此奇矣用前韵奉报》）"駹坐虫语窗，私我涪翁诗。镵刻造化手，初不用意为。"（《漫题豫章四贤像拓本》）

但陈三立学习古人，并非食古不化，一味模仿，而是着力创新，故其诗往往能够戛戛独造。他善于炼字炼意，如"冻压千街静"的"压"字，"骤觉梦遭烹"、"火云烹雁万啼浮"的"烹"字，"车轮撼户客屡过"的"撼"字，"孤吟自媚空阶夜"的"媚"字，使诗句产生了陌生化的效果，非常有力地表达了残酷的现实对诗人造成的压抑感。因此陈衍在《石遗室诗话》中说："散原为诗，不肯作一习见语"，"盖其恶俗恶熟者至矣"。

不仅如此，陈三立在诗歌意象的选择与营造上，也刻意求新。柳、月、鼠等本是中国古典诗歌最为常见的意象，但这些千百年来几乎沦为陈词滥调的意象在陈三立的笔下却给人耳目一新的感觉。柳的意象已经不是以往柔美的树木，月也不再是引起诗人浪漫想象的明月，而鼠的意象也充满着别样的诡异色彩。如他写柳："秃柳狰狞在，疏梅次第垂"、"秃柳城边风散鸦，嫩晴闲护短丛芽"、"影篟秃柳狰狞出，喧屋攒枫向背翻"、"明灭灯摇驮，狰狞柳攫人"等。虽然柳也有"袅袅柳边棹，离离月下人"（《桃叶渡夜泛》）的优美，但柳给人最突出的印象却是"秃"和"狰狞"。"秃"是丑陋的，难看的，令人不安的。"狰狞"则是令人恐惧的，甚至是富有侵略性和攻击性的，不仅丑怪"如鬼"，还能够"攫人"。这些柳树的意象，彻底颠覆了古代诗人对柳树的美好记忆，显得格外新奇。

就陈三立诗歌的总体风格而言，《时报》、《国风报》的广告中说陈三立诗"熔铸万有，气象雄浑，意境沉着，有黄河奔流千里一曲之概"，这句话出自陈赣一《新语林》。更为人知的是陈衍所说的"生涩"。不过，陈三立诗歌风格多样，既有生涩之作，也不乏平易之辞，"专学宋人"之说其实并不完全准确。这一点陈衍与郑孝胥早已指出。陈衍《石遗室诗话》说："（陈三立诗）其佳处，可以泣鬼神，诉真宰者，未尝不在文从字顺中也。"郑孝胥在为《散原精舍诗》所作的序中也说："源虽出于鲁直（黄庭坚），而莽苍排奡之意态，卓然大家，未可列之江西社里也。"《散原精舍诗》中的许多作品，写景抒情，明白如话，且特别具有表现力。如"孤篷寒上月，微浪稳移星"、"打窗惊鹭影，到枕乱鸡声"、"梦枕年年浪，乡音处处讴"、"秋吟满堤叶，坐拥半城雷"、"明月如茧素，裹我江上舟”、“云碎一春影，风含百鸟声”。这些诗句都没有什么僻字难字，读者易于理解，在艺术上也有很高的水平。大体来说，五言律绝较平易清新，七言律绝沉郁雄浑，而五七言古体诗则生涩瘦硬、莽苍排奡。

从内容上看，陈三立诗歌主要是抒发家国之痛。首先是对庚子事变以来祖国命运的关心。陈三立虽然自称“来作神州袖手人”，但其实他并没有真正袖手，而是时刻关注着多灾多难的祖国面对列强欺凌的命运。对列强入侵的愤怒、对昏聩清廷的无奈失望、对父亲的深沉思念、对战乱中流离失所的人民的同情，凡此种种都从陈三立的笔端奔流而出。

八国联军入侵给中国人民带来了深重的灾难，陈三立集中有多首诗涉及，《十月十四日夜饮秦淮酒楼，闻陈梅生侍御、袁叔舆户部述出都遇乱事，感赋》是其中的代表作：

狼嗥豕突哭千门，溅血车茵处处村。
敢幸生还携客共，不辞烂漫听歌喧。
九州人物灯前泪，一舸风波劫外魂。
霜月阑干照头白，天涯为念旧恩存。

诗中展现出外国侵略者的残暴，北方人民的鲜血，特别是“九州人物灯前泪，一舸风波劫外魂”两句，对仗精工，情感沉挚，读后令人心痛。

1901 年，清政府与列强签订了丧权辱国的“辛丑条约”。这年年底，满腔激愤的诗人乘舟由南昌至九江，夜不能寐，写下了他的名作《晓抵九江作》：

藏舟夜半负之去，摇兀江湖便可怜。
合眼风涛移枕上，抚膺家国逼灯前。
鼾声临榻添雷吼，曙色孤篷漏日妍。
咫尺琵琶亭畔客，起看啼鸦万峰颠。

诗人独自一人，思绪联翩，难以入睡，眼前风涛四起，国恨家仇一起涌上心头。“合眼风涛移枕上，抚膺家国逼灯前”一联极为生动传神，集中凝练地表现了作者的爱国情怀，给人以深刻印象，充分显示了“气象雄浑，意境沉着”的特点。

陈三立的家族与清政府的命运息息相关。陈三立年轻时“倜傥有大志”，早年协助其父陈宝箴在湖南进行维新变法，希望“营一隅为天下倡，立富强之根基”，使国家有所凭恃。但是慈禧太后发动戊戌政变，使陈宝箴、陈三立父子二人的所有政治抱负尽付流水。被革职后，父子二人罢归江西南昌，并在南昌西山筑崝庐，虽自放山水间，仍然不能掩饰心中的难言之痛，“往往深灯孤影，父子相语，仰屋欷歔而已”。不久，陈宝箴“以微疾卒”，葬在南昌西山。（近年有学者认为陈宝箴是被慈禧密旨赐死。）其后陈三立虽移居南京，但每年都要赴崝庐扫墓。崝庐扫墓诗在《散原精舍诗》中不仅数量最多，而且情感深挚，也最富艺术感染力。

陈三立的崝庐扫墓诗以五律和五古最多。前者如《长至抵崝庐上冢》、《长至墓下作》、《崝庐宿》、《知崝庐还城二首》、《崝庐楼居五首》等，后者如《崝庐述哀诗五首》、《崝庐写触目》、《崝庐书所见》、《墓上》等。这些作品，风格不一，但句句沉痛，是近代诗歌中的珍品。如《崝庐述哀诗五首》之一：

> 昏昏取旧途，惘惘穿荒径。扶服崝庐中，气结泪已凝。岁时辟踊地，空棺了不剩。犹疑梦恍惚，父卧辞视听。儿来撼父床，万唤不一应。起视读书帷，蛛网灯相映。庭除迹荒芜，颠倒盆与甑。呜呼父何之，儿罪等枭獍。终天作孤儿，鬼神下为证。

崝庐扫墓诗表达的不仅仅是诗人一己之情感，还往往与对国事的忧愤紧密联系在一起，如“国家许大事，长跽难具陈”、“惊耗排天人，奇哀迸酒浇”、“平生无可了，只有泪纵横”、“忧天成泪尽，来护夕阳山”等。“家”与“国”在陈三立的诗歌中是一体的，这也大大扩展了崝庐扫墓诗所蕴涵的生活空间与情感深度，因此格外具有打动人的力量。王赓《今传是楼诗话》说：“散原集中，凡涉崝庐诸作，皆真挚沉痛，字字如迸血泪。苍茫家国之感悉寓于诗，洵宇宙之诗人文也。”[1]

（杨剑锋）

---

① 王逸塘：《今传是楼诗话》，《近代中国史料丛刊续编》第68辑，第44页，台北：文海出版社1979年版。

林译小说的启蒙之功

商务印书馆出版图书

林先生治古文名满海内其小说尤脍炙人口盖不徒作小说观可为古文读
林纾小说
伦理小说　孝女耐儿传　三册　一元四角
……（共四十五部四十三种小说）
社会小说　新天方夜谭　五角

（原载1910年9月《教育杂志》第2年第8期）

作为中西文学真正交流的开始，林译小说与中国文学现代性有密切联系。在文学实践上，林译小说打开了中国人的世界文学视野，将小说纳入了正统文学系统。丰富的外国小说类型，极大提升了近现代作家对文学叙事功能的理解。

林纾根据法国小仲马的小说译成的《巴黎茶花女遗事》，是中国介绍西洋小说的第一部，一时风行全国，备受赞扬。此后，林纾受商务印书馆的邀请，走上了专译小说之路。先后共译作品180余种，涵盖美国、英国、法国、俄国、希腊、德国、日本、比利时、瑞士、挪威、西班牙的作品。他的翻译速度极快，口述者未毕，他已落笔写成，一个多小时能够翻译上千言。

林纾与友人合影

作为当时最大的出版机构，商务印书馆给林译小说开出了丰厚的条件。张元济进入商务印书馆之后，提出凡是林纾投送的翻译小说，一律以最快的速度出版；倘有不甚满意者或书名不够确切者，也只稍加修改予以出版；并付以每千字六元的稿酬，是一般小说作品稿酬的二至三倍。这两条措施既激发了林纾的工作热情，又刺激了小说市场的更新。

有学者认为，林译小说在中国小说地位亟须改变的时刻出现，似乎有某种玄妙的机缘。他的翻译既保存了小说情节叙事的基本特征和审美魅力，又从语言上颠覆了传统士大夫关于小说的观念——他用雅驯的古文，叙述情节曲折的长篇故事，这在古文史上是没有过的。林译的语言，实际上已经不是狭义上的桐城古文，而是一种较通俗、较随便、富于弹性的文言，既能保有原文的情调，亦能精致传神。林译小说读者群极广，使他成为不懂外语却声名卓著的翻译家。

将翻译变成事业后，林纾开始进入严复、梁启超、夏曾佑等营造的“小说载道”、“小说新民”这一启蒙话语系统。他的翻译思想里充满了“保种救国”、“求备盗之方”的担当。1906 年他在《雾中人》序中说：“余老矣，无智之勇，而又无学，不能肆力复我国仇”，“则肆其用力以译小说，其于白人之吞并斐洲，累累见之译笔”，“须知白人可以并吞斐洲，即可以并吞中亚”，“备胠箧之盗，则以刃、以枪；备灭种之盗，则以学。学盗之所学，不为盗而但备盗，而盗力穷矣”，“当知畏庐居士之翻此书”，“正欲吾中国严防行劫及灭种者之盗也”。[①]其中透露的观点，与他 1901 年翻译《黑奴吁天录》时的观点一脉相承，融入了他对民族救亡、国人如何培养坚强、勇敢、智慧等品质的思考。

在译序中，林纾常常抬出史汉和四书五经与西洋小说作类比。赞美狄更斯《孝女耐儿传》“扫荡名士美人之局，专为下等社会写照”，善“刻画市井卑污龌龊之事”，善叙“家常平淡之事”，而用《史记·外戚传》写窦长君的话作比，认为《史记》中此等笔墨亦不多见。这些对外国作家叙事模式的介绍，为中国读者打开了眼界。他还对西方原著进行中国化的道德解读，以中国人的家庭伦理道德观阐述西方人的忠诚与爱。他的概念与话语，虽不能传达人道主义、个性主义这些真正现代的人文精神，但在晚清，这样的误读却是消除中西隔阂的有效方式。

英国新浪漫主义作家哈葛德等人的言情小说，也很让林纾着迷。他的作品林纾翻译得最多，有《迦茵小传》、《鬼山狼侠传》等 20 种。其中传递的“女

---

① 林纾：《雾中人序》，阿英编《晚清文学丛钞·小说戏曲研究卷》，第 232—233 页。

权”、“婚姻自由”等现代思想，多少促进了林纾思想观念的现代化。译完哈葛德的《红礁画桨录》，林纾对女子解放有若干感慨：“婚姻自由，仁政也。苟从之，女子终身无菀枯之叹矣。”[①]他认为，女子要真正取得自由，即合乎“礼”的自由，就必须先读书；只有具备知识与智力，女子才可能对自己的未来作理性的选择，而不至局限于苟且之事，贻害自己。林纾赞许的着眼点是知识、智慧对于选择的理性制约，“爱而不乱”，这种有限的女权在当时是很前沿的。

林译小说中属于世界名家和世界名著的，有俄国托尔斯泰的《现身说法》等6种、法国小仲马《巴黎茶花女遗事》等5种、大仲马《玉楼花劫》等2种、英国狄更斯的《贼史》等5种、莎士比亚的《凯撒遗事》等4种、司哥特的《撒克逊劫后英雄略》等3种、美国欧文的《拊掌录》等3种，除此之外，单个作家的单部小说翻译有希腊伊索的《伊索寓言》、挪威易卜生的《梅孽》、西班牙塞万提斯的《魔侠传》、英国笛福的《鲁滨孙飘流记》、菲尔丁的《洞冥记》、斯威夫特的《海外轩渠录》、斯蒂文森的《新天方夜谭》、兰姆姐弟的《吟边燕语》、安东尼·霍普的《西奴林娜小传》、美国斯托夫人的《黑奴吁天录》、法国巴尔扎克的《哀吹录》、雨果的《双雄义死录》、日本德富健次郎的《不如归》等。

当然，由于翻译采取意译，经过大量增删后，译本只能保留故事的大致面目。像塞万提斯的《堂吉诃德》更是转译自英译本，起名为《魔侠传》。《吟边燕语》本是据莎士比亚作品改编供英国青少年阅读的普及本。所以林纾翻译的接受效果，与其原本是不是名著关系并不大。

与林纾合作的美英作品口译者主要有魏易、曾宗巩、陈家麟、毛文钟等；法国作品有王寿昌、王庆通、王庆骥、李世中等。由于不懂原文，林纾的翻译大量删节、增补原作，也出现了一些讹误。评论家通常把责任推在口译者头上，并认为林纾之所以译介大量通俗小说，欠缺经典名著，原因是口译者文学修养不够。这种说法并不公平。

与林纾合译哈葛德、柯南道尔的，有魏易、曾宗巩、陈家麟等多人。林译所选多是欧美帝国鼎盛时期的文学作品。文学的成就和社会富强不见得有必然联系，然而刚刚开始了解西方小说的林纾未必能认清这一点。在帝国全盛时期

① 林纾：《红礁画桨录序》，阿英编《晚清文学丛钞·小说戏曲研究卷》，第226页。

的文学里，在哈葛德笔下英勇、机智、无畏的英国国民身上，林纾或许找到了当时中国人所缺乏的“保种救国”的民族血性。

林纾译作的单行本多收入商务印书馆“说部丛书”，销量极佳，几乎每本都要再版3次以上。1914年6月，商务印书馆把林译说部挑出来专出一套“林译小说丛书”，丛书共分两集，收书100种。其中，英国小说69种、法国小说11种、美国小说5种、俄国小说4种、日本小说1种、比利时小说1种、原作者国籍不明者9种。

这是中国近代第一部由出版机构为翻译家所出的丛书，也是第一部专门的翻译小说丛书。它和“说部丛书”一起，成为晚清商务印书馆销量最好、影响最大的两套小说丛书。

1915年9月商务印书馆出版的小说《漫朗摄实戈》三版书后刊登了一则“林译小说丛书”广告。“林琴南先生译小说丛书五十种”，分别按伦理、历史、社会、军事、侦探、言情、哀情、冒险、神怪、滑稽分成10类，另有3本未归类。其中社会小说数量最多，共10种，言情和哀情小说加起来也有10种。这则广告除书名和价格之外没有太多内容，更像一则公共服务信息，看来“林琴南先生译”是一块分量够重的金字招牌。

整套发行，“价值三十七元，全部价十六元”，如此让利于读者，此前购买过一些“说部丛书”的人，也不在意因爱好林译而重复购买作为收藏。因此林译小说整套发售后，销量愈发见好，在晚清获得了极大的品牌价值。商务印书馆主办的各种杂志举办征文比赛，往往也用一套林译小说做第一名的奖品，吸引读者投稿，张天翼小时候就因参加征文比赛获得过一套。

中国文化从传统走到现代，林译小说的社会影响起着非常重要的作用。它使一向不入流的小说，作为一种文体，被正式地请进主流文学的殿堂，并催生出中国现代小说的第一人称与日记体的出现。恪守礼教的林纾，不会想到他所译的《迦茵小传》，成了20世纪中国最自由不羁的浪漫诗人的启蒙读物。

在中国现代文学史第一个十年最有影响的一批作家里，几乎没有不爱读林译小说的。在林纾的读者群里，包含着大量拥有文学生产能力的作家和翻译家。就这一点而言，在中国文学史上从来没有哪个翻译家能够对文学产生如此深远的影响。鲁迅、周作人、胡适、巴金、郑振铎、冰心、朱自清、钱锺书、郭沫若、郑伯奇、林语堂等都承认曾受林译小说的影响，张爱玲、沈从文、张天翼、丁玲等也都在回忆文章中多次提及。

林译小说、严复译著及当时风行的《时务报》、《新民丛报》、《新小说》、《东方杂志》等报刊，为五四一代作家提供了大量感受西方的材料，他们在出国留学前便建立起比晚清那一辈更丰富也更真切的西方形象，让西方文化成为他们心目中“新文化”的直观自我想象。林译小说中的大量言情小说也极大地启发了民国初年言情小说的创作模式和想象，促进了五四新文学和章回体小说形式的通俗小说雅俗并存局面的形成。

（邹瑞玥）

10月

侦探小说的翻译与中国近代小说技巧的变革

侦探小说

双指印　洋装一册　二角五分

是书叙英国一女子忽为人扼死而警署误捕一疑似者下之狱……

降妖记　洋装一册　二角五分

是书为著名包探福尔摩斯侦探案之一……

指环党　洋装一册　定价三角

是书叙一少年忽途一贵妇人悦其貌而又见其行踪诡秘心疑之……

车中毒针　洋装一册　二角五分

叙一少女夜附公车突然身死而无伤痕惟车中有一针为画师所得……

（原载1910年10月《小说月报》第1卷第3期）

这样的侦探小说翻译作品的广告，实在是太多了。用阿英的话来说："当时译家，与侦探小说不发生关系的，到后来简直可以说没有，如果当时翻译小说有千种，翻译侦探要占五百部以上。"[①]1896年至1897年《时务报》英文编辑张坤德最早翻译了柯南道尔的4部小说刊载在《时务报》上。到1911年左右，中国作家几乎将世界上所有的侦探小说都翻译了进来。这是20世纪中国文学中相当有趣的文学现象。探求其原因，从思想文化层面上说，侦探小说符合当时正在发生变革的中国思想界的需求。周桂笙有一段言论很有代表性："至若泰西各国，最尊人权，涉讼者例得请人为辩护，故苟非证据确凿，不能妄人入罪。此侦探学之作用所由广也。"[②]侦探小说宣扬的是一种法制，而不是人治；要求的是科学实证，而不是主观臆断；讲究的是人权，而不是皇权，这样的一种思想内

① 阿英：《晚清小说史》，第186页，北京：人民文学出版社1980年版。

② 周桂笙：《歇洛克复生侦探案弁言》，1904年《新民丛报》第3年第7号。

涵的小说体裁，输入的正是时代所需要的“西洋文明”。

文人们也许看不深侦探小说的思想价值，却看得懂侦探小说的艺术价值，他们以惊叹的眼光注视着这一中国传统说部中从未有过的类型。侠人说：“唯侦探一门，为西洋小说家专长，中国叙述此等事，往往凿空不近人情，且亦无此层出不穷境界，真瞠乎其后乎。”定一说：“吾喜读泰西小说，吾尤喜泰西之侦探小说，千变万化，骇人听闻，皆出人意外者。”[①]“层出不穷”、“千变万化”、“出人意料”、“瞠乎其后”，这就是当时中国人读侦探小说的感想。这种建立在严密的科学推理和合理的逻辑设证之上的层出不穷、千变万化，做到了“奇”而合理，“荒”而不谬，对正在热衷于小说创作的中国作家们产生了极大的吸引力。但中国人自己创作的侦探小说却没有顺势繁荣起来，不但作家队伍稀弱，作品基本上也是模仿之作，其间缘由需另作讨论，值得注意的是西方侦探小说文体对中国现代小说的创作技巧的启示和影响。

1907 年，觚庵（俞明震）在《小说林》第 5 期上对《福尔摩斯探案》有一段十分精彩的评述，他说：

> 余谓其佳处全在“华生笔记”四字。一案之破，动径时日，虽著名侦探家必有所疑所不当疑，为所不当为，令人阅之索然寡观者。作者乃从华生一边写来，只须福终日外出，已足了之，是谓善于趋避。且探案全恃理想规画，如何发纵，如何指示，一一明写于前，则虽犯人戈获，亦觉索然意尽，福案每于获犯后，评述其理想规画，则前此无益之理想，无益之规画，均可不叙，遂觉福尔摩斯若先知，若神圣矣，是谓善于铺叙……余故曰：其佳处全在“华生笔记”四字也。

这里虽没有作更深入的理论探讨，却悟到了柯南道尔的叙事奥妙：第一人称。中国的传统小说，特别是话本小说，它的叙事者（说话人）扮演的是全知者的角色，无事不知，无事不晓，叙事面相当广阔，却难免使读者产生作者在编故事的感觉。现在，柯南道尔选择了华生作为叙事者，一切从“华生一边写来”。华生既是福尔摩斯办案的在场者，又是局外人，每破一案，当然要“截树寻根”，福尔摩斯也就要将那些做得最隐秘之事都说清楚，这也不由你不信，这是当事人的亲口叙述；作品中的很多出乎意料的事件和判断，令人惊讶不已，但

① 见《小说丛话》，连载于 1903 年《新小说》，主要是各位作家的片言只语。

不勉强，这是“我”的感觉的差异和“我”的判断的失误。用华生的第一人称叙述，就缩短了读者和作者的距离，很容易使读者进入作品的境界中去。

这种叙事角度对一向求真的中国小说家产生了巨大的诱惑力，很快就有人做了尝试。吴趼人的长篇小说《二十年目睹之怪现状》成为中国小说史上第一部用“我”贯穿起来的小说。对这种尝试，当时就有人给予了很高的评价：“全书布局以我字为线索，是聪明处，省力处，亦是其特别处。”[①]在短篇小说创作上，吴趼人也是第一个使用第一人称的中国作家，他的短篇名作《黑籍冤魂》、《大改革》均是用第一人称创作的。中国小说的叙事角度从全知型向半知型过渡，是中国小说审美形态走向现代化的重要标志，西方引进的侦探小说在其中起到了重要的作用。不过，从创作技巧上说，此时中国小说“第一人称”的运用还相当地简单，“我”在小说里仅仅起到一个贯串的作用，只是一个呆板的、被动的、局外的叙事者，在旁边作分析、发议论。说实在的，这样的“我”只是为了方便叙述而设置的。这种状况，除了中国作家们对运用第一人称叙事角度在理论上认识不够之外，更主要的原因来自他们的模仿对象的先天的毛病。侦探小说中的第一人称是为了烘托小说主人公的机智和勇敢而设置的，是为了向读者解释那些最隐秘的事情如何产生、如何被破解而增添上的一个辅助人物，阐释和说明是他的主要功能。“我”仅游离于小说的叙事情境之外，而非融于小说的情境之中，这是侦探小说的“第一人称”的特点。以此为楷模，此时中国小说出现第一人称“游离”问题也就在所难免了。中国第一人称叙事角度到五四时期才真正成熟起来，那是在五四新文学作家手中完成的。

中国通俗小说有一种根深蒂固的“史说同质”的观念，就是短短数句的笔记小说，也是“某者、某也、某事”的史传式的记叙模式。对这种叙事模式首先提出疑问，并且介绍新的叙事方式的同样是侦探小说的翻译者。1903年周桂笙在《毒蛇圈》的译者叙里说：

> 译者曰：我国小说体裁，往往先将书中主人翁之姓氏来历，叙述一番，然后详其事迹于后，或亦有用楔子、引子、词章、言论之属，以为之冠者，盖非如是则无下手处矣。陈陈相因，几乎千篇一律，当为读者所共知。此篇为法国小说巨子鲍福所著。其起笔处即就父母问答之词，凭空落

---

① 魏绍昌编：《吴趼人研究资料》，第78页，上海：上海古籍出版社1980年版。

墨，恍如奇峰突兀，从天外飞来，又如燃放花炮，火星乱起。然细察之，皆有条理。自非能手，不敢出此。虽然，此亦欧西小说家之常态耳，爰照译之，以介绍于吾国小说界中，幸弗以不健全讥之。

用“父母问答之词”开头，正是侦探小说常用的艺术技巧：悬念。周桂笙看起来只是介绍了一种小说开头的方式，实际上是在启发中国小说家如何处理好小说中的时空关系。小说的叙述不一定完全顺着恒定向前发展的时间长河，它可以停顿、拆散、穿插、颠倒和折叠。这一认识使得中国作家大开眼界。周桂笙这篇介绍文章发表数月之后，吴趼人就用“凭空落墨”的对话形式来写《九命奇冤》的开头了。到了民国初年，倒叙法已成为时髦的小说文体。作为一种悬念，作家们总是将小说的关键情节或者某种议论放在小说的前面，然后再叙述故事，最后作些呼应和解释。不过，此时中国作家们运用“倒叙法”还相当生硬，不少小说仅仅是将情节换换位置而已，特别是为了解释小说开头的悬念，作家们写得相当地冗细，以至于读之生厌。这些弊病也来自于对侦探小说生硬的模仿。侦探小说是破谜的小说，不管小说中的时空关系如何被打破，它总是要向读者交代谜底是什么。为了使谜底更具有说服力，它在每一个细节的交代上均来不得半点马虎。这是侦探小说特有的美学特征。而中国作家却看不到这种美学特征所具有的独特的适应性，而是将之推广到所有的小说创作中去，不管写什么类型的小说，他们都忘不了详尽交代每一个细节，就有些画蛇添足了，但毕竟中国通俗小说的“史说同质”的叙事模式还是被打破了。

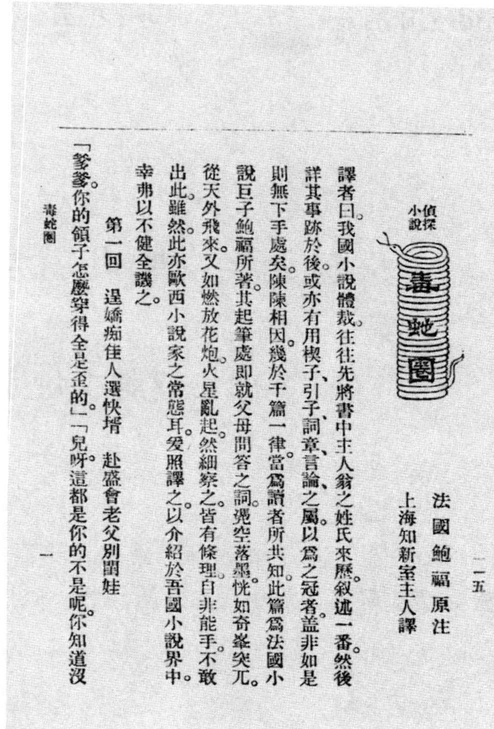
一一五
偵探小說
毒蛇圈
法國鮑福原注
上海知新室主人譯
譯者曰。我國小說體裁。往往先將書中主人翁之姓氏來歷。敘述一番。然後詳其事跡於後。或亦有用楔子、引子、詞章、言論之屬。以爲之冠者。蓋非如是則無下手處矣。陳陳相因。幾於千篇一律。當爲讀者所共知。此篇爲法國小說巨子鮑福所著。其起筆處即就父母問答之詞。憑空落墨。恍如奇峯突兀。從天外飛來。又如燃放花炮。火星亂起。然細察之。皆有條理。自非能手。不敢出此。雖然。此亦歐西小說家之常態耳。爰照譯之。以介紹於吾國小說界中。幸弗以不健全譏之。
第一回 逞嬌痴佳人選快婿 赴盛會老父別閨娃
「爹爹。你的領子怎麼穿得全是歪的。」「兒呀。這都是你的不是呢。你知道沒
毒蛇圈 一

《毒蛇圈》译者叙

有心栽花花不开，无心插柳柳成荫。外国侦探小说并没有能激发中国侦探

小说创作的繁荣，却大大促进了中国小说文体的现代化进程。

（汤哲声）

包天笑《馨儿就学记》的历史命运

商务印书馆庚戌九月出版新书目表（下）

教育小说　馨儿就学记

定价三角五分

天笑生撰　是书叙馨儿幼年入学事妙在琐屑不遗情景兴趣宛然逼真极合儿童心理文章雅驯尤令阅者爱不忍释

（原载1910年10月《教育杂志》第二年第10期）

《馨儿就学记》书影

包天笑（1876—1973），江苏苏州人，晚清翻译健将、著名报人和通俗小说家，被誉为现代通俗文学的“无冕之王”。他曾译凡尔纳的三部科学小说，又先于林纾与人合译过著名的《迦因小传》（1904），但只译了下半部。此后，他又以其著名的“三记”而享誉文坛。这“三记”即《馨儿就学记》（1909年）、《埋石弃石记》（1911年）、《苦儿流浪记》（1912年）。这三部全都被标以“教育小说”的小说，《埋石弃石记》为其自创，另两部则译自世界儿童文学经典小说。其中《馨儿就学记》便是意大利著名作家亚米契斯的代表作 *Cuore*（1556年），今通译为《爱的教育》。

包天笑译作的这三部教育小说，都曾获民国教育部嘉奖。“三记”之中，《馨儿就学记》

风靡全国，拥有大量儿童读者，影响最大，至今不辍。在其晚年所撰《钏影楼回忆录》一书中，他是如此回忆的："这时我每从青州回苏州，或从苏州去青州，每次必道经上海。到上海后，必到虹日的日本书店，搜寻可译的日文书，往往拥取四五册以归，那都是日本的作家翻译西欧各国文学者，我便在此中选取资料了。于是第一部给《教育杂志》的便是《苦儿流浪记》，第二部给《教育杂志》的便是《馨儿就学记》，第三部给《教育杂志》的是《弃石埋石记》。"[1]大概由于包天笑后来年老健忘，在将《埋石弃石记》误为《弃石埋石记》的同时，包天笑还把给《教育杂志》发表的第一部"教育小说"《馨儿就学记》当成了第二部。这三部"教育小说"中，《馨儿就学记》是第一部也是最畅销的一部，其单行本的发行量高达几十万册，这在那时几乎是个天文数字。

《馨儿就学记》先在《教育杂志》上连载，起于 1909 年 2 月第 1 卷第 1 期即创刊号，止于 1910 年 2 月第 1 卷第 13 期，其中第 1 卷第 2 期缺载，实际共连续刊载 12 期。1910 年由商务印书馆以单行本初版发行，正 32 开，从头至尾，密密麻麻地连排了 169 面，无前言、后记之类的文字。

作为一部翻译作品，《馨儿就学记》有这样一些特别之处。

首先，该小说一开始并不是以翻译小说的名目问世的，包天笑几乎一直将这部小说视为自己的原创作品。在很多话语和广告中，也都出现"天笑生著"的字样。当时对翻译和原创作品的界限还不清晰，作家们这方面的意识还不自觉和强烈。由于翻译小说比原创的小说普遍受欢迎，稿费高，甚至有原创的作品挂上翻译的名头拿去投稿的情况。所以包天笑这么做很难说是为利益驱动。更重要的是，包天笑在翻译时对原小说作了精心的改动。他不仅加上"绪言"和"全书结论"，造成该小说是其对少年回忆的自传的错觉；而且未将原书 100 则故事全部翻译，只是精心选译了其中活泼、有趣、富含教育意义的 46 则故事，并依其中国式的理解进行了重编，将小说中人物、称谓、地名等等都改为中国化的名称，甚至有部分情节也遵循中国的习俗作了修改。小说主人公之所以被命名为馨儿，更是包天笑为了怀念自己夭折的孩子可馨所作的修改。包天笑确实倾注了很大的感情，几乎是半译半作，而翻译的部分也都是意译而非直译的。在当时的背景下，他会一直认为这部小说是自己的作品也就不以为怪了。

① 包天笑：《钏影楼回忆录》，第 385 页。

《馨儿就学记》并非直接翻译自意大利语的原小说，而是转译自日译本。包天笑在《钏影楼回忆录》中说："我的日文程度还可以勉强，可是那种和文及土语太多的，我也不能了解。所以不喜欢日本人自著的小说，而专选他们译自西洋的书。"[①]无疑《馨儿就学记》是符合这一标准的。

《馨儿就学记》是一部畅销书，产生的社会效益尤其令人满意。所以，中华民国成立后不久，担任教育部次长的袁观澜（希寿）就为《馨儿就学记》等包天笑"著"的三部教育小说颁了奖。获奖后自然就更好卖，往往新生入校，学校都要买来作为礼物送给学生；也有作为奖品，奖给获奖学生和教师的。

包天笑晚年曾这样分析当年《馨儿就学记》畅销的原因：一、书初版于庚戌年，正逢辛亥革命的前一年，全国小学大发展的时期。二、商务印书馆又正在向各省、各大都市设立分馆，销行出版的教科书，最注重的又是国文。三、此书情文并茂，又讲的中国事、旧道德，最适合十一二岁学生的口味。包天笑没有提到的是，小说中他自己原创的《扫墓》一则被选入了课本。

如果再作进一步的考察，就不难发现包天笑翻译中的诸多矛盾。

其一，包天笑根据中国的需要，将《馨儿就学记》定位为教育小说，但意大利的原著却是被视为儿童文学的。为了教育的目的，包天笑自己添加了许多符合中国情况的或他自己认可的道德观念，如增添了反帝的内容，让一名少女自愿为因救她而死的少年守节，等等。而且包天笑要教育的不仅是儿童，还有年龄层次更广的读者，并为此也增添了相应的内容。这样，无论对原著文学性的忽略，还是读者对象的改变，都有违于原著的"儿童文学"定位。

其二，在包天笑译为中文本时，*Cuore* 在仅有两三千万人口的意大利已重印近百次，而且先后有大量的外文译本。作为以教育为题材的儿童文学名著，当然也有自己的教育观与价值观：贯穿全书的是建立在平等、民主的价值观基础上的"爱的教育观"——后来夏丏尊将小说译名改为《爱的教育》，是读懂了此书的真意的。但在包天笑的理解里，却发生了有意无意的误读：他认为小说里写的家庭之爱、师生之爱、同学之爱，无不符合孝、慈、义等中国传统观念，因此将这本产生于西方社会的儿童小说的价值归结为宣扬"旧道德"。这或许有他的便于中国读者（特别是中国学校和家长）接受的苦心，但解读的南辕北辙，

① 包天笑：《钏影楼回忆录》，第 174 页。

却是无法回避的事实。尽管如此，读者依然被小说里绘声绘色描述的“新道德”所吸引：那时的中国，正需要这样的民主、平等意识和爱的教育观。这是这本书畅销的真正原因。但一旦在中国，这样的价值观、教育观被视为“资产阶级意识形态”，要彻底批判和抛弃时，*Cuore* 的中译本就必然要被扫进“历史的垃圾堆”。包天笑本风行于 20 世纪一二十年代，夏丏尊译本在三四十年代一路热销，以后直至 1970 年代，两个译本都遭查禁，原因即在于此。意大利作家亚米契斯的世界儿童文学名著的中译本的命运，就这样见证了现代中国历史和文学的巨大变迁。

（李默）

11 月

陈景韩的“侠客主义”

《侠客谈》

冷血著豪侠小说于近日新小说界中最寡冷血氏作此侠客谈侠气勃勃如见纸上而行文之精卓尤令人读之骨跃肉鸣鼓掌称快附录世界奇谈更为不可思异每册大洋三角发行所上海望平街秋星社

（原载 1910 年 11 月 2 日《时报》）

上海秋星社策划出版的“冷血氏”陈景韩的《侠客谈》，其实是一本小说合集，包括《刀余生传》、《路毙》、《刀余生传二》、《兄弟（儿）》、《义勇军》、《食人会》六篇作品。此书不久后又经时中书局再版出版。

“侠客谈”之名，最早出现在《新新小说》（一般认为陈景韩负责主编）第 1 年第 1 号（光绪三十年八月初一日，1904 年 9 月 10 日）上，该期刊有“政治小说（侠客谈）刀余生传”一篇，署“冷血著并批解”。作者的本意是做一个系列写作，或者形成一个有固定题材、风格的栏目。《新新小说》一共出版 10 期，陈景韩在上面前后发表四种“侠客谈”系列小说，除《刀余生传》外，尚有：《路毙》（第二号）、《刀余生传二》（第三号）、《兄弟（儿）》（第四号）。另外尚有在 1904 年 10 月 29 号《时报》上发表的《马贼》。[①]

《刀余生传》是“侠客谈”系列最为著名的一篇，也是陈景韩的代表作。小说讲述了一位少年旅客的夜行奇遇。刀余生者，刀下之余生者之意也。这位少年旅客夜行荒野，被劫入盗窟，但是坚强不屈，从而得到盗首的赏识。盗首引他参观盗窟中的设施，有“杀人室”、“货币库”、“演习场”、“高等学生教课场”

① 出版时标注“侠客谈”，秋星社出版的《侠客谈》不含此篇。参考李志梅《报人作家陈景韩及其小说研究》。

等等。继而盗首自述其生平：幼丧父母，屡遭颠沛；初入学界，不久即发现士林之情伪；继入商界，很快又洞悉商人之贪鄙；再入政界，惟见衮衮诸公互相猜忌倾轧的鬼蜮行径。最后少年旅客被盗首感化，认识到在这个盗窟世界里，很多人其实是正统社会中救国无门的有志之士，他一跃而起，自书“刀余生”之名（谓经此劫而得以生还），竟然加入了盗贼的行列。最令人称奇的是，盗首竟然有一个讲究优胜劣汰的“救国杀人谱”，他们根据这个“杀人谱”来决定劫来的人该不该杀，“杀人谱”写道：

《侠客谈》书影

> 鸦片烟鬼杀！小脚妇杀！年过五十者杀！残疾者杀！抱传染病者杀！身体肥大者杀！……多痰嚏者杀！走路成方步者杀（多自大）！与人言摇头者杀（多予智）！无事时常摇其体或两腿者杀（脑筋已读八股读坏）！与人言未交语先嬉笑者杀（献媚已惯）！右膝合前屈者杀（请安已惯故）！两膝盖有坚肉者杀（屈膝已惯故）！齿常外露者杀（多言多笑故）！力不能自举其身者杀（小儿不在此例）！

这一系列“杀”的目的是实现国族人种的优胜劣汰，实质上是向民族的劣根性宣战，当是进化论在知识分子中流行的一个表现。这个“杀人谱”相当有名，比如钱玄同说过，“四十岁以上的人都该杀”（他过四十岁生日时，许多文人好友都调侃地给他送挽联），其创意正是始于“杀人谱”中的“年过五十者杀”。

《刀余生传》充斥着血腥恐怖的气氛，把变革社会的希望寄托在盗侠身上，构建出一个平行于现实世界的理想王国，体现了作者对现实社会制度一定程度的绝望，有着晚清政治小说中乌托邦式构建的影子。《刀余生传》在读者中取得了很好的反应，它的成功鼓励了陈景韩对侠客题材的创作热情。《新新小说》从第 3 号开始刊发一篇《新新小说》特白，文中提道：“如此期内，则以侠客为主义，故期中每册皆以侠客为主，而以他类为附。”这意味着《新新小说》找到了自己的新的定位，从第 3 号开始，《新新小说》目录上就标明“侠客谈”与“附录”、“杂录”三部分，“侠客谈”部分是全书的主体，一些本不属于“侠客谈”栏目的文章也附会进去，如将过去连载的《菲律宾外史》冠以《南亚侠客谈：菲律宾外史》，新发两篇译作《俄罗斯侠客谈：虚无党奇话》和《法兰西侠客谈：秘密囊》。这样，“以侠客为主义”就成了《新新小说》的主题基调。

在《刀余生传》之前，有一篇陈景韩写的《叙言》：

> “侠客谈”，无小说价值！“侠客谈”之命意，无小说价值。何则？甚浅近。“侠客谈”之立局，无小说价值。何则？甚率直，无趣味。“侠客谈”之转折，无小说价值。“侠客谈”之文字，无小说价值。何则？甚生硬，无韵，不文不俗。故“侠客谈”全无小说价值。虽然，作“侠客谈”者，亦甚捍过，亦有数言，以明阅“侠客谈”之价值。
>
> 非好事者，无阅我“侠客谈”之价值。非初通文理、略解人事之十四五岁少年，无阅我“侠客谈”之价值。非有侠客思想者，无阅我“侠客谈”之价值。非有侠客性情者，无阅我“侠客谈”之价值。非好阅《游侠传》者，无阅我“侠客谈”之价值。然则，“侠客谈”必无一人过问。虽然，作“侠客谈”者，亦不为无意。
>
> “侠客谈”之作，为改良人心、社会之腐败也，故其种类不一。“侠客谈”之作，为少年而作也。少年之耐性短，故其篇短；少年之文艺浅，见解浅，故其义其文浅；少年之通方言者少，故不用俗语；少年之读古书者少，故不用典语。
>
> 或曰：此乃作者文过之谈。
>
> 谈者记。

这篇《叙言》的文风是一贯的“冷血体”，简洁明快，辞气果断，采用欲扬先抑的手法，先退一步强调“侠客谈”无小说价值，从“命意”、“立局”、“转折”、“文字”四个角度来论证观点；继而笔锋一转，提出了对读者群的定位和希冀，强调“侠客谈”并非针对一般读者，须同时是“好事者”、“初通文理、略解人事之十四五岁少年”、“有侠客思想者”、“有侠客性情者”、“好阅《游侠传》者”；并声称即使条件苛刻导致“侠客谈”无人问津也在所不惜。作者最后表示，“‘侠客谈’之作，为改良人心、社会之腐败也”，力主小说要起到改造社会的作用。当然“侠客谈”系列并非“无趣味”，相反，它取得了相当好的反响。这种既

"有趣"又"有益"的小说追求，也正是陈景韩的一贯主张。他在1905年五月二十七日、六月初八的《时报》上连载的论文《论小说与社会之关系》，就提出小说应当具备两种品质："有味而无益，则小说自小说耳，与开通风气之说无与也；有益而无味，开通风气之心，固可敬矣，而与小说本义未全也。故必有味与益二者兼俱之小说，而后始得谓之开通风气之小说，而后始得谓之与社会有关系之小说。"

应当指出的是，陈景韩推崇的"侠客"主义并不同于中国武侠小说中的"侠"，无论是对更早时期的侠义公案小说而言，还是后来流行的新式武侠。"小说界革命"时期成书的武侠公案小说较少，而且大多带有革命的新色彩。如陈冷血的《侠客谈》主张杀尽贪官污吏，将中国的希望寄托在"侠盗"身上，这样的武侠显然已经不是传统的武侠了。陈景韩曾翻译过大量的"虚无党小说"，如《虚无党奇话》、《倚罗沙夫人》、《火里罪人》等等，"虚无"即无政府主义之意，一定程度上他把这一政治理想带入了他的"侠客"主义，或者说他想用"侠客"主义来实践"虚无"的政治理想。因而他的"侠客"主义，其实是"期望要建立一种无视清政府的独立不羁的权力系统"①，正像匪首们在《刀余生传》里所做的那样。

（孙捷）

① 范伯群：《〈催醒术〉：1909年发表的"狂人日记"》，2004年5月《江苏大学学报（社会科学版）》。

1911 年

6月

《范伯子诗集》："在复古的基础上追求创新"

寄卖书

散原精舍诗　定价八角
钱注杜诗　定价三元
铁云藏龟藏陶　定价六元
范伯子诗集　定价一元二角
……
吾炙集　定价四角

（原载 1911 年 6 月《妇女时报》第 1 期）

在清代文坛上，以布衣而"高名动卿相"①的范伯子是一位十分重要的诗人。范伯子，名铸，初字无错，后改名当世，又字伯子；出身于南通著名世家范氏，与其弟范钟、范铠并称为"通州三范"，少有才名，游学四方，曾师事武昌张裕钊、桐城吴汝纶二先生。原配吴氏病亡后，因吴汝纶之介绍续娶桐城派著名代表人物姚鼐女孙姚倚云，自此与桐城派关系愈加密切。曾入北洋李鸿章幕府，后归故里，因肺病卒于光绪三十年（1904），终年 51 岁。②

范伯子的诗歌成就在当时已为人所著称。吴汝纶曾经盛赞"当今文学无出肯堂之右者"③，而钱仲联更称赞其"肯堂一穷儒，高名动卿相。热泪翻海波，声诗助悲壮。漫怜孟郊囚，胸次故昭旷"④。其诗歌风格清癯奇崛与悲壮艰深兼

---

① 钱仲联：《梦苕庵清代文学论集》，第 147 页，济南：齐鲁书社 1983 年版。

② 徐昂：《范无错先生传》，马亚中、陈国安编《范伯子诗文集·附录》，第 609 页，上海：上海古籍出版社 2003 年版。

③ 吴汝纶：《答姚叔节》，《范伯子诗文选集》，第 404 页，杭州：浙江古籍出版社 2008 年版。

④ 钱仲联：《梦苕庵清代文学论集》，第 147 页。

而有之。陈衍认为其诗“徒以久不第，抑郁牢愁，诗境几于荆天棘地，不啻东野之诗囚也。工力甚深，下语不肯犹人，读之往往使人不欢”[①]。由于范伯子为诗注重“字锤句炼”，往往有“瘦硬奥折”[②]之句，诗境奇峭险特；而又恰逢风雨飘摇之世，诗中往往将身世感叹与家国之悲相融，开拓了更为广博的意境。钱仲联谓其诗风融合黄山谷与苏东坡为一体[③]，甚为确切。其代表作《过泰山下》，雄阔与怪奇兼而有之，独树一帜：

生长海门狎江水，腹中泰岱亦峥嵘。
空余揽辔雄心在，复此当前黛色横。
蜒蜿痴龙怀宝睡，蹒跚病马踏莎行。
嗟余即逝天高处，开阖云雷倘未惊。

尽管范伯子的诗歌风貌流露出更多的宋人特色，擅长“以古文义法而为诗”[④]，但在诗歌理论上，则更多地提倡“在熔铸唐宋的基础上倡导独创之诗”[⑤]，提出“吾诗其实无意于学人，出手类苏黄，亦所谓近焉者。无为尊唐薄宋，蹈明人之陋习。且彼明人何尝不说到做到？何尝不有绝特过人之处？”“依人与自立之不同，为己与为人之个别也。不但此也，文章有世代为之限，贤豪之兴，心气万古一源，皮色判别殊绝。五六百年间，薄近代之所为而力求复古者，未有不流于伪俗者也”[⑥]。可见，他认为“宗唐”与“宗宋”只是“性情所近”有异、方法不同，并不具备本质的区别，而诗的根本价值，在于用独到的个人语言写出自己的“心气”，抒发自己的“性灵”；而他对古人的学习和对于“怪奇”和“高复至工”的着力追求，实际上是为了借此“发前人未发之语”、在“复古的基础上追求创新”，以此来表述个性、独辟蹊径。[⑦]

范伯子诗歌的另一个重要特色，是诗中时时流露出鲜明的时代精神。由于

---

① 转引自钱仲联：《梦苕庵清代文学论集》，第 148 页。

② 严迪昌：《范伯子诗述略》，2003 年 8 月《文史知识》。

③ 钱仲联：《近百年诗坛点将录》，《三百年来诗坛人物评点小传汇录》，第 154 页，郑州：中州古籍出版社 1986 年版。

④ 黄伟、董芬：《范伯子诗学理论平议》，2009 年 9 月《徐州师范大学学报》。

⑤ 同上。

⑥ 范当世：《与俞恪士书》，转引自黄伟、董芬《范伯子诗学理论平议》，2009 年 9 月《徐州师范大学学报》。

⑦ 参见袁进：《中国文学的近代变革》，第 196 页。

他曾在李鸿章幕府中任职，因而诗中对时事局势有着更为清醒的认知和更深切的关注。陈三立《范伯子文集序》记述，范伯子“虽若文士，好言经世，究中外之务。其后更甲午、戊戌、庚子之变，益慕泰西学说，愤生平所习无实用，昌言贱之。岁时会金陵，稍喜接乘时之彦及号‘尸新学者’，下上其议论。余尝引梅圣俞‘谈兵究弊又何益，万口不谓儒者知’之句以谑之，君复抚掌为笑也”[1]。这样的生命经历，使范伯子与当时的一般文人不同，对时代发展趋势有着更为清醒的认知，因而对当时的局势、自身的无力也便有着更为深重的不满和痛苦。这样的心怀在他的诗中时时流露，试举二首为例：

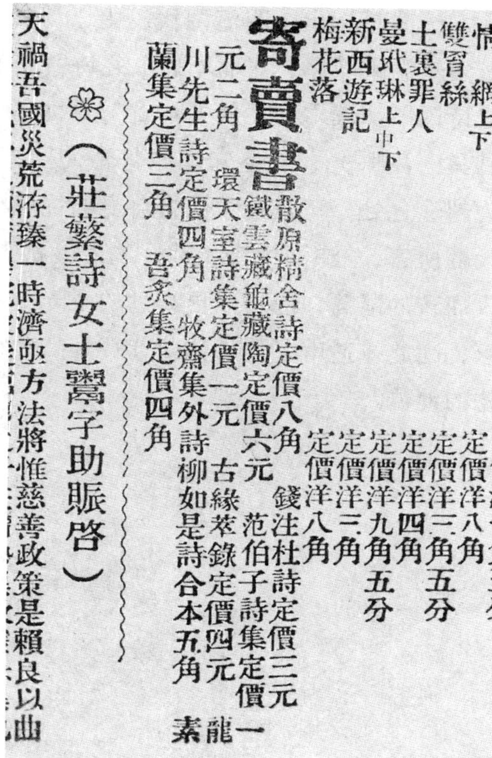

《寄卖书》广告

寄某御史

烬余士兵生还少，孤注楼船再战无。
九代垂衣魂梦警，卅年补衮血衣枯。
柏台尚作栖乌舍，莲幕终分养鹤符。
疏有千篇诗百首，一般无用恨为儒。

余以岁暮寓金陵无聊而为刘园九老图作序序成而感不绝次其韵

不道吟怀逐日殊，迂生亦自恨为儒。
何曾肝胆非人世，径欲鬓眉入此图。
苏季名声焉用大，马卿车服为谁都？
但看诸老能轰醉，贱子犹堪一一扶。

① 陈三立：《范伯子文集序》，马亚中、陈国安编《范伯子诗文集·附录》，第617页。

严迪昌指出：明清两代，由于诗界大多以“高位主持诗教”，故而评者多赞赏“温柔敦厚、怨而不怒”之诗；而范伯子诗因“几于荆天棘地，不啻东野之诗囚”、“读之往往使人不欢”，故而多为评者所病，“高明如石遗老人也不易别具一副眼光，殊不知那原是个使国人无欢的时代”。[①]实际上，范伯子诗最为超逸之处，正是在于他将自身的忧思与对时代的感叹有机地融为一体，如金天翮所言，“涕泪中皆天地民物”[②]，故此豪杰之气，贯穿诗中，使之超越了个人痛苦的藩篱，能够以更高远的眼光、更超阔的意境，来看待、书写时代与国家，因此才造就了他“体兼苏黄”的独特风格，奠定了身为“同光体”关键人物的地位。

（刘云）

① 严迪昌：《范伯子诗述略》，2003 年 8 月《文史知识》。

② 钱仲联：《梦苕庵清代文学论集》，第 148 页。

7月

秋瑾之死与《六月霜》

阅新小说者又有特别赠品……绘图《六月霜》二册五角……改良小说社启

（原载1911年7月21日《时报》）

改良小说社的这则广告包含很多新出的作品，《六月霜》只是其中的一部。但是在近代众多描写革命党人事迹的作品中，这部署名静观子、描写鉴湖女侠秋瑾事迹的小说《六月霜》无疑是较出色的一部。事实上，早在四年前，秋瑾就义之后的两个月，改良小说社即已出版过一部同名传奇，作者署名古越嬴宗季女。静观子的小说便是据此改编而成。

《六月霜》十二回，宣统三年四月（1911年5月）由上海改良小说社刊印出版。作者静观子，原名许俊铨，字金门，安徽歙县人。除本书外，他还著有小说《秘密自由》、《温柔乡》、《还魂草》等。书名《六月霜》因袭嬴宗季女的传奇，有两层寓意：一是纪念秋瑾就义于农历六月初六；二是寓含燕国“邹衍下狱，六月飞霜”的典故，寓指秋瑾一案的冤情。

秋瑾

《六月霜》塑造的两个主要人物——秋瑾和越兰石，分别代表了当时变革潮流的两类形象，即激进的革命分子和温和的改良分子。越兰石的原型是秋瑾的朋友、女诗人吴芝瑛，小说中越兰石居地为万绿草堂；现实中吴芝瑛有万柳堂，号“万柳夫人”，她在秋瑾就义后与盟妹徐寄尘营葬秋瑾于杭州西泠桥畔。秋瑾自号“鉴湖女侠”，常以俄国的苏菲亚、法国的罗兰夫人自比，倾向于用暴力革命来解决社会问题，她追求革命理想，离婚弃子，最终壮烈牺牲。而越兰石虽然同情并支持秋瑾的思想行动，但总认为她过于激进，小说第十一回，她曾经劝告秋瑾："竞雄，你不要这般说。现在外边是世路崎岖，实在危险得很！小心谨饬的人，尚且要被人诬陷，不要说像你这般率直无忌的人了。竞雄妹子啊，我劝你以后总要留心一些，才是道理。"越兰石的思想在当时女性中已较为开明，但仍然局限于世俗礼教的规范之内。需要注意的是，小说虽然着重描写秋瑾的侠义事迹，但是却把秋瑾的革命理想局限于"家庭革命"的范围。秋瑾之女王灿芝曾在《人间世》杂志上撰《关于先母秋瑾女士——读〈六月霜〉后之感想》一文，文中提到自己对《六月霜》的看法："林语堂先生处有《六月霜》一书，乃记当时先母被难之事者"，"归家披览，泣下数行。惟观是书与事实不相符合者甚多，兹举一二，以告读者。（如）书中谓先母乃家庭革命，非种族革命"。[①]《六月霜》的处理方法，固然有时代的限制，但也可能是作者为了强调秋瑾是"无辜被杀"，以引起更广泛的读者认同。出于这种目的，小说在叙述中有意略去了秋瑾参加革命活动、策划举义等重要事迹，甚至虚构她被捕时的畏惧怯懦。小说中甚至多处借秋瑾之口，在秋瑾与革命党人之间划出界线，如第二回写越兰石梦遇秋瑾，秋瑾和她辩白家庭革命与种族革命的一段话：

> 姊姊，我前次曾和你辩论"革命"二字。我痛恨那些留学东洋的新少年，胸中全无爱国的思想，动不动就侈言革命。他那里晓得什么种族不种族？不过学着些些皮毛，就要高谈阔论起来。逞了少年血性，不知轻重，只管同儿戏一般的胡闹。待到闯出了祸来，逃的逃，杀的杀。此等头颅，自从有了革命党以来，不知糟踏了多少，却终是一钱不值的，白白送掉，还能换得一件半件好的政事出来么？所以我的宗旨，和他们是冰炭不相投的。……姊姊，须念我当初和姊姊结交一场，为我将这家庭革命和种族革命的两层道理辩白辩白。我虽死了，倘有人继我的志，把这家庭革命实行起来，男女能够平权，那时我在地下也自快活的。千万姊姊不要忘记呀！我要去了。

① 王灿芝：《关于先母秋瑾女士——读〈六月霜〉后之感想》，《人间世》第28期，第8页，上海：上海良友图书1936年版。

第十一回有秋瑾安慰越兰石不要担心自己的话：

> 秋女士笑道："……凡事总要讲个实在，不能无凭无证，就把人诬作革命党的。我脑筋里虽也有个革命宗旨，但是我的家庭革命，和他们的种族革命、政治革命是冰炭不相投的。我在东洋，见了那些革命党里的人物，理都不大去理他们的。因为他们这班人，都是些能说不能行的。竟有几个连'革命'二字也解不清楚，种族的分合是更不懂得，不过随潮附流混个热闹罢了。就是那个徐锡麟，我也嫌他的主义太狭。我和他结交，也不过慕他的一个血心罢了，宗旨是也是各人行各人的。我既没有政治上种族上的革命凭据，那要怕他们做甚？"

这两处拟秋瑾的自述中，反复强调秋瑾并非革命党一路之人，甚至拿出徐锡麟来坐实这个态度，更是努力地阐述秋瑾提倡的"家庭革命"，务必使读者明白秋瑾并无"谋反"之实。事实上，当时的很多人，包括吴芝瑛、徐寄尘等人，都强调秋瑾只是主张"家庭革命"，并无谋反之实，从而希望为秋瑾案取得法理上的优势。而晚清众多以秋瑾事迹为题材的文学作品都持这种观点，将秋瑾形象和政治革命关联起来，还要等到民国之后，如鲁迅小说《药》中的夏瑜。除秋瑾和越兰石外，小说中官府等处的其他人物的刻画并无特色，阿英认为《六月霜》暴露了当时官府方面的黑暗，与地方豪绅的勾结作恶，军队扰民，以及在黑暗里面，民众并不胆怯，仍然迸发出革命的火花。正是因为这样的描写方式，使得小说对他们的刻画有漫画化的倾向，这也是晚清小说常常有的毛病。

《六月霜》全书在叙事手法上采用了两层倒序，第一回"破岑寂夫人吟旧句，起风潮女士阅新闻"从秋瑾的朋友越兰石女士由读报知秋瑾就义的消息开始，引出越兰石与秋瑾的相识，再写越兰石为秋瑾料理后事。第三回"富太守诡计联新党，秋监督热心施教育"一开头便说："看官：如今我要把秋女士被冤的事情，写他出来，与众位们听。但这秋女士是绍兴府治下的人，我先将这绍兴府的历史，演说这么一遍。原来这位绍兴府……"小说由此进入对秋瑾遇难情景的叙述。至第七回"谈异事绅衿讥褚钩，说前因女士谏夫君"，写秋瑾遇难之后，"绍兴城里，三三两两的，都讲论这事，有的替他抱怨，有的替他剖白"。作者通过这些虚拟的绍兴民众之口，开始回顾秋瑾一生的历史，讲述了从秋瑾少年好学，到婚后之不幸，以至后来东渡日本、归国后创办学堂，与越兰石相识，最后轩亭口遇难的具体过程，小说的最后以越兰石义葬秋瑾归结，与前文呼应。这种两层倒装叙述的叙述方式颇值得关注。尽管有个别文言小说家偶尔采用倒装叙述，可到20世纪初接触西洋小说以前，中国小说基本上采用连贯叙述。《六月霜》采用倒序手法，是作者的一次大胆尝试。虽然倒叙手法易使作品结构失之疏散，产生割裂之感，但从《六月霜》结尾对前文的呼应来看，作者其实对此有意识地进行了弥补。

另外，《六月霜》在语言上亦自然、流畅，有些描写清廷官吏的文字风格诙谐，具有较好的讽刺意味。《六月霜》在近代以秋瑾殉国为题材的作品中是较好的一部，影响也相对较大。改良小说社出版约五个月之后，辛亥革命爆发，似乎象征着这个六月飞霜的冤案得以正式昭白。

（孙捷）

1912 年

10月

晚清四大词人：王、郑、朱、况

彊村词

湖州朱古微先生当代词家其词镕铸藻采沉丽俊迈造端微茫而恰得其分际自成一家之言王半塘常儗之南宋吴梦窗谓为六百年来无此作也学词者尤宜人手一编以为模楷每部二本售价大洋四角

上海广智书局白

（原载1912年10月1日《庸言》第1卷21号）

词肇兴于隋、唐，大盛于两宋，至清代进入新的繁荣期。有清一代，词学中兴，名家辈出。继阳羡词派、浙西词派之后，常州词派独领风骚。常州词派出现在乾嘉年间，其创始人是张惠言、恽敬，推尊词体，讲求词的立意与寄托，标举婉而多讽、深美闳约的词风。清朝末年，王鹏运、况周颐、朱祖谋、郑文焯四人循常州派途径，声气相求，切磋场合，称盛一时，后人誉之为“清季四大词人”。

王鹏运（1848—1904），字佑遐，一字幼霞，自号半塘老人，晚年又号鹜翁、半塘僧鹜、半塘，广西临桂（今桂林）人，同治九年（1870）举人。历官内阁侍读、江西道监察御史、礼部给事中。他支持维新变法运动，屡次抗疏言事，几罹杀身之祸。光绪二十八年（1902），离京南下，最后客死于苏州。王鹏运力倡词学，且能奖掖后辈，著名词人文廷式、朱祖谋、况周颐等均曾受其教益。其词作有《袖墨集》等九种，晚年删定为《半塘定稿》。

朱祖谋（1857—1931），原名孝感，字藿生、孝臧，一字古微，一作古薇，号沤尹，又号彊村、上彊村民，浙江吴兴人，光绪九年（1883）进士，官至礼部右侍郎。1904年出为广东学政，不久抱病辞归，寓居上海。朱祖谋早岁工诗，后来在王鹏运的鼓励下，开始从事词学研究与创作，并将后半生精力尽用于此。晚年将其所作删定为《彊村语业》二卷。

郑文焯（1856—1918），字俊臣、叔问，号小坡，又号叔问，别署瘦碧、冷红词客等，晚号大鹤山人。原籍山东高密，后寓居江苏吴县。光绪元年举人，官内阁中书。曾入江苏巡抚幕府，为官十余年，往来于苏沪间。清亡后居沪，以行医、鬻书画自给。有《瘦碧词》、《冷红词》、《比竹余音》、《苕雅旧稿》诸稿，晚年合订为《樵风乐府》九卷。

况周颐（1859—1926），原名周仪，因避宣统帝溥仪讳，改名周颐。字夔笙，一字揆孙，号玉梅词人，晚号蕙风词隐。临桂（今广西桂林）人。光绪五年举人，后官内阁中书、会典馆纂修。以知府分发浙江，曾入两江总督张之洞、端方幕府，其间曾执教于武进龙城书院和南京师范学堂。辛亥革命后，以清遗老自居，寄迹上海，以鬻文为生。有词九种，合集为《第一生梅花馆词》，后删定为《惠风词》。况周颐不仅致力于创作，倾五十年之力，“沉思独往，足称巨匠”（叶恭绰《广箧中词》），尤精于词评，著有《蕙风词话》五卷，是近代词坛上一部有较大影响的重要著作。

《彊村词》广告

以王、朱、郑、况为“清季四大词人”，最早是蔡嵩云在《柯亭词论》中提出的。在此之前，词学家龙榆生《清季四大词人》一文中有文廷式而无朱祖谋，因为当时朱祖谋仍健在，而龙榆生是朱祖谋的学生。出版于1910年至1911年间的《国风报》所刊广智书局广告中，引用陈锐《抱碧斋词话》将王、朱、郑三家作了对比：“王幼霞词如黄河之水，泥沙俱下，以气胜者也；郑叔问词剥肤存液，如经冬老树，时一着花，其人品亦与白石为近；朱古微词墨守一家之言，华实并茂，词场之宿将也。闽中某君尝欲汇刻为《光绪三家词》，未知付梓人否。《彊村词》本局觅印发行，已不胫而走，又印得王幼霞《半塘二稿》、郑叔问《冷红词》、《比竹余音》二种出售，海内倚声家当先睹为快也。”

在四大词人中，王鹏运是承上启下的过渡者。他上承南宋诸贤，下启晚清词坛的繁盛，促成了晚清词坛对南宋词风的继承和发扬，故此在近代词坛声望最高，被尊为“晚清四大家”之冠。在词学理论上，他力尊词体，尚体格，提倡“重、拙、大”，对常州词派贡献极大。况周颐的《蕙风词话》许多重要观点，即根源于王氏。因此晚清词学的兴盛，王鹏运起到了关键作用。

广智书局的《半塘二稿》不知何指。王鹏运著有《袖墨集》、《虫秋集》、《味梨集》、《鹜翁集》、《蜩知集》、《校梦龛集》、《庚子秋词》、《春蛰吟》、《南潜集》，统名《半塘词稿》。晚年将这九部词集删汰几半，仅存一百多首，编定为《半塘定稿》，后来朱祖谋认为“刊落泰甚”，从删稿中选录55首，名曰《半塘剩稿》1卷。王鹏运给自己的词集按乙丙丁戊己庚辛编次，但没有甲稿。这是因为王鹏运科第没有考上甲科，他一直深以为憾。

在九部词集中，《袖墨集》为王氏初期作品，词风接近王沂孙，多写身世之感；《味梨集》、《鹜翁集》、《庚子秋词》三集作于1893—1900年间，其间王鹏运身为谏官，经历甲午之败、义和团之乱、八国联军占领北京等内忧外患，颇有伤时感事之作，充满忧国忧民、悲凉雄壮的情感，词风近辛弃疾。如《味梨集》中的《满江红·送安晓峰侍御谪戍军台》：

> 荷到长戈，已御尽、九关魑魅。尚记得、悲歌请剑，更阑相视。惨淡烽烟边塞月，蹉跎冰雪孤臣泪。算名成、终竟负初心，如何是？　天难问，忧无已。真御史，奇男子。只我怀抑塞，愧君欲死。宠辱自关天下计，荣枯休论人间世。愿无忘，珍惜百年身，君行矣。

甲午中日战争时，侍御史安维峻上疏弹劾李鸿章，语涉对慈禧的微讽，被革职发往军台。同为谏官的王鹏运曾与安维峻同劾李鸿章，作此词送别。在词中，他毫不隐晦地赞誉直言获罪的安维峻是“真御史，奇男子”，抒发了国事日非、抑塞磊落的情怀。这是辛弃疾、文天祥词作的法乳真传。因此朱祖谋在《半塘定稿序》中说他“导源碧山（王沂孙），复历稼轩（辛弃疾）、梦窗（吴文英），以还清真（周邦彦）之浑化”。

四大词人著作广告之中，以朱祖谋《彊村词》最多。如《国风报》刊有《彊村词前集》、《彊村词别集》广告：“前集皆庚子以前词，别集取《庚子秋词》、辛丑年《春蛰吟》两集中之有关系者，为半塘老人所选定也，每部三角。”《庚子秋词》是王鹏运、朱祖谋、刘福姚三人词作的合集。1900 年八国联军占领北京，慈禧太后与光绪帝逃往西安，王鹏运、朱祖谋、刘福姚三人身系危城，避居王鹏运寓所四印斋，以词抒写其忧国伤时之慨，结集为《庚子秋词》上下卷，共六百余首。前引广智书局在《庸言》杂志第 1 卷第 21 号刊登的《彊村词》广告中，“六百年来无此作也”的赞语，出自《〈彊村词〉序》：“自世之人知学梦窗，知尊梦窗，皆所谓但学兰亭面者，六百年来，真得髓者，非公更有谁耶？”朱祖谋词取径南宋词人吴文英（梦窗），《国风报》广告引陈锐《抱碧斋词话》说他“墨守一家之言”即是指此。朱氏又深受常州词派“比兴寄托”说的影响，作品表现出典丽精致、沉郁绵邈的艺术风格，词旨隐蔽，缘情布景，取径曲折，言在此而意在彼。这种风格如果处理得当，能收到含蓄隽永、寄意遥深的艺术效果，但也容易流于雕琢晦涩，令人难以索解。如他的名作《声声慢·辛丑十一月十九日，味聃赋落叶词见示，感和》：

鸣螀颓墄，吹蝶空枝，飘蓬人意相怜。一片离魂，斜阳摇梦成烟。香沟题红处，拚禁花，憔悴年年。寒信急，又神宫凄奏，付哀蝉。　终古巢鸾无分，正飞霜金井，抛断缠绵，起舞回风，不知恩怨无端。天阴洞庭波阔，夜沉沉，流恨湘弦。摇落事，向空山，休问杜鹃。

光绪二十七年，八国联军占领北京，慈禧挟光绪出逃西安之前，将赞成变法的珍妃推入井中杀害。龙榆生在《彊村本事词》中指出“此为德宗还宫后恤珍妃作”。这首词借落叶起兴，“飘蓬”、“离魂”表面上是秋风中飘零散失的落叶，实是暗喻珍妃的亡灵，胜在哀怨缠绵。但如读者不知本事，难免会将它作为一首普通的咏物词看待。

与朱祖谋学专吴文英不同，郑文焯的词取径于姜夔（白石）、周邦彦（清真），其词风也与姜、周的清空风格为近，表现出疏朗峭拔的特色。叶恭绰《广箧中词》说他：“格调独高，声采超异，卓然为一代作家。”广智书局曾印行其词集《冷红词》、《比竹余音》。郑词多山水、纪游、咏物与感怀时事、身世之作。他的长调，往往以沉痛之笔，书写了家国、身世之感。如《湘月·山塘秋集，分题得坏塔》：

夜铃语断，更斜阳瘦影，谁问今古。独立苍茫，镇占老，一角青山无主。衰草丛生，枯枫倒出，时见归禽度。残烽零劫，仗他半壁支拄。长见峭倚荒天，凄凉如笔，写愁边风雨。不许登临，怕倦客、题遍伤心秋句。卧影空丘，招魂破寺，剩有孤云驻。梦痕飞上，故王台榭何处。

这首词通过对苏州山塘坏塔的描写，营造了一种阴寒萧瑟的气氛，隐喻清王朝气运将终的衰败气象，很能代表郑词胎息白石的特点。他的小令也颇有特色，多用白描点笔，力求疏淡，如他的《浣溪沙·从石楼、石壁往来邓尉中》：

一半黄梅杂雨晴，虚岚浮翠带湖明，闲云高鸟共身轻。　　山果打头休论价，野花盈手不知名，烟峦直是画中行。

无论是《国风报》还是《庸言》杂志，都没有为况周颐的词做广告，但况周颐以词学为专业，致力其中五十年之久，他的《蕙风词话》评论历代词人，多有心得独见，被朱祖谋推为绝作，是常州词派较为重要的词学理论著作，可与王国维的《人间词话》称为20世纪传统词话著作的“双璧”。20岁前，他的词作主张“性灵”，“好为侧艳语”。后来受到王鹏运、朱祖谋影响，得所谓“重、拙、大”之说，严于守律，词风日益沉郁，不少作品伤时感事，声情激越。他最著名的作品是《苏武慢·寒夜闻角》：

愁入云遥，寒禁霜重，红烛泪深人倦。情高转抑，思往难回，凄咽不成清变。风际断时，迢递天街，但闻更点。枉教人回首，少年丝竹，玉容歌管。　　凭作出、百绪凄凉，凄凉惟有，花冷月闲庭院。珠帘绣幕，可有人听？听也可曾肠断？除却塞鸿，遮莫城乌，替人惊惯。料南枝明月，应减红香一半。

“四大词人”的作品是对南宋词风的继承和发扬，他们才高且学养深厚，在艺术技巧上精益求精，清末社会、政治和文化的大变迁造就了他们抑郁沉痛、荒寒萧索的总体风格。但是词这种艺术形式经过千余年的发展，到晚清已经封闭僵化，变成“精致的古董”。以王、朱、郑、况四大家之才高学深，也突破不了模拟古人、陈陈相因的窠臼。

（杨剑锋）

1914 年

1月

狄葆贤：《平等阁笔记》、《平等阁诗话》

平等阁笔记

此书曾在时报按日登载近以索此书者纷纷兹特印成二册定价大洋四角

（原载1914年1月10日《妇女时报》第12期）

《平等阁笔记》、《平等阁诗话》是著名报人狄葆贤的两部重要著作，最初在狄氏创办的《时报》、《小说时报》、《妇女时报》等报刊上连载，后由同样由狄氏创办的有正书局出版，在清末民初的文坛上影响颇大。

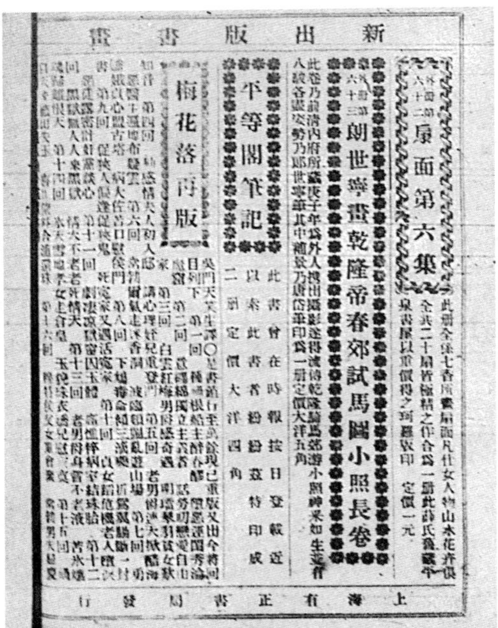

《平等阁笔记》广告

《平等阁笔记》最早写于1902年左右，《妇女时报》除在12期刊登了这里摘录的广告外，第13期又以单页刊登了大幅广告："此书曾在《时报》按日登载，其中有论科学者，有论哲学者，有论宗教者，有论文学者，有论字画者，见解超绝，融洽新旧。又庚子之役纪载亦极详尽，风会升降，时局变迁，有可睹焉。兹以各界纷纷函索，特汇印成帙，首尾唧接，开卷了然，诚一般学者不可不读之书也。"同年5月15日的《小说时报》第22期封底刊登了同样内容的广告。《妇女时报》还特意突出强调："研究哲学者不可不读，研究掌故者不可不读，研究美术者不可不读，研究文学者不可不读。”

《平等阁笔记》内容颇为驳杂，广告内容充分体现了这一特点。盖因狄葆贤兴趣颇为广泛，他不仅工诗文，擅书画，喜藏书，精鉴赏，嗜金石，还笃信佛教，故此书内容涉及科学、哲学、宗教、文学、书画等诸多领域，而尤以谈佛论道之类为多，甚至有人据此将之作为佛学著作。不过，《平等阁笔记》最有价值的内容是关于庚子纪事的部分。据作者前记所云：“庚子冬间，余由日本至朝鲜，凌冒冰雪，跋履辽沈，间关至京师，凡可悲之境，可愤之事，可悯之人，接于耳目，触于心者，一一随笔记录，以备遗忘。丁未春时报馆被灾，此稿已成灰烬，今依前例续行记存，虽短书野乘，无关闳旨，然风会之降，时局变迁，有可睹焉。”书中对八国联军侵入北京时的暴行、列强铁蹄之下国人抵抗救国的英雄事迹及部分国人甘当亡国奴的丑态均有生动记载。如卷一记载了大刀王五的侠义行为：

> 大刀王五者，镖客也，素以侠义称，谭浏阳重其人，与订交焉。庚子拳匪肇乱，京官眷属藉其保护出京者数百家。及事亟，五终日皇皇，奔走于所识士大夫间，谋所以匡救大局之策，时人心忧虞，迄无应者。迨联军入京，五见西兵之无礼日甚，辄与其徒数十人，日以杀此辈为事。十一月某日，有石某之宅，为西兵围困，五经其地，愤与之斗，手杀数十人，继以中弹过多遂被执。西人以为义和团之余党也，枪杀之弃其尸，而不知其为五也。时刘铁云设平粜局于东华门外，附设一瘗埋局，专掩埋无主尸骸，以沉愚溪主其事。明年正月，乃收五尸葬之，且树碣志其地，今无人知其处矣。愚溪尝语人曰：“五死累月，天寒尸未腐，嚼齿怒视，目光炯炯如生，犹可想见当时愤斗之状”云。

大刀王五和谭嗣同的故事通过很多文学作品成为历史的传奇，谭嗣同就义前用煤屑在墙上题诗：“望门投止思张俭，忍死须臾待杜根；我自横刀向天笑，去留肝胆两昆仑。”一般认为句中“两昆仑”指康有为和王五。《平等阁笔记》中这一段记载为我们记录下了王五最后的英雄事迹，百年后读来仍觉虎虎有生气。书中还对一些女子的义侠行为予以赞颂，其中有外国武员以死相逼而“不失身于外人”的妓女者，有以死复仇的“西华门外某氏妇”，还有率众“与某国兵巷战竟日”的女子红灯照。

《平等阁笔记》还记载了八国联军入北京时部分国人甘当亡国奴的丑态：

不数月间，凡十一国之公使馆，十一国之警察署，十一国之安民公所，其中金碧辉煌，皆吾民所贡献之万民匾辄联衣伞，歌功颂德之词洋洋盈耳，若真出于至诚者。直令人睹之且愤且愧，不知涕泪之何从也。又顺治门外一带，为德军驻守地，其界内新设各店牌号，大都士大夫为之命名，有曰“德兴”，有曰“德盛”，有曰“德昌”，有曰“德永”，有曰“德丰厚”、“德长胜”等。甚至不相联属之字，而亦强以德字冠其首。种种媚外之名词，指不胜屈。而英、美、义诸界，亦莫不皆然。彼外人讵能解此华文为歌颂之义，而丧心亡耻一至于斯！

自1840年以来，西方列强以枪炮打开了“天朝帝国”的大门，中国人民虽不屈外侮，但屡战屡败，遂使一般民众对西方滋生两种复杂的情感：一种是极端仇外，视西方如寇仇；一种则是极度自卑，视西方为文明，而自以为中国为野蛮之国。义和团是前一种情绪的极端表现，而联军入北京时狄葆贤笔下“顺民旗帜，遍悬门巷，简箪食壶浆，跪迎道左者”，则是后一种情绪的畸形表现。狄氏怀着“且愤且愧”的心情，记录了种种“可悲之境，可愤之事，可悯之人”，发人深省。

除此之外，《平等阁笔记》中还有不少极具思想价值的内容，如对西方民主的认识，揭露破除家庭迷信者的无情和虚伪，提倡男女平等，主张文字改革等，颇具远见卓识。当然，书中也有一些荒诞不经的猎奇之作，甚至对鬼神灵异之事津津乐道。

《平等阁笔记》借助国内刚刚兴起的现代传媒，大大扩展了其影响。在1914年有正书局初版之后，狄葆贤又将其后发表的笔记汇集起来，收入其中。故现在所见有正书局所出《平等阁笔记》有二册、四册、六册等不同版本，这也从一个侧面证明了书刊广告的巨大作用。

《平等阁诗话》最初在《时报》上连载，达数百条之多。不料1907年春，《时报》馆遭遇火灾，文稿尽被焚毁。幸亏友人梦庵居士尚存选录，遂于次年6月由有正书局出版，分上下两卷，共一百五十多条。狄葆贤在该书的《序》中说：“余少耽诗，而尤耽今人之诗。”因此《平等阁诗话》中选录诗人近百人，其中光绪年间及与其同时代的诗人就占十分之九，涉及晚清旧体诗歌几乎所有流派的诗人，而尤以同光体诗人为最，如文廷式、陈三立、陈衍、沈曾植、郑孝胥、陈宝琛、俞明震等。

与《平等阁笔记》一样，《平等阁诗话》甫一出版，即动用旗下报刊媒体予以大力宣传。如《妇女时报》第14期以单页大幅刊登广告："自政治改革后，诗词一道久为士夫所不讲，而一般青年子弟尤鄙弃不屑道，是不独人心之变，亦是风俗之坏也。考之欧洲各国，人皆高志琦行，俗皆纯美可风，推厥原因实由文词美术以为先导。此编乃平等阁主人会萃今人之作，搜罗往昔遗篇，汇集成书，名曰诗话，其所采词意辄慷慨欷歔，超逸不俗，读之可以消遣怀抱，抒写性灵。又书中每遇名贤著作，必略述其事迹，加以评语，使阅者尤有兴趣，洵有裨益于吾人身心之书也。"

清末民初书刊广告多是作者亲自操刀，这段广告想必也出自狄氏之手，因为这段话充分体现了狄葆贤以诗话发扬国粹，使之成为人心风俗之先导的诗学思想。狄葆贤继承了儒家思想中"美教化、移风俗"的诗学观念，认为西欧诸国之人之所以高志琦行，风俗纯美，是因为有"文词美术"以为先导，因此提出"词章一道非为无谓之事"，认为"古诗有可转移风俗者"，"有可抒写性灵者"，"有可备史乘者"，甚至认为"人心风俗之改良，以诗为向导"，"此等文词美术，乃吾国之菁华，故爱古即属爱国"，将"词章一道"提高到爱国的高度。

《诗话》辑录了大量当时诗人名作和文坛掌故。狄葆贤在申明自己辑录诗话的标准时说："余诗话之作，不无博采之嫌，未能悉中诗律，而名流佳句，又往往致憾遗珠，友人尝执此相规，此则余咎无可辞也。然款款私衷，窃附史家之末，颇欲因人以见道，即不得不有时以人而废言。果其人心存邦国，具真性情，感物哀时，声若金石，自能当于人心，又未可以诗律相概。若非然者，虽言之成理，毋宁割爱。"

作为一种传统的中国式的文学批评样式，诗话往往较少系统性、理论性，而侧重于用感兴式的形象话语传达出对诗歌艺术风格的理解与感悟，甚至许多诗话本身就是精美的艺术品，《平等阁诗话》同样如此。狄葆贤论诗，很少对诗歌做深入细致的品评，往往只言片语，点到即止。如论郑孝胥诗"如霜钟出林，悠然意远"，论曾习经诗"如饮醇酒，令人不觉自醉"，论陈三立《发南昌月江舟行》"奇峰突兀，二十字抵人千百"等等，虽寥寥数语，却极中肯。

《平等阁诗话》通过对清末诗人、诗作的品评和对文坛掌故的记录，不仅真实地展现了清末旧体诗坛的风貌、各派诗人的特殊遭际和天才创作，而且从中可以窥见时代的风云际会、人性的悲欢离合，具有相当高的文学价值和史料价值，因而历来评价颇高。钱仲联《近百年诗坛点将录》列“掌管定功赏罚军政司一员”，将狄葆贤点为“地正星铁面孔目裴宣”，并称《平等阁诗话》“能‘列其华而存其概’，‘执简以驭繁’，自范当世以下，去取确当，新旧两存。其在当时，影响颇大”，可谓盖棺之论。[①]

（杨剑锋）

① 钱仲联：《近百年诗坛点将录》，《三百年来诗坛人物评点小传汇录》。

4月

探险小说《金银岛》

冒险小说　金银岛　定价大洋二角

是书叙一英国著名之海盗积金银数十万埋一荒岛中海盗死其岛中藏宝之地图落一童子手童子乃合数人买舟航海入荒岛求之海盗余党亦闻风踪迹至沿途设种种诡计谋杀之不得既至又群起而猝击之苦战累日童子等屡濒于□卒获□□□□□□而归情节极离奇极兀突冒险小说中佳作也

（原载1914年4月出版的《蛮陬奋迹记》书后）

《金银岛》（*Treasure Island*）是19世纪英国作家罗伯特·斯蒂文森（Robert Louis Stevenson，1850—1894）的代表作，是一部被译成各国文字的探险小说。故事的主人公吉姆是一个十岁大的小男孩，替他母亲的旅馆打理生意。一位船长在旅馆中死去，吉姆无意间发现船长身上的藏宝图，于是在乡绅和医生的帮助下前往金银岛寻宝。在寻宝的过程中，发生了海盗们群体叛乱的恐怖事件。最后，正义最终战胜了邪恶，吉姆成功寻宝归来。《金银岛》故事情节波澜起伏，扣人心弦，一经发表马上被誉为儿童冒险故事的最佳作品。

《金银岛》不仅享誉英语世界，也早早地译入中国，而且中译本极多，大致有三次翻译的高潮：第一次高潮发生在晚清，1906年商务印书馆编译出版了《金银岛》，1911年6月2日《金银岛》载于《民立报》，1914年商务印书馆将该书修订重印出了第二版。其广告也频繁出现，可以查见的即有1907年7月2日《笑林报》、1910年《教育杂志》12期、1914年4月《蛮陬奋迹记》书后等。第二次翻译潮发生在20世纪三四十年代，1933年上海世界书局出版了丁留余翻译的两卷本《金银岛》，1939年上海育才书局出版了由董芝翻译的《宝岛》。1946年顾均正又重译了《宝岛》，由上海开明书店发行单行本。第三次高潮出现

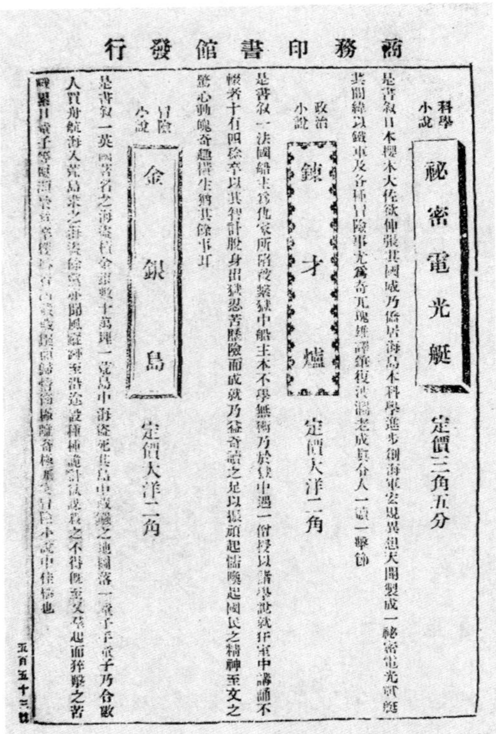

《金银岛》广告

在20世纪80年代初到2005年为止，仅以《金银岛》为书名的，就有不下于10个版本，人民文学出版社、上海译文出版社、译林出版社、漓江出版社都先后出版过该书的译作。①

《金银岛》既然有如此众多的中译本，不同版本之间的比较自然成为有心者关心的话题。一个世纪以来，《金银岛》在不同时期的翻译甚至可以作为翻译文学时代特征的坐标，由此生发出许许多多的研究课题来。我们未能见到《金银岛》最初的汉译本，却因广告因缘，在上海图书馆找到了1914年商务印书馆重印的《金银岛》。现将此版与2004年人民文学出版社出版的荣如德、杨彩霞译本《金银岛》作一对比：

霍根司哲姆者，其父设逆旅于英国勃立司拖地方。一日有客至，状似航海为生者。面极黑，体伟，衣蓝色水手衣。垢秽甚，积污黝指甲，颊有刃伤。造其门，彷徨四顾。哲姆之父延之入，即索红酒甚急。酒至，立尽，复回顾门外小港山峰，又视寓招。云地尚不恶，不识旅客几何。哲姆父曰："甚寥也。"客曰："此真我居处矣。"②

乡绅屈利劳尼先生、李甫西大夫和其他几位绅士要我把有关藏宝岛的全部详情从头至尾毫无保留地写下来。不过，该岛的位置还不便公开，只因那里还有未起的宝藏。现在（公元一千七百 ×× 年），我就拿起笔来，回到我父亲开设本葆将军客店的时代。当年，那个褐色的脸上有一道刀疤的老航海就在我们店里下榻。

① 参见左巍巍：《史蒂文森小说叙事学研究》，第16页，上海师范大学硕士论文，2007年。

② 司的反生：《金银岛》，第1页，上海：商务印书馆1914年版。

现在回想起这个人来，简直像是昨天发生的事情。我记得他步履维艰地来到客店门口，他的一只水手衣物箱让人用小车推着跟在后面。他身材高大，结实而笨重，皮肤晒成栗壳色，涂了柏油的辫子垂在稀脏的蓝外套肩上；一双手疙疙瘩瘩，伤痕累累，黑色的指甲缺损断裂；一侧脸颊上有挨过弯刀留下的创疤，颜色白里泛青，不干不净。我记得他独自吹着口哨，把店外的小小海湾察看了一番，忽然扯开嗓子唱起一支后来他经常唱的古老的水手歌谣……

十五个人扒着死人箱——

唷呵呵，朗姆酒一瓶，快来尝！

那苍老的声音高而不稳，像是在转动绞盘的扳手唱号子时喊破了嗓门。然后他用随身所带的一根撬棒似的棍子重重地敲门，等我父亲出来应门，便粗声大声地要一杯朗姆酒。酒端给他以后，他慢条斯理地啜饮着，像行家在细细品味，一边望着周围的峭壁，又抬头看看我们的招牌。

“这个小湾挺方便”，他终于开口说。“酒店开在这地方真不坏。生意好吗，朋友？”

我父亲对他说，生意很清淡，真遗憾。

“好吧，”他说，“我就在此地住下了。……”①

对比两个译本可以发现，商务版将原文第一段的回忆性文字略去，这样既方便用第三人称叙述方式，又符合中国文学平铺直叙的叙事风格。然而略去了这一段之后就减少了故事的神秘性和传奇性，作者原本是要通过这一段告诉读者这个故事是真有其事，从而引发读者的阅读兴趣和好奇心的。此外，商务版还省去了许多故事的细节，例如老船长唱歌的内容，在人民文学版的译本中这段歌词重复出现了许多次，在故事的发展中有重要的推动作用，而商务版则直接略去不谈。商务版的《金银岛》的译者是一个全知全能的说书人，他将故事重新整理，用自己的叙述方式将其敷衍一遍，擅自决定故事的编排、叙述与详略，在今天看来虽然是不尊重原著的做法，却是晚清翻译的时代特色。晚清的翻译为一种政治功利主义所推动，译者是本着他们所预设的目标来进行翻译的，因而对原著进行了大量的操控，他们并不考虑是否尊重原著，只着眼于能够对中

① 斯蒂文森：《金银岛·化身博士》，第1—2页，北京：人民文学出版社2004年版。

国读者产生多大和什么样的影响。[①]

《金银岛》不是中国文学作品，然而作为翻译文学却在中国文学史上有无可替代的地位。它影响了一代又一代的中国读者，直至今天，《金银岛》依然是中国家喻户晓的儿童读物。

（狄霞晨）

① 王宏志：《一本〈晚清翻译史〉的构思》，2001年《中国比较文学》第2期。

5月

民初文学的一个缩影：《民权素》

第一集民权素出版广告

文学的　美术的　滑稽的　空前之杂志

（原载1914年5月7日《申报》第1期）

《民权素》为民国初年的综合性文学期刊，于1914年4月25日在上海创刊，由民权出版社出版发行。第一集由刘铁冷、蒋箸超合编，第二集开始由蒋箸超一人担任编辑，一直持续到1916年4月停刊，共出十七集。《民权素》杂志为大开32开本，封面背景通常是黑白绘图的一位端庄年轻女性，留白处配以手题刊名（大部分为蒋箸超自题，也有请名家题字，如第二集请高剑父题，第六、七集为清道人李瑞清题），风格素雅而不失风情。《民权素》最初为不定期杂志，从第六集起才改为月刊，广告中强调“每逢阳历十五号出版”即是出版时间稳定之后的表现，在较早几集的广告中就没有这样的话。由不定期改为月刊，既是刊物销路渐好的表现，也是编辑们心境转变的一个表现，对此后文将有论述。

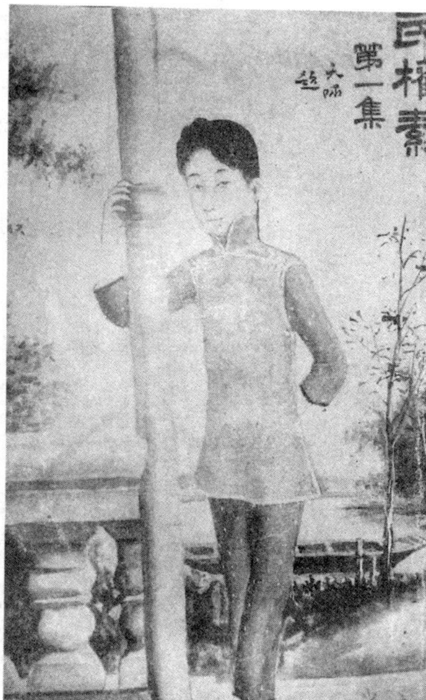

《民权素》第1集

《民权素》本身当然也刊载小说，但是作为综合性的文学期刊，其涵纳的文学内容跨度很大。该刊设有名著、艺林（诗、词）、游记、诗话、说海、谈丛、谐薮、瀛闻、剧趣、碎玉等栏目，期刊持续约两年内栏目格局没有变动。其中，“名著”栏并非今天意义上的经典作品，有“名人著作”或“著名言论”之意，这个栏目的作者有很多是当时或历史上的重要人物，如柏文蔚、孙中山、唐才常、谭嗣同、袁昶等，文章亦有政论，但是比例很小，如血侠的《筹安亡国论》，亦有章太炎、刘申叔的小学考据文章。“艺林”栏目分“诗”、“词”两个分栏，刊载名家诗词和《民权素》同人的作品。“游记”即为散文游记；“诗话”则如字面意为诗话连载；“说海”刊载小说，既有短篇，也有中长篇连载，较重要者，有芙岑的《茉莉花》、蒋箸超的《满腹干戈》、吴双热的《花开花落》、丁悟痴的《刺马记》、笑云的《残阳泪》、海沤的《爱国鸳鸯记》、杨南村的《惨别离》等。“谈丛”则为杂著笔记，著名者有苏曼殊的《燕子龛随笔》、戴季陶的《天仇丛话》，往往具有较高的史料价值。“谐薮”刊载各类谐趣诗文，批判社会丑恶现象和不良政治，如公天的《孔方传》、昆的《烟鬼陈情表》、维蓑的《嘲议员十绝》、蒋箸超的《筹安新乐府》，正所谓嬉笑怒骂皆是文章。“瀛闻”介绍海外趣闻，规模较小。“剧趣”则为戏剧批评，有剧话、论文等多种文体，兼评旧剧与新剧。“碎玉”是短小的评论文章，有时只有一句话，相当于今天杂志上的“声音”、“句评”之类的栏目。

总的看来，《民权素》是一本综合性的文学杂志，所言所说与“民权”并无直接关系，为何要以“民权”命名？这就要涉及《民权素》的办刊缘起。

《民权素》是由《民权报》派生而出的，其编辑作者亦基本上是《民权报》的同人。《民权报》于1912年3月1日在上海创刊，戴季陶担任主笔，主要编辑有何海鸣、李定夷、蒋箸超、徐枕亚、吴双热。该报的广告上声称它“系自由党全体同人组织而成”，以激进的言论著称。它曾因鼓吹议会民主，反对袁世凯独裁统治而名噪一时。由于其编者都为当时小说界著名人士，得其浸透的《民权报》也以刊登文学作品著称，徐枕亚的《玉梨魂》、吴双热的《孽冤镜》和《兰娘哀史》、李定夷的《霄玉喷》等著名小说即刊于该报的副刊。“二次革命”失败之后，袁世凯加大报纸查禁力度，《民权报》于1914年1月被迫停刊。停刊不到三个月，《民权素》即告问世。《民权素》的创办，最初是对《民权报》的一种怀念。第一集前有蒋箸超的《序》，云：“革命而后，朝益忌野，《民权》运命，截焉中斩，同人等冀有所表记，于是循文士之请，择其力者陆续都为书，此《民权素》之所由出也。”所谓“民权素”者，沈东讷在第一集的序三中解释道：“洎政府成立，民党机关纸相继封，而抨击政府最有力之《民权报》亦随潮流以去，独此《民权素》者，掇拾《民权报》之零缣断素，得巍然刊行于世，宁非幸欤？”《民权素》前三期并无原创作品，都是从《民权报》副刊已刊作品中择其优者汇集成书，类似于今天的杂志为纪念而发行的精华剪辑版。前文提到《民权报》最初是不定期出版的，与编者的这种创刊动机当有一定关系。但是在数期之后，销路渐俏，编辑们才认真起来，努力将杂志办成了月刊，以夺守已有的市场和满足读者的需要。

《民权素》的自我定位是大型综合性文学杂志，体现出民初文人整合中国文学的一种努力。虽然由《民权报》派生而来，但是两者还是有明显的区别。如果说《民权报》是为民权而呼吁的斗士，偶尔露出些华丽的文身，那么《民权素》则多少有点“挂羊头卖狗肉”的意思，只继承了前者的华丽文身，看不出来太多的“民权”。但是这并不意味着《民权素》是逃避现实、麻醉读者的精神鸦片——像五四新文学批评家们攻击的那样。恰恰相反，《民权素》体现了民初作家改变文学现状的努力，试图整合晚清以来文学界被外来文学和白话文冲击后的破碎状态，对中西文学的碰撞进行一定的调和。《民权素》并不排除翻译的西方文学，但更注意自己的原创，注重改造中国传统文学以适应新时代的需要，表现新时代的内容。

《民权素》创刊两年即因经济原因导致停刊，其试图引领的文学方向也因此无果而终。

（孙捷）

“哀情巨子”吴双热

第一集民权素出版广告

双热著　孽冤镜　五角
枕亚著　玉梨魂　六角
双热著　兰娘哀史　两角

总发行所上海四马路麦家圈东口　民权出版部

（原载1914年5月7日《申报》第1期）

吴双热（1884—1934），名光熊，字渭渔，取义渭水垂钓的姜太公的典故；后改名恤，因“恤”字拆开是“心”、“血”二字，取“双热”为号，取既热心又热血的意思。吴双热是晚清民国时期有名的作家和编辑，与徐枕亚齐名，同为鸳鸯蝴蝶派的“哀情巨子”。

在上引广告中，民权出版社将吴双热的《兰娘哀史》、《孽冤镜》与徐枕亚的《玉梨魂》共同宣传贩卖。吴双热与徐枕亚不仅同为常熟人，而且同为第一批虞南师范的学生，并结拜为异性兄弟。在短暂的执教工作后，民国初又一起应聘赴沪，任《民权报》副刊编辑。吴双热于1912年撰《兰娘哀史》在报上连载，同年又在《民权报》上发表他的代表作《孽冤镜》，与《玉梨魂》间日连载。两者同为鸳鸯蝴蝶派小说中最有影响的哀情长篇，又都是该派早期开山之作。

《兰娘哀史》故事写的是吴县石啸庵功名心切，致成虚弱之症，娶妻兰娘半年，适逢乡试之期，遂赴南京赶考，不料路途劳顿，诱发旧疾，含恨而死。其兄梦庐扶柩回乡，兰娘痛不欲生，呕血如潮，气绝而死。

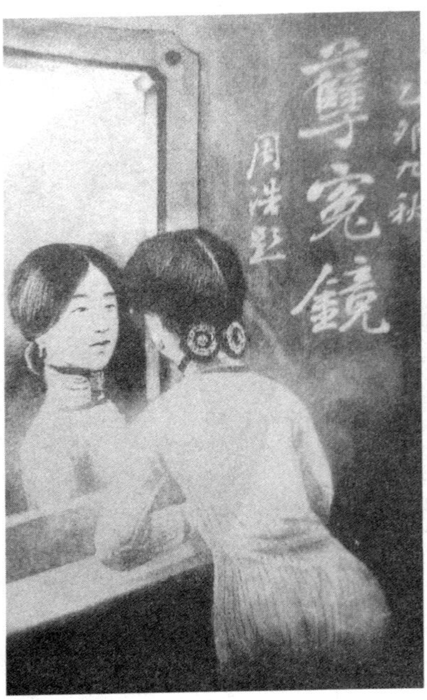

1915年版《孽冤镜》书影

《孽冤镜》写苏州官宦人家子弟王可青，游常熟时与贫家女薛环娘相识相爱，并订立婚约。但可青之父嫌薛家贫穷，逼其子与一大官之侄女素娘结婚。可青被迫通知环娘退婚，环娘撞壁自杀。可青闻耗，到环娘墓前吊祭，自缢于墓侧。

两部小说皆围绕男女之情爱纠葛，也都以悲剧结尾，是哀情小说的典型。不同的是《兰娘哀史》写夫妻情感，《孽冤镜》叙未婚男女的恋情。两者都写到男女感情受挫，但是受挫的原因并不相同。前者把矛头对准科举制度，又十分推崇女主人公贞烈纯孝的传统妇德。后者写追求爱情自由的青年男女和坚守传统礼教的父母之间的冲突，但并无积极的反抗，还是把希望寄托在父母的垂怜上。虽然《孽冤镜》已经对愚孝产生怀疑，认为“子孝”应与“父慈”相对应，但是其主人公的态度依然软弱，先后两次婚姻皆为其父操办，都不幸福，始终无力抵抗，终成悲剧。

虽然吴双热和徐枕亚经历相似，小说也几乎同时创作，但与《玉梨魂》相比，吴双热的这两部小说都有一些不足和差异。《玉梨魂》不仅涉及男女恋爱自由，更是触及了寡妇恋爱的禁忌话题；而吴双热的小说则显得较为保守，剥去悲剧的外衣，仍然类似于才子佳人的故事。《玉梨魂》中男女感情的阻碍并非实在的人和事，而是人物自己心中的旧道德的标尺，因此更能显露旧礼教的吃人本质；吴双热的哀情小说中自由恋爱的障碍仍然拘泥于外在的具体的人事，《孽冤镜》中不近人情又庸俗势利的可青之父就是代表。《玉梨魂》基本以作者自己的亲身经历为主要情节，只在部分地方加以虚构，使得小说的情感十分真实；而吴双热则基本是向壁虚构，悲剧的故事缺乏震撼人心的充沛感情，在不断的自我重复中就显得比较廉价。

吴双热在《孽冤镜》中大声斥责“可青之父，专制之魔也”：“误煞千百辈青年儿女，父母之命，媒妁之言，实婚姻问题上之大恶魔也。晚近世人心不古，父母为子女缔婚姻，所注意者富与贵，媒介为两间作绍介，没信口天花乱坠，妄为撮合之山，宜乎十八九成恶婚姻也。况晚近世欧风东渐，婚姻竟尚自由。此风苟盛行，则爱情之交涉史上，当消灭几多罪案，亦当捐弃几多恨事，行间内无怨女，外无旷夫；自由之美果，不甚圆满乎？”这可以算作哀情小说较为激烈和立场鲜明的宣言了。当哀情小说以“婚姻自由”为旗帜时，就会引发一些问题，颇耐寻味。可说者有三。

吴双热大写男女爱情夭折之“哀”，针对性是很明显的，即指向专制的家长；但针对的并不是家长拥有的专制权力，而是家长的昏庸。这自然是一种肤浅的理解，并直接导致吴双热在处理哀情故事的解决途径时，只能乞怜于父母的醒悟和恩赐，这自然是软弱无力的。

但从另一方面看，尽管吴双热们回避对家长制的批判，但其描写的客观效果，却又触及家长制的根本。男女婚姻在中国传统里，一直不是两个个体之间的事情，婚姻是两个家族之间缔结的关系。在这样家族中心的结构里，小家庭是被压制的，夫妻感情过于亲密反而会形成对大家族的离心力，并对封建家长制形成威胁。因此，当哀情小说（如吴双热的《兰娘哀史》）热情歌颂小家庭的爱情，强调婚姻双方个人的感受，就会对以大家族为中心的家长制造成冲击。

前引吴双热的“宣言”里说“晚近世欧风东渐，婚姻竟尚自由”，强调的是西方思想的影响。其实在中国的传统文学里，并不缺乏对真正的爱情的歌颂，也有对男女感情和大家族家长的冲突的描写，《红楼梦》和《浮生六记》对这个主题都有涉及和审视。在这个意义上，晚清民初的哀情小说也是自有传统可依的。

讨论以上方面的问题，或许可以丰富我们对吴双热们的哀情小说的认识。

另外值得一提的是，虽然这两部哀情小说步《禽海石》和《恨海》的后尘，但是在语言上却改用了文言，甚至用骈文。这大概是为了满足作者自身和文人读者的文字趣味。这也说明语言文字的变动，并不是一个必然的线性的过程。

虽然吴双热以哀情小说著称于世，但他的结拜兄弟徐枕亚却认为他为人豪放，善滑稽，趋于乐观一派，似乎更看重他的讽刺滑稽小说，足见其文才多样。

（李默）

6月

《礼拜六》：“才子型”休闲期刊

《礼拜六》出版赘言（王钝根）

……买笑耗金钱觅醉碍卫生顾曲苦喧嚣不若读小说之省俭而安乐也且买笑觅醉顾曲其为乐转瞬即逝不能继续以至明日也读小说则以小银元一枚换得新奇小说数十篇游倦归斋挑灯展卷或与良友抵掌评论或伴爱妻并肩互读意兴稍闲则以其余留于明日读之晴曦照窗花香入坐一编在手万虑都忘劳瘁一周安闲此日不亦快哉故人有不爱买笑不爱觅醉不爱顾曲而未有不爱读小说者况小说之轻便有趣如礼拜六者乎

（原载 1916 年 6 月《礼拜六》第 1 期）

宁可不娶小老婆不可不看礼拜六

（原载 1921 年 5 月 28 日《申报》第 4 版广告）

王钝根的这篇《〈礼拜六〉出版赘言》受到过无数次批判，被认为是“鸳鸯蝴蝶派”文学追求消遣娱乐的重要的文字证据。有关《礼拜六》的广告极多，但风格一致，都是强调消闲、趣味和娱乐，“宁可不娶小老婆，不可不看礼拜六”，居然将读《礼拜六》与娶小老婆相提并论，可谓极致，因此这则广告就成为《礼拜六》最有代表性的广告之一。写宣言、做广告是为了给刊物带来积极的影响，可是《礼拜六》的宣言和广告给《礼拜六》带来的是负面影响。读《礼拜六》就如“买笑”、“顾曲”，和娶小老婆一样。这个刊物的思想文化价值又在哪里呢？难道《礼拜六》的编者就不知道一个刊物的思想文化价值的重要性么？

《礼拜六》为周刊，创刊于 1914 年 4 月 6 日，至 1916 年 4 月 29 日出至百期停刊。中华图书馆发行，初署王钝根编辑，19 期以后，署钝根、剑秋编辑。

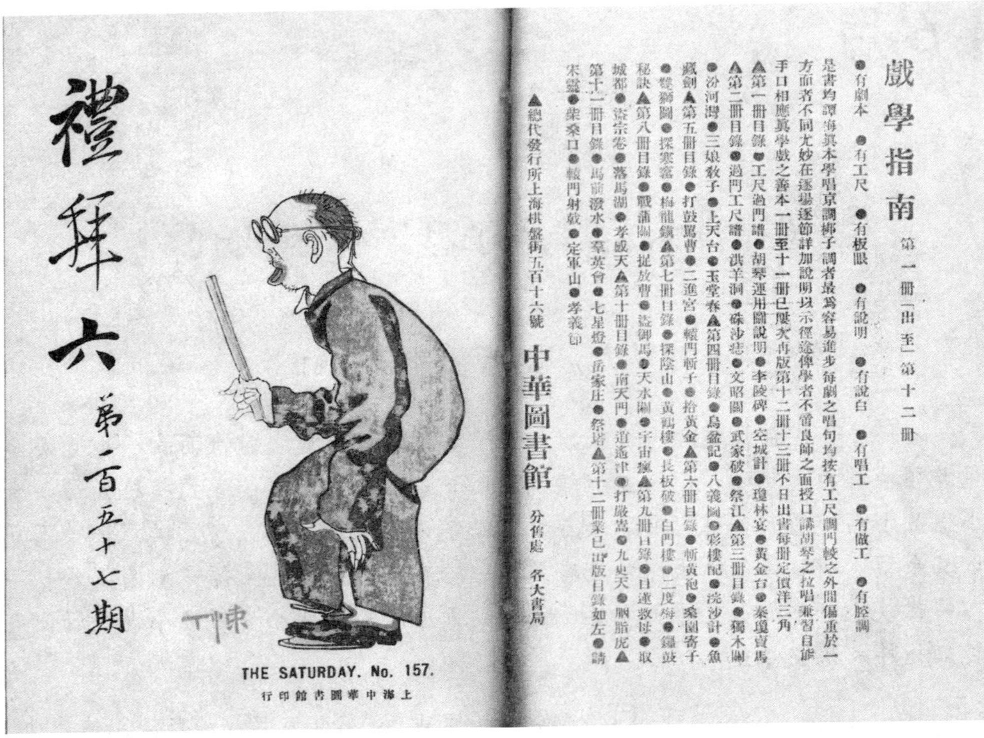

《礼拜六》

剑秋即孙剑秋。在第 100 期上，中华图书馆发了一个告示：由于欧战影响，时局不靖、邮递常误、纸价昂贵等原因，《礼拜六》暂停出版。这 100 期，被称为《礼拜六》前百期。中断五年后，1921 年 3 月 19 日《礼拜六》复刊，出至 1923 年 2 月 10 日第 200 期时终刊，仍由中华图书馆发行。编辑者署瘦鹃，理事编辑署钝根。周瘦鹃在《礼拜六旧话》中曾说：自 1921 年 9 月办《半月》以后，“我却依旧助钝根编《礼拜六》……直到一百三十余期，因自己精神不够，才归钝根独编”。所以说，复刊后的《礼拜六》，版权页上虽然一直署着“编辑者瘦鹃”的字样，其实只有前三十几期是由钝根和瘦鹃合作编辑，余下皆王钝根一人独编了。这 100 期，被称为《礼拜六》后百期。

《礼拜六》是模仿美国富兰克林的《礼拜六晚邮报》而创刊的。《礼拜六》在每个星期六出版，从刊名和出版时间上就可以看出，《礼拜六》追求的是休闲性和都市性。它给读者提供的是闲暇之日享受闲暇之情的精神食粮，这就是这个刊物的市场定位。也正是从这样的市场定位出发，中华图书馆聘王钝根为编辑，因为此时的王钝根正在编《申报》副刊《自由谈》，而且办得很有影响。王钝根主编的《自由谈》走的就是休闲和娱乐的路线。事实上，王钝根办《礼拜六》就是将他《自由谈》的风格照搬过来，于是就有《〈礼拜六〉出版赘言》。在王钝根眼中，《自由谈》刊登的是文章，《礼拜六》刊登的是小说，体裁虽然不同，却都是为精神愉悦服务的精神食粮。

既然为了消闲娱乐，文字就必须轻松幽默，充满睿智。能够写这样文字的文人大多是才子。其实只要看《礼拜六》的主要作者名单就可以感觉到这些作家大多以才情著称，王钝根、周瘦鹃、陈蝶仙、吴双热、吴绮缘、陈小蝶、程瞻庐、叶萧风、严独鹤等等，均为当时著名的才子，所以《礼拜六》具有很浓厚的才子风格。

才子最重言情。才子的才情最适合的表现情景当然是与佳人相配，言情小说自然成为《礼拜六》的首选。当时徐枕亚的《玉梨魂》、吴双热的《孽冤镜》正被读者们所热捧，《礼拜六》跟随其后，成为当时发表言情小说最多的刊物，将言情小说推向了前所未有的程度。姜杏痴的《剑胆箫心》、梅郎的《双妒花》、陈小蝶的《香草美人》、吴双热的《蘸着些儿麻上来》等都是较有影响的长篇小说。这些小说基本上都是《玉梨魂》或《孽冤镜》的翻版或延续。《礼拜六》言情小说创作中写得最多的无疑是周瘦鹃，周瘦鹃的短篇言情小说几乎每期都有。周瘦鹃不仅善写言情小说，还将言情小说分类，“艳情”、“哀情”、“惨情”、“怨情”、“忏情”、“苦情”、“痴情”、“丑情”、“侠情”等等名目均是他分出来的言情小说品种。

才子最易愤怒。《礼拜六》前百期的两年间，中国国内发生了三件大事：日本强迫中国接受“二十一条”、袁世凯称帝、1915年5月9日日本和德国在青岛开战。对这三件大事，《礼拜六》同仁均表现出了自己的态度。特别是日本和德国在中国土地上开战，《礼拜六》同仁感到极大的耻辱。他们将51期的《礼拜六》定为“国耻辱”专号。从这一期开始王钝根连载他根据报刊材料纂述的《国耻录》，以唤起民众的觉醒。他在《国耻录》的“序言”中说：

中国对日交涉失败，人民愤痛，莫可名言。军人学子，甚至自尽。呜呼哀哉！孰谓中国人民甘心为亡国奴耶？然而，痛者自痛，嬉者自嬉。彼冥顽无耻之官吏，吾不屑论。亦有僻处乡隅，目不见报纸，耳不闻国危，燕雀处堂，苦于无觉。苟有人焉，诏以世界之大势，中日之地位，安知

> 其不能奋然兴起乎！故交涉情形，至为繁琐，即欲举以告人，一时从何说起？钝根不揣，就平日报纸所见，删其模糊影响之谈，节其触目惊心之事，略加编次。不务文章，惟求热心大夫，广为传播，使村农野老，妇人孺子，咸知东亚和平之真相，而亟谋所以自取。

《国耻录》共刊载8期，以事实控诉了日本帝国主义对中国人民犯下的滔天罪行，作者语言悲愤而激烈，读者读之情绪难以平静。

才子爱炫才。《礼拜六》前50期主要是刊登小说，50期后涉及面渐渐广泛起来，到了后100期也就成为一个综合性的文学杂志。小说、笔记、译著、译丛、隽语、琐闻、笑话、杂谈等花样繁多，文章均短小，却很有趣，显示出作者的智慧和幽默。前百期小说文言较多，语言华丽，充满着才子气息，例如王钝根的《红楼劫》开头是这样的："秣陵少年，拥紫貂裘，临床而坐。窗外大雪初霁，瑶台玉树，疑是广寒宫阙。雪光穿窗入，映射少年之面，莹洁如玉，然玉无温，少年之面则温而软，作浅绛色，奕奕飞动，盖雏环小雯搴红绒窗帘迎朝旭也。"这种语言给小说带来了一片缠绵之气，却也炫示了作者的才情。后百期基本上是白话，却也是书面语。

才子均爱美。在当时众多的文学杂志中，《礼拜六》的编排和设计均属上等。为它作画的除了丁悚以外，还有王济远、叶中冷、吴芝瑛、张聿光、张丹斧、姚鹓雏、王大错、刘海粟等人。这些人均是当时的成名画家。封面多系水彩画，虽以滑稽画为多，但不乏韵味。每期都收有几张中外人物或风景的图片，可以说是图文并茂了。

（汤哲声）

8月

《小说丛报》与鸳鸯蝴蝶派

看　小说丛报　出版了

第一期内容披露封面振玉女史画蔷薇一幅插画大探险家思考脱小影美国著名女伶球利亚生特歌舞时小影小儿玩花图四幅短篇小说乐人梦儿湘云惨史女丈夫血鸳鸯雨梦石人流血方城尊孔会芙蓉锁华胥国苦旅行长篇小语雪鸿泪史潘郎怨假币案铁刹壳村之情剧蛾眉幻相文苑文八篇枕霞阁诗选野云来去集译丛思考脱南极探险记共和野史杂译九则笔记烟云缥缈录东纳说会铁冷杂记摅怀斋诗话燕居斋笔记谐林文八篇谐谈七则弹词玉女怨焚兰恨新剧自由梦

都十余万言精装一厚册　定价大洋四角　第一期减售九折　批发从廉

总发行所小说丛报社　美界七浦路六百念七号

本外埠代售处国华书局文明书局扫叶山房神州图书局及各大书坊

（原载1914年8月5日《申报》）

1914年5月11日，《申报》上登出一幅广告画：一个面部表情夸张、头发一半蓬松一般扎着蝴蝶结、大张圆口的小丑手中展开一幅字轴，上书“看小说丛报出版了”，下面附有第1期的内容。这种广告形式在近代文学广告中并不多见。无独有偶，创作团队几乎与《小说丛报》重叠的《民权素》广告也在同一期《申报》上登出，同样有一位表情滑稽诡异的小丑用手指指向“民权素出版广告”几个大字，十分醒目。同年8月5日，《申报》上又登出小说丛报三期出版广告，宣告“本报主撰者为枕亚、铁冷、定夷、双热、天啸、留氓、灏森、醒独、东纳诸人。一二期出版后，风行海内，争购一空，价值之高，概可想见”。

打头的徐枕亚即为《小说丛报》的主编。《小说丛报》持续时间并不算长，1914年5月创刊，1919年8月停刊，这一时期正是徐枕亚创作的高峰期，他的许多作品都曾经在《小说丛报》上连载过。

《小说丛报》

1914 年是鸳鸯蝴蝶派报刊蜂起之年，随着科举制度的废除、职业作家的形成、市民社会的需求以及西方传教士对通俗文化的提倡，擅长写言情小说的作家逐渐形成了一个特定的文学流派——鸳鸯蝴蝶派。该年先后创刊的《中华小说界》（1 月）、《民权素》（4 月）、《小说丛报》（5 月）、《礼拜六》（6 月）、《眉语》（10 月）等杂志将鸳鸯蝴蝶派文学推向了高潮。《小说丛报》是鸳鸯蝴蝶派的大本营。主笔徐枕亚、吴双热、李定夷、刘铁冷、蒋箸超、胡仪邧、包醒独等人能吟诗作对，能写四六文，擅长写才子佳人。其中徐枕亚、吴双热、蒋箸超是哀情小说写手，徐枕亚的《玉梨魂》、《雪鸿泪史》、《余之妻》、《双里记》、《刻骨相思记》，吴双热的《兰娘哀史》、《孽冤镜》、《断肠花》，李定夷的《茜窗泪影》、《鸳湖潮》、《湘娥泪》、《昙花影》、《千金骨》，蒋著超的《蝶花劫》等都是哀情小说的代表作，因此《小说丛报》也是哀情小说的天下。徐枕亚不仅为《小说丛报》撰稿，还是《中华小说界》、《民权素》的撰稿人，并任《黄花旬刊》编辑。鸳鸯蝴蝶派文学从《民权素》发源，又从《小说丛报》开始走向兴盛。

《小说丛报》分为插画、短篇小说、长篇小说、文苑、译丛、笔记、弹词、新剧、补白等栏目，以小说为主。第 1 期刊登了徐枕亚的别体小说《雪鸿泪史》、李定夷的哀情小说《潘郎怨》、留氓和仪邧的侦探小说《假币案》、言情小说《铁刹壳村之情剧》、灏森的奇情小说《蛾眉幻象》。《小说丛报》不同于早期的小说类杂志，它的版面更加丰富，内容更加丰满，风格更加显著，广告意识也更为强烈。《小说丛报》不仅在《申报》上刊登广告，也充分利用自己的传媒优势发布广告，翻开《小说丛报》会发现，该杂志的每一栏目前都有一幅彩页，而彩页后面大多都是广告。

《小说丛报》读者众多，曾多次再版。杂志还利用再版的机会再加广告。1915 年三版第 1 期即有《小说丛报三周纪念赠送五元》的广告："本报独出冠时、内容富丽、取材精当，在各杂志中屈首一指，今逢本报三周年，特备厚赠作为纪念赠品，章程如左：（一）购本报第一年全份（共十二册实洋四元）赠书券二元，购第二年全份者（共十二册洋三元四角）赠书券两元，如合购两年者，赠送五元之书券。（二）该项书券凡属本社出版者均可自由选取。（三）赠品期限准本年阴历三月初十日截止，届时恕勿展期。”赠送书券之外，还有发行增刊。三版第2期中有“周年纪念大增刊”的广告，广告表示，只要是直接向该社订阅杂志者，均可获得精美的周年纪念增刊一本，补定者也可获得。如此下工夫促销，足见当时鸳蝴派小说杂志竞争之激烈。

《小说丛报》的另外一大特色在于其征稿。《小说丛报》第2期曾刊登征稿启事，征求长篇小说、谐文谐谈和余兴资料。有奖征文在中国的出现，始于传教士的倡导。近代最有名的一次征文是1895年6月傅兰雅在《万国公报》上刊登《求著时新小说启》。征文中以奖金或者奖品来酬谢参赛者，预示了依靠稿酬生活的新型职业小说家阶层出现的可能，同时又要求作者在创作时必须具有明确的社会意识、受众意识甚至市场意识，要根据读者的接受程度和文学品位来调整自己的创作策略。征文活动与现代报刊广告相结合，极大地促进了文学观念的变化。于是就有了1902年《新小说》社的《新小说社征文启》，1904年上海商务印书馆征求“国文教科书”、“小说”、“论说”，1906年《月月小说》的《本社征文广告》。此时《小说丛报》征文虽然已不是新鲜事，但依然是一种时尚，直接推动了当时的文学创作实践，成为引领文学发展走向的一股重要力量。

《小说丛报》在鸳鸯蝴蝶派发展史的作用和地位，是不可忽视的。《玉梨魂》被公认为最早的鸳鸯蝴蝶派小说，徐枕亚也理应成为鸳鸯蝴蝶派的鼻祖，他主编的这本《小说丛报》是投入最多、时间最长的一本杂志，因此也就凝聚了一批鸳鸯蝴蝶派同人。关于鸳鸯蝴蝶派，历来有两种理解。一种观点把民初以来游戏的、消遣的、趣味主义的文学都列入其中；另一种则认为真正的鸳鸯蝴蝶派应该是专门描写才子佳人故事的作品，包括哀情、悲情、艳情、苦情、惨情等等涉足“情”字的文学。从《小说丛报》来看，徐枕亚所开创和秉持的是以描写才子佳人为主、以情感人的传统，这才是早期鸳鸯蝴蝶派的正统。在这个意义上可以说，《小说丛报》影响了一个时代，代表了民初文学的一大流派。

（狄霞晨）

《铁冷碎墨》以及通俗文学作家的现代美文

小说丛报社发行　铁冷碎墨

是书系铁冷君新书佳作汇辑而成内容凡十八种记小说十篇忏情怨情幻情哀情苦情警世社会无一不备而艳情（执牛耳）（祸里奇缘）与言情（离婚后之见面）诸篇旖旎风流尤称卓绝其他淮扬十日记绮窗杂识香艳小品游戏问镇南关莫不笔花灿烂墨雨缤纷难以尽述封面用玻璃版印荻溪艳姬图亦极风雅全书十五万言洋装一厚册定价大洋六角

（原载《小说丛报》1914 年第 4 期）

刘铁冷是民初《小说丛报》的主要作家之一，《铁冷碎墨》主要收集的是他刊载在《小说丛报》上的文字。通俗文学作家喜欢互为唱和，民初集中出版了一批散文集，这批散文集名称中都有一个“墨”字，例如徐枕亚的《枕亚浪墨》、吴双热的《双热嚼墨》、徐天啸的《天啸残墨》、闻野鹤的《野鹤零墨》、朱鸳雏和姚鹓雏的《二雏余墨》等等。刘铁冷的《铁冷碎墨》也是其中之一。这些散文集也就是一种杂集，就如前面广告介绍刘铁冷的《铁冷碎墨》那样“内容凡十八种”的小说、杂记等等，就是一种“汇辑”。

要说写小说，在民初这批通俗文学文人中，刘铁冷不算出色。他写的那些言情小说只能算是徐枕亚《玉梨魂》和吴双热《孽冤镜》的余绪，讽刺滑稽文也赶不上徐天啸和闻野鹤等人，但是他的美文却极为出色。如他在《冷庐忆语》中的一段文字：

宝应湖东多柴田，淮阴驿西岸亦然，故居民多编芦作屋。其粗者以芦笆为壁，上涂以泥，顶覆以蓑。其精者择洁白之柴，尽去其荂，粲粲作黄金色，颇雅丽。复编作花笆，重贴壁间，一位装饰。其顶覆以茅，耸其脊，颇类高啄之檐牙，别饶风致。其屋之四周，又常围芦为短垣，而旁树以柳。三春时节，桃花鱼菜花竞艳，柴门半掩，呜呜犬吠相闻，俨然隐士居也。不知此间风土者，恒鄙其陋，实质富家亦多此构。盖柴为产出品，价廉工省，犹黄岗之多竹楼耳。清初许日安守淮，爱其制，归田后，仿为之，名

> 曰淮屋，常邀戚友吟咏其中，谓园林中偶置一区，克入画图。

刘铁冷是江苏宝应人。江苏宝应有一宝应湖，养一方水土。刘铁冷对宝应湖极为喜爱，在他的文章中多有描述。以上这段描述介绍的是宝应湖边一种极具风土意味的茅屋，不必鄙其陋，而应羡其境。对于宝应湖描述的极美笔风，后来在当代作家汪曾祺的散文和小说中又有出现。由于身处新旧时代交替之时，清末民初的通俗文学作家都善写各类讽刺滑稽文章，这可以看作时代之文。但是，他们还是一些接受过严格的传统文化教育、饱读诗书的文人，善写闲情逸致的美文，这可看作他们的性情之文。人情世俗，刘铁冷细细道来，描述之中渗透出一股名士气息。这是明清小品文的笔风，也是刘铁冷的品味。

通俗文学作家中没有专门的散文家，但是他们几乎个个善写散文。小说需要完整的构思和情节，散文就是思想、情绪的片段，随看、随想、随写，通俗作家们个个都热衷于如此写作，再加之他们大多是报刊编辑，报刊需要他们写补白填空，随手写下，就是很好的散文，通俗作家的散文创作量都很大。就以张恨水为例，他写的散文就达数千篇。通俗文学作家的散文以时评性的杂说居多，美文也不少。其中有相当数量的美文达到了情、境、景俱佳的状态。下举两篇20世纪40年代的散文，一篇是张恨水的《北平的春天》，一篇是孙了红的《小楼上的黄蜂》。

张恨水的《北平的春天》发表在1946年的3月9日、12日的重庆《新民报晚刊》上。此时随着抗日战争的结束，大批逃亡的人士开始回归，身在重庆的张恨水等着机会回归北平，心急如焚，归心似箭，他写下了这篇北平春天印象的美文：

> 还有一个印象，我是不能忘的。当着春夏相交的夜里，半轮明月，挂在胡同角上，照见街边洋槐树上的花，像整团的雪，垂在暗空。街上并没有多少人在走路。偶尔有一辆车，车把上挂着一盏白纸灯笼，得得的在路边滚着。夜里没有风，那槐花的香气，却迷漫了暗空。我慢慢的顺着那长巷，慢慢的踱。

在美景美境的描述中流淌出来的是张恨水对北平的魂牵梦绕，写出了那个时期身处大后方的一代逃亡人的心境。

孙了红的《小楼上的黄蜂》发表在1943年3月《大众》杂志第5期上。散文先详细地描写他所住的那个“三层小阁”，“我在这里完成我的最大的享受，也在这里试作生命上的最大的挣扎”；接着写黄蜂在这小阁楼上筑巢的过程，“在我的床顶上面，建立了两个蜂国”；再写我与这些黄蜂如何地相濡以沫，互为关照。然而乐极生悲，本来咯血不止的我终于进入医院，令人奇怪的是“这两个蜂巢在我进医院不久，竟已尽数飞走，变成蜂去楼空了！”这篇散文看起来是写黄蜂做巢的过程，实际上是作者的自况。此时的孙了红正得了严重的肺病，接受着大众的资助，他在借黄蜂感叹人生。他和它们都是辛劳不止，而且都是一些“小生命”，“都是在这个人世面上作苦难挣扎的漂泊者”，最后都是“人去楼空”，既写文中的情趣，又写文外的情思。孙了红的散文没有张恨水的作品那样大气，却同样是情由境生，令人感动。

通俗文学作家虽然创作了很多优秀的现代美文，既有的文学史却几乎没有注意到这些作品，它们被有意无意地疏漏了。如果将这些作品纳入我们的视野，或许可以丰富我们对现代中国散文史的认识。

（汤哲声）

《快活林》（《新园林》）、《自由谈》、《春秋》：现代通俗文学的三大副刊

本报启事

本报庄谐丛录现更名快活林特改良体裁精选材料以不负阅者诸君之望倘蒙海内文豪不我遐弃投赠大著无论谐文小说笔记译丛一例欢迎所有投稿简章如左

（一）来稿一经登录分五等酬赠（甲）每千字五元（乙）每千字四元（丙）每千字三元（丁）每千字二元（戊）每千字一元

（一）来稿以趣味浓厚笔意新颖者为合格

（一）投稿者请书明真姓名及详细住址以便通讯

（一）抄袭家幸毋惠顾如果意存尝试一经察出必予以名誉上相当之惩戒

（原载 1914 年 8 月 16 日《新闻报》）

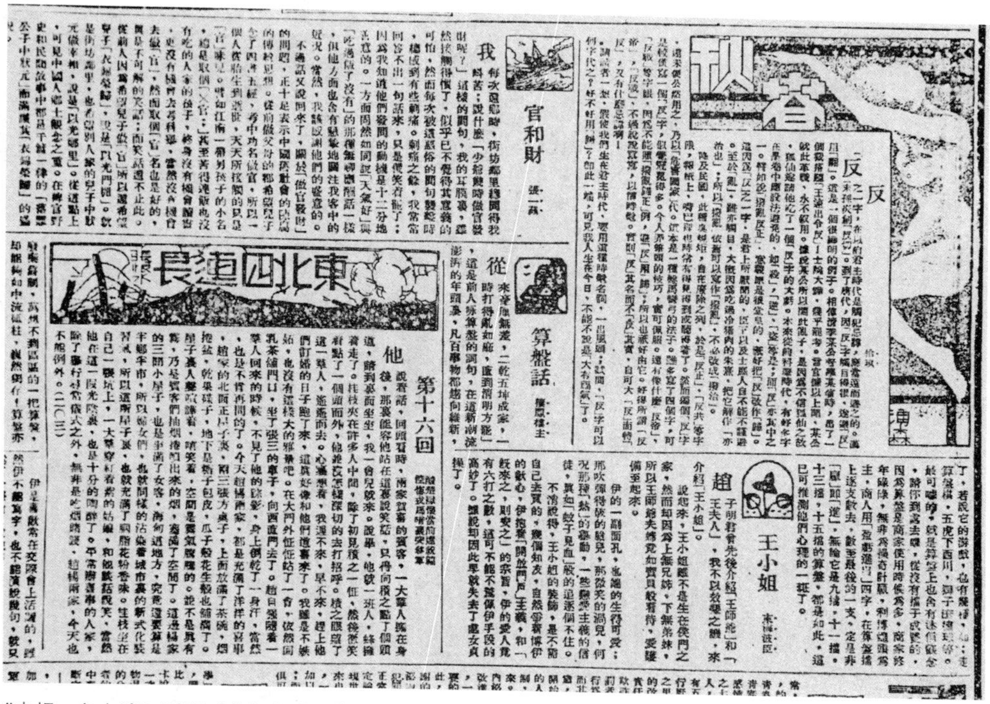
秋

反

官和財

東北四連長

算盤話

他

第十六回

王小姐

《申报·自由谈》副刊（非新文学时期）

20世纪上半叶文坛上有“一鹃一鹤”的称谓。“一鹃”指周瘦鹃，“一鹤”即严独鹤。将两人并称是因为他们分别执掌着三大副刊，而且时间很长。周瘦鹃主持《申报》两大副刊《自由谈》和《春秋》近二十年，严独鹤执掌《新闻报》副刊《快活林》（后改名《新园林》）时间更长，达三十多年。这三个副刊成为当时通俗文学作家的三块阵地，周瘦鹃和严独鹤自然也就成为旗手。

《申报》副刊《自由谈》创办于1911年8月24日。周瘦鹃接编《自由谈》从1920年4月1日起，到1931年12月1日止。在周瘦鹃之前，《自由谈》的主编先后有王钝根、吴觉迷、姚鹓雏、陈蝶仙。《自由谈》的基本风格早在王钝根手上已经形成，那就是：消闲娱乐、知识趣味。周瘦鹃编《自由谈》，只是在栏目的设置和文体的选用上略有变化。栏目趋向于精致化，每个小栏目用一幅画作刊头，还配上一句诗。周瘦鹃是通俗文学的名士派，他的名士作风显然影响了他的办刊风格。在文体选用上，他还是延续着重灵性、重趣味的要求，不过，明显地增加了连载小说的分量。在他编的《自由谈》以及后来的《春秋》上，发表了张恨水的《小西天》、《东北四连长》，秦瘦鸥的《秋海棠》等名作。

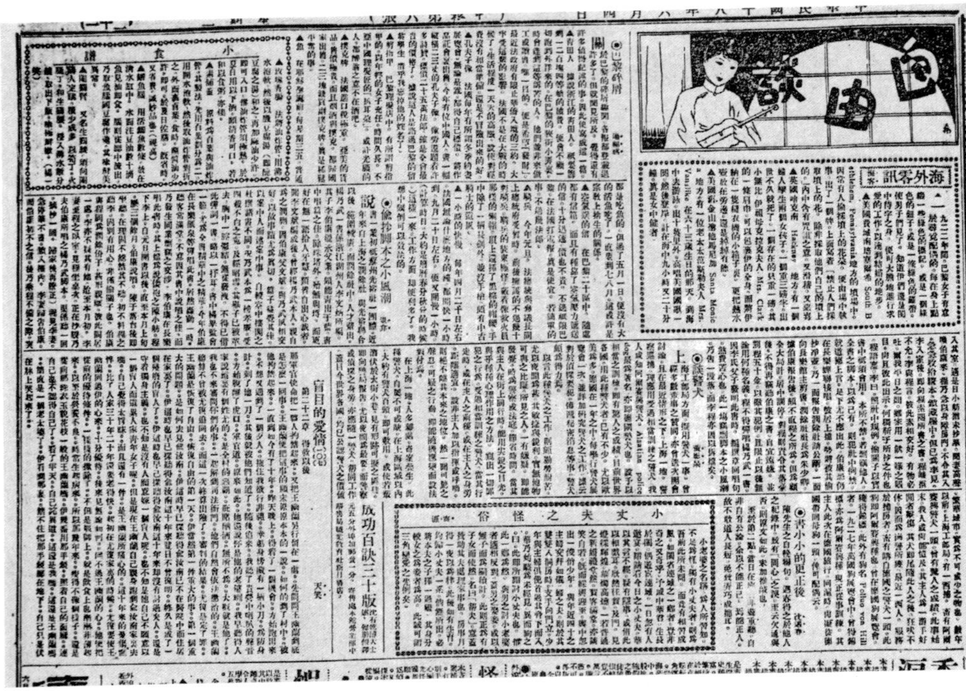
自由谈

海外零讯

盲目的爱情

成功百诀三十版

《申报·春秋》副刊

《新闻报》副刊《快活林》创刊于1914年8月15日，没有创刊词，前面所引《本报启事》发表在1914年8月16日。与《自由谈》主编更换风格基本不变的情况相比，《新闻报》此次办《快活林》实际上是一次风格的转换。在此之前《新闻报》有一个副刊，叫《庄谐丛录》，由张丹斧主持。从《本报启事》中来稿要求可以看出《快活林》与《庄谐丛录》的不同：《快活林》取名于《水浒》，是贩夫走卒吃喝玩乐之处，因此“无论谐文、小说、笔记、译丛”，只要“趣味浓厚、笔意新颖”就为合格，而《庄谐丛录》也就是一个夫子论道之处。删繁就简，以通俗、明白晓畅的副刊风格取代《庄谐丛录》的“夫子气”、“名士风”。《庄谐丛录》到《快活林》的转变，标志着新的副刊内容全面下移，专门面向城市中的工商业者和市民阶层。这样的市场定位和风格取向，在严独鹤的主持下贯穿于《快活林》（《新园林》）始终。

1932年“一·二八”事变爆发，《快活林》停刊半年，改名《新园林》副刊，将《快活林》改名是因为生活在这样的时代社会中实在是快活不起来，取名《新园林》是为了开辟一个新时代一个新社会。与《自由谈》的主编不断变换不同，《快活林》及以后的《新园林》均为严独鹤一人执掌，因此副刊的个人风格十分明显。严独鹤是小说家出身，曾经写过《人海梦》等长篇小说。他执掌的《快活林》(《新园林》) 虽然也刊登众多的灵性休闲文章，对连载小说却显得特别重视。在连载小说上，《快活林》(《新园林》) 最主要的作者是顾明道和张恨水，他们被称为《快活林》(《新园林》) 上的“双峰”。现将 1929—1937 年顾明道和张恨水在《新闻报》上发表的作品列表如下：

顾　明　道		张　恨　水	
小　说　名	连载时间	小　说　名	连载时间
《荒江女侠》	1929.4.17—1929.11.29	《啼笑因缘》	1930.3.17—1930.11.30
《荒江女侠续集》	1930.12.1—1931.8.31	《太平花》	1931.9.1—1933.3.26
《如此江山》	1933.1.7—1934.2.7	《现代青年》	1933.3.27—1934.7.30
《奈何天》	1934.2.17—1935.8.7	《燕归来》	1934.7.31—1936.6.26
《惜分飞》	1935.9.27—1936	《夜深沉》	1936.6.27—1939.3.7

其中顾明道的武侠小说《荒江女侠》和张恨水的《啼笑因缘》不仅给《新闻报》带来了巨大声誉，也给《新闻报》带来了不菲的经济效益。

由于《快活林》(《新园林》) 长时期是严独鹤一人主持，这个副刊也就体现出很强势的个人作风，一个重要标志是在副刊的右上角上每期都有严独鹤的时评“谈话”，文字不多，却于幽默风趣中常见锋芒。为了这些“谈话”，严独鹤还差点送了命。有一次在上班途中，严独鹤被一个手持锉刀的人袭击，亏得躲得快，虽然头颈中刀流血不止，好在只是皮外伤。凶手被捉，送上法庭，问其为什么要刺杀严独鹤，理由居然是：平时太喜欢严独鹤的“谈话”了，精神受其控制，估计他有什么魔法，为了获得精神自由，必须刺杀他。法官听了这样的口供，认为他是一个精神病患者。送医院一查，此人果然精神不正常。后来此人被释放出来，严独鹤极为担心自己的安全，他就出钱将此人送入精神病院治疗。经此人这么一闹，严独鹤的“谈话”一时成为当时很多人每天必读的“精神佳酿”。这些“谈话”后来被出版成册，出版之时，《今报》1946 年 11 月 21 日有一则广告是这样评价的：

严独鹤先生主编新闻报快活林十余年，驰誉文坛，其平日所作谈话，用意深远，发语隽妙，社会人士，称道弗衰，兹者独鹤先生因应多数阅者之要求，复经同人之敦促，已决定将历年所作之谈话，加以整理，择其精华，纂为一编，刊印单行本问世，一俟出版有期，当再在报端披露，先此预告。

“用意深远，发语隽妙，社会人士，称道弗衰”，这样的评价，严独鹤担当得起。

《自由谈》、《春秋》和《快活林》(《新园林》) 办刊时间贯穿 20 世纪上半叶，因此它们也就成为这个时期中国很多文化事件的见证者和参与者，例如关于商业电影问题、文艺大众化问题、市民阅读读本问题、作家生存状态以及喜庆婚丧事件的关注等等。例如 1931 年 3 月 28 日《新闻报》上有这么一则消息：

小记者按：鲁迅被捕消息，喧传南北。实为子虚乌有之事。顷见津报载有鲁迅致其友人李秉中书，因摘录其一节，藉见海上文坛之一斑，亦足证现代文人之不易为也。

1931 年 1 月 17 日，柔石被捕。因与鲁迅的师友关系，又或传因被捕者中有一人姓鲁的缘故，社会上盛传鲁迅被捕。其时鲁迅出于安全考虑，已于 1 月 20 日秘密携家眷移居花园庄旅馆，至《新闻报》转载此信之时鲁迅恰在此处，其目的就是告诉读者鲁迅的现况以及引起人们对鲁迅的关注。鲁迅在《新闻报》上再次出现，就是在他去世之后了。1936 年 10 月 20 日，《新闻报》第八版用几乎半版的版面刊出了《鲁迅昨晨逝世》的新闻，从 10 月 20 日起，《新园林》几乎每天都有有关鲁迅的纪念文章。这些纪念文章很多出自于通俗文学作家之手。通俗文学作家的职业多数都是报人，因此，应该说，通俗文学作家对鲁迅的关注常常是新闻记者式的。10 月 26 日，郑逸梅以“纸帐铜瓶室主”为笔名发表了《鲁迅之种种》一文，开篇完全是鲁迅说的上海报纸上新闻的“海式的有趣”：

高尔基死，彼东方高尔基鲁迅亦以逝世闻。天丧斯文，抑何其甚。鲁迅原名周树人，字豫才，越人。与周作人为昆弟，初在日本习医，继改攻文学，撰新小说，以阿（Q）正传，为其反封建之成功作品。闻今已有英法日俄诸国版本。鲁迅享年五十有六，居施高塔路之大陆新村，路口有内山书店者，为日人所设立，鲁迅与店主相友善，常往店中闲谈，饮啤酒为乐。有识之者，谓鲁迅操国语殊纯熟。方面巨耳，上唇蓄髭，冗然似乱草。下颌则只数（茎），在若有若无之间。御中国装，道貌岸然，实则情感充溢。与人相见殊和蔼也。

以章回笔法记叙，揪住鲁迅的“奇”做文章，展现的是通俗文学作家的风格。

报纸副刊都承担着为正刊争取更多资源、更多读者的任务。当时的严独鹤想了不少点子，他将一些小说的版权卖给一些厂家，将连载小说和公司广告混杂在一起连续刊登在报纸上，例如吴绮缘的《小桃红》、《奇人奇事录》、《新镜花缘》等小说的版权就卖给了烟草公司，这些小说连载时就变成了烟草公司的冠名刊登。周瘦鹃和严独鹤很注重与读者的互动，他们主持的副刊都特别设置了“读者来信”栏目，刊登读者的小说读后感；有时，还让读者去猜小说的结尾。这些做法取得了很好的效果。《申报》一直保持在15万份左右，《新闻报》曾经一度达到20万份左右，这些发行量在当时均是惊人的数字。

（汤哲声）

参考文献

李　楠

阿英：《阿英全集》，安徽：安徽教育出版社，2006年。
阿英：《晚清文学丛钞》，北京：中华书局，1960年。
阿英：《晚清文学期刊述略》，北京：中华书局，1959年。
阿英：《晚清小说史》，北京：东方出版社，1996年。
艾约瑟：《宾先生传》，《教会新报卷六》，台北：华文书局，1968年。
巴赫金：《巴赫金全集》，石家庄：河北教育出版社，1998年。
《白话》（1904）。
柏拉图：《理想国》，北京：商务印书馆，1986年。
包天笑：《钏影楼回忆录》，香港：大华出版社，1971年。
包天笑：《铁世界》，上海：文明书局，1903年。
本尼迪克特·安德森：《想象的共同体》，上海：上海人民出版社，2003年。
蔡淑华：《漫游海上橱窗：晚清〈世界繁华报〉中的文化图景》，台湾暨南大学硕士论文，2009年。
蔡元培：《石头记索隐》，上海：上海书店出版社，2008年。
《察世俗每月统记传》，1815—1821年。
陈平原、夏晓虹：《二十世纪中国小说理论资料（第一卷）》，北京：北京大学出版社，1997年。
陈平原：《二十世纪中国小说史（第一卷）》，北京：北京大学出版社，1989年。
陈平原：《中国现代小说的起点——清末民初小说研究》，北京：北京大学出版社，2010年。
陈三立：《散原精舍诗文集》，李开军校，上海：上海古籍出版社，2003年。
陈寅恪：《寒柳堂集》，北京：三联书店，2003年。
陈子展：《中国近代文学之变迁·最近三十年中国文学史》，上海：上海古籍出版社，2000年。
《东方杂志》（1904—1948）。
范伯群：《插图本中国现代通俗文学史》，北京：北京大学出版社，2007年。
范伯群编：《中国近现代通俗文学史》，南京：江苏教育出版社，2000年。
高彦颐著，苗延威译：《缠足》，江苏：江苏人民出版社，2009年。
耿艳艳：《论狭邪小说的兴起和流变》，青岛大学硕士论文，2007年。
宫崎滔天著，林启彦译：《三十三年之梦》，花城出版社、三联书店香港分店，1981年。
龚自珍：《龚自珍全集》，上海：上海人民出版社，1975年。
顾柄权：《上海洋场竹枝词》，上海：上海书店出版社，1996年。
郭延礼：《近代文学发展史》，北京：高等教育出版社，2001年。

郭延礼：《自西徂东：先哲的文化之旅》，长沙：湖南人民出版社，2001 年。
《国粹学报》（1905—1911）。
韩邦庆：《海上花列传》，北京：人民文学出版社，2006 年。
韩碧编：《范伯子诗文选集》，杭州：浙江古籍出版社，2008 年。
韩江洪：《严复话语系统与中国近代文化转型》，上海：上海译文出版社，2006 年。
何兆武：《西方哲学精神》，北京：清华大学出版社，2003 年。
赫胥黎：《进化论与伦理学》，北京：科学出版社，1971 年。
洪九来：《宽容与理性——〈东方杂志〉的公共舆论研究（1904—1932）》，上海人民出版社，2006 年。
胡适：《胡适全集》，合肥：安徽教育出版社，2003 年。
胡适：《四十自述》，深圳：海天出版社，1992 年。
胡缨著，彭姗姗译：《翻译的传说——中国新女性的形成》，江苏：江苏人民出版社，2005 年。
胡愈之：《追悼杜亚泉先生》，《商务印书馆九十五年》，北京：商务印书馆，1992 年。
黄霖编：《文心雕龙汇评》，上海：上海古籍出版社，2005 年。
黄升民、丁俊杰、刘英华：《中国广告图史》，广州：南方日报出版社，2006 年。
黄岩柏：《中国公案小说史》，沈阳：辽宁人民出版社，1991 年。
《竞立社小说月报》（1907）。
康有为：《大同书》，北京：华夏出版社，2002 年。
康有为著，朱维铮等编：《新学伪经考》，北京：中华书局，2012 年。
柯南道尔：《血字的研究》，北京：群众出版社，1978 年。
马建忠：《马氏文通》，北京：商务印书馆，1998 年。
马亚中、陈国安编：《范伯子诗文集》，上海：上海古籍出版社，2003 年。
《民权素》（1914—1916）。
《礼记》，上海：商务印书馆，1947 年。
勒文森著，刘伟、刘丽、姜铁军译：《梁启超与中国近代思想》，成都：四川人民出版社，1986 年。
李伯元：《官场现形记》，上海：上海古籍出版社，2011 年。
李楠：《晚清、民国时期上海小报研究—— 一种综合的文学、文化考察》，北京：人民文学出版社，2005 年。
李贽：《李贽文集》，北京：社会科学文献出版社，2000 年。
梁启超：《李鸿章》，新民丛报社，1902 年。
梁启超：《梁启超全集》，北京：北京出版社，1999 年。
梁启超：《欧洲十一国游记》，上海：广智书局，1905 年。
梁启超：《新大陆游记》，新民丛报社，1903 年。
梁启超：《饮冰室文集全编》，上海：广益书局，1948 年。
林骅：《唐传奇新选》，武汉：湖北教育出版社，2006 年。
林纾：《林琴南书话》，吴俊标校，浙江：浙江人民出版社，1999 年。
刘鹗：《老残游记》，贵阳：贵州人民出版社，1994 年。
刘永文：《晚清小说目录》，上海：上海古籍出版社，2008 年。
卢梭：《论科学与艺术》，何兆武译，北京：商务印书馆，1963 年。

鲁卫鹏：《〈小说时报〉研究》，华东师范大学博士论文，2008年。
鲁迅：《南腔北调集》，北京：人民文学出版社，1980年。
鲁迅：《中国小说史略》，上海：上海古籍出版社，1998年。
罗立群：《中国武侠小说史》，广州：花山文艺出版社，2008年。
罗新璋编：《翻译论集》，北京：商务印书馆，2009年。
吕叔湘：《马氏文通读本》，上海：上海教育出版社，2005年。
钱基博：《现代中国文学史》，北京：中国人民大学出版社，2004年。
《乾隆游江南》，北京：华夏出版社，1995年。
钱仲联：《梦苕庵清代文学论集》，济南：齐鲁书社，1983年。
钱仲联：《三百年来诗坛人物评点小传汇录》，郑州：中州古籍出版社，1986年。
《清末文字改革文集》，北京：文字改革出版社，1958年。
《清史稿》，北京：中华书局，1977年。
青心才人、张春帆、古吴墨浪子：《金云翘传 宦海 春秋配》，长春：时代文艺出版社，2003年。
《清议报》（1898—1901）。
秋瑾：《秋瑾集》，上海：上海古籍出版社，1991年。
上海市地方志办公室：《上海辞典》，上海：上海社会科学院出版社，1989年。
《上海新闻志》编纂委员会编：《上海新闻志》，上海：上海社会科学院出版社，2000年。
《申报》（1872—1949）。
《时报》（1904—1939）。
《时务报》（1896—1898）。
石玉昆：《三侠五义》，广州：广东人民出版社，1980年。
史华兹著，叶凤美译：《寻求富强：严复与西方》，南京：江苏人民出版社，1996年。
《世界繁华报》（1901—1910）。
司的反生：《金银岛》，上海：商务印书馆，1914年。
斯蒂文森：《金银岛》，北京：人民文学出版社，2004年。
孙家振：《海上繁华梦》，上海：上海古籍出版社，1991年。
藤谷古香：《轰天雷》，南昌：百花洲文艺出版社，1996年。
《图画日报》（1909—1910）。
《万国公报》（1868—1907）。
汪辟疆撰，王培军笺证：《光宣诗坛点将录笺证》，北京：中华书局，2008年。
王德威：《想象中国的方法：历史·小说·叙事》，北京：三联书店，1998年。
王国维：《静庵文集》，辽宁：辽宁教育出版社，1997年。
王宏志：《重释“信、达、雅”——二十世纪中国翻译研究》，上海：东方出版中心，1999年。
王力：《中国语言学史》，山西：山西人民出版社，1981年。
王滔：《淞隐漫录》，北京：人民文学出版社，1983年。
魏子安：《花月痕》，北京：人民文学出版社，1982年。
吴趼人：《二十年目睹之怪现状》，北京：人民文学出版社，1993年。
吴趼人：《恨海 劫余灰 情变》，南昌：百花洲文艺出版社，2011年。
吴趼人：《近十年之怪现状》，天津：天津古籍出版社，1986年。

吴趼人:《新石头记》，南昌：百花洲文艺出版社，1988 年。
洗红庵主:《泰西历史演义》，南昌：百花洲文艺出版社，1996 年。
夏晓虹:《觉世与传世——梁启超的文学道路》，北京：中华书局，2006 年。
《小说丛报》(1914—1919)。
《小说大观》(1915—1921)。
《小说林》(1907—1908)。
《小说时报》(1909—1917)。
《新民丛报》(1902—1907)。
《新闻报》(1893—1960)。
《新小说》(1902—1906)。
《新新小说》(1904—1907)。
《绣像小说》(1903—1906)。
徐鹏绪、张俊才:《中国近代文学研究概论》，天津：天津教育出版社，1992 年。
徐枕亚:《玉梨魂　雪鸿泪史》，北京：燕山出版社，1994 年。
许正林:《中国新闻史》，上海：上海交通大学出版社，2008 年。
宣鼎:《夜雨秋灯录》，上海：上海申报馆，1877 年。
《选报》。
薛正兴主编:《李伯元全集》，南京：江苏古籍出版社，1997 年。
林纾、魏易译:《吟边燕语》，上海：商务印书馆，1904 年。
严复著，王栻编:《严复集》，北京：中华书局，1986 年。
杨国荣:《科学的形上之维——中国近代科学主义的形成与衍化》，上海：上海人民出版社，1999 年。
叶秀山、王树人:《西方哲学史》，南京：江苏人民出版社，2005。
颐琐:《黄绣球》，曹玉点校，河南：中州古籍出版社，1987 年。
《游戏报》。
袁进:《中国文学的近代变革》，桂林：广西师范大学出版社，2006 年。
约翰·班扬著，宾为霖译:《天路历程官话》，京都：福音堂，1865 年。
约翰·班扬著，宾为霖译:《官话天路历程》，苏松上海美华馆藏版，1869 年。
《月月小说》(1906—1908)。
张春帆:《九尾龟》，南昌：百花洲文艺出版社，2011 年。
张华:《中国现代通俗小说流变》，济南：山东文艺出版社，2000 年。
张静庐:《中国近代出版史料》初编，北京：中华书局，1957 年。
张南庄:《何典》，天津：天津古籍出版社，1994 年。
张玉法、李又宁编:《近代中国女权运动史料》，台北：传记文学出版社，1975 年。
张中、高锋:《李伯元　吴趼人》，沈阳：春风文艺出版社，1999 年。
章炳麟:《訄书》，沈阳：辽宁人民出版社，1994 年。
章培恒编:《中国近代小说大系》，南昌：百花洲文艺出版社，1991 年。
章培恒等:《中国文学史》，上海：复旦大学出版社，1996 年。
曾国藩:《十八家诗钞》，湖南：岳麓书社，2009 年。

曾朴:《孽海花》，上海：上海古籍出版社，2005 年。
郑方泽:《中国近代文学史事编年》，长春：吉林人民出版社，1983 年。
郑逸梅:《上海旧话 》，上海：上海文化出版社，1957 年。
中国人民大学新闻系:《中国近代报刊史参考资料》，北京：中国人民大学出版社，1979 年。
周作人:《欧洲文学史》，河北：河北教育出版社，2002 年。
朱光潜:《西方美学史》，北京：人民文学出版社，2006 年。
卓南生:《中国近代报业发展史》(增订版)，北京：中国社会科学出版社，2002 年。
邹容:《革命军》，上海：大同书局，1903 年。